Taranto

Golfo di Taranto

Mare Ionio

ico

PUGLIA

Bari

BASILICATA

CALABRIA

Potenza

MOLISE

LAZIO

CAMPANIA

Campobasso

Vesuvio
Napoli Pompei
Amalfi

Reggio

Messina

Taormina

Etna

Catania

Siracusa

Ischia Capri

Isole
Lipari

SICILIA

Mare Tirreno

Agrigento

Palermo

Nord

Mare Mediterraneo

SARDEGNA

Sassari

Cagliari

TUNISIA

AFRICA

CIAO!

second edition

CIAO!

second edition

CARLA FEDERICI
SAN JOSE STATE UNIVERSITY

CARLA LARESE RIGA
STANFORD UNIVERSITY

HOLT, RINEHART AND WINSTON, INC.

Fort Worth   Chicago   San Francisco   Philadelphia   Montreal
Toronto   London   Sydney   Tokyo

Publisher: Ted Buchholz
Senior Acquisitions Editor: Jim Harmon
Developmental Editor: Teresa Chimienti
Project Editor: Katherine L. Vardy
Production Manager: Annette Dudley Wiggins
Design Supervisor: Serena L. Barnett
Illustrator: Ed Malsberg
Text Design: Carmen Cavazos
Cover Art: Julie Ha
Compositor: Waldman Graphics Inc.
Photo Researcher: Rona Tuccillo
Photo and literary credits appear in the back of the book ·

Address orders: 6277 Sea Harbor Dr.
          Orlando, Florida 32887
          Tel: 1–800–443–0001 (Florida)
          1–800–782–4479

Address editorial correspondence: 301 Commerce Street, Suite 3700, Ft. Worth, TX 76102

Printed in the United States of America
Federici, Carla.
    Ciao! / Carla Federici, Carla Larese Riga.—2nd ed.
      p. cm.
    English and Italian.
    Includes index.
    ISBN 0-03-026238-0
    1. Italian language—Textbooks for foreign speakers—English.
  I. Riga, Carla Larese. II. Title.
    PC1128.F43 1990   89-15238
    458.2'421—dc20   CIP

ISBN 0-03-026238-0

0 1 2 3   039   9 8 7 6 5 4 3 2

Holt, Rinehart and Winston, Inc.
The Dryden Press
Saunders College Publishing

To Marino Cavalca,
my father.
C.F.

To my daughters,
Liliana and Roberta
C.L.R.

Ciao! Second Edition, is a first-year, college-level Italian textbook that emphasizes active language use without neglecting other basic language skills. It reflects the authors' extensive experience teaching beginning Italian and answers the need for a practical approach to learning the language.

The unique organization of the lexical and grammatical material distinguishes *Ciao!* from other Italian textboks. Each chapter is easily identifiable both from its vocabulary theme and its grammar content. Each chapter title announces that chapter's particular theme, which is introduced in the opening dialogue, amplified in the unique feature of *Studio di parole*, and then reflected and expanded upon throughout the chapter. This emphasis allows students to assimilate the vocabulary gradually, proceeding from practical and limited situations to broader and more abstract ones.

A similar "crescendo" pattern distinguishes the presentation of grammatical structures. Everyone is aware of the difficulties and frustrations that beginning language students experience while trying to assimilate many new concepts in a short period of time. In the first three chapters, students are introduced gradually to basic concepts: nouns; articles; adjectives; the present of **essere, avere,** and **are** verbs. The pace allows students to feel comfortable while mastering the new structures and thus encourages them to express themselves with confidence from the start. This effort to grade the sequence of grammatical structures is consistent throughout the entire program. Whenever possible, the presentation of each main grammatical topic has been confined to a single chapter in order to avoid dispersion and to facilitate the student's task of reviewing a given structure.

ORGANIZATION

The core of *Ciao!* consists of 22 chapters, each comprised of the following sections:

1. *Dialogo*   This section introduces the chapter's theme in a simple, realistic, and lively manner. It provides further practice of previously learned concepts, while introducing new ones. The difficulty of the latter, however, is kept to a minimum and is usually clarified by marginal glosses. A set of questions tests the students' understanding of the dialogue and invites them to apply the new notions to their own experiences.

2. *Studio di parole*   This focuses on the lexical topic announced in the dialogue to help build vocabulary that is both necessary and practical. The instructor may use it as a springboard for meaningful conversation and per-

sonalized questions. The exercise that follows this section, together with the illustration, will help sustain and reinforce conversation.

3. *Punti grammaticali*   The grammar section introduces four to five grammar topics, in order of importance. An effort has been made to concentrate on the essential, and to explain grammar in a clear and concise way. Each grammar point is preceded by one or a series of captioned vignettes, which are a very distinctive feature of this section. They serve as excellent instructional devices by simplifying grammar visually and graphically and by presenting it in a light vein. Abundant charts and examples are also used throughout this section. The varied exercises that follow are designed to develop the students' self-confidence in using each grammatical structure. They proceed from mechanical drills to situational exercises that demand more complex reactions and often involve exchange between two or more students. The grammar explanations, as well as some of the exercise instructions, are written in English to make them more accessible to all students, particularly during home assignments. It is assumed, however, that the instructor will conduct the class in Italian.

4. *Lettura*   This reading section culminates the chapter by integrating and emphasizing grammatical structures and vocabulary in the chapter. Written in the form of narrative, dialogue, or a combination of both, the readings deal with scenes from everyday life and are of personal interest to the students. The students' enjoyment is heightened because they have already mastered the words and structures involved. Two sets of questions follow the **Lettura**: The first set asks questions pertaining directly to the reading, while the second involves student participation. Additional activities are provided, including a translation exercise. These activities offer students extra opportunities for self-expression, creativity, and writing practice.

5. *Vocabolario*   This vocabulary list contains all new words appearing in the chapter that are not covered in **Studio di parole**.

6. *Pagina culturale*   This final reading is related to the lexical theme of the chapter and offers a wealth of information on Italian life and culture. Although many words are glossed, this section is a challenge to the students because it encourages them to develop their ability to grasp ideas without relying on word-for-word translation. The instructor may use these cultural readings to prompt additional discussions about Italy's history, people, and culture.

Selected poems and proverbs are interspersed throughout the text, providing, along with the photos and other visual elements, a lively picture of Italy, its language, and its culture.

The 22 chapters are preceded by a preliminary chapter, **Capitolo preliminare**, which deals with Italian pronunciation and cognates, and by a short section, **Introduzione a *Ciao!*** which focuses mainly on common expressions of courtesy. The chapters are followed by appendices (verbs and expressions requiring a preposition before an infinitive, conjugation of verbs); vocabularies (Italian-English, English-Italian); and an index.

COURSE STRATEGY

Ciao!, Second Edition, is designed for use in both the two-semester and the three–quarter academic year. The great variety of learning strategies provides a high degree of flexibility in structuring the course according to the needs of individual classes and students. The numerous exercises allow instructors to disregard some that may seem less suited to their teaching methods and techniques. In view of the lighter content of the first chapters, the authors suggest that, for institutions employing a three–quarter year, Chapters 1–8 be completed in the first quarter.

A *Workbook/Laboratory Manual* is available as a supplement to the second edition of *Ciao!* Its material is coordinated chapter by chapter with the textbook and the cassette program.

In conclusion, we believe that the approach of this textbook is pedagogically sound, providing practical knowledge of Italian and presenting it with a certain degree of lightness and humor.

ACKNOWLEDGMENTS

We wish to express our appreciation to those dedicated colleagues whose valuable comments helped shape the present edition. Special thanks are due to the following reviewers:

Rose T. Antosiewicz, University of New Hampshire, Durham
Sebastian Cassarino, San José State University
Walter J. Centuori, University of Nebraska, Lincoln
Deborah Contrada, The University of Iowa
Margherita DeBonsils-Templer, University of New Hampshire, Durham
Clorinda Donato, California State University, Long Beach
Ted A. Emery, New York University
Gustavo Foscarini, University of California, Davis
Eugenio N. Frongia, California State University, Chico
Joanne Basso Funigiello, The College of William and Mary in Virginia
Battista Galassi, Northeaster Illinois University
Thomas Harrison, University of Utah
Emmanuel Hatzantonis, University of Oregon
Richard Hilary, The Florida State University
Sabatino Maglione, Ithaca College
Albert M. Mancini, Ohio State University
John McLucas, Towson State University
Giovanni Miceli-Jeffries, University of Wisconsin, Madison
Gaetano Pastore, Villanova University
Maria Nicolai Paynter, Fordham University
Peter N. Pedroni, Miami University, Ohio

Michael Sherberg, Washington University, St. Louis
Giovanni Sinicropi, The University of Connecticut
Paschal Viglionese, University of Rhode Island
Roberta Waldbaum, University of Denver, Colorado

We would also like to acknowledge the editorial staff of Holt, Rinehart and Winston, Inc. for their availability and professional assistance.

Carla Federici
Carla Larese Riga

CIAO!

second edition

CONTENTS

C A P I T O L O **8** **TEMPO E DENARO** **142**

C A P I T O L O **9** **L'ABBIGLIAMENTO** **162**

CIAO!
second edition

CAPITOLO PRELIMINARE

I. *Italian pronunciation* **(La pronuncia italiana)**

There are 21 letters in the Italian alphabet. Their written forms and names are:

a	**a**	h	**acca**	q	**cu**
b	**bi**	i	**i**	r	**erre**
c	**ci**	l	**elle**	s	**esse**
d	**di**	m	**emme**	t	**ti**
e	**e**	n	**enne**	u	**u**
f	**effe**	o	**o**	v	**vu** (or **vi**)
g	**gi**	p	**pi**	z	**zeta**

Five additional letters appear in words of foreign origin:

j	**i lunga**	w	**doppia vu**	y	**ipsilon**
k	**cappa**	x	**ics**		(or **i greca**)

The following sections deal primarily with spelling-sound correspondences in Italian and their English equivalents. Listen carefully to your instructor and then repeat the examples. Practice the pronunciation exercises recorded on the tapes; they have been devised to help you acquire a good pronunciation. In describing Italian sounds, we will make use of the international phonetic symbols (given between slants). You will notice that spellings and sounds in Italian are almost always identical. This is particularly true of vowel sounds.

1. *Vowels* (Vocali)

In Italian, there are five basic vowel sounds that correspond to the five letters **a, e, i, o, u.** Two of these letters, **e** and **o,** may have a closed or an open sound. Contrary to English vowels, Italian vowels are pure vowels, that is, they represent only one sound. Whatever their position in the word, they are always pronounced the same way. They are never slurred or glided. When pronouncing them, lip, jaws, and tongue must be kept in the same tense position to avoid off-glide. The vowels will be presented according to their point of articulation, **i** being the first of the front vowels and **u** the last of the back vowels, as illustrated in the diagram below.

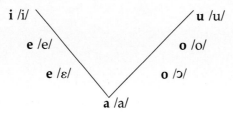

i	/i/	is like *i* in *marine.*	I vini di Rimini
e	/e/	is like *a* (without glide) in *late.*	Se Ebe vede te
e	/ɛ/	is like *e* in *let.*	Ecco sette fratelli.
a	/a/	is like *a* in *father.*	La mia cara mamma
o	/ɔ/	is like *o* in *soft.*	Oggi no
o	/o/	is like *o* in *oh.*	Nome e cognome
u	/u/	is like *u* in *rule.*	Una musica pura

2. *Diphthongs* (Dittonghi)

When **i** and **u** are unstressed and precede or follow another vowel, they form with this vowel a diphthong and acquire the semivowel sounds /j/ and /w/.

i	/j/	is like *y* in *yet.*	Più piano	Lei e lui
u	/w/	is like *u* in *wet.*	Un uomo buono	

When two semivowels combine with a vowel, they form a triphthong (**miei, tuoi, guai**).

The vowels that form a diphthong or a triphthong are pronounced with just one emission of voice and correspond to just one syllable.

3. *Consonants* (Consonanti)

Many single consonants are pronounced in Italian as they are in English. The sounds of the consonants **b**, **f**, **m**, **n**, and **v** present no difference in the two languages. Several consonant sounds, however, need special attention because of the manner in which they are pronounced or the way they are spelled. In general, Italian consonants are clear-cut and without aspiration.

h is always silent:

ha   hanno   ahi!   oh!   hotel

d /d/ and **t** /t/ are similar to English but more dentalized:

due	denti	vado	grande	modo
tre	Tivoli	alto	tempo	molto

p /p/ is as in English but less plosive:

papa   Padova   dopo   piano   parola

q /kw/ is always followed by the letter **u** and is pronounced like *qu* in *quest:*

qui   quando   Pasqua   quale   quaderno

l /l/ is produced more forward in the mouth than in English:

la   lira   lei   libro   lingua

r /r/ is trilled. It is pronounced by pointing the tip of the tongue toward the gum of the upper front teeth:

Roma   caro   treno   amore   vero

s /z/ is pronounced as in *rose* when it is between vowels or when it begins a word in combination with the voiced consonants **b**, **d**, **g**, **l**, **m**, **n**, **r**, and **v**:

rosa   paese   esame   snob   sviluppo

s is voiceless /s/ as in *sell* in all other cases:

sto   studio   destino   rosso   sera

z is sometimes voiced /dz/ as in *beds,* sometimes voiceless /ts/ as in *bets:*

/dz/		/ts/	
zero	romanzo	marzo	Venezia
zeta	mezzo	pizza	grazie

c and **g** before **i** or **e** are soft /č/, /ǧ/ as in *chill* and *gentle:*

cento	baci	ciao	Cesare	cinema
gesto	gentile	giorno	viaggio	pagina

c and **g** in all other cases are hard /k/, /g/ as in *call* and *go*:

poco	caffè	caro	amico	cura	classe	scrivere
pago	guida	lungo	guerra	gusto	grosso	dogma

ch and **gh** (found only before **e** or **i**) are also hard /k/, /g/:

che	chi	pochi	perchè	cuochi
aghi	righe	laghi	ghetto	paghiamo

gli /ʎ/ sounds approximately like **lli** in *million*:

gli	foglio	figlio	famiglia	voglio

gn /ɲ/ sounds approximately like *ni* in *onion*:

ogni	signora	lavagna	cognome	insegnare

sc before **i** or **e** has a soft sound /š/ as in *shell*:

sciare	pesce	scienza	scena	scemo

sch before **i** or **e** sounds hard /sk/ as in *skill*:

schiavo	schema	dischi	mosche	maschio

---

4. *Double consonants* (Consonanti doppie)

Double consonants are a characteristic of Italian. The sound of a double consonant is longer than the sound of a single consonant. To pronounce it correctly, it is necessary to shorten the sound of the preceding vowel and hold the sound of the double consonant twice as long. (A similar phenomenon may also be observed in English when pronouncing pairs of words such as *miss school; met Tim.*) The reverse happens when pronouncing a single consonant. In this case one should keep the sound of the preceding vowel longer, especially if the vowel is stressed. Compare:

sono / sonno	sera / serra
casa / cassa	sano / sanno
rosa / rossa	camino / cammino
speso / spesso	lego / leggo

---

5. *Syllabication* (Sillabazione)

Phonetically, the tendency in Italian is, whenever possible, to begin the syllable with a consonant sound and to end it with a vowel sound. Grammatically, the separation of a word into syllables follows these rules:

a. A single consonant between two vowels belongs with the following vowel or diphthong:

a-ma-re   no-me   i-ta-lia-no   be-ne   le-zio-ne

b. Double consonants are always divided:

bel-lo   mez-zo   sil-la-ba   mam-ma   ra-gaz-za

c. A combination of two different consonants belongs with the following vowel, unless the first consonant is **l**, **m**, **n**, or **r**. In this case, the two consonants are divided:

pre-sto   so-pra   si-gno-ra   pri-ma   li-bro
but: pron-to   gior-no   El-vi-ra   par-to   dor-mi   lam-po

d. In a combination of three consonants, the first goes with the preceding syllable, but **s** always goes with the following syllable:

al-tro   sem-pre   en-tra-re   im-pres-sio-ne   in-gle-se
but: fi-ne-stra   spre-mu-ta   gio-stra   sdra-io   e-sper-to

e. Unstressed **i** and **u** are not divided from the vowel they combine with:

uó-mo   piá-no   pié-de   Gio-van-ni   Eu-ro-pa
but: mí-o   zí-i   po-e-sí-a   pa-ú-ra   far-ma-cí-a

---

6. *Stress* (Accento tonico)

The great majority of Italian words are stressed on the next-to-the-last syllable:

signóra   bambíno   ragázzo   cantáre   veníre

Several words are stressed on the last syllable; these words have a written accent on the last vowel. Although the accent mark can be grave (`) or acute (´), most Italians normally use the grave accent, and that practice is followed in this text.

città   virtù   perchè   lunedì   così

A few monosyllabic words do not carry a stress mark except to distinguish two words that are spelled the same but have a different meaning:

    e (*and*) vs. **è** (*is*)
    da (*from*) vs. **dà** (*gives*)
    te (*you*) vs. **tè** (*tea*)
    si (*oneself*) vs. **sì** (*yes*)
    se (*if*) vs. **sè** (*self*)
    la (*the*) vs. **là** (*there*)

Some words have the stress on the third-from-the-last syllable, and a few verb forms on the fourth-from-the-last syllable:

sábato   cómpito   távola   diffícile   diménticano

When the stress does not fall on the next-to-the-last syllable or if the word ends in a diphthong, the stress has been indicated by a dot under the stressed syllable to help the student:

fạcile   spiạggia   prạticano

---

7. *Intonation* (**Intonazione**)

In general, the Italian sentence follows a homogeneous rhythm. Each syllable is important in determining its tempo. Pronounce the following sentence maintaining smooth, even timing:

Sono Marcello Scotti.   So - no - Mar - cel - lo - Scot - ti.
                          1   2   3   4   5   6   7

The voice normally follows a gently undulated movement, usually dropping toward the end when the meaning is completed. In a question, however, the voice rises on the last syllable:

Declarative sentence: I signori Bettini sono di Milano.

Interrogative sentence: Sono di Milano i signori Bettini?

II. *Cognates* (**Parole affini per origine**)

While studying Italian, you will encounter many cognates, that is, an Italian word that looks like an English word and has a similar meaning because the words have a common origin. The following are a few tips that should help you recognize and use cognates.

1. Nouns ending in:

-ia in Italian and *-y* in English.

biologia	*biology*	**filosofia**	*philosophy*
sociologia	*sociology*	**anatomia**	*anatomy*

-ica in Italian and *-ic(s)* in English.

mụsica	*music*	**polịtica**	*politics*
repụbblica	*republic*	**matemạtica**	*mathematics*

-tà in Italian and *-ty* in English.

città	*city*	**identità**	*identity*
società	*society*	**università**	*university*

-za in Italian and *-ce* in English.

importanza	*importance*	**eleganza**	*elegance*
violenza	*violence*	**pazienza**	*patience*

-zione in Italian and *-tion* in English.

nazione	*nation*	**attenzione**	*attention*
educazione	*education*	**situazione**	*situation*

-ore in Italian and *-or* in English.

attore	*actor*	**dottore**	*doctor*
professore	*professor*	**motore**	*motor*

-ario in Italian and *-ary* in English.

segretario	*secretary*	**vocabolario**	*vocabulary*
salario	*salary*	**funzionario**	*functionary*

-ista in Italian and *-ist* in English.

artista	*artist*	**violinista**	*violinist*
pianista	*pianist*	**ottimista**	*optimist*

---

2. Adjectives ending in:

-ale in Italian and *-al* in English.

speciale	*special*	**personale**	*personal*
originale	*original*	**sentimentale**	*sentimental*

-etto in Italian and *-ect* in English.

perfetto	*perfect*	**corretto**	*correct*
eretto	*erect*	**diretto**	*direct*

-ico in Italian and *-ical* in English.

tipico	*typical*	**classico**	*classical*
politico	*political*	**geografico**	*geographical*

-oso in Italian and *-ous* in English.

generoso	*generous*	**curioso**	*curious*
nervoso	*nervous*	**ambizioso**	*ambitious*

3. Verbs ending in:

-care in Italian and *-cate* in English.

educare	*educate*	**indicare**	*indicate*
complicare	*complicate*	**masticare**	*masticate*

-izzare in Italian and *-ize* in English.

organizzare	*organize*	**simpatizzare**	*sympathize*
analizzare	*analyze*	**minimizzare**	*minimize*

-ire in Italian and *-ish* in English.

finire	*to finish*	**abolire**	*to abolish*
punire	*to punish*	**stabilire**	*to establish*

INTRODUZIONE

—Ciao, come stai?

UNA PRESENTAZIONE

An introduction

Marcello Scotti *presenta* Mary Clark a Filippo, *un amico.*   introduces / a friend

Marcello	Ciao, Filippo. Come va?
Filippo	Bene, grazie. E tu, come stai?
Marcello	*Non c'è male,* grazie. *Ti presento* Mary Clark, un'amica.
Filippo	Molto piacere.
Mary	Piacere.
Filippo	*Di dov'è Lei,* signorina?
Mary	Sono di New York.
Marcello	Mary è studentessa d'italiano a Milano.
Mary	E Lei, di dov'è?
Filippo	Io sono di Roma, e *anch'io* sono studente a Milano.
Marcello	Scusa, Filippo, ma *è tardi.* Arrivederci!
Filippo	Ciao! ArrivederLa, signorina!
Mary	Arrivederci!

Not bad / Meet

Where are you from

I also

it is late

ATTIVITÀ

Imitate the above dialogue in groups of three, trying to apply it to your own experiences.

STUDIO DI PAROLE

ESPRESSIONI DI CORTESIA

Ciao!   Hello. Good-bye.
Buon giorno, signore.   Good morning (good day), Sir.
Buona sera, signora.   Good evening, Madam.
Buona notte, signorina.   Good night, Miss.

Arrivederci.
ArrivederLa. *(formal sing.)* } Good-bye.

Sono Marcello Scotti.   I am Marcello Scotti.
Molto piacere.   Nice to meet you.

Per favore. Per piacere.   Please.
Grazie.   Thank you.
Prego.   You're welcome. That's quite all right.
Scusi. *(formal sing.)* **Scusa.** *(familiar sing.)*   Excuse me.

Come stai? Come va?
Bene, grazie, e tu? } *familiar sing.*

Come sta?
Bene, grazie, e Lei? } *formal sing.*
  How are you?
  Fine, thank you, and you?

ESERCIZIO SU STUDIO DI PAROLE

Look at the drawings in the **Studio di Parole,** and state what the people in each vignette are saying. In some instances, you have more than one choice.

THE ITALIAN LANGUAGE AND ITS DIALECTS

The Italian language stems directly from Latin. As the authority of ancient Rome fragmented, its language, Latin, also broke apart and formed several national European idioms. In the same way, numerous linguistic varieties, or dialects, took form within the Italian peninsula. They were the expressions of different centers of civilization within the larger Italian world.

The dialect of Tuscany was assured linguistic supremacy by the political importance and geographical position of its principal city, Florence, and above all by the authority of the thirteenth-century Tuscan writers, Dante, Petrarca, and Boccaccio. Each of these men wrote works of major literary significance in their native Tuscan dialect. Eventually, the Tuscan dialect became recognized as the official Italian language.

However, for many centuries the Italian language remained a literary expression of only learned people. The different dialects continued to be spoken, a situation favored by the historical and political conditions of Italy, which remained a country divided into many separate city-states until the second half of the nineteenth century. The local dialect was often accepted as the official language of the court of that particular city-state. This was the case in Venice, a republic renowned for the skill of its diplomats. The eighteenth-century playwright, Carlo Goldoni, who has been called by critics the Italian Molière, wrote many of his plays in Venetian. For example, in his dialect theater we find the word *schiao*, meaning "your servant," which is derived from the Latin word for slave, *esclavum*. This is the original version of the international greeting "ciao."

Today Italy has achieved political as well as linguistic unity, and with few exceptions everyone speaks Italian. The dialects, however, remain very much alive. Indeed, Italians may be considered bilingual because, in addition to speaking Italian, they also speak or at least understand the dialect of their own region or city.

Firenze. Il monumento al poeta Dante Alighieri.

1
LA CITTÀ

Milano. Piazza Cordusio, vicino al *(near)* **Castello Sforzesco.**

Ecco una strada di Milano con i tram, le automobili, le biciclette e le persone.

CHE COSA C'È IN UNA CITTÀ? What is there

Ecco una conversazione *fra* un bambino e *la mamma*. — Here is / between / his mother

—Mamma, dove siamo?
—Siamo in una città, Milano.
—*Quante* strade! — How many
—Sì, e *lungo* le strade *ci sono* gli edifici con i negozi, le banche, i — along / there are
  ristoranti....
—E il cinema?
—*Certo*, e anche i teatri, i giardini.... — Of course
—E le scuole, non ci sono?
—Sì, e anche le università.
—Dov'è lo zoo?
—È in un parco, con gli alberi, i fiori....
—Ci sono i treni?
—Certo: i treni, gli autobus, e le automobili.
—Mamma, *perchè non andiamo* in treno? — why don't we go

DOMANDE SUL DIALOGO

1. Dove sono il bambino e la mamma? 2. Che cosa c'è lungo la strada di una città?
3. Dov'è lo zoo? 4. Ci sono anche i treni a Milano?

LA CITTÀ DI MILANO

FIERA
CAMPIONARIA

P.LE
SEMPIONE

PARCO

C. SFORZESCO

STAZIONE
NORD

S.TA MARIA
DELLE
GRAZIE

FORO

V. DANTE

CORSO MAGENTA

V. MERAVIGLI

V. CARDUCCI

S. AMBROGIO

V. DE AMICIS

V. TORINO

N

P.ZA
CASTELLO

BUONAPARTE

P.ZA
SAN MARCO

P.ZA
CAVOUR

SCALA

GALLERIA

PIAZZA
DEL DUOMO

V. MAZZINI

CORSO PTA ROMANA

V. F. SFORZA

STAZIONE
CENTRALE

VIALE V. VENETO

GIARDINI

P.TA
VENEZIA

V. SENATO

V. MANZONI

V. MONTENAPOLEONE

CORSO VENEZIA

VIALE BIANCA MARIA

CORSO
V. EMANUELE

V.LE DI MODRONE

V. CAVALLOTTI

PORTA VITTORIA

V.LE R. MARGHERITA

una strada*	street, road
una via*	street, way
una piazza	square
una chiesa	church
un museo	museum
un caffè	coffee shop
una stazione	station

un edificio	building
un negozio	store, shop
un ufficio	office
un parco (pl.-chi)	park
un cinema(tografo)	movie theater
un teatro	theater
una banca	bank

*Strada is a more general term; via is used before the name of a street: via Mazzini, via Torino.

ESERCIZIO SU STUDIO DI PAROLE

Using the map of Milan on this page, one student asks and another answers the following questions.

1. Santa Maria delle Grazie è una chiesa o un teatro?   **2.** Il teatro La Scala è in via Manzoni o in via Dante?   **3.** Il Duomo è in un parco o in una piazza?   **4.** Dov'è il Castello Sforzesco?   **5.** Che cos'è via Dante?

I. Ẹssere *(To be)*

Marcello è in classe con Gabriella.

Ẹssere *(to be)* is an irregular verb. It is conjugated in the present tense (**presente**) as follows:

Person	Singular	Plural
1st	io **sono** *(I am)*	noi **siamo** *(we are)*
2nd	tu **sei** *(you are, familiar)*	voi **siete** *(you are, familiar)*
	lui **è** *(he is)*	
3rd	lei **è** *(she is)*	loro **sono** *(they are)*
	Lei **è** *(you are, formal)*	Loro **sono** *(you are, formal)*

1. There are many rules regarding verbs and their usage:

   a. Contrary to English verbs, Italian verbs have a different ending for each person.

   b. The negative of a verb is formed by placing **non** before the verb.

   Non siamo a teatro.   *We are not at the theater.*
   Filippo **non** è in classe.   *Filippo is not in class.*

c. The interrogative of a verb is formed either by placing the subject at the end of the sentence or by leaving it at the beginning of the sentence. In both cases, there is a change in intonation, and the pitch rises at the last word:

È studentessa Gabriella? ↗ ⎫
Gabriella è studentessa? ↗ ⎬ *Is Gabriella a student?*
 ⎭

---

2. The subject pronouns (**pronomi soggetto**) in Italian are:

io	*I*	**noi**	*we*
tu	*you (familiar sing.)*	**voi**	*you (familiar pl.)*
lui, lei	*he, she*	**loro**	*they*
Lei	*you (formal sing.)*	**Loro**	*you (formal pl.)*

a. The subject pronoun *you* is expressed in Italian in several ways: **tu** (singular) and **voi** (plural) are the familiar forms. They are used to address relatives, close friends, and children; young people also use them to address each other.

Io sono di Pisa, e **tu?**	*I am from Pisa, and **you?***
Siete a scuola **voi** oggi?	*Are **you** in school today?*

Lei (singular) and **Loro** (plural) are formal forms and are used among persons who are not well acquainted. **Lei** and **Loro** are used for both men and women. They take, respectively, the third person singular and the third person plural of the verb and are usually written with a capital **L** to distinguish them from **lei** (*she*) and **loro** (*they*).

Noi siamo di Roma, e **Loro?**	*We are from Rome, and **you?***

—io sono di Pisa, e *Lei?*
—io sono di Bagdad.

b. In Italian, the subject pronouns are often omitted since the subject of the sentence is indicated by the verb ending. However, the subject pronouns are used for emphasis and to avoid ambiguities.*

Sono Marcello.	*I am Marcello.*
Io sono Marcello.	*I am Marcello.* (emphatic)
Pio e Lina non sono a casa: **lui** è a Nạpoli, **lei** è a Pisa.	*Pio and Lina are not at home: **he** is in Naples, **she** is in Pisa.* (for clarification)

esercizi

A. Sostituite il soggetto con i soggetti tra parẹntesi e cambiate la forma del verbo. (*Substitute the subject with each subject in parentheses, and make the appropriate verb change.*)

1. Io sono in Amẹrica. (Lei, tu, Pietro, voi, Lia e Mario)
2. Luigi non è a casa. (noi, tu e Gabriella, Loro)
3. Noi siamo con un amico. (la signora, voi, loro, tu e Pia)

B. Completate con la forma corretta del presente di ẹssere. (*Complete with the correct present tense form of ẹssere.*)

ESEMPIO   Los Angeles ＿＿ in Amẹrica.   **Los Angeles è in Amẹrica.**

1. Giuseppe ＿＿ con Mirella.   **2.** Gabriella e io non ＿＿ a Firenze; ＿＿ a Milano.
3. Madrid ＿＿ in Spagna.   **4.** Tu e lei ＿＿ in Califọrnia; non ＿＿ in Flọrida.   **5.** Lui non ＿＿ dottore; ＿＿ professore.   **6.** San Francisco e Chicago ＿＿ in Amẹrica.
7. Piazza San Marco ＿＿ a Venẹzia.   **8.** Gabriella ＿＿ un'amica di Marcello.   **9.** Tu ＿＿ a scuola.   **10.** Io ＿＿ studente (studentessa); non ＿＿ professore (professoressa).

C. Domanda e risposta (*Question and answer*). *This type of exercise involves two students: one student asks and the other answers. The student who answers then asks the question that follows.*

ESEMPIO   Tu sei professore.   **—Sei professore tu?**
—No, io non sono professore.

1. Tu sei in Itạlia.   **2.** Voi siete a Roma.   **3.** Maria è di Nạpoli.   **4.** Lei (*You*) è dottore (dottoressa).   **5.** Chicago è in Europa.   **6.** Voi siete a casa.   **7.** Loro (*You, pl.*) sọno a Venẹzia.   **8.** Lei (*You*) è in Itạlia.   **9.** Loro (*They*) sono a scuola.   **10.** Loro (*You*) sono in Piazza del Duomo.

---

*The pronouns *it* and *they*, when referring to animals and things, are usually not expressed in Italian. For clarification, they may sometimes be expressed by **esso, essa** (*sing. m. and f.*) and **essi, esse** (*pl. m. and f.*).

D. Domanda e risposta tra due studenti, secondo l'esempio. (*Question and answer between two students, following the example.*)

ESEMPIO   Il teatro «La Scala», a Roma   —Il Teatro «La Scala» è a Roma?
—No, non è a Roma.

1. Milano, in America   **2.** Noi, a casa   **3.** Voi, in un parco   **4.** Marcello e Filippo, a New York   **5.** Filippo, di Pisa   **6.** Tu, di Venezia   **7.** Lei (*You*), professore (professoressa) d'italiano

E. *Tell a classmate who you are, what you are, the city you are from, where you are today* **(oggi),** *and where you are not.*

II. *The noun*

Ecco una piazza con una chiesa, un giardino e gli edifici.

1. *Gender of nouns.* A noun (**nome**) is either masculine or feminine. Usually, nouns ending in **-o** are masculine and nouns ending in **-a** are feminine. There is a class of nouns that end in **-e**. These nouns can be *either* masculine *or* feminine.

treno (*m.*)	**cas**a (*f.*)
ristorante (*m.*)	**stazion**e (*f.*)

NOTE:

    a. To remember the gender of a noun ending in **-e,** it is advisable to memorize it with the article.

       un **ristorant**e   *una* **stazion**e

b. Nouns ending in **-ore** or in a *consonant* are masculine.

fiore   pittore   scultore   autobus   sport   bar

c. Nouns ending in **-ione** are generally feminine.

lezione   presentazione   conversazione

---

2. *Plural of nouns.* In Italian, the plural is usually formed according to the final vowel of the noun.

A noun ending in **-o** changes to **-i**:   **giardino, giardini.**
A noun ending in **-a** changes to **-e**:   **casa, case.**
A noun ending in **-e** changes to **-i,** be it masculine or
feminine: **automobile** (*f.*), **automobili; dottore** (*m.*), **dottori.**

NOTE:
   a. When the stress is not on the **-i** of **-io**, nouns ending in **-io**
      drop the **-o** in the plural: **negozio, negozi; ufficio, uffici.**
      When the stress is on the **-i** of **-io**, the plural ending is **-ii**:
      zio, (*uncle*) **zii.**
   b. Nouns with an accent on the last vowel (**città, università,
      caffè**); those ending with a consonant (**bar, autobus, sport**);
      and those abbreviated (**il cinematografo, la fotografia**) are
      invariable and thus do not change in the plural: **la città, le
      città; lo sport, gli sport; il cinema, i cinema.**
   c. Feminine nouns ending in **-ca** and **-ga** change to **-che** and
      -ghe, respectively: **amica, amiche; banca, banche; riga, righe.**

---

esercizi

A. Maschile o femminile? Indicate il genere dei seguenti nomi. (*Indicate the gender of the following nouns.*)

1. bambino   **2.** studente   **3.** casa   **4.** amico   **5.** giardino   **6.** scultore   **7.** conversazione   **8.** piazza   **9.** professoressa   **10.** classe   **11.** amica   **12.** cinema   **13.** città   **14.** banca   **15.** studio   **16.** nome   **17.** pittore   **18.** autobus   **19.** negozio   **20.** sport   **21.** università   **22.** lezione

B. Date il plurale dei nomi dell'esercizio A. (*Give the plural for the nouns listed in Exercise A.*)

III. *The articles*

Ecco *una* strada con *il* bar, *la* banca, *i* negozi, *gli* alberi, e *le* automọbili.

1. The *indefinite article* (*a, an*) has the following forms: the masculine forms **un, uno** and the feminine forms **una, un'**, according to the first letter of the noun the article precedes. The indefinite article does not have a plural form.

		Masculine	Feminine
	consonant	**un** libro	**una** casa
	vowel	**un** amico	**un**'amica
before	**z**	**uno** zoo	**una** zebra
	s + *consonant*	**uno** studente	**una** studentessa

2. When a noun indicates a profession, the indefinite article is generally omitted.

Paolo è dottore, ed io sono professore.

Paolo is a doctor, and I am a professor.

3. The *definite article* (*the*) agrees with the noun it precedes in gender (masculine or feminine) and in number (singular or plural). The masculine forms are **il, l', lo, i, gli,** and the feminine forms are **la, l', le,** according to the initial letter of the word the definite article accompanies.

Definite article		Singular		Plural	
Masculine before consonant	**il**	giardin**o**	**i**	giardin**i**	
vowel	**l'**	alber**o**	**gli**	alber**i**	
z	**lo**	zer**o**	**gli**	zer**i**	
s + consonant	**lo**	studi**o**	**gli**	stud**i**	
Feminine before consonant	**la**	cas**a**	**le**	cas**e**	
vowel	**l'**	autostrad**a** (*freeway*)	**le**	autostrad**e**	

If a noun ending in **-e** is masculine, it will have the appropriate masculine article (**il, l', lo, i, gli**), depending on its initial letter. If a noun is feminine, it will have the appropriate feminine article (**la, l', le**), depending on its initial letter.

il fiore (*m.*)   **i** fiori
l'automobile (*f.*)   **le** automobili

NOTE:
When using a title to address someone, omit the article. When you are speaking *about* someone, use the appropriate definite article *before* the title.

Buon giorno, **signor** Neri.   *Good morning, **Mr.** Neri.*
Buona sera, **dottor** Lisi.   *Good evening, **Doctor** Lisi.*

Il professor Rossi non è in casa.   ***Professor** Rossi is not home.*
I signori Bianchi sono a teatro.   ***Mr. and Mrs.** Bianchi are at the theater.*

Note that such titles as **signore, professore,** and **dottore** drop the final **-e** in front of a proper name.

—Buon giorno, *dottor* Lisi.
—Buon giorno, *professore.*

A. Mettete l'articolo indeterminativo appropriato davanti ai seguenti nomi. (*Place the appropriate indefinite article before the following nouns.*)

1. negozio   **2.** piazza   **3.** sport   **4.** edificio   **5.** parco   **6.** scuola   **7.** ristorante
8. amica   **9.** studente   **10.** città   **11.** cinema   **12.** stazione   **13.** automobile   **14.** caffè
15. museo   **16.** lezione   **17.** ufficio   **18.** ragazza   **19.** chiesa   **20.** zoo   **21.** strada
22. studentessa

B. Leggete i seguenti nomi con la forma corretta dell'articolo determinativo. (*Read the following nouns with the correct form of the definite article.*)

1. edificio e giardino   **2.** strada e piazza   **3.** stazione e treno   **4.** automobile e autobus
5. studio e sport   **6.** negozio e banca   **7.** libro e pagina   **8.** studente e professore
9. caffè e bar

C. Mettete al plurale i nomi dell'esercizio B. (*Give the plural of the nouns in Exercise B.*)

D. Domanda e risposta. (*Two people are looking at pictures.*)

    ESEMPIO   monumento/a Garibaldi   **—È un monumento?**
                                        —Sì, è il monumento a Garibaldi.

1. chiesa/di San Pietro   **2.** ufficio/di Francesca Rovati   **3.** stazione/di Firenze   **4.** università/di Milano   **5.** affresco/di Leonardo   **6.** parco/di Genova   **7.** caffè/«Sport»
8. zoo/di San Diego   **9.** automobile/di un amico   **10.** studio/di un pittore   **11.** treno/
Milano–Roma   **12.** banca/d'Italia   **13.** negozio/«Lui e Lei»

E. Domanda e risposta. La domanda è al singolare, la risposta è al plurale, secondo l'esempio. (*The question is in the singular, and the answer is in the plural, according to the example.*)

    ESEMPIO   ragazzo/a scuola   **—Dov'è il ragazzo?**
                                    —I ragazzi sono a scuola.

1. banca/in centro   **2.** amica di Marisa/a casa   **3.** automobile/in garage   **4.** treno/in
stazione   **5.** negozio/in via Dante   **6.** caffè/in Galleria   **7.** studente/in classe

F. Dov'è?   Domanda e risposta.

    ESEMPIO   **dottore, Aspirina/in ufficio**   **—Per favore, dov'è il dottor Aspirina?**
                                                             —È in ufficio.

1. signore, Giannini/a Roma   **2.** professore, Tommasi/a casa   **3.** professoressa, Manzoni/
a teatro   **4.** dottoressa, Piccoli/in centro

G. Completate con l'articolo determinativo, dov'è necessario. (*Complete with the definite article, where necessary.*)

—Buon giorno ____, dottor Bianchi! Come sta?

—Ecco ____ signor Rossi!

—Scusi, dov'è ____ professor Marini?

—ArrivederLa ____ dottore!

—Per favore, c'è ____ professoressa Rovati?

IV. C'è, ci sono versus ecco!

Milano. Ecco la Stazione Centrale.

1. **C'è** (*there is*) and **ci sono** (*there are*) are used to indicate the existence of someone or something (in sight or not). Their negative forms are **non c'è** and **non ci sono,** respectively.

C'è la metropolitana a Roma?	*Is there the subway in Rome?*
Oggi **ci sono** diciotto studenti.	*Today there are eighteen students.*
Non ci sono fiori in giardino.	*There are no flowers in the garden.*

2. Ecco is invariable and is used to *point out* someone or something *in sight*. It has several meanings: *look!, here is . . .!, here are . . .!, there is . . .!, there are . . .!*

Ecco l'autobus!	**Here (There) is** the bus!
Ecco i signori Parini!	**There are** Mr. and Mrs. Parini!

esercizi

A. Per piacere, dove...? Ecco...! Domanda e risposta. (*Using the map of Milan on page 16, one student will ask where the following places are, and another student will point them out on the map, saying* **Ecco...!**)

1. Duomo   **2.** Scala   **3.** giardini   **4.** Castello Sforzesco   **5.** chiesa di Santa Maria delle Grazie   **6.** Galleria   **7.** stazione centrale

B. Completate le frasi con c'è o ci sono. (*Complete the sentences with* **c'è** *or* **ci sono.**)

1. _____ un cinema in via Dante?   **2.** _____ negozi in Galleria?   **3.** Non _____ un autobus qui (*here*).   **4.** In un giardino _____ alberi e fiori.   **5.** Non _____ chiese in centro. **6.** _____ un monumento in piazza.   **7.** Non _____ il professore oggi?

C. C'è...? Ci sono...? Domanda e risposta.

> ESEMPIO   parchi   —Ci sono parchi a... (*your city*)?
> —Sì, ci sono. (*or:* No, non ci sono.)

1. un'università   **2.** autobus   **3.** musei   **4.** una piazza   **5.** treni   **6.** ristoranti   **7.** un monumento a Garibaldi

V. *Interrogative expressions*

—*Che cos'è?*—È una casa.
—*Dov'è?*—È in Italia.

The interrogative expressions are:

Chi?	*Who?* *Whom?*	**Chi** è Marcello?	***Who** is Marcello?*
Che cosa? **Cosa?** **Che?**	*What?*	**Cos'è** un pronome?	***What** is a pronoun?*
Come?	*How?*	**Com'è** Firenze?	***How** is Florence?*
Dove?	*Where?*	**Dov'è** Palermo?	***Where** is Palermo?*
Quando?	*When?*	**Quando** sei a casa?	***When** are you at home?*

Cosa, come, and **dove** are elided before **è.**

Cos'è?	*What is it?* or *What is he (she)?*
Dov'è?	*Where is it?* or *Where is he (she)?*

esercizi

A. Chi? o Che cosa? **Domanda e risposta** tra due studenti, secondo l'esempio.

ESEMPIO   Filippo/studente   —**Chi è Filippo?**—È uno studente.
               Venęzia/città   —**Che cos'è Venęzia?**—È una città.

1. Michelạngelo/scultore (*sculptor*)   **2.** «*Il Dạvide*»/scultura (*sculpture*) di Michelạngelo   **3.** *Giulietta e Romeo*/tragẹdia di Shakespeare   **4.** Harvard/università   **5.** Leonardo da Vinci/pittore   **6.** tu/studente(ssa) d'italiano

B. Formulate le domande per le seguenti risposte. (*Ask questions for the following answers by using* **chi, che (che cosa, cosa), come, dove,** *or* **quando.**)

ESEMPIO   —Io sono in classe.   —**Dove sei?**

1. Io sono un amico di Francesca.   **2.** Tọkio è in Giappone.   **3.** Gẹnova è un porto (*port*) in Italia.   **4.** Piazza San Marco è a Venẹzia.   **5.** Sto bene, grạzie.   **6.** Oggi Francesca Rovati è a casa.   **7.** Siamo in Amẹrica.

Ragazzi e ragazze

Milano. In centro c'è il duomo, di stile gotico.

Oggi Liliana e Lucia *s'incontrano* in centro, a un caffè in Piazza   meet
del Duomo.

Liliana Ciao, Lucia. Come va?

Lucia Bene, grazie. E tu?

Liliana Oggi *così così*. Domani *ho* un *esame* con il professor   so so / I have /
Sapienza. . . .   exam

Lucia Uh! Il professore d'inglese. . . . E gli amici, dove
sono?

Liliana Gabriella è in un negozio in Galleria. Filippo oggi è a Roma con la *famiglia*. Antonio e Marcello sono a Santa Maria delle Grazie con Mary Clark. — *famiglia*: family

Lucia Mary Clark? E chi è?

Liliana È una studentessa di Nuova York, un'amica di Marcello.

Lucia Ah, Marcello, *sempre* con le ragazze! E gli studi? — *sempre*: always

Liliana, Lucia, Gabriella, Antonio, Marcello e Filippo sono amici. Filippo è il ragazzo di Gabriella. Marcello e Antonio oggi *mostrano* a Mary Clark il Duomo e l'affresco *L'Ultima Cena* di Leonardo da Vinci *nella* chiesa di Santa Maria delle Grazie.

mostrano: show; *L'Ultima Cena*: *The Last Supper*; *nella*: in the

DOMANDE SULLA LETTURA

1. Dove sono Liliana e Lucia oggi? **2.** Come sta Liliana? **3.** Dov'è Gabriella? **4.** E Antonio e Marcello, dove sono? Con chi? **5.** Chi è Mary Clark? **6.** Chi è il ragazzo di Gabriella? **7.** Che cos'è *L'Ultima Cena?* **8.** Chi è Leonardo da Vinci? **9.** Quando sono a Santa Maria delle Grazie, Marcello e Antonio?

DOMANDE PERSONALI

1. Chi è Lei? **2.** Come sta Lei? **3.** In che città è Lei? **4.** Chi sono io? **5.** Sono professore(ssa) d'inglese? **6.** Siamo a casa oggi? **7.** Di dov'è Lei? **8.** Ci sono gli autobus a . . . (*your city*)? **9.** Che cosa c'è in Broadway? E in Little Italy, cosa c'è? **10.** Che cos'è Park Avenue? **11.** Dov'è il Colosseo? **12.** Che cos'è San Pietro? **13.** In che città ci sono le gondole (*gondolas*)?

ATTIVITÀ

A. Orale

In autobus. Conversazione tra (*between*) voi e uno studente (una studentessa). (*Imagine that a student touring the city where you are studying starts a conversation and asks whether you are from that city; what there is downtown; and if there are monuments, churches, and points of interest* (**punti di interesse**). *Two or three students can participate in this activity.*

B. Traduzione

1. Excuse me, where is the university? **2.** There is the university! **3.** Is professor Pini there? **4.** Who? Doctor Pini? Today he is not in. (**Non c'è.**) He is at home. **5.** Please, where is the Bank of Italy? **6.** It is downtown. **7.** Are there restaurants, too? **8.** Yes. The restaurants and the shops are downtown. **9.** Thank you. Good-bye. **10.** You are welcome, Madam. Good-bye.

vocabolario

NOMI

l'affresco (*pl.*-chi)	*fresco*
l'albero	*tree*
l'amico, l'amica	*friend*
l'autobus	*bus*
l'automobile (*f.*)	*car*
l'autostrada	*highway, freeway*
il bambino, la bambina	*little boy, little girl*
la casa	*house, home*
la città	*city, town*
la classe	*class*
la conversazione	*conversation*
il dottore, la dottoressa	*doctor, university graduate*
il fiore	*flower*
il giardino	*garden*
l'inglese (*m.*)	*English (language)*
l'Italia	*Italy*
l'italiano	*Italian language*
la lezione	*lesson*
il libro	*book*
il monumento	*monument*
il nome	*noun, name*
la pagina	*page*
il pittore, la pittrice	*painter*
il professore, la professoressa	*professor*
il ragazzo, la ragazza	*boy, girl; boyfriend, girlfriend*
il ristorante	*restaurant*
la scuola	*school*
lo studente, la studentessa	*student*
lo studio	*study*
il treno	*train*
l'università	*university*

AGGETTIVI

americano	*American*
italiano	*Italian*

VERBI

essere	*to be*

ALTRE ESPRESSIONI

a	*in, at, to*
anche; anch'io	*also, too; I too*
c'è, ci sono	*there is, there are*
che?, che cosa?, cosa?	*what?*
chi?	*who?, whom?*
come?	*how?*
con	*with*
di, d'	*of, from*
dove?	*where?*
e, ed (often before a vowel)	*and*
ecco!	*here (there) is (are)!*
in	*in*
in centro	*downtown*
no	*no*
oggi	*today*
per	*for*
quando?	*when?*
sì	*yes*

MILAN AND LOMBARDY

The city of Milan (Italian **Milano,** from Latin *Mediolanum,* meaning "place in the middle") owes its name to its central location in the Po valley. It is the capital of the region called Lombardy (**Lombardia**), named after the Lombards, or Longobards, a barbarian tribe that settled in Italy in the sixth century. This region extends from the peaks of the central Alps to the low-lying fertile plain of the Po river. It includes scenery of remarkable diversity and beauty, such as that of the great Italian lakes, **Lago Maggiore, Lago di Como,** and **Lago di Garda.**

The prosperity of Milan is partly due to its position on the main trade routes between southeastern and northwestern Europe. As early as the Middle Ages, the Lombard bankers were competing with the Florentines in trade all over

Il Lago di Como.

Milano. La Galleria Vittorio Emanuele.

Europe.* From the fourteenth century to the end of the six-teenth, Milan became an artistic center as well, under the patronage of its leading families—the Viscontis and the Sforzas. The court of Ludovico Sforza and Beatrice d'Este, patrons of Leonardo da Vinci, was considered to be the richest in all of Italy. In the eighteenth century, Milan was flourishing with circles of intellectuals who played an important role in making Italy independent.

Today Milan is the largest Italian city after Rome and the most important industrial and financial center in the country. Its main industries are chemical-electrical, textiles, and automobiles, represented by Alfa-Romeo. Milan has also become a forerunner in the fashion world; every spring an international trade fair, **La Fiera Campionaria,** is held there and attracts buyers from all over the world. Lombardy alone accounts for one-third of all Italian exports.

Lombard Street, the famous banking street in London, England, is named after these Italian bankers.

2

PERSONE E PERSONALITÀ

Un gruppo di studenti universitari.

Luca è biondo e simpatico. Com'è Luciano?

COM'È *IL TUO COMPAGNO DI STANZA?*

your roommate

Rita	Ciao, Luciano. Sei *solo quest'*anno?	alone / this
Luciano	No, ho un nuovo compagno di stanza. *Si chiama* Luca. È toscano, di Firenze.	His name is
Rita	Com'è? È un ragazzo simpatico?	
Luciano	Sì, è un ragazzo molto simpatico. È anche un bel ragazzo—alto, biondo, con gli occhi verdi.	
Rita	È un bravo studente?	
Luciano	Sì, è molto studioso e *parla* quattro lingue.	speaks
Rita	Sono curiosa *di conoscerlo.*	to meet him
Luciano	Bene. Domani sera c'è una festa a casa di Marco. Sei *invitata.*	invited
Rita	Grazie. Hai una vecchia *guida* di Firenze?	guidebook
Luciano	Sì, ma perchè?	
Rita	*Per imparare* cinque o sei cose per domani sera.	In order to learn

DOMANDE SUL DIALOGO

1. Ha un vecchio compagno di stanza Luciano?   **2.** Come si chiama?   **3.** Di che città è?
4. È bruno?   **5.** È uno studente mediocre?   **6.** Che cosa c'è domani sera a casa di Marco?
7. Perchè Rita vuole (*want*) una vecchia guida di Firenze?   **8.** Hai un(a) compagno(a) di stanza tu? Come si chiama?

grasso   bello   forte   magro   vecchio

COME SEI TU?

biondo blond
bruno dark-haired
alto tall
basso short
magro thin
grasso fat
intelligente intelligent
stupido stupid
simpatico nice
antipatico unpleasant
generoso generous
avaro stingy
pigro lazy
studioso studious
interessante interesting
noioso boring

HAI I CAPELLI...?

neri black
biondi blond
bianchi white
castani brown
rossi red
corti short
lunghi long

HAI GLI OCCHI...?

neri black
castani brown
blu blue
verdi green

ESERCIZIO SU STUDIO DI PAROLE

Rispondete alle seguenti domande scegliendo l'aggettivo appropriato. (*Answer the following questions by choosing the appropriate adjective.*)

1. È avaro il signor Rockefeller? **2.** Come sono i capelli di Babbo Natale (*Santa Claus*)? **3.** È generoso Scrooge? **4.** Com'è Miss America? **5.** È bruna e bassa, in genere, una ragazza svedese (*Swedish*)? **6.** Ha gli occhi neri Robert Redford? **7.** Com'è un topo di biblioteca (*bookworm*)? **8.** È noioso un film di Woody Allen?

I. *The adjective*

Lucia è *carina:* ha i capelli *corti* e *neri* e gli occhi *castani.*

1. È brutta o è carina Lucia?   **2.** Ha i capelli lunghi o corti?   **3.** Ha gli occhi verdi o castani?

1. An adjective (*aggettivo*) must agree in gender and number with the noun it modifies. When a masculine singular adjective ends in **-o,** it has four endings: **-o** (*m. sing.*), **-i** (*m. pl.*), **-a** (*f. sing.*), and **-e** (*f. pl.*).

	Singular	Plural
Masculine	il bambino biond**o**	i bambini biond**i**
Feminine	la bambina biond**a**	le bambine biond**e**

When a masculine singular adjective ends in **-e,** it has two endings: **-e** (*m. & f. sing.*) and **-i** (*m. & f. pl.*).

	Singular	Plural
Masculine	il ragazzo intelligent**e**	i ragazzi intelligent**i**
Feminine	la ragazza intelligent**e**	le ragazze intelligent**i**

una ragazza studios**a**   *a studious girl*
due ragazze studios**e**   *two studious girls*

un amico simpatic**o**   *a nice friend*
due amici simpatic**i**   *two nice friends*

la lezione diffici**le**   *the difficult lesson*
le lezioni diffici**li**   *the difficult lessons*

NOTE:
If an adjective modifies two nouns, each of a different gender, the masculine plural ending is used: Lisa e Paolo sono **simpatici**. *Lisa and Paolo are **nice**.*

---

2. As shown above, an adjective usually follows the noun it modifies. However, the following common adjectives usually precede the noun:

bello	*beautiful, handsome, fine*	**grande**	*big, large*
brutto	*ugly*	**piccolo**	*small, short*
buono	*good*	**stesso**	*same*
bravo	*good, talented*	**altro**	*other*
cattivo	*bad, mean*	**caro**	*dear*
giovane	*young*	**vero**	*true*
nuovo	*new*		
vecchio	*old*		

l'**altro** studente	*the **other** student*
un **caro** amico	*a **dear** friend*
una **grande** casa	*a **big** house*
gli **stessi** ragazzi	*the **same** boys*

NOTE:
All adjectives follow the noun when they are modified by the adverb **molto** (*very*).

un amico **molto caro**	*a **very dear** friend*
una casa **molto grande**	*a **very big** house*

---

3. Adjectives denoting *nationality* or *color* always follow the noun:

italiano*	*Italian*	**americano**	*American*
giapponese	*Japanese*	**tedesco** (*pl.* **tedeschi**)	*German*
francese	*French*	**spagnolo**	*Spanish*
irlandese	*Irish*	**russo**	*Russian*
inglese	*English*	**cinese**	*Chinese*
messicano	*Mexican*	**greco**	*Greek*

---

*In Italian, adjectives denoting nationality are not capitalized, while nouns are:
gli Italiani, gli Americani, etc.

bianco (*pl.* bianchi)	*white*	blu	*blue*
nero	*black*	marrone	*brown*
rosso	*red*	rosa	*pink*
verde	*green*	viola	*purple*
grigio	*grey*	giallo	*yellow*

NOTE:
The adjectives **rosa, blu,** and **viola** are invariable.

una signora **inglese**	*an **English** lady*
la lingua **cinese**	*the **Chinese** language*
una macchina **tedesca**	*a **German** car*
due belle donne **americane**	*two beautiful **American** women*
un fiore **giallo**	*a **yellow** flower*
due case **bianche**	*two **white** houses*
due biciclette **blu**	*two **blue** bicycles*

---

4. **a.** *Plural of adjectives and nouns ending in* **-co.** When the stress
falls on the next-to-last-syllable, the masculine plural ending
is **-chi** (bian/*co,* bian/*chi*). When the stress falls on the third-
to-last-syllable, the masculine plural ending is **-ci** (sim/pa/ti/
co, sim/pa/ti/*ci*). The feminine plural always ends in **-che**
(bian*ca,* bian*che*).

   b. *Adjectives ending in* **-go.** The plural endings are always **-ghi,
   -ghe.** For more details see Chapter 18.

i fiori bian**chi**	*the white flowers*
le signore simpati**che**	*the nice ladies*
i capelli lun**ghi**	*long hair*
le strade lar**ghe**	*the wide streets*

---

esercizi

A. Come sei tu?   Domanda e risposta.

    ESEMPIO   alto   —Sei alto(a) tu?
                        —Sì, sono alto(a). (or: No, non sono alto[a].)

1. bruno   **2.** vecchio   **3.** generoso   **4.** pigro   **5.** intelligente   **6.** bravo   **7.** cattivo
8. studioso   **9.** bello   **10.** ricco

B. Di che colore è (sono)...? (*What color is, are . . .?*) Domanda e risposta.

> ESEMPIO   gli alberi   —Di che colore sono gli alberi?
> —Sono verdi.

1. i tassì (*taxis*) di New York   **2.** la bandiera (*flag*) americana   **3.** la bandiera italiana
4. gli occhi di...   **5.** la casa del presidente americano   **6.** i capelli di...   **7.** i capelli del(la)
professore(ssa)

C. Com'è? Come sono? Domanda e risposta.

> ESEMPIO   chiesa di San Pietro/grande   —Com'è la chiesa di San Pietro?
> —È grande.

1. città di Firenze/bello   **2.** ragazze italiane/bruno   **3.** compagne di classe/simpatico
4. gelati italiani/buono   **5.** veri amici/caro   **6.** professore(ssa) d'italiano/buono, bello,
bravo...   **7.** occhi di.../verde, blu, castano...   **8.** macchine tedesche/caro
9. studenti d'italiano/intelligente   **10.** film di Coppola/interessante   **11.** edifici in centro/
alto

D. No. Domanda e risposta.

> ESEMPIO   gelato italiano, **cattivo/buono**   —È cattivo il gelato italiano?
> —No, è buono.

1. edifici di Manhattan, basso/alto   **2.** automobili Toyota, americano/giapponese
3. ragazze californiane, bruno/biondo   **4.** lezioni d'italiano, difficile/facile   **5.** macchine
Fiat, spagnolo/italiano   **6.** bravi bambini, antipatico/simpatico   **7.** topi di biblioteca,
pigro/studioso   **8.** Fifth Avenue, corto/lungo

E. Mettete gli aggettivi prima o dopo il nome e fate i cambiamenti necessari. (*Place the
adjectives before or after the noun and make the necessary changes.*)

1. (giovane) la signora   **2.** (piccolo) un giardino   **3.** (giapponese) le macchine   **4.** (caro)
gli amici   **5.** (nero) i capelli   **6.** (interessante) una cosa   **7.** (francese) i caffè   **8.** (rosa)
i fiori   **9.** (grande) le piazze   **10.** (bello) le feste   **11.** (simpatico) le signorine   **12.** (bravo)
una dottoressa   **13.** (facile) le parole   **14.** (piccolo, verde) una casa   **15.** (messicano,
nuovo) un ristorante   **16.** (nero, stesso) gli occhi

F. Rispondete usando **molto**. (*Answer using* **molto**.)

> ESEMPIO   —Non è una buona ragazza Lisa?   —Sì, è **una ragazza molto buona.**

1. Non sei una brava persona tu?   **2.** Non siete studenti simpatici voi?   **3.** Non è una
lingua facile l'italiano?   **4.** Non ha i capelli lunghi...?   **5.** Non ci sono belle ragazze in
classe?   **6.** Non è una compagna di classe studiosa...?   **7.** Non sono un(a) professore(ssa)
paziente (*patient*) io?

II. Buono *and* bello

—**Buona** fortuna!   *Good luck!*
—**Buon** viaggio!   *Have a nice trip!*
—**Buone** vacanze!   *Have a nice vacation!*

1. When the adjective **buono** (*good*) precedes a singular noun, it has the same endings as the indefinite article **un**.

un libro, un **buon** libro	*a book, a **good** book*
un'amica, una **buon**'amica	*a friend, a **good** friend*

NOTE:
Buono in its plural forms has regular endings:

due **buoni** amici	*two **good** friends*
due **buone** ragazze	*two **good** girls*

2. When the adjective **bello** (*beautiful, handsome*) precedes a noun, it has the same endings as the definite article **il**.

il ragazzo, il **bel** ragazzo	*the boy, the **handsome** boy*
i fiori, i **bei** fiori	*the flowers, the **beautiful** flowers*
l'amica, la **bell**'amica	*the friend, the **beautiful** friend*
gli occhi, i **begli** occhi	*the eyes, the **beautiful** eyes*
le parole, le **belle** parole	*the words, the **beautiful** words*

esercizi

A. Buono. Domanda e risposta. (*You want to know what something or someone is like.*)

> ESEMPIO   caffè   —Com'è il caffè?
>   —È un buon caffè.

1. ristorante   **2.** lezione   **3.** automọbile   **4.** libro   **5.** studenti   **6.** idea   **7.** amici **8.** dottore

B. Bello. (*You are showing a friend some pictures, and your friend comments by using* **bello.**)

> ESEMPIO   casa di Anna   —Ecco la casa di Anna.
>   —Che bella casa!

1. amiche di Lucia   **2.** negọzio Gucci   **3.** uffịcio di Mimmo   **4.** bambini di una signora irlandese   **5.** ạlberi di rose   **6.** automọbile di Marcello   **7.** ragazzo di Gabriella   **8.** zoo di San Diego   **9.** stụdio di un pittore italiano

C. No! Rispondete usando il contrario di **cattivo** e di **brutto.** (*Answer by using the opposite of* bad *and* ugly.)

1. È una cattiva idea?   **2.** È un brutto negọzio?   **3.** È un brutto cane?   **4.** Sono brutti edifici?   **5.** Sono cattive amiche?   **6.** È un cattivo libro?   **7.** È una brutta città?   **8.** Sono brutti giardini?   **9.** Sono cattivi compagni?   **10.** È un cattivo gelato?

III. Avere *(to have)*

—Che naso *ha* Pinọcchio?
—*Ha* un naso lungo.

The present tense (**presente**) of **avere** is conjugated as follows:

Person	Singular	Plural
1st	io **ho** (*I have*)	noi **abbiamo** (*we have*)
2nd	tu **hai** (*you have, familiar*)	voi **avete** (*you have, familiar*)
	lui **ha** (*he has*)	
3rd	lei **ha** (*she has*)	loro **hanno** (*they have*)
	Lei **ha** (*you have, formal*)	Loro **hanno** (*you have, formal*)

Io ho un cane. E tu?   *I have a dog. And you?*
Gianni **non ha** i capelli neri.   *Gianni does not have black hair.*
Voi **non avete** il libro.   *You don't have the book.*
Ha una macchina americana   *Do you have an American car?*
  Lei?
I signori Scotti **hanno** una   *Do Mr. and Mrs. Scotti have a*
  bella casa?   *nice home?*
Hai una bicicletta, **(non è)**   *You have a bicycle, don't you?*
  vero?
Marcello **ha** gli occhi verdi,   *Marcello has green eyes,*
  (non è) vero?   *doesn't he?*

NOTE:
  a. To use the verb **avere** in the negative or interrogative form,
     follow the general rules given in Chapter 1, pp. 17–18.
  b. Another way of asking a question in Italian is by placing
     (non è) vero? at the end of a statement.

esercizi

A. Sostituite il soggetto con i soggetti fra parentesi e cambiate la forma del verbo.
(*Replace the subject with the subjects in parentheses, and change the form of the verb.*)

1. Ho una vecchia macchina grigia. (tu, voi, i signori Pucci, Ada)   **2.** Quali corsi hai? (voi,
Lei, i ragazzi, la signorina Bossi)   **3.** Non ho i capelli rossi. (Laura, Lia e Nino, il bambino,
noi)

B. Completate con la forma corretta del presente di **avere**. (*Complete with the correct form
of the present tense of* **avere.**)

1. Antonio non _____ un bel cane nero.   **2.** Lui e io _____ un bel negozio in centro.
3. Anche tu _____ una bicicletta blu?   **4.** Io _____ un bell'amico.   **5.** Lui _____ i capelli
castani.   **6.** Non _____ una bella macchina noi?   **7.** Un dottore _____ una professione
difficile.   **8.** Loro _____ una professione interessante?

C. ..., non è vero? Domanda e risposta.

> ESEMPIO   tu, una macchina nuova   —Tu hai una macchina nuova, non è vero?
> —Sì, ho una macchina nuova. (or: No, non ho una macchina nuova.)

1. voi, molti compiti   **2.** tu, un(a) compagno(a) di stanza   **3.** tu e..., gli occhi neri
4. i professori, i capelli grigi   **5.** il tuo amico, una Ferrari   **6.** gli studenti, il week-end libero (*free*)   **7.** noi, esami difficili

D. No! **Domanda e risposta.** Rispondete usando l'aggettivo contrario (*opposite*).

> ESEMPIO   Marcello, un amico alto   —Ha un amico alto, Marcello?
> —No, ha un amico basso.

1. il tuo (*your*) amico, una macchina nera   **2.** voi, cattivi amici   **3.** tu, compagni pigri
4. i professori, una professione noiosa   **5.** tu, una bicicletta nuova   **6.** gli studenti, corsi facili   **7.** io, capelli bianchi   **8.** tu, lo stesso professore d'inglese

IV. *Cardinal numbers: 0 to 20*

Ecco *due* topi di biblioteca!

The cardinal numbers from *zero* to *twenty* are:

0	zero	7	sette	14	quattordici
1	uno	8	otto	15	quindici
2	due	9	nove	16	sedici
3	tre	10	dieci	17	diciassette
4	quattro	11	undici	18	diciotto
5	cinque	12	dodici	19	diciannove
6	sei	13	tredici	20	venti

All these numbers are invariable except **zero** and **uno**. **Uno** has the same forms (**un, uno, una, un'**) as the indefinite article **un** when it precedes a noun. (**Un amico** translates as: *a friend* or *one friend*.)

C'è **una** fontana in Piazza Navona?

*Is there **one** fountain in Piazza Navona?*

No, ci sono **tre** fontane.

*No, there are **three** fountains.*

In 100 (cento), ci sono **due** zeri.

*In 100, there are **two** zeros.*

A. Contate da **due** a **venti** per **due**. (*Count from 2 to 20 by two.*)

B. Leggete le seguenti frasi ad alta voce. (*Read the following sentences aloud.*)

1. Domani abbiamo 3 lezioni.   **2.** Oggi ho 17 dollari (*dollars*).   **3.** 13 è un brutto numero.
4. La signora non ha 5 bambini; ha 7 bambini;   **5.** Ho un compito (*homework*) di 19 pagine!
6. Per piacere, non hai 9 dollari?   **7.** In giardino, ci sono 15 alberi di rose.   **8.** 11 è un numero pari (*even*) o dispari (*odd*)?

C. Ci sono...? Domanda e risposta.

ESEMPIO   due professori in classe   —**Ci sono due professori in classe?**
—**No, c'è un(a) professore(ssa).**

1. otto giorni in una settimana (*week*)   **2.** diciassette studentesse d'italiano in classe
3. diciannove ragazzi   **4.** cinque settimane in un mese (*month*)   **5.** tredici mesi in un anno (*year*)

LETTURA

Due amici differenti

Marcello Scotti e Antonio Catalano sono buoni amici. Marcello è giovane, alto, *snello* e biondo. Ha gli occhi verdi, il *naso* greco e la bocca regolare. È un bel ragazzo? Sì, un vero Adone! Ha anche una nuova Ferrari rossa. *Naturalmente* ha successo! «Com'è carino! Com'è simpatico!» sono le opinioni di *molte* ragazze.

slim

nose

Of course

many

E Antọnio? Anche lui è giọvane: ha la stessa *età* di Mar- age
cello, ma non è molto bello. È basso e grasso. Ha i capelli
neri, gli occhi castani, e il naso *storto.* Non ha la mạcchina, crooked
ma ha Fido, un vẹcchio cane *spelato,* basso e grasso e con le mangy
gambe storte. legs

E in classe, com'è Antọnio? Be', in classe è un'altra cosa,
perchè Marcello è uno studente mediocre, ma lui, Antọnio,
è molto intelligente e bravo. Sì, Antọnio è un vero *campione.* champion

DOMANDE SULLA LETTURA

1. Chi sono Marcello e Antọnio? **2.** Sono vecchi? **3.** È vero che Marcello è un brutto
ragazzo? **4.** Di che colore sono gli occhi di Marcello? **5.** Che mạcchina ha? **6.** Secondo
(*according to*) le ragazze, com'è Marcello? **7.** È un bel ragazzo Antọnio? **8.** È alto?
9. Di che colore sono gli occhi di Antọnio? **10.** Com'è Antọnio in classe? **11.** È un
bravo studente Marcello?

DOMANDE PERSONALI

1. Ha gli occhi castani Lei? **2.** Ha i capelli rossi? **3.** È alto(a), basso(a), o di statura
mẹdia (*medium height*)? **4.** Ha una mạcchina? Che mạcchina è? **5.** Di che colore è? È
vẹcchia o nuova? **6.** Ha un cane? Com'è? **7.** È ricco(a)? **8.** Ha buoni amici? **9.** È
generoso(a) o avaro(a) con gli amici? **10.** Ha corsi fạcili o diffịcili? **11.** È diffịcile la
lịngua italiana? **12.** Quante (*How many*) studentesse ci sono in classe? **13.** Come sono?

ATTIVITÀ

A. Orale
Presentazione personale. Descrivete voi stessi (*yourselves*): il nome, la nazionalità
(americano/a...); l'orịgine (inglese, irlandese...); l'aspetto fịsico (alto/a, di statura
mẹdia..., occhi..., capelli..., ecc.).

B. Tema
Descrivete un(a) amico(a) o una persona interessante, usando molti aggettivi.

C. Traduzione
1. Lisa and Graziella are two good friends. **2.** They have brown eyes, but Lisa is blond
and tall, whereas (**mentre**) Graziella is short and dark-haired. **3.** They are very pretty
and young. **4.** Lisa is rich and has a small car. **5.** Graziella has an old bicycle.
6. They are in the same Italian class. **7.** It is a difficult class. **8.** But today they have a
very easy exam.

NOMI

la bandiera	flag
la bicicletta	bicycle
il cane	dog
i capelli	hair
il colore	color
il compagno (la compagna) di stanza, di scuola	roommate, classmate
il corso	class, (academic) course
la cosa	thing
l'esame (m.)	exam
la festa	party
il film	movie
il gelato	ice cream
il giorno	day
l'idea	idea
la lingua	language
il numero	number
l'occhio (gli occhi)	eye(s)
la persona	person
la professione	profession
la rosa	rose
la sera	evening

AGGETTIVI

altro	other
bianco (pl. bianchi)	white
blu (inv.)	blue
bravo	good, talented
buono	good
carino	pretty, cute
caro	dear, expensive
cattivo	bad, mean
cinese	Chinese
curioso	curious
difficile	difficult

facile	easy
francese	French
giallo	yellow
giapponese	Japanese
giovane	young
grande	big, wide, large, great
grigio	grey
inglese	English
interessante	interesting
irlandese	Irish
lungo (pl. lunghi)	long
marrone	brown
messicano	Mexican
nero	black
nuovo	new
piccolo	little, small
povero	poor
ricco (pl. ricchi)	rich
rosa (inv.)	pink
rosso	red
russo	Russian
spagnolo	Spanish
stesso	same
tedesco (pl. tedeschi)	German
verde	green
vero	true
viola (inv.)	purple

VERBI

avere	to have

ALTRE ESPRESSIONI

Be', bene	well
domani	tomorrow
in genere	generally
molto (inv.)	very
o	or
perchè	why, because

ITALY: NORTH AND SOUTH

Genova, primo porto d'Italia.

When we study Italy's geography, we divide the country into three parts: **Italia settentrionale,** comprising all the regions north of Tuscany; **Italia centrale,** including all regions from Tuscany to Abruzzi; and **Italia meridionale** (and **insulare**), which begins at Campania and Puglie and includes the two islands of Sicily and Sardinia.

The adjective *settentrionale* is derived from the Latin words *septem triones,* the seven stars of the Big Bear, or **Orsa Maggiore.** The adjective **meridionale** is derived from *meridiem,* meaning midday, or **mezzogiorno.** The two adjectives signify two opposite cardinal points, north (**il nord,** or **settentrione**) and south (**il sud,** or **meridione**).

For Italians, they have a deeper meaning: they represent two different economic systems and two different lifestyles. The **settentrione** is highly developed and industrial, while the **meridione** is predominantly agricultural and still less developed than the **settentrione.** Overpopulation and lack of resources in the south led to mass emigration overseas from 1880 to 1915. Later, especially after World War II, the southerners emigrated to northern Italy and to the northern European countries.

Immediately after World War II, the Italian government introduced some measures to alleviate the problems of the south, namely, a land reform, the **Riforma Agraria,** whose aim was to turn over the land from the big landlords to the peasants, and a long-term capital fund, the **Cassa del Mezzogiorno,** which favored the development and industrialization of southern regions.

These measures and the administrative autonomy given to the regions have allowed the south to improve economically. Today the phenomenon of emigration has slowed down, and many southerners are returning to their cities or villages.

Contadini al lavoro sulle montagne degli Abruzzi.

3

ALL'UNIVERSITÀ

L'Università di Pavia. Studenti a un esame.

Pietro e Gina studiano insieme per gli esami.

OGGI STUDIAMO PER GLI ESAMI

Gina e Pietro parlano *davanti* alla biblioteca. *in front of*

Gina	Pietro, *quante* lezioni hai oggi?	*how many*
Pietro	Ho una lezione di biologia e un'altra di fisica. E tu?	
Gina	Io ho un esame di chimica e *ho bisogno di* studiare perchè gli esami *del* professor Riva sono sempre difficili.	*I need to* / *of (the)*
Pietro	Non hai gli *appunti?*	*notes*
Gina	No, ma Franca, *la mia* compagna di classe, è una ragazza molto studiosa e ha molte pagine di appunti.	*my*
Pietro	Gina, *io ho fame,* e tu?	*I am hungry*
Gina	Anch'io. C'è un piccolo caffè *vicino alla* biblioteca. Perchè non mangiamo *lì?*	*near* / *there*
Pietro	Sì, *va bene,* perchè non ho molto tempo. *Dopo* le lezioni *lavoro* in biblioteca. E ho anche molti *compiti* per domani.	*it's OK / After* / *I work / homework*
Gina	La vita *dei* poveri studenti non è facile!	*of the*

DOMANDE SUL DIALOGO

1. Quante lezioni ha Pietro oggi?   **2.** Che cosa studia Gina oggi? Perchè?   **3.** Chi è Franca?   **4.** Com'è?   **5.** Perchè Gina e Pietro mangiano vicino alla (*near the*) biblioteca?   **6.** Dove lavora oggi Pietro?   **7.** Che cos'ha per domani?   **8.** Com'è la vita degli studenti?   **9.** Hai molto tempo tu?   **10.** Com'è il corso d'italiano?   **11.** Studi molto tu?

NELL'AULA *IN THE CLASSROOM*

$$S = \frac{c^2 \sqrt{3}}{4}$$

la conferenza lecture	**la fisica** physics
la lavagna blackboard	**la matematica** math(ematics)
il gesso chalk	**l'economia** economics
la matita pencil	**le scienze politiche** political science
la penna pen	**la storia dell'arte** art history
gli appunti notes	**la musica** music
il quaderno notebook	**il corso di storia** the history course (class)
il compito homework	**la lezione di chimica** the chemistry class
il voto grade	**l'esame** (*m.*) **di fisica** the physics exam
il trimestre quarter	
il semestre semester	
la biologia biology	
la chimica chemistry	

ESERCIZIO SU STUDIO DI PAROLE

1. Dove sono gli studenti della vignetta? **2.** Che corso è? **3.** La professoressa è al tavolo o alla lavagna? **4.** E noi, siamo alla lezione di scienze politiche o di storia dell'arte? **5.** Di che cosa abbiamo bisogno per scrivere (*in order to write*) sulla lavagna? **6.** Di che cosa abbiamo bisogno per prendere (*in order to take*) appunti? **7.** A e B sono due brutti voti? **8.** Quanti corsi hai questo (*this*) trimestre (semestre)? **9.** Quali corsi hai? **10.** Quale (*Which*) corso è molto difficile? **11.** Quali compiti sono noiosi? **12.** Quante settimane (*weeks*) ci sono in un trimestre?

I. *Regular verbs ending in* **-are:** *present tense*

Mamma e Nino *suọnano;* **il papà canta.**   **I tre ragazzi** *giọcano:* **al golf, al pallone, a tennis.**

1. Chi suona la chitarra?   **2.** Anche il papà suona?   **3.** A che cosa giọcano i tre ragazzi?

cantare *(to sing)*	
cant **o**	cant **iamo**
cant **i**	cant **ate**
cant **a**	cạnt **ano**

1. Verbs that end in **-are** are the most frequently used verbs and are identified as first conjugation verbs. With few exceptions, they are regular. The infinitive of a regular verb such as **cantare** consists of the stem **cant-** (invariable) and the ending **-are**. To conjugate the present tense (**presente**) of **cantare**, we replace **-are** with a different ending for each person: **-o, -i, -a, -iamo, -ate, -ano.**

2. The present tense in Italian is rendered in English in different ways:

Io canto.
- *I sing.*
- *I am singing.*
- *I do sing.*

Canta Maria?
- *Does Maria sing?*
- *Is Maria singing?*

Maria non canta.
- *Maria does not sing.*
- *Maria is not singing.*

Aspetti un amico?	***Are you waiting for** a friend?*
Desịdero guardare la TV.	***I want** to watch TV.*
Giochiamo a tẹnnis oggi?	***Are we playing** tennis today?*
Quante lịngue **parli?**	*How many languages **do you speak?***
(Loro) **Ạbitano** in una pịccola città.	***They live** in a small city.*

---

3. Here is a list of some common **-are** verbs:

abitare	*to live*	**(in)cominciare**	*to begin*
ascoltare	*to listen (to)*	**insegnare**	*to teach*
aspettare	*to wait (for)*	**lavorare**	*to work*
cantare	*to sing*	**mangiare**	*to eat*
comprare	*to buy*	**parlare (a)**	*to speak (to)*
desiderare	*to wish, to want*	**pensare (a)**	*to think (about)*
domandare	*to ask*	**spiegare**	*to explain*
giocare (a)	*to play (a game)*	**studiare**	*to study*
guardare	*to look at, to watch*	**suonare**	*to play (an instrument)*
imparare	*to learn*		

NOTE:

a. Verbs ending in **-iare** drop the **i** of the infinitive stem before adding the endings **-i** and **-iamo.**

studi**are**: stud**i**, studi**amo**   incominci**are**: incominc**i**, incominci**amo**

b. Verbs ending in **-care** and **-gare** add an **h** before the endings **-i** and **-iamo** to preserve the hard sounds of /k/ and /g/.

gio**care**: gio**chi**, gio**chiamo**   spie**gare**: spie**ghi**, spie**ghiamo**

All these spelling changes are limited to the first conjugation verbs.

---

4. Contrary to their English equivalents, the verbs **ascoltare,** **aspettare,** and **guardare** take a direct object and therefore are *not* followed by a preposition.

Aspettiamo l'autobus.	*We are waiting for the bus.*
Perchè non **ascolti** la radio?	*Why don't you listen to the radio?*
Guardate le foto?	*Are you looking at the photographs?*

---

5. Imparare, (in)cominciare, and **insegnare** take the preposition **a** before an infinitive.

Incomincio a imparare a parlare in italiano.	*I'm beginning to learn to speak Italian.*

For a list of verbs that take a preposition (**a** or **di**) before an infinitive, see Appendix 1.

---

6. To express purpose (*in order to*), Italian uses **per** + *infinitive.*

Studio **per** imparare.	*I study (**in order**) to learn.*

esercizi

A. Rispondete. Incominciate con: **Anche** (*Also*) . . . .

ESEMPIO   Luigi canta. E tu?   —Anch'io canto.

1. Antonio mangia con i compagni. E tu? E voi due? E papà e io?   **2.** Io studio per imparare. E Lei? E noi? E lui e lei? E la ragazza?   **3.** Guardo la TV quando ho tempo. E voi? E Luisa? E loro? E tu?   **4.** Quando ascoltate la lezione, imparate molto. E tu? E Loro? E Lei?   **5.** Oggi gioco a tennis. E tu? E gli studenti? E lui?

B. Completate. (*Complete.*)

1. Voi (*play*) _____ bene la chitarra.
2. Quando (*listen to*) _____ la musica voi?
3. Franco (*studies*) _____ a Firenze.
4. Loro (*wish*) _____ comprare una macchina nuova.
5. Quando (*begin*) _____ il corso di letteratura inglese tu?
6. Loro non (*wait for*) _____ gli amici oggi.
7. Come (*teach*) _____ i tuoi (*your*) professori?
8. Oggi il professore d'italiano (*explains*) _____ i verbi.

C. No! Domanda e risposta. (*Follow the example.*)

> ESEMPIO   abitare in Italia   —**Abiti in Italia?**
> —**No, non abito in Italia, abito in America.**

1. studiare matematica/...   **2.** desiderare un disco (*record*) di Elvis Presley/...   **3.** imparare la lingua giapponese/...   **4.** giocare al golf/...   **5.** ascoltare i compagni/...   **6.** parlare cinque lingue/...   **7.** lavorare in biblioteca/...   **8.** mangiare all'università/...

D. Imparo a...; Incomincio a.... (*Say in a complete sentence what the following people are learning or beginning to do.*)

> ESEMPIO   (imparare) io, cantare   **Io imparo a cantare.**

a. (imparare)   **1.** noi, giocare a tennis   **2.** la mamma, suonare il piano   **3.** il bambino, parlare bene   **4.** voi, essere generosi   **5.** la signorina, cantare   **6.** i professori, essere pazienti

b. (incominciare)   **1.** i ragazzi, giocare al pallone (*ball*)   **2.** il corso, essere interessante   **3.** noi, parlare degli esami   **4.** voi, studiare la lezione   **5.** uno studente, essere impaziente   **6.** il papà, ascoltare la mamma

E. Rispondete con una frase completa. (*Answer with a complete sentence.*)

1. Studiate al liceo (*high school*) o all'università voi?   **2.** Incominciate a parlare italiano?   **3.** Stasera mangiate a casa o al ristorante voi?   **4.** In quale città abiti tu?   **5.** Ascolti la radio stasera?   **6.** Guardi la televisione la sera?   **7.** Lavori o studi solamente (*only*) tu?   **8.** Se lavori, dove lavori?

II. *Prepositions*

—**Oggi siamo *all'*università. Il professore è *alla* lavagna.**   —***Nella* biblioteca i libri sono *sugli* scaffali.**

1. Dove siamo oggi?   **2.** Dov'è il professore?   **3.** Cosa c'è sugli scaffali?

1. *Simple prepositions.* You have already learned some simple prepositions (**preposizioni sęmplici**): **a, di, in, per.** The following chart lists all the simple prepositions and their meanings.

di (d')	*of*	**con**	*with*
a	*at, to, in*	**su**	*on, over, above*
da	*from, by*	**per**	*for*
in	*in*	**tra (fra)**	*between, among*

Ecco il professore **d'**inglese.

Abitiamo **a** New York.
Il treno arriva **da** Roma.
Siamo **in** America.
Giochi **con** Gino?
Il dizionạrio è **su** uno scaffale.
La bicicletta è **per** Lia.
Il quaderno è **tra** due libri.

*There is the English professor (the professor **of** English).*
*We live **in** New York.*
*The train is arriving **from** Rome.*
*We are **in** America.*
*Are you playing **with** Gino?*
*The dictionary is **on** a shelf.*
*The bicycle is **for** Lia.*
*The notebook is **between** two books.*

Note that **di** is used to express:

   a. *possession:*

      Di chi è il dizionạrio?
      È **di** Antọnio.

      ***Whose** dictionary is it?*
      It is Antonio's.

   b. *place of origin:*

      Di dov'è il signor Smith?
      È **di** Londra.

      *Where is Mr. Smith **from**?*
      *He is **from** London.*

2. When the prepositions **a, da, di, in,** and **su** are used with a definite article, they combine to form one word (**preposizione articolata**), as follows:

	il	**lo**	**l' (m.)**	**la**	**l' (f.)**	**i**	**gli**	**le**
a	al	allo	all'	alla	all'	ai	agli	alle
da	dal	dallo	dall'	dalla	dall'	dai	dagli	dalle
di	del	dello	dell'	della	dell'	dei	degli	delle
in	nel	nello	nell'	nella	nell'	nei	negli	nelle
su	sul	sullo	sull'	sulla	sull'	sui	sugli	sulle

Studiamo **all'**università.
*We are studying **at the** university.*

Ecco l'ufficio **del** professore.
*Here is the office **of the** professor.*

La penna è **sul** tavolo.
*The pen is **on the** table.*

Lavorano **negli** Stati Uniti.
*They work **in the** United States.*

Lisa aspetta **nello** studio.
*Lisa is waiting **in the** study.*

The preposition **con** is seldom contracted. Its most common contractions are **col** and **coi; con i (coi)** bambini.

NOTE:
The contractions with the definite article occur when nouns are preceded by the article. First names and names of cities do not have an article.

È il libro **di** Luca?
Is it Luca's book?

No, è il libro **della** professoressa.
*No, it is **the** professor's book.*

Loro abitano **a** Verona.
*They live **in** Verona.*

---

esercizi

A. Rispondete alle seguenti domande usando (*using*) la preposizione corretta (**di, a, da, in, con, su, per, tra**).

1. A chi parlate?/un compagno   **2.** Dov'è l'edificio di lingue?/due altri edifici   **3.** Dov'è il quaderno?/una sedia (*chair*)   **4.** Con chi studiate?/gli altri studenti   **5.** Da quale pagina incomincia il capitolo 1?/pagina…   **6.** Quale professore ascoltate oggi?/italiano   **7.** Per chi sono gli appunti?/un compagno assente (*absent*)   **8.** Dove siamo?/classe

B. Di che nazionalità?   Domanda e risposta. Seguite l'esempio. (*Follow the example.*)

ESEMPIO   una signorina, Milano   **—Di che nazionalità è una signorina di Milano?**
—Una signorina di Milano è italiana.

1. i turisti, Londra   **2.** una professoressa, Parigi   **3.** una ragazza, Mosca (*Moscow*)   **4.** i signori, Berlino   **5.** un ingegnere (*engineer*), Tokio   **6.** gli studenti, Guadalajara

C. Cosa c'è nell'aula? Rispondete con una frase completa usando l'articolo determinativo. (*Answer with a complete sentence using the definite article.*)

1. lavagna   **2.** gesso   **3.** sedie   **4.** tavolo   **5.** porta   **6.** finestre (*windows*)   **7.** libri   **8.** quaderni   **9.** poster (*m.pl.*)   **10.** scaffali

D. Combinate (*Combine*) le preposizioni con l'articolo determinativo.

1. **a** il parco, gli studenti, lo zoo, le pareti, la porta, l'università
2. **di** l'esame, gli appunti, i corsi, lo studio, le finestre, gli oggetti
3. **in** l'edificio, lo studio, i cassetti (*drawers*), le stanze
4. **su** gli alberi, il pavimento, i fogli, lo scaffale, le sedie
5. **da** la biblioteca, il dottore, l'università, gli studenti, la scuola

E. Di chi...? (*Whose . . .?*) (*Choose objects that you can name in the classroom, and ask to whom they belong.*)

> ESEMPIO libro d'italiano —Di chi è il libro d'italiano?
> —È di (del, della...)

1. appunti di algebra 2. dizionario d'italiano 3. penna nera 4. quaderni sul tavolo
5. matite 6. libri sulla sedia 7. fogli nel libro di storia

F. Rispondete, secondo l'esempio. (*Use the proper contraction in each instance.*)

> ESEMPIO Dove mangiate oggi?/ristorante —Oggi mangiamo al ristorante.

1. A che cosa pensate?/esame di biologia 2. Dove studiate?/università 3. Dove sono i libri?/scaffali 4. Dove giocano i bambini?/parco 5. Dove ci sono molte (*many*) persone?/negozi 6. Dove lavora Pietro?/ristorante 7. Dove aspettate gli amici?/caffè 8. Dove aspettate il professore (la professoressa)?/aula 9. Dove sono le cose del(la) professore(ssa)?/tavolo

III. *Idioms with* **avere**

—Cara, non *hai paura*, vero?

1. In Italian, the following idiomatic expressions (**espressioni idiomatiche**) are formed by using **avere** + *noun,* while in English they are formed in most cases by using *to be* + *adjective.*

avere fame	*to be hungry*	**avere caldo**	*to be hot*
avere sete	*to be thirsty*	**avere freddo**	*to be cold*
avere sonno	*to be sleepy*	**avere ragione**	*to be right*
avere paura (di)	*to be afraid (of)*	**avere torto**	*to be wrong*
avere bisogno (di)	*to need*		

Hai paura di un esame difficile?	*Are you afraid of a difficult exam?*
Ha bisogno di un quaderno?	*Do you need a notebook?*
Ho caldo e **ho** anche **sete.**	*I am hot and I am also thirsty.*
Hai ragione: è un corso interessante.	*You are right: it is an interesting course.*

2. To express age, Italian uses **avere** + *number* + **anni.**

Gina ha diciannove anni.

esercizi

A. A che cosa pensi se...? Domanda e risposta. (*Use the expressions from the list below to form questions and answers.*)

ESEMPIO   avere fame/lasagne, fettuccine
   —A che cosa pensi se hai fame?
   —Penso alle lasagne o alle fettuccine.

1. avere sete/Coca-Cola, caffè, acqua (*water*)   **2.** avere sonno/letto, riposo (*rest*)   **3.** avere fame/pizza, spaghetti   **4.** avere caldo/inverno (*winter*), Polo Nord, gelato   **5.** avere freddo/mese (*m.*) d'agosto, piscina (*swimming pool*)

B. Completate con le preposizioni articolate.

1. Io ho paura degli esami, e Lei? Io no, ma ho paura _____ professori severi (*strict*), _____ lezioni difficili, _____ dentista (*m.*), _____ cattivi dottori, _____ cani feroci, _____ amici disonesti, _____ bomba atomica, e _____ guerra (*war*).   **2.** Noi abbiamo bisogno del quaderno per (*in order to*) studiare, e tu? Io no, ma ho bisogno _____ libro, _____ fogli, _____ tavolo, _____ lampada, _____ penna, _____ caffè, _____ appunti di chimica.   **3.** Maurizio ha vent'anni: pensa _____ cinema, _____ ragazze, _____ musica rock, _____ sport; non pensa _____ studio, _____ compiti, _____ università, _____ professori, _____ esami.

C. *Agree or disagree with the following statements using* **avere ragione** *or* **avere torto.**

ESEMPIO: —Non studio per gli esami.　—**Hai torto. (o: Hai ragione.)**

1. Non mangio perchè ho paura di ingrassare (*of getting fat*).　**2.** Ascolto i buoni consigli (*advice*) di un amico.　**3.** Non aspetto gli amici quando sono in ritardo (*they are late*). **4.** Gli studenti giocano a tennis e non studiano per gli esami.　**5.** Siamo preoccupati per l'esame d'italiano.　**6.** Il mio compagno di stanza guarda la TV e non pensa ai compiti. **7.** Non compro i libri perchè costano (*they cost*) molto.

IV. Quale? *and* che? *(Which? and what?)*

Quali **sono i colori della bandiera americana?**

1. Quale and **che** are interrogative adjectives. **Quale** implies a choice and identification, and it usually drops the **-e** before **è**. Like the adjectives ending in **-e**, **quale** has only two forms: **quale** and **quali.**

Qual è la casa di Gino?	*Which is Gino's house?*
Quale professore hai?	*Which professor do you have?*
Quali possibilità ci sono?	*Which possibilities are there?*

Che indicates *what kind* and is an invariable adjective.

Che macchina hai?	*What (kind of) car do you have?*
Che libro è?	*What book is it?*

2. Che is also used in exclamations. In this case, it means *What . . .!* or *What a . . .!*

Che bravo studente!	*What a good student!*
Che bei bambini!	*What beautiful children!*

esercizi

A. Quale...? Domanda e risposta. (*Follow the example.*)

> ESEMPIO   libro   —Dov'è il libro?
> —Quale libro?
> —Il libro di Pietro (o: di chimica   o: del professore   o...)

1. dizionario   **2.** quaderni   **3.** compiti   **4.** appunti   **5.** conferenza   **6.** professoressa
7. classe   **8.** fogli

B. Che...? (*A friend is making the following statements. Solicit more information by asking* **Che...?**)

> ESEMPIO   macchina/Volvo   —Oggi compro una macchina.
> —Che macchina?
> —Una (macchina) Volvo.

1. cane/setter   **2.** orologio (*watch*)/Gucci   **3.** motocicletta/Honda   **4.** libro/di storia
5. dizionario/di spagnolo   **6.** penna/biro (*ballpoint pen*) nera   **7.** automobile/Fiat

C. Che...! (*React with an exclamation to the following statements, according to the example.*)

> ESEMPIO   —La signora Maria ha due *belle* bambine.   —Che *belle* bambine!

1. Lucia ha una stanza *disordinata*.   **2.** Marco non studia perchè è un ragazzo *pigro*.
3. Il (la) professore(ssa) è *paziente* quando spiega.   **4.** Questa (*This*) pizza è molto *buona*.
5. Stefano è un ragazzo molto *generoso* con gli amici.   **6.** I film di... non sono interessanti,
sono *stupidi*.   **7.** Marisa è una studentessa molto *brava* a scuola.

Il biglietto deve essere convalidato all'inizio del viaggio ed in ogni caso in
metropolitana, dove è consentito un solo viaggio fino ai limiti urbani di
Cascina Gobba e Sesto Marelli. Il diritto a viaggiare scade dopo 75' dalla
1ª convalida. Il biglietto convalidato non è cedibile e deve essere conser-
vato fino all'uscita dalle stazioni o all'allontanamento dalla vettura.

312   0382124

La stanza di Lucia

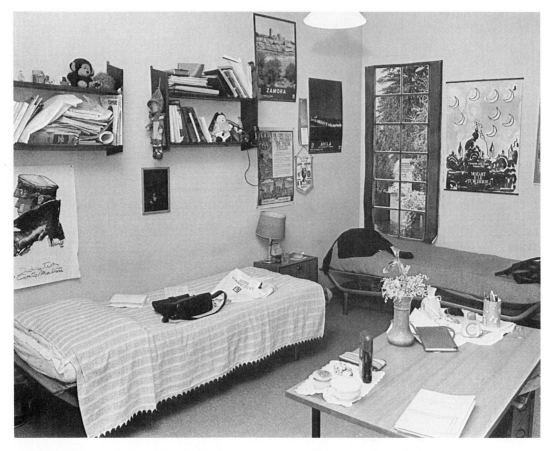

Stanza di una studentessa universitaria.

Lucia abita in un vecchio edificio in via Senato. La stanza di Lucia non è molto grande, ma ha una bella *finestra che dà sul* giardino. Nella stanza ci sono un letto, due sedie e un tavolo. Sul tavolo ci sono molti oggetti: carte, matite, libri, quaderni e una *lampada*. Alle pareti e sulla porta ci sono fotografie di bei *paesaggi* perchè Lucia ha l'hobby della fotografia. Sul pavimento ci sono molti fogli di carta. La stanza è disordinata perchè Lucia studia lingue all'università di Milano e, quando è *libera*, lavora nel negozio di un amico di famiglia.

window / that overlooks

lamp
landscapes

free

Oggi Lucia e Liliana studiano *insieme* perchè domani   together
hanno un esame difficile. Le due ragazze desiderano guardare la TV o ascoltare *della* musica, ma hanno bisogno di   some
studiare perchè hanno paura dell'esame.

   Dopo due *ore* di studio, Lucia ha fame.   hours
—Liliana, quando ho fame, io non imparo anche se studio.
—Hai ragione. Perchè non mangiamo una pizza?
—Adesso *telefono* alla pizzeria e *ordino* una bella pizza *al po-*   I (will) phone / I (will)
 modoro.   order/with tomato
          sauce

DOMANDE SULLA LETTURA

1. È in un nuovo edificio la stanza di Lucia?   **2.** Com'è la stanza?   **3.** Che mobili (*furniture*)
ci sono nella stanza?   **4.** Quali oggetti ci sono sul tavolo?   **5.** Perchè Lucia ha molte foto
alle pareti?   **6.** È ordinata la stanza? Perchè?   **7.** Con chi studia oggi?   **8.** Perchè hanno
bisogno di studiare?   **9.** Perchè ordinano una pizza?   **10.** Che pizza mangiano?

DOMANDE PERSONALI

1. Lei studia alla scuola media (*junior high school*), al liceo o all'università?   **2.** Quali lingue
straniere impara?   **3.** Di che cosa hanno bisogno gli studenti in classe?   **4.** Di che cosa
ha paura alla fine (*at the end*) dei corsi, Lei?   **5.** È vero che i professori hanno sempre
ragione?   **6.** Com'è un professore che (*who*) insegna bene?   **7.** Lei studia con un(a)
compagno(a) di classe quando ha un esame?   **8.** Quando non studia e ha tempo, guarda
la TV, Lei?   **9.** Mangia pizza o frutta (*fruit*) quando ha fame?   **10.** Ha una grande stanza
Lei? È ordinata?

ATTIVITÀ

A. Orale
Quante lezioni avete oggi? Parlate con altri compagni dei vostri (*about your*) corsi. Quanti
sono? Quali sono? Come sono? Usate come esempio il dialogo «Oggi studiamo per gli
esami».

B. Tema
La mia stanza. Descrivi la tua (*your*) stanza. (Dov'è? Com'è? Che cosa c'è nella stanza,
alle pareti, sul tavolo dove studi?)

C. Traduzione
1. Here is a conversation between two roommates, Nina and Lori.   **2.** You are very messy,
Nina. You have books, paper, and other things on the floor.   **3.** You're right. I am afraid
because Professor Riva's exams are always difficult.   **4.** Are you studying today?
5. Yes, in the library.   **6.** If you wish, we (will) study together (*insieme*).   **7.** Yes, but
now I am hungry, and you?   **8.** No, I am thirsty. I need a cup (*tazza*) of coffee.   **9.** I do,
too, because I am sleepy.

NOMI

l'anno	year
l'aula	classroom
la biblioteca	library
la carta	paper
la chitarra	guitar
il dizionario	dictionary
la fame	hunger
la finestra	window
il foglio	sheet (of paper)
la fotografia	photo, picture
la lampada	lamp
il letto	bed
la lezione	lesson, class
il liceo	high school
la lingua	language
la musica	music
la nazionalità	nationality
l'oggetto	object
il papà	dad
la parete	wall
il pavimento	floor
la porta	door
lo scaffale	shelf
la sedia	chair
la sete	thirst
la stanza	room
il tavolo	table
la televisione	television
il tempo	time
la vita	life

AGGETTIVI

che...?	what . . .?
contento	happy
disordinato	messy
impaziente	impatient
molto	much, a lot of (pl. many)
ordinato	neat
paziente	patient
preoccupato	worried
quale...?	which . . .?
straniero	foreign

VERBI

abitare	to live
ascoltare	to listen to
aspettare	to wait for
cantare	to sing
comprare	to buy
desiderare	to wish
domandare	to ask
giocare (a)	to play (a game)
guardare	to look at, to watch
imparare	to learn
incominciare	to begin
insegnare	to teach
lavorare	to work
mangiare	to eat
parlare (a)	to speak
pensare (a)	to think about
spiegare	to explain
studiare	to study
suonare	to play (an instrument); to ring (a bell, phone, etc.)

ALTRE ESPRESSIONI

adesso	now
da	from, by
per (+ inf.)	in order to
se	if
sempre	always
la sera	in the evening
stasera	tonight
su	on, over, above
tra (or fra)	between, among
avere... anni	to be . . . years old
avere bisogno (di)	to need
avere caldo	to be hot
avere fame	to be hungry
avere freddo	to be cold
avere paura (di)	to be afraid (of)
avere ragione	to be right
avere sete	to be thirsty
avere sonno	to be sleepy
avere torto	to be wrong

IL SISTEMA SCOLASTICO ITALIANO

Firenze. Università degli Studi.

In Italia la scuola è obbligatoria fino all'età di quattordici anni e include cinque anni di scuola elementare e tre di scuola media. Dopo la scuola media è necessario *decidere* a quale scuola continuare gli studi. Infatti esiste una varietà di scuole secondarie superiori: il liceo classico o scientifico, se uno desidera *diventare,* per esempio, professore, dottore, *avvocato* o ingegnere; l'istituto magistrale per i *maestri* e le *maestre di scuola elementare;* il liceo artistico o il conservatorio di musica per gli studenti che hanno talento artistico; e le scuole *professionali.*

to decide

to become / lawyer
elementary school
teachers

vocational

Le scuole secondarie superiori durano quattro o cinque anni e hanno programmi controllati dallo Stato. Gli studenti del liceo classico, per esempio, studiano la lingua e letteratura italiana, le lingue classiche (latina e greca), e una lingua straniera; geografia, filosofia, scienze naturali, chimica, matematica, fisica, storia dell'arte, religione, educazione fisica. *Di solito* non esistono attività sociali, come club, sport e danze.

Usually

Alla fine della scuola media superiore ci sono gli esami di maturità, *scritti* e orali. Gli studenti ricevono un diploma e sono *liberi* di continuare gli studi all'università.

written

free

ESERCIZIO DI COMPRENSIONE

Complete the following statements with the correct phrase.

1. In Italia è obbligatorio studiare fino ai…
   a. diciotto anni   **b.** sedici anni   **c.** quattordici anni
2. Per diventare dottore è necessario studiare…
   a. al liceo classico   **b.** al conservatorio di musica   **c.** all'istituto magistrale
3. Alle scuole medie superiori le attività sociali sono…
   a. molto importanti   **b.** poco importanti   **c.** inesistenti

4

A TAVOLA

Un ristorante. Il cameriere serve il pranzo.

Tre amici al ristorante. La ragazza mangia un'insalata verde.

AL RISTORANTE

Linda incontra Gianni al ristorante.

Linda	È un *locale* piccolo, ma carino, no? Io non ho molta fame, e tu?	place
Gianni	*Ho una fame da lupo.* Ma che menù povero! Non ci sono *nè* lasagne *nè* scaloppine!	I'm hungry as a wolf neither . . . nor
Linda	Per piacere, Gianni! Non sei *stanco* di mangiare sempre le stesse cose? Sst! Ecco il cameriere!	tired
Cameriere	*Desiderano* un antipasto? Abbiamo del prosciutto delizioso.	Do you wish (would you like)
Gianni	Non per me, grazie. *Non mi piace* il prosciutto. *Io vorrei* degli spaghetti al pomodoro. Anche tu, Linda?	I don't like I would like
Linda	*Scherzi?* Ho bisogno di vitamine, io, non di calorie. Per me, una zuppa di verdure.	Are you joking?
Cameriere	E come secondo, che cosa *ordinano?* Oggi abbiamo arrosto di vitello, molto buono, con piselli.	are you ordering
Gianni	*D'accordo.*	OK.

Cameriere	E Lei, signorina?
Linda	Io vorrei una bistecca con insalata verde.
Cameriere	Vino bianco o vino rosso?
Gianni	Vino rosso, per favore. *Mezzo litro.*
Linda	Per me acqua minerale, per favore.

A half liter.

DOMANDE SUL DIALOGO

1. Linda incontra Gianni all' università? Dove?   **2.** Com'è il ristorante?   **3.** Ha poca o molta fame Gianni?   **4.** Perchè non è contento?   **5.** Che cosa mangia spesso?   **6.** Che cosa c'è oggi come antipasto? Com'è il prosciutto?   **7.** Ordinano l'antipasto Linda e Gianni?   **8.** Che cosa ordina Gianni?   **9.** E Linda?   **10.** Perchè?   **11.** Che cosa ordinano Linda e Gianni come secondo?   **12.** Gianni ordina dell'acqua minerale?   **13.** Ha molta o poca fame Lei, oggi?   **14.** Le piace (*Do you like*) l'acqua minerale?

STUDIO DI PAROLE

I PASTI *MEALS*

la colazione   breakfast
il pranzo   lunch
la cena   dinner

L'ANTIPASTO *HORS D'OEUVRE*

il prosciutto e melone

IL PRIMO PIATTO *FIRST COURSE*

la minestra   soup
la zuppa di verdure   vegetable
soup
gli spaghetti al pomodoro
. . . with tomato sauce
i ravioli alla panna   . . . with cream
sauce
le lasagne alla bolognese   . . .
with tomato, meat, and white
sauce
i cannelloni alla napoletana
stuffed pasta with tomato sauce

IL SECONDO PIATTO
SECOND COURSE

la bistecca   steak
il pollo arrosto   roast chicken
le scaloppine
l'arrosto di vitello   roast veal
il pesce fritto   fried fish

LE VERDURE *VEGETABLES*

l'insalata verde o mista   green or
mixed salad
i piselli   peas
gli spinaci
le zucchine
le patate fritte   fried potatoes

LE BEVANDE *DRINKS*

la birra   beer
il vino   wine
l'acqua minerale   mineral water
il latte   milk

il caffè espresso, il cappuccino
il tè   tea

il cameriere   waiter
il conto   check, bill
la mancia   tip

—I signori desiderano?

IL DESSERT

il dolce: la torta   cake
            il gelato   ice cream
la frutta: la mela   apple
            la pera   pear
            l'arancia   orange
            la banana
il formaggio   cheese

ESERCIZIO SU STUDIO DI PAROLE

1. Ci sono molti o pochi clienti nel ristorante della vignetta?   **2.** Quanti camerieri ci sono?
3. Di solito, che cosa portano i camerieri?   **4.** Con che cosa incomincia un pranzo elegante
in Italia?   **5.** Quanti e quali sono i pasti del giorno?   **6.** In Italia il pasto principale è il
pranzo. Negli Stati Uniti è la stessa cosa?   **7.** Gli spaghetti in Italia sono un primo o un
secondo piatto?   **8.** Se abbiamo ancora (*still*) fame dopo la carne o il pesce, che cosa
ordiniamo?   **9.** Che cosa ordina Lei, quando ha sete?   **11.** Che cosa porta il cameriere
alla fine (*at the end*) del pranzo?   **12.** Signorina…, Le piacciono gli spinaci?   **13.** Signor
…, Le piace il formaggio?   **14.** Gianni (or . . .) ti piace la torta?

A. Che cosa ti piace? *Choose six items from* **Studio di parole** *that you like and four that you
dislike. Begin with* **Mi piace** *or* **Non mi piace** *(+ singular noun)…;* **Mi piacciono** *or* **Non mi
piacciono** *(+ plural noun)…*

ESEMPIO   **Mi piace il melone**
          Mi piacciono le lasagne.
          Non mi piacciono le zucchine.

I. *The partitive (some, any)*

Marco desidera *del* tè.
C'è *della* torta nel frigo.
Ci sono anche *delle* paste.

1. The partitive (**partitivo**) is used to indicate a part of a whole or an undetermined quantity or number. In English, it is expressed by *some* or *any*. In Italian, it is expressed by the contraction of **di** and the definite article **il** in all its forms (**del, dello, dell'; della, dell'; dei, degli; delle**).

Vorrei **dell'**acqua minerale.	*I would like **some** mineral water.*
Luisa porta **delle** paste.	*Luisa is bringing **some** pastry.*
Abbiamo **del** vino francese.	*We have **some** French wine.*
Ho **degli** amici simpatici.	*I have **some** nice friends.*
Invitiamo **delle** ragazze americane.	*We are inviting **some** American girls.*

NOTE:
The partitive's plural forms may be considered the plural forms of the indefinite article **un, uno, una.**

Hai amici in Italia?	*Do you have friends in Italy?*
Sì, ho **un** amico a Roma e **degli** amici a Napoli.	*Yes, I have **a** friend in Rome and **some** friends in Naples.*

2. The partitive is omitted in negative sentences and is frequently omitted in interrogative sentences.

Non ho soldi; hai (**dei**) soldi tu?
I don't have (any) money; do you have (any) money?

Comprate (**delle**) mele?
Are you buying (some) apples?

No, non compriamo frutta, compriamo **del** gelato.
No, we are not buying (any) fruit, we're buying (some) ice cream.

---

esercizi

A. Che cosa desideri? Domanda e risposta.

ESEMPIO   acqua minerale/latte   —Desideri dell'acqua minerale?
—No, vorrei del latte.

1. gelato/torta   **2.** spinaci/zucchine   **3.** pane e formaggio/frutta   **4.** tè/Coca-Cola
5. spaghetti/pizza   **6.** vino/birra   **7.** arrosto di vitello/scaloppine   **8.** insalata verde/pomodori

B. Che cosa c'è in una città? Rispondete alla domanda.

ESEMPIO   treni   **Ci sono dei treni.**

1. autobus   **2.** macchine   **3.** tram (*streetcar*)   **4.** biciclette   **5.** università   **6.** edifici
7. negozi   **8.** parchi   **9.** giardini   **10.** piazze   **11.** stazioni

C. Che cosa porti? Domanda e risposta. Tu e dei compagni di classe organizzate un pic-nic.

ESEMPIO   formaggio/sì, no   —**Porti del formaggio?**
—**Sì, porto del formaggio.   o:**
—**No, non porto formaggio.**

1. pollo/no   **2.** pane/sì   **3.** mele/sì   **4.** caffè/no   **5.** prosciutto/sì   **6.** bevande fredde
(*cold*)/sì   **7.** bicchieri/no   **8.** piatti di carta/sì   **9.** insalata di pomodori/no   **10.** patatine
fritte (*potato chips*)/sì   **11.** dolci/no   **12.** gelato/no   **13.** panini (*sandwiches*)/sì

D. Leggete (*Read*) e completate con una forma appropriata (*correct*) del partitivo o dell'articolo indeterminativo secondo il significato (*meaning*).

Oggi è giorno di spesa (*shopping*) per la signora Gianna. Ha bisogno di comprare
_____ prosciutto, _____ arance, _____ acqua minerale, _____ pesce, _____ piselli, _____
bottiglia di vino bianco, _____ tè, _____ melone (*m.*), _____ rivista (*magazine*), _____
giornale (*m.*) e _____ fiori.

II. Alcuni, qualche, un po' di

—Cosa desideri?
Ci sono *alcune* mele.
C'è anche *un po' di* torta.

1. Alcuni, qualche, and **un po' di** are other forms that translate into *some*. The adjective **alcuni (alcune)** *is always followed by a plural noun*. The adjective **qualche** is invariable and *is only followed by a singular noun*. Both may replace the partitive when *some* means *a few*.

Invitiamo
alcuni amici.
qualche amico. } *We invite **some (a few)** friends.*
degli amici.

Pio porta
alcune bottiglie.
qualche bottiglia. } *Pio brings **some (a few)** bottles.*
delle bottiglie.

2. Un po' di (Un poco di) may replace the partitive only when *some* means *a little, a bit of.*

Desidero
un po' di latte. } *I would like **some** milk.*
del latte.

Mangio
un po' di pollo. } *I eat **some** chicken.*
del pollo.

3. With nouns that indicate *an indivisible mass* or *quantity,* such as **pane, latte, carne, caffè, minestra,** etc., the partitive article **del, della, dello** cannot be replaced by **qualche** or **alcuni.**

$\mathscr{esercizi}$

A. **In una cartoleria** (*stationery store*)   **Domanda e risposta.** Rispondete con **qualche.**

> ESEMPIO   libri   —**Compri dei libri?**
> —Sì, compro qualche libro.

1. matite   **2.** quaderni   **3.** penne blu   **4.** giornali   **5.** cartoline (*postcards*)   **6.** foto (*pl.*) di paesaggi   **7.** poster (*m. pl.*) di Venezia

B. Rispondete alle domande dell'esercizio precedente (*previous*) con **alcuni/e.**

> ESEMPIO   libri   —**Compri dei libri?**
> —Sì, compro alcuni libri.

C. **Hai fame? Desịderi...? Sì, vorrei un po' di....**   **Domanda e risposta.**

> ESEMPIO   pane   —**Desideri del pane?**
> —Sì, vorrei un po' di pane.

1. formạggio   **2.** insalata   **3.** pollo   **4.** spinaci   **5.** torta   **6.** arrosto   **7.** pesce   **8.** frutta   **9.** minestra   **10.** gelato

D. Leggete e completate con **alcuni, alcune** o con una **forma singolare,** secondo il caso.

Oggi sono al supermercato e compro _____ bottịglie di ạcqua minerale, _____ latte, _____ scaloppine, _____ pane, _____ pasta, _____ pomodori, _____ formạggio parmigiano (*parmesan*), e _____ pịccolo regalo per la mamma: _____ paste.

III. Quanto? *(How much?) and cardinal numbers: 21 to 100*

—*Quanti* anni hai, nonno?
—Ho *settant'*anni, bambina.

1. Quanto (quanta, quanti, quante) used as an interrogative adjective must agree in gender and number with the noun it modifies.

Quante lezioni hai oggi?   *How **many** classes do you have today?*
Quanto tempo hai?   *How **much** time do you have?*

2. Quanto is invariable when it precedes a verb and is used as an indefinite interrogative expression.

Quanto costa la torta?   }   *How **much** is the cake?*
Quant'è la torta?
Sette dollari.   *Seven dollars.*
Quanto fa quaranta   **How much** *is forty-nine*
meno sette?   *minus seven?*
Fa trentatrè.   *It is thirty-three.*

3. The cardinal numbers from 21 to 100 are:

21	ventuno	26	ventisei	31	trentuno	60	sessanta
22	ventidue	27	ventisette	32	trentadue	70	settanta
23	ventitrè	28	ventotto			80	ottanta
24	ventiquattro	29	ventinove	40	quaranta	90	novanta
25	venticinque	30	trenta	50	cinquanta	100	cento

All these numbers are invariable. However, note that:

a. the numbers **venti, trenta, quaranta,** up to **novanta,** drop the final vowel before adding **uno** and **otto.**

     trentun giorni   ***thirty-one*** *days*
     quarantotto minuti   ***forty-eight*** *minutes*

b. the numbers **ventuno, trentuno, quarantuno,** up to **novantuno,** drop the final **o** in front of a noun.

     Lisa ha **ventun** anni.   *Lisa is **twenty-one** years old.*

c. the numbers **venti, trenta, quaranta,** up to **cento,** usually drop the final vowel in front of the word **anni.**

     La nonna ha **ottant'**anni.   *Grandma is **eighty**.*

d. Tre takes an accent when it is added to **venti, trenta,** and so on. **ventitrè, trentatrè,** etc.

NOTE: In decimal numbers, Italian uses a comma (**virgola**), while English uses a period (**punto**).

$3,25 = tre dollari e venticinque centesimi

esercizi

A. Scrivete in parole i seguenti numeri.

7, 17, 28, 31, 43, 66, 78, 91, 100

B. Quanto fa...? Domanda e risposta. Uno studente domanda e l'altro completa le seguenti operazioni.

1. 11 + (**più**) 30 = (**fa**) _____   **3.** 10 × (**per**) 7 = _____
2. 80 − (**meno**) 22 = _____   **4.** 100 : (**diviso**) 4 = _____

C. Quanto costa (costano)? Sei in una libreria (*bookstore*) e domandi il costo in dollari e in centesimi (*cents*) dei seguenti oggetti. Uno studente risponde.

> ESEMPIO   1 matita/0,80¢   —**Quanto costa una matita?**
> —**Costa ottanta centesimi.**

1. 2 quaderni/$2,50   **2.** il libro di storia/$15   **3.** 3 penne nere/$5,40   **4.** 1 piccolo dizionario di spagnolo/$7,90   **5.** 100 fogli bianchi/$4,30

D. Rispondete alle seguenti domande.

1. Quanti minuti ci sono in un'ora (*hour*)?   **2.** Quante ore ci sono in un giorno?
3. Quanti giorni ci sono nel mese di aprile?   **4.** Quanti anni ci sono in un secolo (*century*)?
5. Quanti anni ha il presidente degli Stati Uniti?   **6.** Quante stelle (*stars*) ci sono sulla bandiera americana?

E. Quanti anni hai? Domandate a un(a) compagno(a) quanti anni ha, e dite (*say*) quanti anni avete voi. È permesso mentire! (*You are allowed to lie!*)

IV. Molto, tanto, troppo, poco, tutto, ogni

—Hai *molta* fame?
—Sì, ma ho *pochi* soldi.

1. The following adjectives express quantity:

molto, molta; molti, molte	*much, a lot of; many*
tanto, tanta; tanti, tante	*much, so much; so many*
troppo, troppa; troppi, troppe	*too much; too many*
poco, poca; pochi, poche	*little; few*

Lavorate **molte** ore?	*Do you work **many** hours?*
Pensiamo a **tante** cose.	*We are thinking about **(so) many** things.*
I bambini mangiano **troppo** gelato.	*Children eat **too much** ice cream.*
Lui invita **pochi** amici.	*He invites **few** friends.*

2. When **molto, tanto, troppo,** and **poco** modify an adjective or a verb, *they are adverbs* (**avverbi**). As adverbs, they are invariable.

Lei è **poco** studiosa.	*She is **not very** studious.*
L'Italia è **molto** bella.	*Italy is **very** beautiful.*
Gli studenti sono **tanto** bravi!	*The students are **so** good!*
Tu parli **troppo.**	*You talk **too much.***

3. **Tutto, tutta; tutti, tutte** (*the whole; all, every*). When the adjective **tutto** is used in the singular, it means *the whole*; when it is used in the plural, it means *all, every*. The adjective **tutto** is followed by the definite article.

Tutti i ragazzi sono là.	***All** the boys are there.*
Studio **tutti** i giorni.	*I study **every** day.*
Studi **tutto** il giorno?	*Are you studying **the whole** day?*

4. **Ogni** (*each, every*) is an *invariable* adjective. It is *always* followed by a singular noun.

Lavoriamo **ogni** giorno.	*We work **every** day*
Ogni settimana gioco a tennis.	***Every** week I play tennis.*

NOTE:
Tutto and **ogni** are often used interchangeably.

tutti i giorni ⎫
ogni giorno ⎬ *every day*

esercizi

A. Completate con la forma corretta di **quanto, molto, poco, tutto, tanto** o **troppo**.

1. (troppo) Tu mangi _____ lasagne.   **2.** (molto) Cuciniamo _____ spaghetti.   **3.** (molto) Comprano _____ birra.   **4.** (poco) Desidero _____ minestra.   **5.** (tutto) Guardiamo _____ i regali (*gifts*).   **6.** (tutto) _____ le ragazze parlano francese.   **7.** (poco) Ci sono _____ camerieri.   **8.** (quanto) _____ pane mangi!   **9.** (tutto) Nino suona la chitarra _____ il giorno.   **10.** (poco) Desidero _____ cose.   **11.** (tanto) Nella biblioteca dell'università ci sono _____ libri.

B. Completate con **molto** (avverbio) o con la forma corretta di **molto** (aggettivo).

1. «Cucini _____ ?» «No, cucino poco.»   **2.** Marcello ha _____ soldi e _____ amici.
3. Mangiate sempre _____ frutta?   **4.** Non siamo _____ stanchi.   **5.** Gabriella è _____ preoccupata.   **6.** Liliana non ama _____ cucinare.   **7.** La mamma compra _____ latte.
8. Una persona curiosa domanda _____ cose.

C. Domanda e risposta. Tu e i tuoi (*your*) compagni di classe organizzate una festa di compleanno.

> ESEMPIO   aspettare, amico   —**Aspetti qualche amico?**
> —**Aspetto tutti gli amici!**

1. invitare, ragazza   **2.** preparare, panino   **3.** comprare, bottiglia di Coca-Cola   **4.** suonare, canzone di...   **5.** portare, regalo   **6.** ballare (*to dance*), ragazzo(a)   **7.** parlare, amico(a)   **8.** mangiare, pasta

D. Tutti/e—Ogni.   Domanda e risposta. Parlate di alcune attività di tutti i giorni.

> ESEMPIO   studiare, sere   —**Studiate tutte le sere?**
> —**Sì, studiamo ogni sera.**

1. lavorare, giorni   **2.** ascoltare, spiegazioni (*explanations*) dei professori   **3.** mangiare a casa, giorni   **4.** preparare la colazione, mattine (*mornings*)   **5.** imparare, parole del vocabolario   **6.** studiare, lezioni   **7.** parlare, compagni di classe   **8.** guardare la televisione, sere   **9.** pagare, conti

Una festa di compleanno

Domani Gabriella ha ventun anni. Lucia organizza una festa e invita Filippo, il ragazzo di Gabriella, e tutti gli altri amici.

Lucia	Marcello, tu *che* hai sempre *un sacco di soldi,* che cosa porti?	who / a lot of money
Marcello	*Macchè* un sacco di soldi! Papà è milionario, ma se aspetto i soldi di papà… . Io compro alcune bottiglie di spumante Asti. Liliana e Antonio *vengono* con me nella Ferrari.	No way are coming
Lucia	E loro, cosa portano?	
Marcello	Liliana ha intenzione di portare dei panini al prosciutto perchè detesta cucinare. Antonio, *poverino,* è sempre *al verde:* lui porta Fido e la chitarra.	poor fellow / broke
Lucia	Filippo, che cosa porti tu?	
Filippo	Del vino rosso e una torta Motta. Va bene?	
Marcello	Molto bene. Con ventun *candeline,* vero? E tu Lucia, che sei una *cuoca* molto brava, che cosa prepari?	candles cook
Lucia	Vorrei preparare un arrosto di vitello con delle patate fritte.	
Marcello	Perchè non compriamo *insieme* un regalo? Qualche disco, per esempio, *dato che* Gabriella ama la musica.	together since
Lucia	D'accordo. E tu Filippo, *certamente* hai un bel regalo. Che cos'è? Siamo curiosi.	certainly

Una panetteria a Firenze.

Filippo Ho due *biglietti* per l'opera, ma silenzio, per piacere.   tickets
È una sorpresa!

Arriva la sera della festa. Tutti gli amici sono a casa di Lucia
e aspettano Gabriella e Filippo. Quando i due arrivano, gli amici
augurano: «Buon compleanno, Gabriella!».   wish

DOMANDE SULLA LETTURA

1. Per chi organizza una festa, Lucia?   **2.** Perchè?   **3.** Chi invita Lucia?   **4.** Chi è Filippo?
5. È ricco o povero il padre di Marcello?   **6.** Che cosa porta Marcello?   **7.** Come arriva
alla festa Marcello? Con chi?   **8.** Che cosa portano Liliana e Antonio?   **9.** Perchè Liliana
porta dei panini?   **10.** Che cosa porta Filippo?   **11.** Quante candeline ci sono sulla torta?
12. Cucina bene Lucia? Che cosa prepara?   **13.** Che regalo desiderano comprare gli amici
di Gabriella?   **14.** Che bella sorpresa prepara Filippo? Perchè?   **15.** Che cosa augurano
tutti gli amici quando Gabriella arriva a casa di Lucia?

DOMANDE PERSONALI

1. Lei ama o detesta cucinare?   **2.** Mangia spesso al ristorante?   **3.** Quando è al ristorante,
quali piatti ordina di solito (*usually*)?   **4.** Quale cucina ama? La cucina cinese, francese,
italiana . . .?   **5.** Che regalo desidera per il suo (*your*) compleanno?   **6.** Quale musica
ascolta? Musica classica, sinfonica, operistica, pop, jazz?   **7.** Suona il piano o un altro
strumento musicale?   **8.** Organizza molte o poche feste per gli amici?   **9.** Invita molte
persone alla festa, o invita solo (*only*) pochi amici?   **10.** Che cosa portano gli amici?   **11.**
Dimentica il compleanno di un amico o compra sempre un regalo?   **12.** Quando è con
gli amici al ristorante, chi paga il conto?   **13.** Dimentica la mancia al cameriere, o è
generoso(a)?

ATTIVITÀ

A. Orale

Siete in un ristorante italiano. Uno studente è il cameriere e porta il menù. Due o tre
studenti ordinano un pranzo all'italiana (*Italian style*): antipasto, pasta, secondo piatto,
ecc.

B. Tema

Un compleanno. Di chi è il compleanno? Quanti anni ha? Chi organizza la festa? Che
cosa prepara? Quanti amici invita? Che cosa portano gli amici? Quali regali? . . .

C. Traduzione

1. Today Mr. and Mrs. Buongusto are eating in a restaurant.   **2.** The waiter brings the
menu and says (*dice*), "Today we don't have roast veal, but we have very good *scaloppine
al marsala.*"   **3.** They order spaghetti with tomato sauce, two steaks, green salad, and a
bottle of red wine.   **4.** While (*mentre*) they are waiting, Mr. and Mrs. Buongusto talk
about (*di*) some friends.   **5.** We don't have many friends, but we do have good friends.
6. Why don't we invite Ornella and Paolo to (*a*) play tennis with us (*noi*) tomorrow? They
are very good because they play every day.   **7.** Mr. Buongusto is very hungry and he
eats a lot.   **8.** At the end Mr. Buongusto pays the bill.   **9.** "Are you forgetting the tip
for the (*al*) waiter?," asks Mrs. Buongusto.

NOMI

il bicchiere	glass
la bottiglia	bottle
la caloria	calorie
la canzone	song
la carne	meat
la cartoleria	stationery store
il centęsimo	cent
il compleanno	birthday
la cucina	kitchen; cooking, cuisine
il cuoco, la cuoca	cook
il disco (*pl.* **dischi**)	record
il dǫllaro	dollar
la festa	party, holiday
la fine	end
il frigorifero	refrigerator
il giornale	newspaper
la libreria	bookstore
il pane	bread
il panino	sandwich; **un panino al prosciutto** ham sandwich
la pasta	pasta; pastry; **le paste** (*pl.*) pastries
il piatto	dish, course
il regalo	gift, present
il silęnzio	silence
la sorpresa	surprise
il supermercato	supermarket
la vitamina	vitamin

AGGETTIVI

alcuni(e)	some, a few
delizioso	delicious
ogni (*inv.*)	each, every
poco	little; few
preoccupato	worried
qualche (*sing.*)	some
quanto	how much
stanco	tired
tanto	much, so much

troppo	too much
tutto	the whole; all, every

VERBI

amare	to love
arrivare	to arrive
costare	to cost
cucinare	to cook
detestare	to hate
dimenticare	to forget
incontrare	to meet
invitare	to invite
ordinare	to order
organizzare	to organize
pagare	to pay
portare	to bring, to carry; to wear
preparare	to prepare
salutare	to greet, to say good-bye

ALTRE ESPRESSIONI

avere intenzione (di)	to intend
Buon compleanno!	Happy birthday!
d'accordo	OK, agreed
di sǫlito	usually, generally
ęssere al verde	to be broke
là	there, over there
Ti piace (piącciono) ...?	Do you like . . .? (informal)
Le piace (piącciono) ...?	Do you like . . .? (formal)
Mi piace (piącciono) ...	I like . . .
meno (−)	minus
più (+)	plus
spesso	often
un po' di (un poco di)	some, a bit of
un sacco di	a lot of
vorrei	I would like

ALCUNE CITTÀ ITALIANE

Roma, capitale d'Italia. Il Foro Romano.

L'Italia è divisa in venti regioni ed ogni regione ha la sua *città-capoluogo,* le sue caratteristiche ed i suoi piatti tipici. Dal 1870 (mille ottocento settanta) la capitale d'Italia è Roma, capoluogo del Lazio. Secondo un proverbio, «tutte le strade portano a Roma»; infatti la *gente* arriva da tutto il *mondo* per visitare la «città eterna», centro dell'antico impero romano e dei *Papi.* Il monumento più grandioso della cristianità è la basilica di San Pietro: *si trova* nel Vaticano, *sede* del Papa.

regional capital

people / world

popes
it is found (it is) / seat

Grandi artisti, come il Bramante, Michelàngelo, Raffaello e il Bernini, hanno collaborato alla forma attuale di questa chiesa superba e della sua piazza. Alcune delle molte curiosità romane sono le *fontane* e le «osterie» (ristoranti).

                           fountains

Al sud, si trova la Campània; la città-capoluogo è Nàpoli. Nàpoli è un porto sul Mar Tirreno; e la presenza del mare, delle ìsole (specialmente Capri e Ìschia), e del maestoso Vesùvio, contribuisce alla sua celebrità. La pizza, famosa in tutto il mondo, è di orìgine napoletana. Il primo porto d'Itàlia è al nord: Gènova (Ligùria). Questa città, *pàtria* del grande navigatore Cristòforo Colombo, si estende sulle *colline,* di fronte al Mar Lìgure.

                           country
                           hills

Torino è il capoluogo della regione contìgua, il Piemonte. È una città elegante sul *fiume* Po, ma è anche industriale (automòbili Fiat). Durante gli anni 1849–1870, due torinesi, Vittòrio Emanuele II di Savòia e Cavour, con l'aiuto di Garibaldi, hanno realizzato l'unità d'Itàlia.

                           river

Gondole sul Canal Grande, a Venezia.

La città romạntica per eccellenza è all'est: Venẹzia (Ve-
neto). È una città sull'acqua: i 150 canali, i 400 *ponti,* le gọn-   bridges
dole, i palazzi pittoreschi, e Piazza San Marco *conferịscono*   bestow
alla città un'atmọsfera mạgica. Due altre città-capoluogo di
regione sono Bologna (Emịlia-Romagna) e Perụgia (Ụmbria).
Bologna è chiamata «*la dotta*» per la sua università, la più   the learned
antica d'Europa, e «la grassa» per i suoi piatti molto ricchi.
Perụgia si trova su una collina, a circa 50 chilọmetri da Assisi,
la città di San Francesco. È di orịgine etrusca e ha la *prima*   first
università italiana per stranieri. Famosi in tutto il mondo
sono i cioccolatini di Perụgia, chiamati «*Baci* Perugina».   Kisses

DOMANDE DI COMPRENSIONE

1. In Italia ci sono....
   a. diciassette regioni   **b.** venti regioni   **c.** diciannove regioni
2. Roma è la capitale d'Itạlia e anche il capoluogo....
   a. del Piemonte   **b.** della Campạnia   **c.** del Lạzio
3. Nạpoli è la città d'orịgine....
   a. dei Baci Perugina   **b.** della pizza   **c.** delle lasagne alla bolognese
4. La città di Gẹnova è la patria di....
   a. Cristọforo Colombo   **b.** Garibaldi   **c.** Vittọrio Emanuele II (secondo)
5. Bologna è definita «la dotta» per....
   a. la sua (*its*) università molto antica   **b.** la sua cucina   **c.** i suoi canali
6. La prima università per stranieri si trova (*is*)....
   a. a Venẹzia   **b.** a Perụgia   **c.** ad Assisi

5
ATTIVITÀ E PASSATEMPI

In una gelateria a Firenze.
—Un gelato al cioccolato e alla panna, per favore.

Una ragazza fa una telefonata da un telefono pubblico.

UNA TELEFONATA

Gianna telefona all'amica Marisa. La mamma di Marisa, la signora Pini, risponde al telefono.

Signora Pini	Pronto?
Gianna	Buon giorno, signora. Sono Gianna. C'è Marisa, per favore?
Signora Pini	Sì, un momento, è qui.
Marisa	Pronto? Ciao Gianna!
Gianna	*Finalmente! Il tuo* telefono è sempre occupato! Finally! / Your
Marisa	Da dove telefoni?
Gianna	Sono a un telefono pubblico vicino alla farmacia. E *devo* fare una telefonata breve perchè ho solo un *gettone*, e non ho *monete*.* I have to / token / coins
Marisa	*Allora, andiamo* al cinema oggi *pomeriggio*? So / are we going / afternoon
Gianna	*Veramente io preferisco* giocare a tennis. Actually I prefer
Marisa	Va bene. Perchè non andiamo in bicicletta al *campo da tennis?* E *al ritorno* andiamo a prendere un gelato. tennis court / on the way back
Gianna	Perfetto. Sono *da te per le due.* at your house / by two (o'clock)

*In Italy, phone calls from public telephones require either tokens (**gettoni**) or coins (**monete da 100 o 200 lire**). A card (**carta telefonica**), presently available for limited use in big cities, will eventually replace coins and tokens.

DOMANDE SUL DIALOGO

1. A chi telefona Gianna? **2.** Chi risponde al telefono? **3.** È fuori (*out*) Marisa? **4.** Che parola usano Marisa e la mamma per rispondere? **5.** Perchè Gianna dice (*says*): «Finalmente»? **6.** Da dove telefona Gianna? **7.** Dove si trova il telefono pubblico? **8.** È lunga la telefonata? **9.** Perchè? **10.** Cosa desidera fare Marisa? **11.** E Gianna? **12.** Come vanno al campo da tennis? **13.** Cosa vanno a prendere al ritorno le due amiche? **14.** E Lei, gioca a tennis? **15.** Va in bicicletta? **16.** Le piace il gelato?

STUDIO DI PAROLE

il telefono pubblico
l'elenco telefonico   phone book
il numero di telefono
il prefisso   area code
formare il numero   to dial
fare una telefonata ⎫
telefonare   ⎬ to call, to phone
chiamare   ⎭
parlare al telefono   to talk on the phone
rispondere al telefono   to answer the phone
il gettone   token
libero   free
occupato   busy
il (la) centralinista   operator
la telefonata interurbana   long-distance phone call

—Pronto. Chi parla?
—Sono Filippo. C'è Gabriella, per favore?

ESERCIZIO SU STUDIO DI PAROLE

1. Chi è Filippo? **2.** Dove si trova? **3.** A chi desidera telefonare? **4.** Di che cosa ha bisogno per telefonare se non ha una moneta da 100 o 200 lire? **5.** Chi risponde al telefono, Gabriella o un'altra persona? **6.** Dove cerchiamo (*do we look for*) il numero di telefono di una persona? **7.** Se il numero non è nell'elenco telefonico, chi chiamiamo? **8.** Qual è il Suo (*your*) numero di telefono? **9.** Abbiamo bisogno del prefisso per fare una telefonata in città? **10.** Quando gli Italiani rispondono al telefono, che parola usano? **11.** Negli Stati Uniti, abbiamo bisogno di un gettone per telefonare da un telefono pubblico? Che cosa usiamo? **12.** Lei fa molte telefonate? **13.** Le piace parlare al telefono?

I. Regular verbs ending in -ere and -ire: present tense

Gabriella *scrive* a Filippo.
Papà *legge* il giornale.

La mattina il signor Brambilla *dorme*
troppo e *perde* l'autobus.

1. A chi scrive Gabriella?   **2.** Cosa legge il papà?   **3.** Perchè il signor Brambilla perde l'autobus?

scrivere *(to write)*		**dormire** *(to sleep)*	
scriv **o**	scriv **iamo**	dorm **o**	dorm **iamo**
scriv **i**	scriv **ete**	dorm **i**	dorm **ite**
scriv **e**	scriv **ono**	dorm **e**	dorm **ono**

1. Verbs ending in **-ere** (second conjugation) and verbs ending in **-ire** (third conjugation) differ only in the ending of the **voi** form: **scriv*ete*, part*ite*.** Both **-ere** and **-ire** verbs differ from **-are** verbs in the endings of the **lui, voi,** and **loro** forms: **parlare → par*la*, parl*ate*, p*a*rl*ano*.**

Scrivo una l*e*ttera a Gino.   { **I write** *a letter to Gino.*
I am writing *a letter to Gino.*
I do write *a letter to Gino.*

Dormi in classe?   { **Do you sleep** *in class?*
Are you sleeping *in class?*

2. Some common verbs ending in **-ere** are:

chiędere	*to ask*	**ricęvere**	*to receive*
chiụdere	*to close*	**ripętere**	*to repeat*
crędere	*to believe*	**rispọndere (a)**	*to answer*
lęggere	*to read*	**vedere**	*to see*
pęrdere	*to lose; to miss (the bus, etc.)*	**vịvere**	*to live*
pręndere	*to take*		

Che voti **ricevete** a scuola? — *What grades **do you receive** in school?*

Oggi **prendo** l'aụtobus. — *Today **I'm taking** the bus.*

Gli studenti non **rispọndono** alla domanda. — *The students **don't answer** the question.*

3. Some common verbs ending in **-ire** are:

aprire	*to open*	**seguire**	*to follow, to take a course*
offrire	*to offer*	**sentire**	*to hear*
partire	*to leave*	**servire**	*to serve*

Quanti corsi **sęgui?** — *How many classes **are you taking?***

Dorme soltanto cinque ore. — *He sleeps only five hours.*

Sentite il telęfono? — ***Do you hear** the phone?*

esercizi

A. Rispondete incominciando (*beginning*) *con* **Anche....**

ESEMPIO —Loro prendono il gelato. E tu? —**Anch'io prendo il gelato.**

1. Io ricevo molte lettere. E voi? E i professori? E il presidente degli Stati Uniti? **2.** Il (La) professore(ssa) vede degli ạlberi dalla finestra. E lui? E loro due? E Lei? **3.** Io servo del caffè agli invitati. E la signora? E tu e lui? E loro?

B. Completare con la forma corretta del verbo in parẹntesi.

1. Loro ＿＿ (lęggere) il giornale ogni sera.
2. Tu ＿＿ (rispọndere) sempre alle lẹttere?
3. Noi ＿＿ (ricẹvere) molte telefonate dagli amici.
4. Perchè tu non ＿＿ (chiẹdere) alla mamma se la cena è pronta?
5. Cosa ＿＿ (prẹndere) voi? Un bicchiere di latte o un succo d'arạncia (*orange juice*)?
6. Perchè voi ＿＿ (ripẹtere) sempre le stesse cose?

7. Dove _____ (vịvere) i tuoi amici?
8. Tu _____ (vedere) il professore domani?
9. Cosa _____ (offrire) voi quando invitate gli amici?
10. Il mio compagno di stanza _____ (partire) per l'Europa.

C. Rispondete.

1. Quante ore dormi tu ogni notte?   2. Che cosa vedete dalla finestra della vostra (*your*) stanza?   3. Rispondi sempre alle lẹttere che (*that*) ricevi?   4. Cosa offrite quando invitate i compagni di classe?   5. Che giornale leggi quando hai tempo (*the time*)?   6. Con che cosa scrivete sulla lavagna?   7. Che voti ricevi questo trimestre?   8. Quali corsi segui? 9. Se avete caldo, chiudete la finestra?   10. Che cosa chiedete al cameriere dopo la cena?

II. **-ire** *verbs with the suffix* **-isc-**

—No, caro, *preferisco* la mạcchina!

Many **-ire** verbs take the suffix **-isc-** between the stem and the endings of the **io, tu, lui,** and **loro** forms. In the vocabulary lists of this book and in the dictionary, these verbs are indicated in this way: **finire (-isc-).**

finire* *(to finish)*	
fin **isc** o	fin **iamo**
fin **isc** i	fin **ite**
fin **isc** e	fin **ịsc** ono

---

*Finire takes **di** before an infinitive.

90 CAPITOLO 5

Some common verbs that follow this pattern are:

capire	*to understand*	**pulire**	*to clean*
costruire	*to build*	**restituire**	*to give back*
preferire	*to prefer*	**ubbidire**	*to obey*

Quando **finisci** di studiare?	*When **do you stop** studying?*
Preferiamo un esame facile.	*We **prefer** an easy exam.*
Pulisco la casa il sabato.	*I **clean** the house on Saturdays.*

---

esercizi

A. Sostituite il soggetto con i soggetti tra parentesi e cambiate la forma del verbo.

1. Io restituisco i soldi. (il giovanotto, noi, le ragazze, tu e Lisa)   **2.** Non capiamo la domanda. (la signorina, tu, io, voi due)   **3.** Che cosa preferisce Lei? (tu, i bambini, la signora, voi, noi tutti)

B. Completate con la forma corretta di uno dei seguenti verbi: **restituire, pulire, preferire, finire, capire, costruire, ubbidire.**

1. Tu _____ sempre quando il professore spiega?
2. I bravi ragazzi _____ alla mamma e al papà.
3. Voi _____ vedere un film (*movie*) o giocare a tennis?
4. Quando _____ di studiare loro?
5. Oggi io _____ la mia stanza.
6. La studentessa _____ il dizionario alla professoressa.
7. _____ studiare a casa o in biblioteca Lei?
8. Quando _____ i compiti voi?
9. Loro _____ una bella casa in montagna.

C. Domanda e risposta. Seguite l'esempio.

ESEMPIO   —Io ordino un caffè. E voi? (un tè)   —**Noi ordiniamo un tè.**

1. Lui parte oggi. E Lei? (domani)   **2.** Noi dormiamo cinque ore. E voi? (otto ore)   **3.** Io prendo il treno. E Lei? (l'autobus)   **4.** Tu segui tre corsi. E Luisa? (quattro corsi)
5. Paolo vive a Bologna. E la sua (*his*) famiglia? (a Venezia)   **6.** Io vedo gli amici al caffè. E Lei? (in biblioteca)   **7.** Tu desideri un espresso. E loro? (una Coca-Cola)   **8.** Noi preferiamo il pesce fritto. E Lei? (il pollo arrosto)   **9.** Antonio riceve bei voti. E Marcello e Filippo? (brutti voti)   **10.** La mia amica pulisce la stanza il sabato. E Lei? (la domenica)

III. *Irregular verbs ending in -are*

Che cosa *fa* Gino? *Va* al parco in bicicletta.

1. Sta a casa Gino?   **2.** Come va al parco?

---

1. The following **-are** verbs are irregular in the present tense:

1. andare* *(to go)*		2. fare *(to do; to make)*	
vado	andiamo	faccio	facciamo
vai	andate	fai	fate
va	vanno	fa	fanno

3. dare *(to give)*		4. stare *(to stay; to feel)*	
do	diamo	sto	stiamo
dai	date	stai	state
dà	danno	sta	stanno

Cosa **fai** stasera?
Faccio una telefonata interurbana.
Vado a vedere un film.
Quando **danno** una festa?
Come **sta** Maria?
Maria **sta** a casa perchè **sta** male.

*What **are you doing** tonight?*
*I **am making** a long-distance phone call.*
*I **am going to** see a movie.*
*When **are they giving** a party?*
*How **is** Maria?*
*Maria **stays** home because she **feels** ill.*

---

*Andare is followed by the preposition **a** before an infinitive.

2. Fare is used in many idiomatic expressions, some of which are listed below:

fare una passeggiata	*to take a walk*
fare le spese	*to go shopping*
fare la spesa	*to buy groceries*
fare il bagno, la doccia	*to take a bath, a shower*
fare colazione	*to have breakfast*
fare un viaggio	*to take a trip*
fare una domanda	*to ask a question*
fare una foto	*to take a picture*
fare attenzione	*to pay attention*

Facciamo un viaggio in Italia.	*We are taking a trip to Italy.*
Faccio una passeggiata prima di mangiare.	*I take a walk before eating.*
Lui non **fa** domande.	*He does not ask questions.*
Perchè non **fate** attenzione?	*Why don't you pay attention?*

3. Dare is used in the following idiomatic expressions:

dare un esame	*to take an examination*
dare del «tu»	*to address someone informally*
dare del «Lei»	*to address someone formally*

Giovedì **do l'esame** di fisica.	*On Thursday I'll take the physics exam.*
Diamo del «tu» agli amici, ma **diamo del «Lei»** ai professori.	*We use "tu" with friends, but we use "Lei" with professors.*

4. Contrary to English, **andare** is not used to express the immediate future. To convey this idea, Italian uses the present (or future) tense: **Parto.** = *I am going to leave.* **Andare a** + *infinitive* expresses motion:

Di solito **vado a mangiare** alla mensa.	*Usually I go to the cafeteria to eat.*

5. Stare per + *infinitive* translates as **to be about to (do something).**

I corsi **stanno per** finire.	*Classes are about to end.*

A. Rispondete usando le espressioni idiomatiche con **fare.**

1. Cosa fa Lei quando ha bisogno di frutta, verdura o carne? **2.** La mattina (*In the morning*) fa il bagno o la doccia Lei? **3.** Cosa fate se non capite la spiegazione del(la) professore(ssa)? **4.** Cosa fanno i turisti con la macchina fotografica (*camera*)? **5.** Io vorrei fare un viaggio in Oriente, e Lei? **6.** La sera ceniamo (*we have dinner*), e la mattina? **7.** Lei preferisce fare una passeggiata o fare il footing (*jogging*)?

B. Domanda e risposta. Usate i seguenti verbi: **dare, fare, andare, stare.**

> ESEMPIO   Dove _____ voi stasera?   —**Dove andate voi stasera?**
> —**Andiamo al cinema. (o...)**

1. Come _____ tua mamma? **2.** Quando _____ una festa, tu? **3.** Dove _____ gli studenti quando non stanno bene? **4.** Tu _____ i compiti solo(a) o con dei compagni? **5.** Preferite _____ una passeggiata o giocare a tennis? **6.** Tu _____ a casa oggi o _____ fuori (*out*)? **7.** Che cosa _____ gli studenti alla fine del trimestre? **8.** Dopo le lezioni tu ed io _____ a comprare un gelato? **9.** A chi _____ del «tu»?

C. Rispondete alle domande degli esercizi seguenti con una frase completa. Seguite l'esempio.

> **a.** Dove vanno le seguenti persone?
>
> ESEMPIO   io, dormire   **Io vado a dormire.**

1. Marisa, giocare a tennis **2.** il signor Brambilla, comprare il giornale di oggi **3.** noi, fare una passeggiata **4.** i signori Scotti, vedere un'opera alla Scala **5.** tu, ballare (*dance*) alla discoteca

> **b.** Che cosa stanno per fare le seguenti persone?
>
> ESEMPIO   tu, finire gli esercizi   **Tu stai per finire gli esercizi.**

1. Gabriella, arrivare a casa **2.** Filippo e la sua (*his*) ragazza, andare al cinema **3.** noi, chiudere la porta **4.** i bambini, mangiare dei dolci **5.** la mamma, rispondere al telefono **6.** tu, aprire il libro d'italiano **7.** voi, chiamare un amico

D. Cosa fai...? Domanda e risposta.

> ESEMPIO   avere fame   —**Cosa fai se hai fame?**
> —**Se ho fame, mangio un panino al formaggio. (o...)**

1. avere sonno **2.** avere bisogno di latte **3.** essere stanco(a) di studiare **4.** non stare bene **5.** essere troppo solo(a) **6.** ricevere una lettera importante **7.** la lezione essere noiosa **8.** il telefono suonare

IV. Adverbial prepositions

A Firenze

—Scusi, il Davide *davanti al* Palazzo Vecchio è l'originale?
—No, è una copia. L'originale è nel Museo dell'Accademia.
—Dov'è? È *lontano da* qui?
—No, è *vicino al* Museo di San Marco.

The following adverbs are often used as prepositions:

sopra	*above, on (top of)*	**davanti (a)**	*in front (of), before*
sotto	*under, below*	**dietro**	*behind, after*
dentro	*in, inside*	**vicino (a)**	*near, beside, next to*
fuori (di)	*out (of), outside*	**lontano (da)**	*far (from)*

Sopra il letto c'è una foto.	*Above the bed there is a picture.*
Il giardino è **dietro** l'edificio.	*The garden is **behind** the building.*
Non è **lontano** dal centro.	*It is not **far** from downtown.*

esercizi

A. *With the help of the pictures below, answer the questions by using the prepositions* **sotto, sopra, dentro, davanti (a), dietro, vicino (a), lontano (da),** *or other prepositions.*

(la scrivania)

1. Dov'è la lampada? E il cane?   **2.** Dov'è la fotografia? E il gatto (*cat*)?   **3.** Dov'è la sedia? E la ragazza?   **4.** Dov'è il tavolo? E la tazza? (*cup*) E il caffè?

B. Rispondete alle seguenti domande.

1. È lontano dalla scuola il centro della città? **2.** Quale studente(ssa) è vicino alla finestra?
3. Chi è lo studente dietro a... (*name of another student*)? **4.** Che cosa c'è fuori dell'edificio
di lingue? **5.** Qual è il contrario (*opposite*) di «sopra»? E di «fuori»? **6.** Dov'è la biblioteca
dell'università? **7.** Dove si trova la mensa (*cafeteria*) dell'università?

V. *Days of the week* (I giọrni della settimana)

GENNAIO		
16	L	s Marcello
17	M	s Antonio
18	M	s Prisca
√19	G	s Mario
20	V	s Sebastiano
21	S	s Agnese
22	D	Sacra Famiglia

—Che giorno è oggi?
—Oggi è *giovedì*.

The days of the week are:

lunedì*	*Monday*
martedì	*Tuesday*
mercoledì	*Wednesday*
giovedì	*Thursday*
venerdì	*Friday*
sạbato	*Saturday*
domẹnica	*Sunday*

NOTE:
Days of the week are masculine except **domẹnica,** which is
feminine. In Italian, they are not capitalized.

1. The preposition *on* is not expressed in Italian when used in
expressions such as *on Monday, on Tuesday,* and so on.

Lunedì il Prof. Bini dà una
conferenza.

*On Monday Prof. Bini is giving
a lecture.*

---

*In Italy **lunedì** is considered the first day of the week.

2. The definite article is used in the singular before the days of the week to express an habitual event.

Il sạbato gioco al golf.

*On Saturdays (Every Saturday)
I play golf.*

But:

Sạbato invito degli amici.

*(This) Saturday I am inviting
some friends.*

3. The expressions **una volta a, due volte a,** etc., + *definite article* translate into English as *once a, twice a,* etc.

Vado al cịnema **una volta alla
settimana.**

*I go to the movies **once a week.***

Mangiamo **due volte al
giorno.**

*We eat **twice a day.***

Andiamo a teatro **quattro volte
all'anno.**

*We go to the theater **four times a
year.***

esercizi

A. Rispondete alle seguenti domande.

1. Che giorno della settimana è oggi? **2.** Con quale giorno incomịncia la settimana in Itạlia? **3.** Qual è l'ụltimo (*last*) giorno della settimana? **4.** Che cosa facciamo la domẹnica? **5.** Quale giorno sẹgue il giovedì? **6.** In che giorno gli Americani cẹlebrano il Thanksgiving? **7.** Quanti giorni alla settimana vai a scuola tu? Quali?

B. Quante volte al giorno (alla settimana, al mese [*month*], o all'anno) fate le seguenti cose?

1. mangiare della carne **2.** fare le spese **3.** scrịvere a un amico lontano **4.** fare dello sport **5.** andare al cịnema **6.** andare in biblioteca **7.** comprare un regalo per una persona cara **8.** pulire la stanza (l'appartamento o la casa) **9.** vedere i genitori (*parents*) **10.** parlare al telẹfono con gli amici

Una settimana molto occupata

Milano. Un caffè in Galleria.

Lunedì	Filippo va all'università. Dopo le lezioni vede Gabriella e *litigano*. Gioca a tennis per un'ora. Va a casa e fa la doccia. *Prima di* cena va in Galleria e prende un *aperitivo* con Marcello e Liliana.
Martedì	Filippo finisce il lavoro in ufficio. Nel pomeriggio fa il footing e nuota in *piscina*. La sera vede gli amici al Caffè Sport: parlano di politica. Compra un gettone e fa una telefonata a Gabriella: Gabriella non risponde. La *cassiera* del caffè è una bella bionda: Filippo chiede il *suo* numero di telefono.

Glosses (right margin):
- quarrel
- Before
- aperitif
- swimming pool
- cashier
- her

Mercoledì	Filippo sta alcune ore in ufficio. Poi va in biblioteca. Legge e studia molto perchè domani ha un esame difficile. La sera telefona a Gabriella. Il telefono è sempre occupato. Filippo telefona a Milva, la cassiera.	
Giovedì	Filippo dà l'esame. L'esame è *un osso duro*. Non capisce alcune domande e non finisce. Da un telefono pubblico telefona a Milva. Vanno insieme al cinema.	tough
Venerdì	Filippo ha grandi progetti per il week-end, ma *è al verde. Manda* un telegramma al padre: «Caro papà sono senza soldi STOP *Prego* mandare *subito* centomila (100.000) lire STOP *Baci* Filippo».	he is broke He sends Please / immediately Kisses
Sabato	Filippo riceve una risposta: «Caro Filippo capisco la situazione STOP *Mi dispiace* STOP *Spendi meno o lavora di più* STOP Baci Papà». Filippo telefona a Marcello per chiedere un *prestito*. Marcello non c'è.	I am sorry / Spend less work more loan
Domenica	*Addio* progetti. Filippo è solo. Fa una passeggiata al parco. Pensa a Gabriella.	Good-bye

DOMANDE SULLA LETTURA

1. Chi vede dopo le lezioni, Filippo?   **2.** Cosa fanno Filippo e Gabriella?   **3.** Cosa fa Filippo quando va a casa?   **4.** Dove va Filippo prima di cena?   **5.** Con chi prende un aperitivo?   **6.** Dove lavora Filippo?   **7.** Cosa fa nel pomeriggio?   **8.** Chi vede la sera Filippo? Dove? Di cosa parla con gli amici?   **9.** A chi telefona Filippo?   **10.** Da dove fa la telefonata?   **11.** Perchè Filippo chiede il numero di telefono alla cassiera?   **12.** Perchè Filippo va in biblioteca mercoledì?   **13.** A chi telefona la sera? È libero il telefono?   **14.** Quando dà l'esame Filippo? È facile l'esame?   **15.** Dove va giovedì sera Filippo? Con chi?   **16.** Perchè Filippo manda un telegramma al padre venerdì?   **17.** È generoso il padre di Filippo? Perchè?   **18.** A chi desidera chiedere soldi Filippo?   **19.** Che cosa fa Filippo domenica sera?

DOMANDE PERSONALI

1. Quanti giorni alla settimana va alla lezione d'italiano Lei? Quali?   **2.** Quali corsi segue Lei?   **3.** Per quale corso studia di più (*more*)?   **4.** Risponde a tutte le domande dei professori Lei?   **5.** Quante volte alla settimana va in biblioteca Lei?   **6.** In quale città abita Lei?   **7.** Come va all'università: in macchina, in bicicletta o a piedi (*on foot*)?   **8.** Dove va Lei il sabato sera?   **9.** Preferisce nuotare o fare il footing Lei?   **10.** Dà molte feste Lei o preferisce andare alle feste degli amici?   **11.** Va spesso al cinema Lei?   **12.** Fa molte telefonate agli amici Lei?   **13.** Chi paga il conto del telefono?   **14.** Chi chiama Lei quando non ha gli appunti di italiano?

ATTIVITÀ

A. Orale

Pronto? Che cosa fai? Immaginate una conversazione telefonica fra due compagni(e) di classe. Soggetto: Che cosa fate stasera (o domani o un altro giorno)? Dove andate? Se state a casa, spiegate perchè, ecc. Uno(a) di voi telefona da un telefono pubblico.

B. Tema

Elencate (*List*) alcune attività durante i vari giorni della settimana.

C. Traduzione

1. On Fridays, Giulia goes to the university with Maria.   **2.** Today, however, Maria is staying home because she is not well, and Giulia prefers to take the bus.   **3.** At the library, she sees a friend: ''Hi, Paola. What are you doing here?''   **4.** I am reading a book on (*sull'*) Italian art.   **5.** How many classes are you taking this (**questo**) quarter? **6.** Three: a psychology class, an English class, and an art history class.   **7.** When Giulia finishes studying (*di studiare*), she takes a walk and then makes a phone call to Maria.   **8.** Maria answers: ''Hello? Who is speaking?''   **9.** This is (I am) Giulia. How are you?   **10.** I am fine now, thank you.   **11.** Are we going to Gianni's party on Sunday? **12.** Sorry, but on Sunday I am going to the movies with Cristina.

vocabolario

NOMI

la discoteca	*discotheque*
la farmacia	*pharmacy*
il giornale	*newspaper*
la lettera	*letter*
la lira	*lira*
la mensa	*cafeteria*
il momento	*moment*
l'ora	*hour*
il padre	*father*
la piscina	*swimming pool*
il pomeriggio	*afternoon*
il ritorno	*the way back*
la settimana	*week*
i soldi	*money*
la spiegazione	*explanation*

VERBI

andare	*to go*
aprire	*to open*
ballare	*to dance*
capire (-isc)	*to understand*
chiamare	*to call, to phone*
chiedere	*to ask*
chiudere	*to close*
costruire (-isc)	*to build*
credere	*to believe*
dare	*to give*
dormire	*to sleep*
fare	*to do; to make*
finire (-isc)	*to finish*
leggere	*to read*
mandare	*to send*

VERBI

nuotare	to swim
offrire	to offer
partire	to leave
perdere	to lose; to waste (time)
preferire (-isc)	to prefer
prendere	to take
pulire (-isc)	to clean
restituire (-isc)	to give back, to return (something)
ricevere	to receive
ripetere	to repeat
rispondere (a)	to answer, to reply
scrivere	to write
seguire	to follow; to take (a class)
sentire	to hear
servire	to serve
stare	to stay; to feel
ubbidire (-isc)	to obey
vedere	to see
vivere	to live

AGGETTIVI

breve	brief, short
pronto	ready
pubblico	public
serio	serious
solo	alone

ALTRE ESPRESSIONI

allora	so, then
dare un esame	to take an exam
dare del «tu»	to address somebody in the «tu» form
dare del «Lei»	to address somebody in the «Lei» form
davanti (a)	in front (of)
dentro	in, inside
dietro	behind
fare attenzione	to pay attention
fare il bagno	to take a bath
fare colazione	to have breakfast
fare la doccia	to take a shower
fare una domanda	to ask a question
fare una foto	to take a picture
fare una passeggiata	to take a walk
fare la spesa	to go shopping (for groceries)
fare le spese	to go shopping
fare un viaggio	to take a trip
finalmente	finally
fuori (di)	out, outside
insieme	together
lontano (da)	far from
mi dispiace	I'm sorry
ora	now
però	however, but
poi	then
qui	here
senza	without
si trova, si trovano	it is, they are (location)
solo	only
sopra	on, on top of, above
sotto	under
stare per	to be about to
va bene	OK
vicino (a)	near

L'UNIVERSITÀ IN ITALIA

In Italia ci sono *più di* quaranta università, quasi tutte *statali*. Le più grandi sono a Milano, Napoli e Roma, dove ci sono più di *sessantamila* studenti. La più antica università d'Italia e d'Europa è l'università di Bologna, *fondata* alla fine *del 1100*, e famosa nel *Medio Evo* per gli studi di *legge*. Oggi è nota per i corsi di medicina e di lettere.

more than
state schools
sixty thousand
founded
of the twelfth century /
Middle Ages / law

Dopo il diploma della scuola media superiore, più del sessanta per cento degli studenti italiani continua gli studi all'università. La ragione: la difficoltà di trovare lavoro. Quando lo studente o la studentessa incomincia gli studi universitari, *deve* decidere immediatamente la sua *specializzazione*, cioè, a quale *facoltà* iscriversi. Le facoltà più *affollate* sono Lettere, Lingue e Letterature Straniere, Medicina, Legge, Scienze e *Economia e Commercio*.

must / major
school / crowded
School of Business

Durante un esame in una scuola romana.

Bologna. Una sala di biblioteca della più antica università d'Italia.

I corsi sono in genere basati su conferenze e *durano* un anno accadẹmico. I contatti con i professori non sono frequenti *a causa del* nụmero eccessivo di studenti. Alla fine dei corsi gli studenti danno degli esami scritti e orali: i voti vanno da diciotto (il minimo *per essere promossi*) a trenta *e lode*.

last

due to

to be promoted / with honors

Gli studi universitari durano quattro, cinque, o sei anni, secondo la facoltà. Alla fine degli studi gli studenti scrịvono una tesi che discụtono davanti ad una commissione di professori. Dopo l'esame di lạurea, gli studenti ricẹvono il tịtolo di «dottore» o «dottoressa».

In Italia non esiste un vero «campus» universitạrio. L'università è spesso un insieme di vecchi edifici in città. Ci sono alcune «case dello studente» e dei *pensionati* che sẹrvono da « dormitọrio». *La maggior parte* degli studenti, però, vive in famịglia o in *cạmere d'affitto*.

boarding houses
Most
rented rooms

Le tasse universitarie sono modeste. Lo stato *aiuta* i giọvani *meritẹvoli* e pọveri.

Tuition / helps
deserving

ESERCIZIO DI COMPRENSIONE

Completate le seguenti frasi con le parole corrette.

1. Quasi tutte le università italiane sono....
   a. private   **b.** a Milano   **c.** statali
2. La più antica università italiana è....
   a. a Napoli   **b.** a Bologna   **c.** a Roma
3. I corsi universitari hanno la durata di....
   a. un semestre   **b.** un trimestre   **c.** un anno
4. Spesso l'università italiana si trova....
   a. fuori della città   **b.** dentro la città   **c.** lontano dalla città
5. La maggior parte degli studenti universitari vive....
   a. con la famiglia   **b.** con compagni   **c.** in pensionati per studenti

ROMA: Primavera a Piazza di Spagna *(in alto)*

ROMA: Il Colosseo e l'Arco di Costantino *(in basso)*

ROMA: Piazza San Pietro *(in alto)*

Cappella Sistina: Il Giudizio Universale di Michelangelo *(in basso, a destra)*

ROMA: Il grande magazzino «La Rinascente» *(in basso, a sinistra)*

FIRENZE: Un ponte attraverso l'Arno *(in alto)*

PISA: La Torre Pendente *(in basso, a destra)*

PERUGIA: Veduta di case in collina *(in basso, a sinistra)*

CAPRI: Barche e motoscafi *(in alto)*

PALERMO: Il chiostro della Chiesa di San Giovanni degli Eremiti *(in basso)*

6
LA FAMIGLIA E I PARENTI

I genitori parlano ai figli.

Taormina, in Sicilia. Una coppia di sposi nel giorno delle nozze.

QUANTI FRATELLI HAI?

Bianca entra per la *prima* volta nella stanza di Ornella, un'amica.   first

Ornella	Che fai, Bianca?
Bianca	Guardo la fotografia sullo scaffale. È la tua famiglia?
Ornella	Sì. È un bel gruppo, vero?
Bianca	Molto. Hai dei genitori molto giovani. Ma quanti figli ci sono nella tua famiglia? Vedo cinque ragazzi; sono i tuoi fratelli?
Ornella	*Per carità,* non tutti! I due vicino all'automobile sono i miei cugini di Torino. *Vengono* spesso a *passare il fine settimana* a casa nostra.
Bianca	*Allora,* il bel ragazzo *sui vent'anni* è tuo fratello?
Ornella	Oh, no! *Quello* è lo zio Giacomo, il fratello *minore* di mia madre. Ha venticinque anni e *fa l'ultimo anno di medicina* all'università di Bologna. Simpatico, no? Ed è anche celibe, se *per caso*….
Bianca	Per piacere, Ornella. *Lo sai* bene che ho *già* un ragazzo.

Ornella — Per carità: Good heavens!
Vengono … settimana: They come / to spend / weekend
Allora … vent'anni: So / about twenty
Quello … minore: That / younger
fa l'ultimo anno di medicina: he is in his last year of medical school
per caso: by any chance
Lo sai … già: You know / already

DOMANDE SUL DIALOGO

1. Che cosa guarda Bianca?   **2.** Quanti ragazzi vede nella foto di famiglia?   **3.** Chi sono i due ragazzi vicino alla macchina?   **4.** Lo studente di medicina è un fratello di Ornella? Chi è?   **5.** Quanti anni ha?   **6.** È sposato?   **7.** Come sono i genitori di Ornella? **8.** Quanti figli hanno?   **9.** Ha una fotografia di famiglia Lei nella Sua stanza?   **10.** Chi rappresenta?   **11.** Ha uno zio giovane Lei?   **12.** Ha dei fratelli o delle sorelle Lei? **13.** Sono celibi (nubili) o sono sposati(e)?   **14.** Chi di voi ha dei parenti in Italia? **15.** Sono cugini(e), zii, o…?

ALBERO GENEALOGICO

i genitori parents		**il suocero** father-in-law	
il marito husband		**la suocera** mother-in-law	
la moglie wife		**il genero** son-in-law	
il fratello brother		**la nuora** daughter-in-law	
la sorella sister		**il cognato, la cognata** brother-in-law, sister-in-law	
lo zio, la zia uncle, aunt		**nubile** unmarried (single) female	
il cugino, la cugina cousin		**celibe** unmarried (single) male	
il nipote grandson; nephew		**sposato(a)** married	
la nipote grandaughter; niece		**divorziato(a)** divorced	
il (la) parente relative			

ESERCIZIO SU STUDIO DI PAROLE

Usate l'*albero genealogico* in questa pagina per rispondere alle seguenti domande.

1. Quanti nipoti hanno nonno Luigi e nonna Maria? Chi sono? **2.** Di chi sono figli Enzo e Marina? **3.** Di chi sono cugini Isa e Alberto? **4.** Franco è il padre di Isa? **5.** Chi sono i genitori di Isa e di Alberto? **6.** Franco è il marito di Anna? **7.** Chi è la moglie di Paolo? **8.** Chi è la suocera di Luisa? **9.** Quante generazioni rappresenta l'albero genealogico? **10.** Tu hai ancora (*still*) i nonni? Se sì, quanti? **11.** Tu hai un cognato o una cognata? **12.** E tu? Spiega chi è (*sono*).

I. *Possessive adjectives*

Ecco Antonio, con *la sua* famiglia: *suo* padre, *sua* madre, *le sue* sorelle, *i suoi* fratelli e *il suo* cane. Alla parete c'è il ritratto *dei suoi* nonni.

1. È con i suoi amici o con la sua famiglia Antonio?   **2.** Quante persone ci sono nella sua famiglia?   **3.** Cosa c'è alla parete?

	Singular		Plural	
	Masculine	Feminine	Masculine	Feminine
my	il mio	la mia	i miei	le mie
your (familiar sing.)	il tuo	la tua	i tuoi	le tue
his, her, its	il suo	la sua	i suoi	le sue
your (formal sing.)	il Suo	la Sua	i Suoi	le Sue
our	il nostro	la nostra	i nostri	le nostre
your (familiar pl.)	il vostro	la vostra	i vostri	le vostre
their	il loro	la loro	i loro	le loro
your (formal pl.)	il Loro	la Loro	i Loro	le Loro

1. Possessive adjectives express ownership or relationship (*my, your, his,* etc.). They are preceded by the article and agree in gender and number with the noun that follows, *not* with the possessor. Remember that whenever certain prepositions precede a definite article, the two words contract (see Chapter 3): *Nella mia* **famiglia ci sono sei persone.**

il mio amico	*my* friend
i nostri nonni	*our* grandparents
la sua macchina	*his (her)* car
Telefona **dal Suo** ufficio?	*Are you calling from your office?*
Ritornano **dal loro** viaggio.	*They are returning from their trip.*
Rispondo **alla vostra** lettera.	*I am answering your letter.*

2. Loro is invariable and is *always* preceded by the article.

la loro sorella	*their* sister
i loro vicini	*their* neighbors

3. The article is *not* used when the possessive precedes a singular noun that refers to a relative.

mio zio Baldo	*my* uncle Baldo
nostra cugina Nella	*our* cousin Nella
suo fratello	*his (her)* brother

NOTE:
The article is used with the possessive if the noun referring to relatives is plural or if it is modified by an adjective or a suffix.

i miei zii e **le mie** cugine	*my uncles and my cousins*
la mia bella cugina Lia	*my beautiful cousin Lia*
il tuo fratellino	*your little brother*

4. Phrases such as *a friend of mine* and *some books of yours* translate as **un mio amico** and **alcuni tuoi libri.**

5. The idiomatic constructions **a casa mia, a casa tua,** etc., mean in English *at (to) my house, at (to) your house,* etc.

esercizi

A. Un tuo compagno (Una tua compagna) ha pulito (*has cleaned*) la vostra stanza. Tu chiedi dove sono le vostre cose.

> ESEMPIO Dove sono (*my*) _____ libri? **Dove sono i miei libri?**
> Dov'è (*his*) _____ esame? **Dov'è il suo esame?**

1. (*my*) quaderni, appunti, libro, penna, matite
2. (*his*) fogli, cose, dizionario
3. (*our*) lettere, dischi, foto, giornale

B. Mettete (*Place*) l'aggettivo possessivo corretto davanti ai seguenti nomi.

1. (*your, fam. sing.*) fratello, cugine, amici, zio
2. (*their*) padre, esami, sorelle, appartamento
3. (*your, fam. pl.*) lettere, sorella, amici, cara sorella

C. Domanda e risposta.

> ESEMPIO Dov'è, libro d'italiano **—Dov'è il tuo libro d'italiano?**
> **—Il mio libro d'italiano è....**

1. Dov'è, penna **2.** Dove sono, appunti **3.** Dove abitano, genitori **4.** Dove vai con, amiche il sabato sera **5.** Dove lavora, padre **6.** Vivono in Italia, parenti **7.** Qual è, attore preferito **8.** Quali sono, corsi questo trimestre **9.** Sono all'università, fratelli

D. Chi portate a cena? La professoressa invita gli studenti d'italiano a cena. Ogni studente sceglie (*chooses*) chi (*whom*) desidera portare.

> ESEMPIO amico **Io porto il mio amico.**

1. genitori **2.** nonno **3.** sorella **4.** amiche **5.** cugino **6.** fratellino **7.** compagne di classe **8.** professore di tedesco **9.** parenti italiani **10.** cane **11.** fratelli

E. Completate con la preposizione + l'aggettivo possessivo (con o senza articolo).

1. Io dimentico sempre molti oggetti (*on my*) _____ letto, _____ tavolo _____ sedie. **2.** Lui mette i soldi (*in his*) _____ portafoglio (*wallet*) o _____ stanza. **3.** Offriamo regali (*to our*) _____ amici e _____ parenti. **4.** Stasera vengono tutti (*to our*) _____ festa. **5.** Lei parla (di) (*about her*) _____ famiglia, _____ figli, _____ marito. **6.** Le ragazze ascoltano l'opinione (*of their*) _____ genitori e _____ amiche. **7.** Marcello ritorna (*from his*) _____ viaggio in montagna. **8.** Se tu hai bisogno di soldi, scrivi (*to your*) _____ padre, _____ madre, o _____ nonni? **9.** Signor Mauri, posso sapere l'indirizzo (*of your*) _____ figlia?

F. Un(a) compagno(a) ti mostra (*is showing you*) delle foto, e tu fai delle domande.

> ESEMPIO casa, nonno **—È la casa di tuo nonno?**
> **—Sì, è la sua casa.**

1. macchina, genitori **2.** figlio, sorella **3.** appartamento, cugini **4.** moglie, zio
5. fidanzata, fratello **6.** madre, ragazzo **7.** villa, zii **8.** cane, cugina

II. Possessive pronouns

—Mio figlio si chiama Luigi.
E *i Loro?*
—*I nostri* si chiamano: Mina, Lisa,
Tino, Gino, Nino.

1. The possessive pronouns have the same forms as the possessive adjectives. They are preceded by the article, even when they refer to relatives.

mia madre e **la sua**	*my mother and* **his (hers)**
la tua casa e **la nostra**	*your house and* **ours**
i suoi amici e **i miei**	*his friends and* **mine**
Ecco mio fratello; dov'è **il Suo?**	*There is my brother; where is* **yours?**

2. When emphasizing possession after the verb **essere,** the article is omitted.

Di chi è il disco sul tạvolo?	*Whose record is on the table?*
È **mio.**	*It is* **mine.**
Di chi sono i libri sulla sẹdia?	*Whose books are on the chair?*
Sono **suoi.**	*They are* **hers (his).**

esercizi

A. Sostituite le parole in corsivo (*italics*) con i pronomi possessivi appropriati.

ESEMPIO   Ricordo mia madre e *tua madre.*   **Ricordo mia madre e la tua.**

1. Conosco i tuoi genitori e anche *i genitori di Pietro.*
2. Io lavoro nel mio uffịcio e lui lavora *nel suo ufficio.*
3. Voi raccontate le vostre storie e io racconto *le mie storie.*

4. Lui ha bisogno dei suoi soldi e anche *dei soldi dei genitori.*
5. Penso a mio padre e *a tuo padre.*
6. Ecco mia madre. Dov'è *la madre di Nino?*
7. Ecco la tua penna. Dov'è *la mia penna?*

B. Domanda e risposta.

> ESEMPIO   libro di storia/(*mine*)   —**Di chi è il libro di storia?**
>   —**È mio.**

1. giornali sul tavolo/(*hers*)   **2.** la penna blu/(*his*)   **3.** il bicchiere di latte sul tavolo/(*yours, fam. sing.*)   **4.** le sedie/(*ours*)   **5.** fogli sotto il tavolo/(*mine*)   **6.** le due macchine davanti alla casa/(*theirs*)   **7.** i soldi/(*yours, fam. pl.*)

III. *Irregular verbs ending in* **-ere**: *present tense*

—*Bevo* **alla tua salute!**
—**Cin cin!**

The following verbs ending in **-ere** are irregular in the present tense.

bere *(to drink)*		dovere *(to have to, must; to owe)*		potere *(can, may, to be able to)*		volere *(to want)*	
bevo	beviamo	devo	dobbiamo	posso	possiamo	voglio	vogliamo
bevi	bevete	devi	dovete	puoi	potete	vuoi	volete
beve	bevono	deve	devono	può	possono	vuole	vogliono

Oggi **beviamo** del Chianti.	*Today **we are drinking** Chianti.*
Stasera **devo** uscire.	*Tonight **I have to** go out.*
Posso sedermi qui?	***May I** sit here?*
Possiamo fare molte cose.	***We can** do many things.*
Vuole un succo d'arancia?	***Do you want** (a glass of) orange juice?*
Devo 100 dollari a mia zia.	*I **owe** my aunt 100 dollars.*

esercizi

A. Domanda e risposta.

ESEMPIO   i bambini/latte   —Cosa preferiscono bere i bambini?
—**Bevono del latte.**

1. una ragazza di 15 anni/Coca-Cola   **2.** la nonna e il nonno/tè   **3.** io e tu/succo d'arancia
4. una persona che (*who*) ha molta sete/acqua fresca   **5.** tu/...   **6.** uno zio italiano/vino rosso

B. Cosa possiamo fare con 1.000 dollari? Un(a) compagno(a) dice che cosa **vogliono** fare le seguenti persone con mille (*one thousand*) dollari. Tu rispondi se **possono** o **non possono.**

ESEMPIO   i miei genitori, andare in Italia   —**I miei genitori vogliono andare in Italia.**
—**I tuoi genitori non possono andare in Italia.**

1. io, comprare una macchina fotografica   **2.** mio fratello, fare un viaggio a New York
3. mia sorella ed io, portare i nostri genitori all'opera   **4.** i miei cugini, comprare una barca (*boat*)   **5.** tu e io, dare una festa per tutti gli studenti

C. Completate le frasi con la forma corretta di dovere e con un po' d'immaginazione.

ESEMPIO   Se ho sete,....   **Se ho sete, devo bere dell'acqua. (o....)**

1. Se gli studenti ricevono brutti voti,....   **2.** Se io ho fame la mattina,....   **3.** Se non stiamo bene,....   **4.** Se hai sonno,....   **5.** Se volete organizzare un pic-nic,....   **6.** Se uno studente non capisce la spiegazione,....   **7.** Se vogliamo imparare,....   **8.** Se volete capire,....

D. Che cosa devo a...? Le seguenti persone hanno dei debiti (*debts*). Dite che cosa devono e a chi.

ESEMPIO   (io) 20 dollari, nonno   **Io devo venti dollari a mio nonno.**

1. (Filippo) molti soldi, padre   **2.** (Gabriella) 1.000 (mille) lire, cugina   **3.** (i signori Smith) 1.000 dollari, un parente   **4.** (tu) 17 dollari, fratello   **5.** (noi) mille ringraziamenti, genitori

IV. *Irregular verbs ending in* **-ire**: *present tense*

Un provèrbio *dice*:
«Dopo la piòggia
viene il sole.»

The following verbs ending in **-ire** are irregular in the present tense.

dire *(to say, to tell)*		uscire* *(to go out)*		venire *(to come)*	
dico	diciamo	esco	usciamo	vengo	veniamo
dici	dite	esci	uscite	vieni	venite
dice	dìcono	esce	ẹscono	viene	vẹngono

I genitori **dìcono** «Buon compleanno!»

The parents ***are saying***, *"Happy birthday!"*

Veniamo domani.

We'll come *tomorrow.*

Esce tutte le sere.

He (She) ***goes out*** *every night.*

Lia **riesce** bene a scuola.

Lia ***is very successful*** *in school.*

NOTE:
The expression **voler(e) dire** translates as *to mean* in English.

Non capisco. Che cosa **vuoi dire?**

I don't understand. What ***do you mean?***

---

*The verb **riuscire** (*to succeed*) is conjugated like **uscire**.

A. Sostituite il soggetto della frase con i soggetti fra parentesi e fate i cambiamenti necessari.

1. Tu esci con gli amici stasera. (lui e sua moglie, la famiglia, i bambini, tu e io)
2. Maria dice sempre la verità. (io, Nino e io, i miei genitori, voi)
3. Gino viene sempre a casa presto (*early*). (io, Suo figlio, i signori Volpe, noi)
4. Tu riesci nel tuo lavoro. (noi, tu e lui, Loro, tua sorella, Lei)

B. Completate con le forme corrette di **uscire** e **venire,** secondo il caso (*according to the context*).

1. Questa sera io non _____ perchè i miei nonni _____ a cena.   **2.** Tu e il tuo compagno _____ tutte le sere! Dove andate?   **3.** Oggi mia madre non _____ di casa perchè aspetta sua sorella che (*who*) _____ dall'Italia.   **4.** Se noi _____ presto (*early*) dall'ufficio, possiamo fare una passeggiata.   **5.** Quando _____ a casa mia voi?   **6.** Se volete, possiamo _____ insieme stasera.

C. Domanda e risposta. Usate il verbo **dire.**

ESEMPIO   tu, quando arrivi in classe   —**Cosa dici tu quando arrivi in classe?**
                                                                —**Dico «Buongiorno».**

1. voi, al compleanno di un amico   **2.** noi, quando rispondiamo al telefono   **3.** i bambini, quando vanno a dormire   **4.** i tuoi genitori, quando vedono i tuoi voti   **5.** io, quando il cameriere porta un caffè   **6.** tu, quando un tuo parente o un tuo amico parte

V. Sapere *versus* conoscere

—Pietro! Cosa fai!?
Mia madre non *sa* nuotare!

In Italian there are two verbs that mean *to know* in English: **sapere** and **conoscere.** They are conjugated as follows:

sapere		conoscere	
so	sappiamo	conosco	conosciamo
sai	sapete	conosci	conoscete
sa	sanno	conosce	conoscono

1. Sapere is an irregular verb. It means *to know how, to know a fact.*

Sai la lezione?	*Do you know the lesson?*
Nino **sa** suonare il piano.	*Nino knows how to play the piano.*
So che Pietro è a Roma.	*I know that Pietro is in Rome.*
Sapete quando ritorna?	*Do you know when he will come back?*

2. Conoscere is a regular verb. It means *to be acquainted with a person or a place, to meet someone for the first time.*

Non **conosco** il sig. Paoli.	*I don't know Mr. Paoli.*
Conosciamo Venezia bene.	*We know Venice well.*
Desidero **conoscere** i tuoi genitori.	*I would like to meet your parents.*

esercizi

A. Cosa sanno fare le seguenti persone?

ESEMPIO   una brava cuoca, cucinare bene   **Una brava cuoca sa cucinare bene.**

1. gli studenti di questa classe, parlare italiano   **2.** noi, che dobbiamo studiare   **3.** voi, quand'è il compleanno di vostro padre   **4.** tu, suonare il piano   **5.** io, qual è la differenza fra **sapere** e **conoscere**   **6.** tuo fratello, giocare a tennis   **7.** noi non, quando c'è un esame

B. Il padre di Gabriella domanda informazioni a un amico su (*about*) Filippo. Cominciate la domanda con **Sai...?** o **Conosci...?**

ESEMPIO   suo padre?   **Conosci suo padre?**

1. dove abita   **2.** con chi lavora   **3.** la sua famiglia   **4.** se è un ragazzo serio   **5.** i suoi amici   **6.** quanti corsi segue all'università   **7.** i suoi genitori   **8.** perchè vuole telefonare a Gabriella   **9.** quanti anni ha   **10.** quando viene a casa nostra   **11.** sua madre   **12.** quanti fratelli o quante sorelle ha   **13.** quando finisce gli studi

Chi viene stasera a cena?

(A casa di Gabriella.)

Stasera c'è una grande riunione a casa mia. Vengono i miei nonni Bettini e mio zio Baldo con sua moglie. Viene anche Filippo: vuole conoscere i miei genitori e i miei parenti e annunciare il nostro *fidanzamento*.

engagement

Nella mia famiglia siamo solo in tre: mio padre, mia madre, ed io. Mio padre è un uomo tranquillo e paziente, che ama fumare la pipa e leggere il giornale. Lavora in una *ditta di assicurazioni*. Mia madre è professoressa di musica; ama il teatro, ha molte amiche, e sa cucinare meravigliosamente.

insurance company

Mio zio Baldo è il fratello di mio padre. È un vecchio *marinaio* e conosce *diversi* paesi del *mondo*. Quando beve un po' troppo deve raccontare le sue avventure: parla allora di paesi *esotici* e di donne meravigliose. Mia zia Teresina sorride: sa *queste* storie a memoria e sa che suo marito è un *sognatore*. I miei zii hanno due figli, Nino e Luisa. Mio cugino Nino è un «punk» *appassionato* di musica rock, e viene a casa solo quando è al verde. Sua sorella scrive *poesie* e ha sempre *la testa fra le nuvole*. I miei nonni dicono che sono «*un po' matti*» come il loro padre.

sailor / several / world

exotic

these

dreamer

crazy for

poetry

her head in the clouds / a little crazy

Una riunione di famiglia al ristorante.

Oggi è una giornata molto importante per me. Sono felice, ma anche preoccupata. I miei genitori dicono che Fi-   first
lippo ed io dobbiamo *prima* finire gli studi. Dicono anche che
siamo troppo giovani e che non siamo *maturi* per il matri-   mature
monio. Hanno torto!

DOMANDE SULLA LETTURA

Rispondete usando gli aggettivi possessivi.

1. Chi viene a casa di Gabriella stasera?   **2.** Che cosa vogliono annunciare stasera i due
giovani?   **3.** Ha fratelli o sorelle Gabriella?   **4.** Il padre di Gabriella esce la sera?   **5.** La
madre di Gabriella è una donna tranquilla come suo marito?   **6.** Zio Baldo è il fratello
della madre di Gabriella?   **7.** Quando racconta storie interessanti lo zio di Gabriella?
8. Che cosa fa zia Teresina quando suo marito racconta le sue avventure?   **9.** Quanti
cugini ha Gabriella?   **10.** Che musica preferisce Nino?   **11.** Chi scrive poesie?
12. Perchè Gabriella dice che è preoccupata stasera?

DOMANDE PERSONALI

1. Lei è figlio(a) unico(a) (*only child*) o ha fratelli e sorelle?   **2.** Quante persone ci sono
nella Sua famiglia? Chi sono?   **3.** Dove abitano i Suoi nonni?   **4.** Ha molti cugini Lei?
5. Abitano vicino o lontano dalla Sua città?   **6.** I Suoi parenti vengono spesso a trovare
(*to visit*) la Sua famiglia?   **7.** Può spiegare in italiano il significato della parola «zio»?
8. E la parola «suocero», che cosa vuol dire?   **9.** Conosce Lei una persona interessante o
strana? Perchè è interessante o strana?   **10.** Che cosa beve Lei quando mangia?   **11.** Esce
Lei il sabato sera? Dove va?   **12.** Viene solo(a) o con amici a scuola?   **13.** Che cosa dice
quando incontra per la strada una persona che conosce?

ATTIVITÀ

A. Orale

Una famiglia strana. Cinque o sei studenti formano una famiglia speciale. Gli altri
studenti fanno domande per sapere chi sono e come sono i membri della famiglia. Tutti
devono partecipare.

B. Tema

Descrivete la vostra famiglia o la famiglia ideale.

C. Traduzione

1. How many people are there in your (*fam. sing.*) family?   **2.** Only four: my father, my
mother, my little brother, and myself (**io**).   **3.** Where do they live?   **4.** They live in New
York.   **5.** If you are alone, why don't you come to my party tonight? It is at my house.
6. I'm sorry, but I can't because I have to meet a friend of mine.   **7.** Do I know your
friend?   **8.** No. He is a quiet young man, but always happy. He also knows how to play
the guitar wonderfully.   **9.** Is he your boyfriend?   **10.** Yes, and he wants to meet my
family.   **11.** What do your parents say?   **12.** They say that we are too young and that
we must wait.

vocabolario

NOMI

l'appartamento	apartment
l'avventura	adventure
la donna	woman
la famiglia	family
il fidanzato, la fidanzata	fiancé, fiancée
il fine settimana	weekend
il fratellino, la sorellina	little brother, little sister
la generazione	generation
la giornata	(the whole) day
il gruppo	group
l'indirizzo	address
il lavoro	work, job
la macchina fotografica	camera
il marinaio	sailor
il matrimonio	marriage, wedding
l'opinione (f.)	opinion
la persona	person; **due o tre persone** two or three people
la pipa	pipe
i ringraziamenti	thanks
la riunione	reunion
il significato	meaning
il succo d'arancia	orange juice
il tè	tea
l'uomo (pl. gli uomini)	man
la verità	truth

AGGETTIVI

felice	happy
fresco	fresh
importante	important
matto	crazy
meraviglioso	wonderful
strano	strange
tranquillo	quiet

VERBI

annunciare	to announce
bere	to drink
conoscere	to know, to be acquainted with, to meet for the first time
dire	to say, to tell
dovere	to have to, must; to owe
entrare (in)	to enter
fumare	to smoke
passare	to spend (time)
potere	to be able to, can, may
raccontare	to tell
ritornare	to come back
riuscire	to succeed
sapere	to know, to know how
sorridere	to smile
uscire	to go out
venire	to come
volere	to want

ALTRE ESPRESSIONI

a memoria	by heart
che	that
come	as, like
meravigliosamente	wonderfully
voler dire	to mean

LA FAMIGLIA IN ITALIA

La famiglia occupa un *posto* speciale nella società italiana. place
I *rapporti di parentela* sono sacri e offrono l'*aiuto* morale, fisico, family ties / help
e economico che lo stato molte volte non può offrire.

Le varie generazioni—genitori, figli, nipoti, *pronipoti*— great-grandchildren
non vivono, come nel passato, nella stessa casa. Il boom
degli anni sessanta ha trasformato profondamente la vita e
la struttura patriarcale della famiglia italiana. Molti giovani
hanno abbandonato la *campagna* e le piccole città per vivere countryside
nei grandi centri urbani.

Il divorzio, esistente in Italia *dal* 1970, rappresenta un since
nuovo *pericolo* per l'unità della famiglia. È vero *tuttavia* che danger / however
non è *così* facile *da* ottenere come in altri paesi: gli sposi che so . . . to
vogliono divorziare devono vivere separati per *almeno* tre at least
anni.

Oggi la famiglia tipica è piccola, con uno o due figli.

A passeggio in carrozzina.

Oggi molte famiglie sono piccole, con uno o due figli. Spesso anche la moglie lavora. La solidarietà è tuttavia *ancora* grande fra i parenti che *si riuniscono* ancora *intorno a* una stessa tavola, per la festa del santo patrono della città, per esempio, o per altre festività. *Quanto ai* figli, è normale la loro vita in famiglia *fino al* momento del loro matrimonio. Quando *si sposano* non è raro vedere i giovani sposi occupare un appartamento vicino all'appartamento dei genitori. Come risultato il problema dei «nonni» è meno grave in Italia che in altri paesi.

still
gather / around

As for

until
they get married

ESERCIZIO DI COMPRENSIONE
1. La società italiana considera la famiglia....
   a. poco importante   **b.** molto importante   **c.** senza importanza
2. Oggi i giovani preferiscono vivere e lavorare....
   a. in grandi città   **b.** in campagna   **c.** in piccoli centri urbani
3. In Italia....
   a. non è possibile divorziare   **b.** è molto facile divorziare   **c.** è possibile divorziare
4. I figli di solito stanno in famiglia fino....
   a. al matrimonio   **b.** alla fine della scuola secondaria   **c.** dopo (*after*) il matrimonio

7

BUON VIAGGIO

Un'agenzia di viaggi, a Milano.

LECCE				
SESTRI. LEV	I.C.	8:45	10m	21
TORINO	I.C.	8:45		12
BOLOGNA	DIR.	8:50	10m	20
SONDRIO	LOC.	8:55		6
VENEZIA	I.C.	8:55		9
PARIGI	SUP.RAPIDO	8:55		5
MANTOVA	DIR.	9:00	10m	23

NOVARA	LOC.	9:30
PADOVA	DIR.	9:35
VENTIMIGLIA	EXP.	9:40
TORINO	DIR.	9:40
LECCE	EXP.	9:45
VENEZIA	EXP.	9:45
FIRENZE	I.C.	9:50

O BINARIO GIALLO = BINARIO NON DEFINITIVO   NUMERO BINARIO GIALLO = BINARIO N

INFORMATIONS   INFORMATION   INFORMATIONS   INFORMACIONES

INFORMAZIONI GENERALI SUSSIDIARIE

L. ENTE F.S. AUGURA BUON VIAGGIO.

DIVIETO DI ACCESSO ALLE PERSONE
SPROVVISTE DI RECAPITO DI VIAGGIO
O BIGLIETTO DI INGRESSO

Milano. La Stazione Centrale. Orari dei treni e viaggiatori in partenza.

ALLA STAZIONE

La famiglia Betti, padre, madre, e figlio, sono alla stazione Centrale di Milano. I Betti vanno a *Rapallo* per il week-end. La stazione è *affollata*.

> (resort town on the Italian Riviera)
> crowded

Sig.a Betti Rodolfo, hai i biglietti, vero?

Sig. Betti Sì, ho i biglietti, ma *non ho fatto* le prenotazioni. — I didn't make

Sig.a Betti Oggi è venerdì. Ci sono molti viaggiatori. Perchè *non hai comprato* i biglietti di prima classe? — didn't you buy

Sig. Betti Perchè c'è una *bella* differenza di *prezzo* tra la prima e la seconda classe. E poi, non è un viaggio lungo. — big / price

Sig.a Betti	Ma l'impiegato dell'agenzia di viaggi *ha detto* che il venerdì i treni sono molto affollati.	said
Sig. Betti	Sì, è vero, ma uno o due posti ci sono sempre.	
Sig.a Betti	Sì, ma io non voglio viaggiare in uno *scompartimento* per *fumatori*....	compartment / smokers
Pippo	Mamma, *hai messo* la mia racchetta da tennis nella valigia?	did you put
Sig.a Betti	Sì, e anche il tuo libro di storia.	
Pippo	Papà, il treno per Rapallo *è arrivato* sul *binario* 6.	has arrived / track
Sig. Betti	Presto, *andiamo!*	let's go!

DOMANDE SUL DIALOGO

1. Dove vanno i Betti? **2.** Da dove partono? **3.** Perchè il padre non ha comprato i biglietti di prima classe? **4.** Come sono i treni il venerdì? **5.** Perchè la madre è preoccupata? **6.** Che cosa desidera sapere Pippo? Perchè? **7.** Alla fine del dialogo, il treno per Rapallo è arrivato o non è arrivato? Su quale binario? **8.** Lei preferisce viaggiare in treno o in macchina? **9.** Lei preferisce passare il fine settimana a casa o fare un viaggio? **10.** Se sta a casa, cosa fa? **11.** Se fa un viaggio, con chi va?

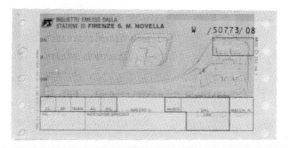

STUDIO DI PAROLE

ARRIVI E PARTENZE

il viaggio trip
viaggiare to travel
il viaggiatore, la viaggiatrice traveler
l'agenzia di viaggi travel agency
prenotare to reserve
la prenotazione reservation
il biglietto (di andata e ritorno) ticket (round-trip)

la prima (seconda) classe first (second) class
la classe turistica economy class
l'orario schedule
il passaporto passport
la valigia suitcase
la dogana customs
l'arrivo arrival
la partenza departure

Alla dogana:
—Lei ha qualcosa da dichiarare?

ESERCIZIO SU STUDIO DI PAROLE

1. Dove andiamo a chiẹdere informazioni se desideriamo fare un viạggio? **2.** Quando vogliamo trovare un posto in treno (o in aẹreo o in albergo), che cosa facciamo? **3.** Per viaggiare comodamente (*comfortably*), in che classe dobbiamo viaggiare? **4.** Di quale documento abbiamo bisogno se andiamo all'ẹstero (*abroad*)? **5.** Che cosa consultiamo per sapere l'ora d'arrivo o di partenza di un treno? **6.** Dove mettiamo tutte le nostre cose quando viaggiamo? **7.** Appena (*As soon as*) arriviamo in un paese straniero, in quale ufficio mostriamo (*we show*) il passaporto? **8.** Le piace viaggiare? **9.** Di sọlito, Lei viạggia con molte o con poche valịgie? **10.** Preferisce viaggiare solo(a) o con altre persone? **11.** Quando è in aẹreo, Lei dorme, legge, o parla con altri viaggiatori? **12.** Ha paura di viaggiare in aẹreo?

I. Passato prossimo *with* avere

Jane *ha comprato* un biglietto per Roma.

A Roma *ha ricevuto* dei fiori da un amico romano.

Ha dormito in un albergo in piazza Navona.

1. Che cosa ha comprato Jane? **2.** Che cosa ha ricevuto a Roma? **3.** Dove ha dormito?

1. The **passato prossimo** (*present perfect*) indicates an action completed in the recent past. Today, however, many Italians use it informally to indicate an action or an event that occurred in the recent or not so recent past. Like the present perfect tense, it is a compound tense. For most Italian verbs and all transitive verbs (verbs that take a direct object),* the **passato prossimo** is conjugated with the present of the auxiliary verb **avere** + the *past participle* (**participio passato**) of the main verb.

The **participio passato** of regular verbs is formed by replacing the infinitive endings **-are, -ere,** and **-ire** with **-ato, -uto,** and **-ito,** respectively.

compr**are**	*compr**ato***
ric**evere**	*ricev**uto***
dorm**ire**	*dorm**ito***

---

*In the sentences **Mangio una mela** and **Saluto gli amici,** mela and amici are direct objects. (They answer directly the questions: *What?, Whom?*) The verbs **mangiare** and **salutare** are, therefore, transitive verbs.

comprare	ricevere	dormire
ho hai ha abbiamo avete hanno } compr**ato**	ho hai ha abbiamo avete hanno } ricev**uto**	ho hai ha abbiamo avete hanno } dorm**ito**

2. The **passato prossimo** is rendered in English in the following ways, depending on the context.

Ho portato due valigie. }
*I **have carried** two suitcases.*
*I **carried** two suitcases.*
*I **did carry** two suitcases.*

3. The *negative form* is expressed by placing **non** in front of the auxiliary verb.

Hai telefonato all'agenzia di viaggi?

Did you call the travel agency?

Non ho avuto tempo.

I did not have time.

Non hai viaggiato con l'Alitalia?

Haven't you traveled with Alitalia?

Non ha finito i suoi studi.

He did not finish his studies.

Non hanno ripetuto la domanda.

They have not repeated the question.

4. Many verbs, especially those ending in **-ere,** have an irregular past participle. Here are some of the most common:

fare (*to make*)	*fatto*
bere (*to drink*)	*bevuto*
chiedere (*to ask*)	*chiesto*
chiudere (*to close*)	*chiuso*
conoscere	*conosciuto*
leggere (*to read*)	*letto*
mettere (*to put, to wear*)	*messo*
perdere* (*to lose*)	*perduto (perso)*
prendere (*to take*)	*preso*
rispondere (*to answer*)	*risposto*
scrivere (*to write*)	*scritto*
spendere (*to spend*)	*speso*

vedere* (*to see*)	*veduto (visto)*
aprire (*to open*)	*aperto*
dire (*to say, to tell*)	*detto*
offrire (*to offer*)	*offerto*

Non **ha chiuso** la porta.	*He did not close the door.*
Hai letto il giornale?	*Did you read the newspaper?*
Abbiamo scritto ai nonni.	*We wrote to our grandparents.*
Hanno preso un tassì.	*They took a cab.*

NOTE:
Some verbs that are irregular in the present have a regular past participle: **dare:** *dato;* **avere:** *avuto;* **volere:** *voluto;* **potere:** *potuto;* **dovere:** *dovuto;* **sapere:** *saputo.*

esercizi

A. Sostituite il soggetto con i soggetti tra parentesi e cambiate la forma del verbo.

1. Hai viaggiato in prima classe? (voi, tua sorella, i viaggiatori)   **2.** Ho sentito una bella notizia (*news*). (lui, noi due, i suoi genitori)   **3.** Non hai ricevuto la lettera? (la tua famiglia, Lei, voi)

B. Rispondete incominciando con **Anche...**

ESEMPIO   —Io ho visitato Firenze, e voi?   —**Anche noi abbiamo visitato Firenze.**

1. Io e mio padre abbiamo viaggiato in treno, e la tua famiglia?   **2.** Noi abbiamo risposto alle lettere, e tu?   **3.** Mio fratello ha speso molti soldi, e il tuo?   **4.** I miei amici hanno avuto un invito (*invitation*) a pranzo, e voi?   **5.** Ieri sera abbiamo guardato la TV, e tu?   **6.** Io ho chiuso la porta, e voi?   **7.** Io ho offerto un regalo a una persona, e voi?

C. Domanda e risposta.

ESEMPIO   tu, visitare Roma   —**Tu hai visitato Roma?**
                                        —**Sì, ho visitato Roma.**   o:
                                        —**No, non ho visitato Roma.**

1. voi, leggere il giornale di ieri   **2.** tu, fare colazione stamattina   **3.** tu e la tua compagna, dormire bene   **4.** gli studenti, scrivere un tema per la classe d'italiano   **5.** tu, aprire la lettera dei tuoi parenti   **6.** tu, mangiare frutta ieri   **7.** voi, dare una festa recentemente (*recently*)   **8.** voi, finire i vostri compiti   **9.** tu, avere tempo di fare la spesa ieri   **10.** tua madre, comprare un regalo per il tuo compleanno   **11.** tu, potere fare una passeggiata stamattina   **12.** tu, scrivere ai tuoi genitori   **13.** io, fare troppe domande   **14.** voi, perdere i biglietti del treno

---

*Perdere and **vedere** have a regular and an irregular past participle. The two forms are interchangeable; however the irregular ones, **perso** and **visto,** are more frequently used.

D. Ho organizzato un viaggio! (*Put the following sentences in logical sequence to say what you did to organize your trip. Express the verbs in the **passato prossimo**.*)

1. salutare la mia famiglia   **2.** preparare la valigia   **3.** telefonare all'agenzia di viaggi   **4.** invitare un amico   **5.** chiedere dei soldi a papà   **6.** prendere l'aereo   **7.** fare le prenotazioni   **8.** comprare i biglietti

E. Cosa avete fatto voi...?

ESEMPIO   in cucina   **Abbiamo preparato un'insalata mista.   (o...)**

1. al supermercato   **2.** all'agenzia di viaggi   **3.** al ristorante   **4.** in biblioteca   **5.** alla stazione dei treni   **6.** al telefono pubblico   **7.** al caffè   **8.** alla piscina   **9.** alla conferenza del professore   **10.** al cinema   **11.** al campo da tennis

II. Passato prossimo *with* essere

Jane è *andata* a Roma. *È partita* dall'aeroporto Kennedy ed è *arrivata* all'aeroporto Leonardo da Vinci (Roma).

1. Dov'è andata Jane?   **2.** Da quale città è partita?   **3.** A quale aeroporto è arrivata?

1. Most intransitive verbs (verbs that do not take a direct object) are conjugated with the auxiliary **essere.** In this case, the past participle *must agree with the subject* in gender and number.

andare	
sono sei }andato(a) è	siamo siete }andati(e) sono

2. Most verbs that take the auxiliary **ẹssere** are verbs of coming and going. Here is a list of the most common ones:

andare (*to go*)	*andato*
venire (*to come*)	*venuto*
arrivare (*to arrive*)	*arrivato*
partire (*to leave*)	*partito*
(ri)tornare (*to return*)	*ritornato*
entrare (*to enter*)	*entrato*
uscire (*to go out*)	*uscito*
salire* (*to climb, to go up*)	*salito*
(di)scẹndere* (*to go down*)	*(di)sceso*
cadere (*to fall*)	*caduto*
nạscere (*to be born*)	*nato*
morire (*to die*)	*morto*
ẹssere (*to be*)	*stato*
stare (*to be, to stay*)	*stato*
restare (*to remain*)	*restato*
diventare (*to become*)	*diventato*

esercizi

A. Ecco una storia che illustra (*illustrates*) l'uso di questi verbi. Ripetete la storia sostituendo (*substituting*) **Maria** con **Giovanni** o con **le sorelle gemelle** (*twin sisters*). Fate i cambiamenti necessari.

Maria Caputo *è nata* in un villạggio vicino a Nạpoli. *È restata* in questo villạggio fino a quando (*until*) *è diventata* maestra.

È partita dal villaggio a 19 anni. *È andata* con la famịglia ad abitare a Bologna.

Dopo molti anni *è ritornata* al suo paese. *È arrivata* una sera bụia (*dark*). *È andata* alla vẹcchia casa, ora abbandonata. *È entrata, è salita* al primo piano. Poi *è discesa*, ma . . . *è caduta* dalle scale.

Non *è uscita* viva (*alive*) dalla vẹcchia casa: *è morta* immediatamente. Pọvera Maria!

---

*Salire and (di)scendere are conjugated with **avere** when they have a direct object:
Ho salito le scale. *I climbed the stairs.*

B. Sostituite il soggetto con i soggetti tra parentesi e cambiate la forma del verbo.

1. Io sono arrivato(a) ieri. (la viaggiatrice, noi, i miei amici)   **2.** I miei nonni sono nati negli Stati Uniti. (tu, il mio professore d'inglese, le mie cugine, mia zia)   **3.** Tutti sono discesi dall'aereo. (tu, la signora, voi)

C. Rispondete con una frase negativa.

> ESEMPIO   —Io sono uscito(a) con un amico, e voi?   —**Noi non siamo usciti(e) con un amico.**

1. Io sono andato(a) al cinema, e voi?   **2.** Io sono arrivato(a) in macchina, e voi?   **3.** Io sono nato(a) in Italia, e voi?   **4.** Io sono venuto(a) a casa tardi (*late*) ieri sera, e voi? **5.** Io sono restato(a) a casa ieri, e voi?   **6.** Io sono partito(a) in treno, e voi?

D. Domanda e risposta.

> ESEMPIO   tu, andare a Firenze   —**Sei andato(a) a Firenze?**
> —**Sì, sono andato(a) a Firenze.   o:**
> —**No, non sono andato(a) a Firenze.**

1. tu, nascere a Nuova York   **2.** tu, essere in Italia   **3.** tu e la tua compagna, uscire ieri sera   **4.** voi, andare al cinema   **5.** tu, stare a casa domenica   **6.** tua madre, venire all'università   **7.** tu, arrivare in classe in orario (*on time*)   **8.** tu, ritornare a casa presto **9.** voi, partire in aereo

E. Completate con la forma corretta del **passato prossimo.**

1. Ieri sera noi ＿＿＿ (mangiare) alla trattoria (*family restaurant*).
2. La notte scorsa io non ＿＿＿ (dormire) bene.
3. Gabriella ＿＿＿ (scrivere) una lettera.
4. Noi ＿＿＿ (rispondere) al telefono.
5. Gli sposi ＿＿＿ (arrivare) a Napoli due giorni fa.
6. In che giorno ＿＿＿ (partire) tua zia?
7. ＿＿＿ (Capire) la domanda, tu?
8. La mia amica ed io ＿＿＿ (vedere) un film di Bertolucci.
9. L'agente di viaggi ＿＿＿ (dire) che non ci sono posti sull'aereo.
10. Io ＿＿＿ (finire) di lavorare due giorni fa.
11. Ieri il bambino ＿＿＿ (salire) sull'albero.
12. La moglie del mio amico ＿＿＿ (essere) in Sicilia.
13. Per il compleanno di nostra sorella noi ＿＿＿ (offrire) un biglietto per le Hawaii.

F. Voi avete passato un giorno a Firenze. Che cosa avete fatto?

> ESEMPIO   viaggiare in aereo   —**Ho viaggiato in aereo.**

1. arrivare all'aeroporto   **2.** scendere dall'aereo   **3.** prendere un tassì   **4.** dare l'indirizzo (*address*) dell'albergo al tassista   **5.** andare all'albergo   **6.** fare la doccia   **7.** visitare la città   **8.** mangiare in un buon ristorante   **9.** entrare nella Galleria degli Uffizi **10.** camminare sul Ponte Vecchio   **11.** comprare dei regali per i parenti   **12.** scrivere delle cartoline (*postcards*)   **13.** spendere molti soldi   **14.** bere un'aranciata   **15.** ritornare all'albergo   **16.** ordinare la cena   **17.** chiedere informazioni sulla città   **18.** uscire dall'albergo   **19.** passare alcune ore in città   **20.** andare a dormire, stanco(a) morto(a) (*dead tired*)

G. La gente non è mai contenta. Leggete la storia con i verbi **al passato prossimo.**

Un giorno la Madonna, San Giuseppe, e il Bambino Gesù *partono* da Gerusalemme con il loro asino (*donkey*). San Giuseppe *mette* la Madonna e il Bambino Gesù sull'asino. Lui *va* a piedi. *Arrivano* ad un paese. La gente (*people*) *guarda* i tre viaggiatori e *dice*: «Che vergogna (*What a shame*)! La giovane donna e il bambino sono sull'asino, e il povero vecchio cammina!» Allora (*then*) la Madonna e il Bambino *scendono* dall'asino e *incominciano* a camminare, mentre (*while*) San Giuseppe *sale* sull'asino. *Arrivano* ad un altro paese e *sentono* altri commenti della gente: «Che vergogna! L'uomo forte è sull'asino e la povera donna con il bambino cammina!» Allora tutti e tre *montano* sull'asino. Ma *arrivano* ad un terzo paese e la gente *commenta* ancora: «Che vergogna! Tre persone sopra un povero asino!» E i tre *scendono* dall'asino e *portano* l'asino sulle spalle (*on their shoulders*). Quando *arrivano* ad un altro paese gli abitanti *hanno* ancora commenti. «Che stupidi! Tre persone che portano un asino!»

III. *Expressions of past time*

—*L'anno scorso* ho dovuto pagare un anno di studi all'estero (*abroad*) per mio figlio.

Here are some expressions that may be used when referring to actions or events that occurred recently or some time ago.

stamattina	*this morning*	**la notte scorsa**	*last night*
ieri	*yesterday*	**domenica scorsa**	*last Sunday*
ieri mattina	*yesterday morning*	**la settimana scorsa**	*last week*
ieri pomeriggio	*yesterday afternoon*	**il mese scorso**	*last month*
ieri sera	*yesterday evening*	**l'anno scorso**	*last year*
l'altro ieri	*the day before yesterday*		

Quanto tempo fa?	*How long ago?*
poco tempo fa	*a little while ago, not long ago*
alcuni minuti fa	*some minutes ago*
due ore fa	*two hours ago*
tre giorni fa	*three days ago*
quattro settimane fa	*four weeks ago*
molti mesi fa	*many months ago*
dieci anni fa	*ten years ago*

esercizi

A. Quando . . .? Rispondete alle seguenti domande, usando un'espressione di tempo al passato.

ESEMPIO   —Quando ha fatto colazione?   —**Stamattina.**

1. Quando ha visto un film?   **2.** Quando ha detto una buona parola a un amico triste?
3. Quando ha mangiato pesce?   **4.** Quando ha invitato parenti o amici al ristorante?   **5.** Quando ha visitato una nuova città?   **6.** Quando è andato(a) in aereo?   **7.** Quando ha preso un tassì?   **8.** Quando è entrato(a) in un'agenzia di viaggi?   **9.** Quando ha dato un esame?   **10.** Quando ha avuto un giorno libero?

B. Domanda e risposta. Domandate a un(a) vostro(a) compagno(a) **quanto tempo fa** ha fatto le seguenti cose.

ESEMPIO   andare in biblioteca   —**Quanto tempo fa sei andato in biblioteca?**
—**Sono andato(a) in biblioteca due ore fa.   (o...)**

1. finire la scuola elementare   **2.** incominciare gli studi universitari   **3.** arrivare all'università   **4.** entrare nell'aula d'italiano   **5.** scrivere un tema per la classe d'italiano
6. andare all'estero   **7.** mangiare in un ristorante cinese   **8.** viaggiare con la tua famiglia
9. leggere il giornale

IV. *Uses of* **a**, **in**, **da**, *and* **per**

**Marcello va *a* Firenze *in* macchina.
Va *da* zia Rita.**

1. The prepositions **a, in,** and **da** are used to indicate location or means of transportation. Each is used as follows:

The preposition **a:**

—before the names of cities and small islands;
—before nouns such as **casa, scuola, teatro, piedi** (*on foot*).

Ạbitano **a** Venẹzia.	*They live in Venice.*
Siamo andati **a** Capri.	*We went to Capri.*
Sei venuta **a** scuola ieri?	*Did you come to school yesterday?*
No, sono restata **a** casa.	*No, I stayed (at) home.*
Andiamo **a** casa **a** piedi?	*Are we going home on foot?*

The preposition **in:**

—before the names of continents, countries, states, regions, and large islands;*
—before nouns such as **classe, biblioteca, città, montagna, campagna, chiesa;**
—before nouns indicating means of transportation such as **treno, aẹreo, mạcchina, bicicletta, ạutobus, tassì.**

Siete stati **in** Europa?	*Have you been to Europe?*
Vorrei abitare **in** Toscana.	*I would like to live in Tuscany.*
Vai **in** montagna?	*Are you going to the mountains?*
Vịvono **in** città o **in** campagna?	*Do they live in the city or in the country?*
Avete viaggiato **in** treno o **in** aẹreo?	*Did you travel by train or by plane?*
Siamo venuti **in** mạcchina.	*We came by car.*
Sono andati **in** Sicịlia.	*They went to Sicily.*

The preposition **da:**

—before a person's name, title, or profession to indicate location when **da** means going to that person's home or workplace or being at that person's home or workplace;
—before a disjunctive pronoun to represent a person's home or workplace:

Stasera andiamo **da Pietro.**	*Tonight we are going to Pietro's.*
Vado **dalla dottoressa Pina.**	*I'm going to Doctor Pini's office.*
Mangiate **da Maria** stasera?	*Are you eating at Maria's house tonight?*

---

*For more details on geographical names, see Chapter 15.

Venite **da me** domani?	*Are you coming **to my house** tomorrow?*

NOTE:

If the *definite article* is expressed, it contracts with **da.**

Vai **dal** tuo amico?	*Are you going **to** your friend's **house?***

---

2. To indicate purpose, Italian uses **per** + *infinitive*. This construction corresponds to the English construction (*in order*) *to* + *infinitive*.

Studio **per** imparare.	*I study (**in order**) to learn.*
Lavoro **per** vivere.	*I work (**in order**) to live.*

---

esercizi

A. Dove e **come** vanno le seguenti persone?

ESEMPIO   Pietro, scuola, bicicletta   **Pietro va a scuola in bicicletta.**

1. Gabriella e Filippo, teatro, tassì   **2.** la signora Giacomi, chiesa, piedi   **3.** suo marito, città, autobus   **4.** i signori Betti e il figlio, Rapallo, treno   **5.** il signor Agnelli, montagna, aereo   **6.** E Lei, dov'è andato(a), e come, stamattina?

B. Dove sono andate? L'anno scorso le seguenti persone hanno fatto un viaggio.

ESEMPIO   Liliana, Inghilterra   **Liliana è andata in Inghilterra.**

1. io, Austria   **2.** voi, Alaska   **3.** Gabriella e Filippo, Toscana, Roma, Napoli, e Capri **4.** i signori Betti, Liguria   **5.** la famiglia Catalano, Sicilia   **6.** mio padre, Washington **7.** Marcello e suo zio, Africa   **8.** E Lei ...?

C. Da chi è andato Marcello la settimana scorsa?

ESEMPIO   lunedì mattina, dentista (*m., f.*)   **Lunedì mattina è andato dal dentista.**

1. martedì pomeriggio, Filippo   **2.** martedì sera, nonni   **3.** mercoledì, sua zia   **4.** giovedì pomeriggio, dottore   **5.** venerdì mattina, Lucia   **6.** sabato, agente di viaggi   **7.** E Lei, da chi è andato(a) la settimana scorsa?

D. Completate con le preposizioni corrette.

L'anno scorso sono andata _____ Italia. Ho viaggiato _____ aereo. Sono arrivata _____ Milano. Sono andata _____ macchina _____ mia madre. Sono restata _____ mia madre per tre settimane. Ho visitato la città _____ piedi e _____ autobus. Sono andata _____ miei nonni che (*who*) abitano _____ campagna, e sono andata _____ sciare _____ montagna. Dopo tre settimane sono ritornata _____ California _____ aereo.

E. Domanda e risposta.

> ESEMPIO venire, piedi/bicicletta —**Sei venuto(a) a piedi?**
> —**No, sono venuto(a) in bicicletta.**

1. andare, montagna/campagna **2.** partire, aereo/macchina **3.** viaggiare, treno/aereo
4. essere, Roma/Madrid **5.** andare, Italia/New York **6.** abitare, California/Florida
7. restare, casa/andare, scuola **8.** andare, dottore/mia madre **9.** essere, Inghilterra/ Francia

F. Unite le due frasi usando **per** + l'infinito.

> ESEMPIO Studio. Imparo. **Studio per imparare.**

1. Telefono all'agenzia di viaggi. Domando informazioni.
2. La mamma ritorna. Prepara il pranzo.
3. Gli studenti stanno attenti (*pay attention*). Capiscono la conferenza.
4. La signora prende il giornale. Legge le notizie (*news*).
5. Andiamo a una pizzeria. Mangiamo una pizza.
6. Io sto a casa. Faccio il compito d'italiano.

LETTURA

Un viaggio di nozze

Ieri Lucia ha ricevuto una lettera da Gabriella. L'amica *si* got married
è sposata alcuni giorni fa e ora è in *viaggio di nozze*. honeymoon
Ischia, 16 aprile 19..

Firenze. Santa Maria del Fiore e Palazzo Vecchio. Sullo sfondo, le colline toscane.

Cara Lucia,

Scrivo da *Ischia mentre* aspetto l'*aliscafo* per Napoli. *Da quando* siamo partiti abbiamo visitato molti posti interessanti. Siamo stati solamente una notte a Firenze, perchè Filippo ha voluto visitare le *colline* toscane. Prima di Montefiascone il nostro *pullman* ha avuto *un guasto al motore* e noi tutti siamo scesi e abbiamo camminato per tre chilometri. Quando siamo arrivati a Montefiascone abbiamo bevuto un *fiasco* di vino locale.

Il giorno dopo siamo partiti per Roma. Hai ragione, Lucia: è una città magnifica, ma il traffico è impossibile! Per andare all'albergo abbiamo preso un tassì, ma siamo arrivati due ore dopo perchè abbiamo avuto un piccolo *incidente:* vicino al Colosseo un gatto nero *ha attraversato* la strada e *ha causato* una serie di *tamponamenti.*

Ieri abbiamo preso il treno per Napoli. In treno abbiamo conosciuto due viaggiatori americani molto simpatici e abbiamo parlato in inglese. È stata una conversazione un po' difficile, perchè abbiamo dimenticato molte delle espressioni che abbiamo studiato al liceo. *Ricordi?*

Oggi siamo nella meravigliosa *isola* d'Ischia davanti al golfo di Napoli.

(island in the Gulf of Naples) / while / hydrofoil boat / Since

hills

tour bus / breakdown

flask

accident

crossed / caused

collisions

Do you remember?

island

Roma. Il Colosseo.

Dopo una settimana di matrimonio conosco *meglio* Filippo. Adesso so, per esempio, che mio marito *russa* e che perde facilmente la pazienza. Stamattina *abbiamo litigato* per la prima volta. Sull'aliscafo ho quasi avuto la tentazione di *buttare* mio marito in *mare*. *Scherzo*, ma è vero che qualche volta gli uomini sono *insopportabili*.

better
snores
we had a fight

to throw / sea / I am joking
unbearable

Un caro *abbraccio*,
Gabriella

hug

DOMANDE SULLA LETTURA

1. A chi ha scritto la lettera Gabriella?   **2.** Quanti giorni fa si è sposata Gabriella?   **3.** Chi è suo marito?   **4.** Da dove scrive Gabriella?   **5.** Che cosa hanno visitato i due sposi in Toscana?   **6.** Come sono arrivati a Montefiascone?   **7.** Che cosa hanno fatto quando sono arrivati a Montefiascone?   **8.** A Roma che cosa hanno preso per andare all'albergo?   **9.** Perchè hanno avuto un incidente vicino al Colosseo?   **10.** Chi hanno conosciuto in treno?   **11.** Perchè la loro conversazione in inglese è stata un po' difficile?   **12.** Con quale espressione ha finito la sua lettera Gabriella?

DOMANDE PERSONALI

1. In quale città è nato(a) Lei?   **2.** Ha fatto un viaggio Lei recentemente? Quanto tempo fa?   **3.** Dove è andato(a)? Come ha viaggiato?   **4.** È stato(a) in Cina?   **5.** Quale paese o quali paesi stranieri ha visitato Lei?   **6.** Ha viaggiato in treno Lei? Quando?   **7.** Ha incontrato persone interessanti durante un Suo viaggio? Dove?   **8.** È uscito(a) o è restato(a) a casa ieri sera?   **9.** Che cosa ha mangiato oggi a colazione?   **10.** Che cosa ha bevuto?

ATTIVITÀ

A. Orale

Siamo stati in Italia. Un gruppo di studenti della vostra classe è ritornato da un viaggio in Italia. I compagni che sono restati a casa sono curiosi di sapere molte cose: dove sono stati, come sono andati, quanto hanno pagato il biglietto, quali città hanno visitato, che cosa hanno fatto, ecc. (Dividete la classe in due gruppi; ogni studente deve partecipare alla conversazione.)

B. Tema

Descrivete le attività del fine settimana scorso. Siete usciti? Con chi? Come? Dove siete andati? Che cosa avete fatto? Chi o cosa avete visto? Siete ritornati a casa presto o tardi?

C. Traduzione

1. I'm very tired because I didn't sleep much last night.   **2.** Why? Did you work late (**fino a tardi**)?   **3.** No, I came home five hours ago from a one-week trip to New York with my Aunt Jane.   **4.** Did you travel by plane or train?   **5.** By plane. But I didn't have to buy a (**il**) ticket. My Aunt Jane bought two first-class tickets, and our trip was very comfortable. **6.** Did she reserve a room in a hotel?   **7.** No, we stayed at my grandparents' house, as we often do.   **8.** I don't know New York. How is it?   **9.** It's a great city with theaters and elegant shops. However, there are too many people and life isn't very simple.

NOMI

l'aereo	airplane
l'agente (*m.*)	agent
l'aeroporto	airport
l'albergo	hotel
l'aranciata	orange drink
la campagna	countryside
il campo da tennis	tennis court
il chilometro	kilometer
la differenza	difference
il documento	document
l'impiegato	clerk
l'informazione (*f.*)	information
il maestro, la maestra	elementary school teacher
la montagna	mountain
la notizia	news
il paese	country, small town
la pazienza	patience
il posto	place; seat
il prezzo	price
lo sposo; la sposa	groom; bride
il supermercato	supermarket
il tassì	taxi
il tassista	taxi driver
la tentazione	temptation
il traffico	traffic
la trattoria	restaurant
il villaggio	village

AGGETTIVI

affollato	crowded
attento	careful
comodo	comfortable
impossibile	impossible
lento	slow
magnifico	magnificent
passato	past
possibile	possible
rapido	fast
scorso	last
semplice	simple

VERBI

cadere	to fall
camminare	to walk
causare	to cause
(di)scendere (*p.p.* disceso)	to descend, to go down
diventare	to become
lasciare	to leave (someone, something)
mettere (*p.p.* messo)	to put, to wear
morire (*p.p.* morto)	to die
mostrare	to show
nascere (*p.p.* nato)	to be born
restare	to remain
ricordare	to remember
riposare	to rest
salire	to climb, to go up
sciare	to ski
spendere (*p.p.* speso)	to spend
trovare	to find
visitare	to visit

ALTRE ESPRESSIONI

all'estero	abroad
Buon viaggio!	Have a nice trip!
comodamente	comfortably
dopo	after
durante	during
fa	ago
facilmente	easily
ieri	yesterday
immediatamente	immediately
per	in order to
presto	early, fast, soon
prima	before, first
Quanto tempo fa?	How long ago?
quasi	almost
solamente	only
stamattina	this morning
stanco morto	dead tired
stare attento	to pay attention
tardi	late
viaggio di nozze	honeymoon

LA TOSCANA

Pisa. Il Duomo e la famosa torre pendente.

La Toscana è una delle regioni più affascinanti d'Italia.
Il suo antico nome, «Tuscia», deriva dalla misteriosa civiltà
etrusca, esistente prima di Roma. Firenze, fondata dai Ro-
mani sul *fiume* Arno, è il *capoluogo* della regione.   river / chief town

Nel 1300 (milletrecento) Firenze è *già* uno dei centri prin-   already
cipali d'Europa. Alcune delle città toscane rivali sono Siena,
Lucca, e Pisa, *ognuna* con una popolazione superiore alla   each
popolazione di Londra di *quel* periodo. Molti Toscani sono   that
banchieri e *prestano* la loro moneta, il «fiorino», a *papi*, im-   bankers / lend / popes
peratori, e *re*. Dante, Petrarca, e Boccaccio sono nati in To-   kings
scana e le loro *opere* sono diventate presto un modello per   works
gli scrittori italiani e dell' Europa occidentale.

Anche il Rinascimento* è nato in Toscana, favorito dalla
vita raffinata delle grandi famiglie toscane. La più famosa è
la famiglia De' Medici, signori di Firenze e protettori delle
arti: Donatello, Brunelleschi, il Beato Angelico, Botticelli, Michelangelo, e Leonardo da Vinci sono solo alcuni dei grandi
artisti del Rinascimento toscano. Il contributo filosofico, politico, e scientifico rinascimentale non è stato inferiore, se
pensiamo, per esempio, a Niccolò Machiavelli e a Galileo
Galilei.

La storia e la civiltà di quell'epoca splendida hanno la-
sciato un'*impronta* speciale nel *paesaggio* toscano, straordina-   mark / landscape
riamente ricco di castelli, *torri*, monasteri, chiese, piazze, e   towers
palazzi. Oggi la tradizione artistica dei grandi maestri con-
tinua a vivere nell'*artigianato* delle *botteghe* e delle piccole   handicrafts / shops
industrie toscane.

ESERCIZIO DI COMPRENSIONE

1. Il nome di «Toscana» deriva dalla civiltà....
   a. romana   **b.** rinascimentale   **c.** etrusca
2. Il capoluogo della Toscana è....
   a. Siena   **b.** Firenze   **c.** Pisa
3. Dante è....
   a. uno scrittore   **b.** un pittore   **c.** uno scienziato
4. Il Rinascimento ha avuto origine....
   a. in Lombardia   **b.** in Sicilia   **c.** in Toscana
5. Galileo Galilei, uno dei grandi nomi del Rinascimento toscano, ha contribuito....
   a. all'arte   **b.** alle scienze   **c.** alla politica

---

*Rinascimento** means "Renaissance," that is, the "rebirth," or revival, of human
values, art, literature, and learning after the prevailing religiosity of the Middle
Ages.

8

TEMPO E DENARO

Orologio all'ingresso *(entrance)* di una banca.

Quante lire sono?

IN BANCA

Mr. White è entrato in una banca italiana.

Mr. White	Scusi, signorina, dove posso cambiare dei traveler's cheques?	
Signorina	*Là*, allo *sportello* numero cinque.	Over there / window
Mr. White	*Mille* grazie.	Many (*lit.,* one thousand)
	(Dopo alcuni minuti, allo sportello del cambio.)	
Impiegato	Il signore desịdera?	
Mr. White	Scusi, il cạmbio del dọllaro è *ancora* come ieri?	still
Impiegato	No, è salito di venti lire. *Questa* è una settimana fortunata per il dọllaro.	This
Mr. White	Bene, bene. I turisti americani sono fortunati.... Vorrei cambiare un traveler's cheque di mille dọllari.	
Impiegato	Nome e *cognome?* Ha un documento d'identità, per favore?	last name
Mr. White	Un momento..., dove ho messo il passaporto? Ah, ecco!	
Impiegato	John White... Che coincidenza! Io mi chiamo come Lei: Giovanni Bianchi. Signor White, ecco la *ricevuta. Si accomodi* alla cassa.	receipt / Please go
Mr. White	Quante lire sono? Un milione e.... Com'è fạcile ẹssere milionari in Itạlia!	

DOMANDE SUL DIALOGO

1. Chi è il signor White? **2.** Perchè è andato alla banca? **3.** Quanti dollari vuole cambiare? **4.** È una settimana sfortunata per il dollaro? **5.** Perchè? **6.** Quale documento ha voluto vedere l'impiegato? **7.** Come si chiama l'impiegato? **8.** Perchè ha detto: «Che coincidenza!»? **9.** Dov'è andato il signor White per ricevere le lire? **10.** Che cosa ha presentato alla cassa? **11.** Perchè ha detto che è facile essere milionari in Italia? **12.** Siete milionari voi?

STUDIO DI PAROLE

Mr. White: *Desidero cambiare un traveler's cheque di mille dollari.*
Impiegato: *Ha il passaporto, per favore?*

il denaro money
l'assegno check
il libretto degli assegni
   checkbook
depositare un assegno to deposit
   a check
riscuotere un assegno to cash a
   check
il cambio exchange
cambiare un traveler's cheque to
   cash a traveler's check

mostrare un documento d'identità
   to show I.D.
il nome e il cognome first and
   last names
la firma signature
firmare to sign
la ricevuta receipt
lo sportello numero uno (due . . .)
   window number one (two . . .)
alla cassa to (at) the cashier

ESERCIZIO SU STUDIO DI PAROLE

1. Se riceviamo un assegno di mille dollari e non abbiamo bisogno di soldi, che cosa facciamo? **2.** A quale sportello andiamo per cambiare i soldi? **3.** Qual è il cambio del dollaro in Italia adesso? Più o meno di 1.300 (milletrecento) lire? **4.** Se in un negozio paghiamo con un assegno, che cosa dobbiamo mostrare? **5.** Cosa dobbiamo scrivere sull'assegno? **6.** In un paese straniero, qual è il nostro documento d'identità? **7.** Ha un libretto degli assegni Lei? **8.** Che cosa c'è scritto? **9.** C'è anche il Suo indirizzo?

I. *Reflexive verbs*

Mi chiamo Gino: sono impiegato di banca.   *Mi alzo* alle sette.   *Mi lavo e mi vesto.*   *Mi riposo* la sera.

1. Come si chiama l'impiegato di banca?   **2.** A che ora si alza?   **3.** Poi (*then*) che cosa fa?   **4.** Quando si riposa?

---

1. A verb is reflexive when the action expressed by the verb refers back to the subject. A transitive verb (a verb that takes a direct object) may be used in the reflexive construction.

Lavo la macchina.	*I wash the car.* (transitive)
Mi lavo.	***I wash myself.*** (reflexive)
Vedo la ragazza.	*I see the girl.* (transitive)
Mi vedo nello specchio.	***I see myself*** *in the mirror.* (reflexive)

---

2. The infinitive of a reflexive verb is formed with the infinitive of the verb without the final **-e** (**lavar-**) + the reflexive pronoun **si** (*oneself*): **lavarsi** (*to wash oneself*). Reflexive verbs are recognizable in the dictionary by their endings: **-arsi, -ersi,** and **-irsi.**

prepar**arsi**	*to prepare oneself (to get ready)*
mett**ersi**	*to put (on) oneself*
vest**irsi**	*to dress oneself (to get dressed)*

---

3. The reflexive pronouns are **mi, ti, ci, vi,** and **si.** They must always be expressed and agree with the subject, since the object and subject are the same. They precede the reflexive verb.

lavarsi *(to wash oneself)*	
mi lavo	*I wash myself*
ti lavi	*you wash yourself*
si lava	*he/she/it washes himself/herself/itself*
Si lava	*you wash yourself (formal sing.)*
ci laviamo	*we wash ourselves*
vi lavate	*you wash yourselves*
si lạvano	*they wash themselves*
Si lạvano	*you wash yourselves (formal pl.)*

4. Many Italian reflexive verbs are idiomatic and do not correspond literally to reflexives in English. Some verbs change their meaning when they are reflexive.

Teresa **chiama** Rosa.   *Teresa **calls** Rosa.*
Mi chiamo Rosa.   ***My name is** Rosa.*

Sento la mụsica.   *I **hear** the music.*
Mi sento stanco.   *I **feel** tired.*

5. Some common reflexive verbs are:

chiamarsi	*to be called*	**sentirsi**	*to feel*
svegliarsi	*to wake up*	**fermarsi**	*to stop (oneself)*
alzarsi	*to get up*	**riposarsi**	*to rest*
vestirsi	*to get dressed*	**addormentarsi**	*to fall asleep*
mẹttersi	*to put on*	**arrabbiarsi**	*to get angry*
prepararsi	*to get ready*	**scusarsi**	*to apologize*
divertirsi	*to have fun, to enjoy oneself*	**innamorarsi**	*to fall in love*
		sposarsi	*to get married*
annoiarsi	*to get bored*		

(Noi) **ci alziamo** presto.   *We **get up** early.*
(Lei) **si veste** bene.   *She **dresses** well.*
Come **ti chiami**?   *What's **your name**?*
Mi svẹglio tutti i giorni alle otto.   *I **wake up** every day at eight.*

6. If the reflexive verb is used in an infinitive form, the appropriate reflexive pronoun is attached to the infinitive after dropping the final **-e.**

Desịdero divertir**mi.**	*I wish to enjoy* **myself** *(have a good time).*
Non dobbiamo alzar**ci** presto.	*We do not have to get* (**ourselves**) *up early.*
Oggi preferisce riposar**si.**	*Today she prefers to rest* (**herself**).

NOTE:
With **dovere, potere,** and **volere,** the reflexive pronoun may be placed *before* the conjugated verb:

Vọglio alzar**mi.**
Mi vọglio alzare. } *I want to get* (**myself**) *up.*

---

7. When the action involves parts of the body or clothing, Italian uses the reflexive construction instead of the possessive adjective. In this case, the possessive adjective is replaced by the definite article.

Mi lavo **le** mani.	*I wash* **my** *hands.* (Literally, *I wash the hands to myself.*)
Mi metto **il** vestito rosso.	*I put on* **my** *red dress.*

---

8. Sedersi (*to sit down*) has an irregular conjugation.

mi siedo	**ci sediamo**
ti siedi	**vi sedete**
si siede	**si sịędono**

Passato prossimo: *mi sono seduto(a)*

---

esercizi

A. Sostituite il soggetto con i soggetti tra parẹntesi e cambiate la forma del verbo riflessivo.

1. Io mi chiamo Rossi. (i miei cugini, voi, l'impiegato, noi)   **2.** Come ti vesti tu stasera? (noi, tua sorella, lui e lei, io)   **3.** Io mi siedo quando sono stanco(a). (voi, la mamma, tu, loro)   **4.** Il giovane si guarda nello spẹcchio (le ragazze, noi, io, tu).

B. Rispondete alle seguenti domande con una frase completa.

    a. Come si vede Lei quando si guarda nello specchio?

1. sorridente (*smiling*) o triste?   **2.** simpatico(a) o antipatico(a)?   **3.** stanco(a) o riposato(a)?
4. giovane o vecchio(a)?

    b. Come si considera Lei quando pensa a se stesso(a) (*yourself*)?

1. ricco(a) o povero(a)?   **2.** felice o infelice?   **3.** interessante o noioso(a)?   **4.** paziente o
impaziente?   **5.** semplice o complicato(a)?   **6.** un po' matto(a) o saggio(a) (*wise*)?
7. cordiale o indifferente?   **8.** fortunato(a) o sfortunato(a)   **9.** lento o rapido nel lavoro?

C. Domanda e risposta.

    ESEMPIO   svegliarsi presto/tardi   **—Ti svegli presto?**
                                         —No, mi sveglio tardi.

1. chiamarsi Paolo(a)/...   **2.** sentirsi bene/male   **3.** divertirsi a una conferenza/a una festa
4. annoiarsi al cinema/a teatro   **5.** fermarsi in biblioteca/al caffè   **6.** arrabbiarsi spesso/
raramente   **7.** svegliarsi presto/tardi   **8.** innamorarsi facilmente/difficilmente

D. Completate.

    Io _____ (chiamarsi) Alberto, e il mio compagno _____ (chiamarsi) Stefano. Io _____
(svegliarsi) molto presto la mattina, ma Stefano _____ (svegliarsi) tardi. Io _____ (lavarsi)
e _____ (vestirsi) rapidamente, e lui _____ (lavarsi) e _____ (vestirsi) lentamente (*slowly*). Io
non _____ (prepararsi) la colazione perchè non ho tempo, ma Stefano _____ (prepararsi)
una colazione abbondante. Io _____ (divertirsi) quando gioco a tennis, ma Stefano non
_____ (divertirsi). Io _____ (annoiarsi) quando guardo la TV, e lui _____ (annoiarsi) quando
è solo. Io _____ (innamorarsi) delle ragazze bionde, e lui _____ (innamorarsi) delle ragazze
brune. Io _____ (arrabbiarsi) perchè Stefano è sempre in ritardo (*late*), e lui _____ (arrabbiarsi) perchè io dimentico sempre i miei appuntamenti. A mezzogiorno Stefano ed io
_____ (fermarsi) al caffè e mangiamo insieme. Poi noi _____ (riposarsi) al parco prima di
ritornare al lavoro. La sera noi _____ (addormentarsi) presto perchè siamo stanchi morti.

E. Che cosa fate quando . . .? Rispondete alle domande scegliendo (*choosing*) il verbo
riflessivo appropriato.

1. un amico è in ritardo?   **a.** mettersi un golf (*sweater*)
2. avete freddo?   **b.** addormentarsi
3. andate a una festa?   **c.** svegliarsi
4. ascoltate un discorso (*speech*) noioso?   **d.** divertirsi
5. siete stanchi(e) di camminare?   **e.** arrabbiarsi
6. la sveglia suona?   **f.** annoiarsi
7. avete sonno?   **g.** fermarsi
8. vedete un (un') amico(a)?   **h.** sedersi

F. Domanda e risposta.

ESEMPIO   tu, alzarsi presto/tardi   —**Ti alzi presto?**
                                        —**Preferisco alzarmi tardi.**

1. tu, vestirsi rapidamente/lentamente   **2.** voi, mettersi dei vestiti (*clothes*) eleganti/dei jeans   **3.** tu, svegliarsi alle sette/alle otto   **4.** i tuoi amici, divertirsi la domenica/il sabato sera   **5.** voi, fermarsi al caffè/al ristorante   **6.** tu, riposarsi il sabato/la domenica

II. *Reciprocal verbs*

Carlo e Maria
si telefonano.

When a verb expresses reciprocal action (we know *one another,* you love *each other*), it follows the pattern of a reflexive verb. In this case, only the plural pronouns, **ci, vi,** and **si** are used.

Lia e Gino **si** salutano. (Lia saluta Gino e Gino saluta Lia.)	*Lia and Gino greet **each other**.*
Noi **ci** scriviamo spesso.	*We write **to each other** often.*

esercizi

A. Completate con la forma appropriata dei verbi in parentesi.

Gino e Franco, quando s'incontrano, _____ (salutarsi) e _____ (parlarsi). Quando sono lontani, _____ (scriversi) o _____ (telefonarsi) spesso. Quando hanno bisogno di aiuto, _____ (aiutarsi) volentieri. Ma quando s'arrabbiano l'uno con l'altro, non _____ (guardarsi), non _____ (parlarsi), non _____ (salutarsi): insomma (*in short*), _____ (detestarsi), almeno (*at least*) per qualche tempo.

B. Domanda e risposta.

ESEMPIO   vedere, tu e i tuoi amici, alla biblioteca/in classe

—Tu e i tuoi amici, vi vedete
alla biblioteca?
—No, ci vediamo in classe.

1. scriversi, tu e i tuoi genitori, ogni settimana/ogni mese
2. telefonarsi, tu e tua madre, la domenica/due volte al mese
3. parlarsi, tu e i (le) tuoi (tue) compagni(e) di classe, in inglese/in italiano
4. incontrarsi, tuo fratello e i suoi amici, in centro/al ristorante
5. vedersi, io e tu, stasera/domani sera

III. Passato prossimo *with reflexive and reciprocal verbs*

Pippo l'astuto *si è seduto*.

All reflexive and reciprocal verbs in the **passato prossimo** are conjugated with the auxiliary **essere**. The past participle must agree with the subject in gender and number.

lavarsi *(to wash oneself)*	
mi sono lavato(a)	*I washed myself*
ti sei lavato(a)	*you washed yourself*
si è lavato(a)	*he (she) washed himself (herself)*
ci siamo lavati(e)	*we washed ourselves*
vi siete lavati(e)	*you washed yourselves*
si sono lavati(e)	*they washed themselves*

Lia, **ti sei divertita** ieri?
Ci siamo alzati alle sei.
Il treno **si è fermato** a Parma.
Le due ragazze **si sono
    salutate**, e **si sono baciate**.

*Lia, **did you have fun** yesterday?*
***We got up** at six.*
*The train **stopped** in Parma.*
*The two girls **greeted each other**,
    and **they kissed each other**.*

---

esercizi

A. Completate le seguenti frasi usando **il passato prossimo.**

Raffaella è arrivata a Roma ieri sera per incontrare l'amica Marina. Stamattina Raffaella
_____ (svegliarsi) presto, _____ (alzarsi), e _____ (telefonare) all'amica. Poi _____ (lavarsi)
e _____ (vestirsi). Quando le due ragazze _____ (incontrarsi), _____ (salutarsi) con molto
affetto e _____ (uscire) dall'albergo. Marina e Raffaella _____ (visitare) la città e _____
(divertirsi) molto. A mezzogiorno le due ragazze _____ (sentirsi) stanche e _____ (fermarsi)
a una tavola calda (*snack bar*), dove _____ (riposarsi) per un'ora. Dopo il pranzo, Marina e
Raffaella _____ (fare) le spese nei negozi e _____ (comprare) della cartoline e dei francobolli.
Poi le due amiche _____ (sedersi) a un caffè e _____ (scrivere) le cartoline ai loro parenti e
amici.

B. Ecco una cartolina di Raffaella. Completate con il verbo al passato prossimo.

Roma, 3 luglio 1991
Cari genitori, come state?
Io sto bene. Ieri sera io
_____ (arrivare) a Roma.
È una bellissima città. Marina
e io _____ (visitare)
la città e _____ (divertirsi)
_____ molto. Io
_____ (comprare) dei
regali per tutti.
Tanti baci e
arrivederci a presto.
Saluti cari,   Raffaella
marina

Alla Famiglia Ronzoni
via Senato 15
BOLOGNA 20146

C. Rispondete alle seguenti domande.

1. Come ti chiami? **2.** A che ora ti sei alzato(a) stamattina? **3.** Hai avuto il tempo di
prepararti la colazione? **4.** Ti arrabbi spesso? Quando ti sei arrabbiato(a) l'ultima volta?
Perchè? **5.** Che cosa fai quando ti senti stanco(a)? **6.** Ti sei divertito(a) il week-end
scorso? Come? **7.** Quando ti annoi? **8.** Quante volte al mese vi scrivete tu e i tuoi
genitori? **9.** A che ora ti sei addormentato(a) ieri sera? **10.** Quando ti scusi?
11. Quando vi telefonate tu e i tuoi amici (le tue amiche)? **12.** Quando ti vesti elegantemente? **13.** La mattina hai bisogno di una sveglia per svegliarti?

IV. *Time* **(L'ora)**

1. The hour and its fractions are expressed in Italian as follows:

È l'una.

È l'una e dieci.

È l'una e un quarto (or e quindici).

È l'una e mezzo (or e trenta).

Sono le due meno venti.

Sono le due meno un quarto
(or quindici).

2. To ask what time it is, either expression can be used:

Che ora è? *or* **Che ore sono?**

To answer, **è** is used in combination with **l'una, mezzogiorno,** and **mezzanotte. Sono le** is used to express all other hours.

È l'una.	*It is one o'clock.*
È mezzogiorno.	*It is noon.*
È mezzanotte.	*It is midnight.*
Sono le due, le tre, ecc.	*It is two o'clock, three o'clock, etc.*

To indicate A.M. and P.M., the expressions **di mattina, del pomeriggio, di sera,** and **di notte** are added after the hour.

Sono le cinque **di mattina.**	*It is 5:00 A.M.*
Sono le tre **del pomeriggio.**	*It is 3:00 P.M.*
Sono le dieci **di sera.**	*It is 10:00 P.M.*
È l'una **di notte.**	*It is 1:00 A.M.*

3. The question **A che ora?** (*At what time?*) is answered as follows:

A mezzogiorno (o mezzanotte).	*At noon (or midnight).*
All'una e mezzo.	*At 1:30.*
Alle sette di sera.	*At 7:00 P.M.*

---

4. Italians use the twenty-four-hour system for official time (travel schedules, museum hours, theater times).

La Galleria degli Uffizi apre **alle nove** e chiude **alle diciotto.**	*The Uffizi Gallery opens at 9:00 A.M. and closes at 6:00 P.M.*
L'aereo da Parigi arriva **alle diciassette.**	*The plane from Paris arrives at 5:00 P.M.*

---

5. The following expressions are associated with time:

la mattina	*in the morning*	**la sera**	*in the evening*
il pomeriggio	*in the afternoon*	**la notte**	*at night*
in anticipo	*ahead of time*	**in punto**	*sharp*
in orario	*on time*	**presto**	*early*
in ritardo	*late*	**tardi**	*late*

La mattina vado in biblioteca.	*In the morning I go to the library.*
La sera guardiamo la TV.	*In the evening we watch TV.*
Il treno è **in orario.**	*The train is on time.*
Sono le due **in punto.**	*It is two o'clock sharp.*
Franco è uscito **presto** ed è arrivato a scuola **in anticipo.**	*Franco left early and arrived at school ahead of time.*
Gina si è alzata **tardi** e ora è **in ritardo** all'appuntamento.	*Gina got up late and now she is late for her appointment.*

The adverbs **presto** and **tardi** are used with **essere** only when this verb is used in impersonal expressions.

È presto (tardi).	*It is early (late).*

---

6. The English word *time* is translated as **tempo, ora, volta.**

Non ho **tempo.**	*I don't have time.*
Che **ora** è?	*What time is it?*
Tre volte al giorno.	*Three times a day.*

esercizi

A. Che ore sono? Rispondete con una frase completa.

1. 12:15   3:10   12:00   6:30   9:45   6:20   7:35   1:05
2. 10:00 P.M.   5:30 P.M.   11:00 A.M.   2:00 A.M.

B. Voi leggete l'orario ferroviario (dei treni) e delle linee aeree. Formate frasi complete, trasformando **l'ora ufficiale** in ora normale.

> ESEMPIO   aereo Parigi–New York, 17.20
> **L'aereo Parigi–New York parte alle cinque e venti del pomeriggio.**

1. aereo Milano–Roma, 13.30   **2.** treno Bologna–Firenze, 21.50   **3.** treno Firenze–Napoli, 1.05   **4.** aereo Roma–New York, 11.45   **5.** aereo Torino–Londra, 14.35

C. A che ora? Domandate a un(a) compagno(a) a che ora fa di solito le seguenti attività.

1. svegliarsi la mattina   **2.** fare colazione   **3.** uscire di casa   **4.** arrivare al lavoro o a scuola   **5.** ritornare a casa   **6.** cenare   **7.** andare a letto

D. Rispondete usando l'espressione appropriata.

1. La lezione di matematica comincia alle nove. Oggi Gianna è arrivata alle nove e un quarto. È arrivata in anticipo?   **2.** Domenica scorsa Pippo si è alzato a mezzogiorno. Si è alzato presto?   **3.** Tu devi essere dal dentista alle tre del pomeriggio e arrivi alle tre in punto. Sei in ritardo?   **4.** È sabato. Noi ci svegliamo e guardiamo l'orologio: sono le sei di mattina. Ci addormentiamo di nuovo (*again*). Perchè?

V. *Adverbs*

La tartaruga e la lepre (*hare*)
fanno una gara (*race*):
la tartaruga cammina *lentamente*,
l'altra corre *velocemente*.

1. In the preceding chapters, you have studied several adverbs (**molto, troppo, ora, presto,** etc). In Italian, many adverbs are formed by adding **-mente** to the feminine form of the adjective. The suffix **-mente** corresponds to the English adverbial suffix *-ly*.

attento	attenta	**attentamente** (*carefully*)
fortunato	fortunata	**fortunatamente** (*fortunately*)
lento	lenta	**lentamente** (*slowly*)
rapido	rapida	**rapidamente** (*rapidly*)

Adjectives ending in **-e** add **-mente** without changing the final vowel.

paziente	**pazientemente** (*patiently*)
semplice	**semplicemente** (*simply*)
veloce	**velocemente** (*fast, quickly*)

Adjectives ending in **-le** and **-re** drop the final **-e** before taking **-mente.**

facile	**facilmente** (*easily*)
particolare	**particolarmente** (*particularly*)
probabile	**probabilmente** (*probably*)

2. The following are some useful adverbs of time:

adesso, ora	*now*	→	**dopo**	*later*
prima	*first, before*	→	**poi**	*then*
presto	*early, soon*	→	**tardi**	*late*
spesso	*often*	→	**raramente**	*seldom*
		→	**qualche volta**	*sometimes*
già	*already*	→	**non . . . ancora**	*not . . . yet*
ancora	*still, more, again*	→	**non . . . più**	*not . . . any longer* *not . . . anymore*
sempre	*always*	→	**non . . . mai***	*never*

3. Adverbs generally follow the verb.

Viaggio **spesso** per affari.	*I **often** travel for business.*
Vado **sempre** in aereo.	*I **always** go by plane.*
Scrivono **raramente.**	*They **seldom** write.*

With *compound tenses*, however, the following adverbs of time are placed *between* the auxiliary verb and the past participle: **già, non . . . ancora, non . . . più,** and **non . . . mai.**

Non sono **mai** andata in treno.	*I've **never** gone by train.*
Non ho **ancora** fatto colazione.	*I have not had breakfast **yet.***
Hai **già** ricevuto i biglietti?	*Have you **already** received the tickets?*

***Mai** in an affirmative question means *ever:* **Hai *mai* visto Roma?**

esercizi

A. Rispondete con un avverbio, come dall'esempio.

ESEMPIO —Sei una persona cordiale: come saluti? **—Saluto cordialmente.**

1. Sei molto rapido a leggere: come leggi? **2.** Tua sorella è intelligente: come parla?
3. Stai attento quando il professore spiega: come ascolti? **4.** Il tuo fratellino è rumoroso
(*noisy*): come gioca? **5.** Fai una vita tranquilla: come vivi? **6.** Per te (*you*) è facile scrivere:
come scrivi? **7.** I tuoi saluti sono sempre cordiali: come saluti? **8.** I tuoi vestiti (*clothes*)
sono sempre eleganti: come ti vesti? **9.** Il tuo amico mangia sempre dei pasti abbondanti:
come mangia?

B. Riscrivete (*Rewrite*) la frase con l'avverbio al posto corretto.

1. (facilmente) Quando è con gli amici, ride (**ridere** *to laugh*).
2. (sempre) Ho viaggiato in prima classe.
3. (già) Hai prenotato il biglietto per Firenze?
4. (mai) Non so che cosa dire.
5. (spesso) Usciamo la domenica.
6. (più) Non ha visto i suoi parenti.
7. (ancora) È ritornata alla città dei suoi genitori.
8. (solamente) Mi sono riposato mezz'ora.

C. Domanda e risposta. Rispondete usando uno dei seguenti avverbi: **non . . . mai,
spesso, raramente, qualche volta, già,** or **non . . . ancora.**

1. Hai visitato Roma? **2.** Sei mai andato(a) in metropolitana (*subway*)? **3.** Sei già salito(a)
sulla torre (*tower*) di Pisa? **4.** Hai viaggiato spesso quest'anno (*this year*)? **5.** Hai già
festeggiato il tuo compleanno quest'anno (*this year*)? **6.** Hai mangiato qualche volta in
una trattoria romana? **7.** Hai fatto colazione oggi?

D. Proverbi. Conoscete dei proverbi in inglese con un significato simile (*similar*) a
questi? Con quali proverbi siete d'accordo (*do you agree*)?

1. Il tempo è denaro.
2. Il tempo è buon maestro.
3. I soldi non fanno la felicità.
4. Chi (*He who*) trova un amico, trova un tesoro (*treasure*).

La giornata di un impiegato

Milano. Alla cassa automatica di una banca.

L'ingegner Scotti ha dato un ultimatum al figlio: Marcello deve pensare seriamente a una *carriera*. Così, Marcello incomincia oggi la sua prima giornata di lavoro.

    Stamattina si sveglia molto presto. Guarda la sveglia: sono *appena* le sette e un quarto. Non *è abituato* a svegliarsi così presto, ma oggi non può dormire. Non si sente molto bene. Marcello si alza, si lava e si veste: si mette un *completo* elegante. Di solito Marcello ha *una fame da lupo* e fa una colazione abbondante, ma oggi non ha fame e beve solo un espresso. Guarda l'orologio: sono le otto ed è ora di andare al lavoro.

    In banca Marcello *fa la conoscenza* del *capoufficio* e dei *colleghi*, poi si siede e incomincia a lavorare. Alle dieci e mezzo *fa una pausa* e prende un caffè con un collega, poi *ricomincia* a lavorare. Ma è nervoso e fa degli errori. Il suo capoufficio prima è gentile, poi si arrabbia. Marcello guarda l'orologio con impazienza. Il tempo non passa mai! Finalmente arriva l'una del pomeriggio e Marcello esce dalla banca.

    (A casa, durante la cena.)

Papà   *Allora*, com'è andata oggi?

Marcello   Non molto bene. Mi sono annoiato terribilmente e mi sono quasi addormentato sulla *calcolatrice*.

(margin glosses:)
career
only / accustomed
suit
he is as hungry as a wolf
he makes the acquaintance / boss / colleagues
he takes a break / he starts again
So
calculator

Papà	Caro ragazzo, incominci a capire che cosa vuol dire *guadagnarsi il pane. Finora* ti sei divertito; adesso è ora *di mettere la testa a posto* e di lavorare.	to earn one's living / Until now to settle down
Marcello	*Ho fatto bene* a divertirmi perchè il lavoro è una bella *seccatura.*	I did the right thing bore

DOMANDE SULLA LETTURA

1. Perchè oggi è una giornata importante per Marcello?   **2.** A che ora si è svegliato?
3. Si sveglia sempre così presto?   **4.** Perchè oggi non può dormire?   **5.** Quando si è alzato, che cosa ha fatto?   **6.** Come si è vestito?   **7.** A che ora è uscito di casa?   **8.** Chi ha conosciuto in ufficio?   **9.** Perchè il suo capoufficio si è arrabbiato?   **10.** Che cosa guarda Marcello impazientemente mentre (*while*) lavora?   **11.** Si è divertito oggi in ufficio?
12. Che cosa pensa suo padre?

DOMANDE PERSONALI

1. Come si chiama Lei (nome e cognome)?   **2.** Quando si sveglia, si alza subito o resta a letto?   **3.** A che ora si è alzato(a) Lei stamattina?   **4.** A che ora incominciano le Sue lezioni?   **5.** A che ora finisce la lezione d'italiano?   **6.** Non arriva mai in ritardo Lei?
7. Di solito, arriva prima o dopo l'arrivo del(la) professore(ssa)?   **8.** Stamattina ha avuto tempo di fare colazione Lei?   **9.** Ha fatto una colazione abbondante?   **10.** Si è vestito(a) elegantemente Lei stamattina?   **11.** Si è arrabbiato(a) Lei recentemente?   **12.** Che cosa fa Lei quando si sente stanco(a)?   **13.** A che ora si è addormentato(a) ieri sera?   **14.** Si scusa Lei quando arriva in ritardo a un appuntamento?   **15.** Quando Lei e i Suoi amici s'incontrano per la strada, che cosa fanno?

ATTIVITÀ

A. Orale

Uno studente (Una studentessa) crea un personaggio immaginario con un nome, una professione, un indirizzo. Gli altri studenti descrivono una giornata tipica della sua vita, usando molti verbi riflessivi. (Ogni studente partecipa alla descrizione.)

B. Tema

Descrivete una giornata tipica della vostra vita, usando molti verbi riflessivi.

C. Traduzione

1. Marco and Vanna got married three years ago.   **2.** Marco found a good job at the Fiat plant (**fabbrica**), and his wife continued to (**a**) work at the bank.   **3.** One day, two months ago, Marco lost (his) job, and their life became very difficult.   **4.** For a few weeks, Marco looked for a new job, but without success.   **5.** Finally, last Thursday, he phoned his father's friend, Anselmo Anselmi, one of the directors (**dirigente**) of Olivetti.   **6.** They met, and Anselmo offered Marco a job with (**nella**) his company (**ditta**).   **7.** Now, every morning Marco and his wife get up at 6:00; they wash and get dressed in a hurry.
8. They only have time to drink a cup of coffee. Then they say good-bye to each other (**salutarsi**) and go to work.

vocabolario

NOMI

l'affare	business
l'affetto	affection
l'appuntamento	appointment
il bacio	kiss
la calcolatrice	calculator
il cambio	exchange
il capoufficio	boss
la carriera	career
la cartolina	postcard
il (la) collega	(pl. i colleghi; le colleghe) colleague
il denaro	money
la ditta	company
l'errore (m.)	error, mistake
il francobollo	stamp
il (la) giovane	young man, young woman
il lavoro	work
la linea aerea	airline
la mattina	morning
la metropolitana	subway
l'orologio	watch, clock
il quarto	quarter (of an hour)
il successo	success
la sveglia	alarm clock
la tavola calda	snack bar

AGGETTIVI

abbondante	abundant
complicato	complicated
fortunato	lucky
gentile	kind
indifferente	indifferent
milionario	millionaire
nervoso	nervous
primo	first
sfortunato	unlucky
ultimo	last
veloce	fast

VERBI

addormentarsi	to fall asleep
alzarsi	to get up
annoiarsi	to get bored
arrabbiarsi	to get mad
baciarsi	to kiss each other
cercare	to look for
chiamarsi	to be called
considerarsi	to consider oneself
divertirsi	to have fun, to enjoy oneself
fermarsi	to stop
innamorarsi (di)	to fall in love (with)
mettersi	to wear, to put on
prepararsi	to prepare oneself
riposarsi	to rest
salutarsi	to greet each other; to say good bye
scusarsi	to apologize
sedersi	to sit down
sentirsi	to feel
sposarsi	to get married
svegliarsi	to wake up
vestirsi	to get dressed

ALTRE ESPRESSIONI

ancora	still, more, again
così	so
è ora di	it is time to
fare la conoscenza	to make the acquaintance
fare una pausa	to take a break
già	already
impazientemente	impatiently
in anticipo	early, ahead of time
in fretta	in a hurry
in orario	on time
in ritardo	late
in punto	sharp
mezzo	half
Mille grazie!	Thanks a lot!
non...ancora	not . . . yet
non...mai	never
non...più	not . . . any longer, not . . . anymore
presto	early, soon
prima	first, before
raramente	seldom
per affari	for business
poi	then
seriamente	seriously
subito	immediately
terribilmente	terribly

ORARI NELLA VITA ITALIANA

Il *campanile* della chiesa rappresenta il centro ideale della vita cittadina italiana. *Esso* si alza *al di sopra dei tetti* della città o del villaggio e simboleggia l'amore degli abitanti per il loro *paese* nativo. Esiste una parola nella lingua italiana che esprime la forma di *questo sentimento:* «campanilismo».

Nelle piccole città e nei villaggi, le campane annunciano ancora i momenti particolari nella vita della comunità. *Oppure*, è il grande orologio del campanile che *sottolinea*, con i suoi *rintocchi*, il passaggio del tempo e in particolare che è arrivato il mezzogiorno, l'ora di pranzare e di riposarsi.

Per molti Italiani, specialmente per gli Italiani di provincia, il pranzo continua ad essere il pasto principale del giorno. I negozi e molti uffici chiudono, per *assicurare* alcune ore a *questa* attività sacra. All'una del pomeriggio la tavola di casa *è apparecchiata*, il pranzo è pronto, e non resta che «*buttare* la pasta».

bell tower
It / above the roofs

town, village
this feeling

Or
underlines
strokes

to ensure
this
is set
to cook (lit., to throw . . . in the pot)

Messina. Il campanile rappresenta il centro ideale della vita cittadina.

Siena. Piazza del Campo. Palazzo Pubblico con la Torre del Mangia.

Se gli Italiani abitano vicino al loro impiego, ritornano a casa per il pranzo. Ma anche i «*pendolari*»*, cioè i lavoratori che abitano lontano da dove lavorano, non sanno rinunciare all'invito del vecchio proverbio che dice «A tavola *non s'invecchia*». Per loro ci sono le trattorie, le *tavole calde*, o le *mense aziendali*. E, alla fine del pasto, la *sosta* tradizionale al caffè.

one does not get old
snack bars / company
cafeterias / stop

ESERCIZIO DI COMPRENSIONE

1. La parola «campanilismo» vuol(e) dire . . . .
   a. il centro della vita italiana   **b.** l'amore per la propria (*one's own*) città
   c. l'amore per la propria nazione
2. A mezzogiorno i rintocchi dell'orologio del campanile indicano che è arrivato il momento di . . . .
   a. lavorare   **b.** andare a casa   **c.** pranzare
2. I «pendolari» sono persone che lavorano . . . .
   a. a casa   **b.** vicino a casa   **c.** lontano da casa
4. Il proverbio «A tavola non s'invecchia» vuol dire che gli Italiani . . . .
   a. amano molto mangiare   **b.** si siedono a tavola per mangiare   **c.** trovano piacevole (*pleasant*) mangiare in compagnia della famiglia o di amici

---

*So called because their life imitates the pendulum's movement: «casa-lavoro, lavoro-casa»

9

L'ABBIGLIAMENTO

Le spese a Borsalino, una famosa boutique.

Firenze. Un negozio di Gucci.

CHE VESTITI PORTIAMO?

Terry e Jane *fanno le valigie* perchè vanno a studiare a Firenze.		are packing their suitcases
Terry	*Hai deciso* che cosa mettere nella valigia?	Have you decided
Jane	Non molta *roba*. Detesto viaggiare con valigie *pesanti*.	stuff / heavy
Terry	Io porto un impermeabile perchè ho sentito che a Firenze *piove* spesso in primavera.	it rains
Jane	E io porto un due pezzi di lana per la sera quando *fa fresco;* questo vestito bianco e quelle due camicette, una di seta e l'altra di cotone.	it is cool
Terry	Hai delle scarpe comode? Perchè nelle città italiane *si gira* a piedi e non in macchina.	one goes around
Jane	Allora porto queste scarpe da tennis.	
Terry	Ma cos'è quel *barattolo* che hai messo nella valigia?	jar
Jane	*Peanut butter.*	
Terry	*Peanut butter . . .?!*	
Jane	Sì, perchè ho sentito che non è facile trovare il *peanut butter* in Italia, e io non posso *farne a meno*.	live without it
Terry	Lo so, ma in Italia c'è la Nutella, una crema di cioccolato e *noccioline,* molto buona!	hazelnuts

1. Perchè Terry e Jane hanno fatto le valigie? **2.** Jane ha messo molta o poca roba nella sua valigia? Perchè? **3.** Perchè Terry porta un impermeabile? **4.** Perchè hanno bisogno di scarpe comode? **5.** Perchè Terry è sorpresa? **6.** Perchè Jane ha messo del *peanut butter* nella valigia? **7.** Che cos'è la Nutella? **8.** Le piace (*Do you like*) il *peanut butter*? E il cioccolato? **9.** Le piace viaggiare? **10.** Porta vestiti eleganti o pratici quando viaggia? **11.** Porta molte valigie? Perchè? **12.** Come si veste Lei quando viene all'università? **13.** Porta scarpe da tennis? **14.** Che cosa porta oggi?

STUDIO DI PAROLE

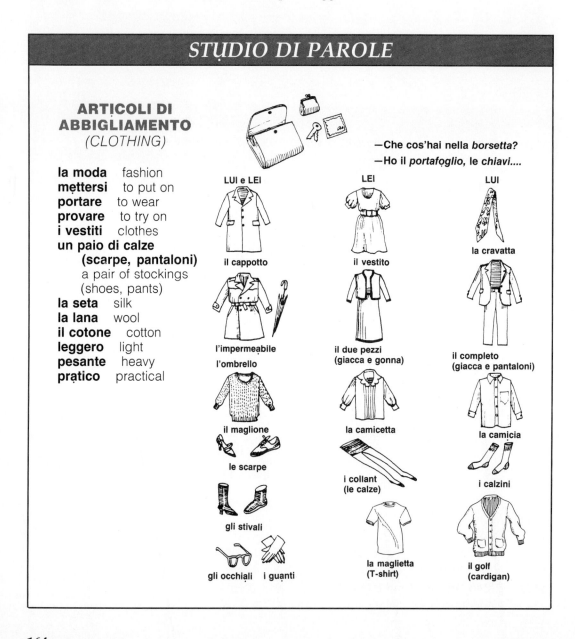

ARTICOLI DI ABBIGLIAMENTO
(CLOTHING)

—Che cos'hai nella *borsetta*?
—Ho il *portafoglio*, le *chiavi*....

la moda fashion
mettersi to put on
portare to wear
provare to try on
i vestiti clothes
un paio di calze
   (scarpe, pantaloni)
   a pair of stockings
   (shoes, pants)
la seta silk
la lana wool
il cotone cotton
leggero light
pesante heavy
pratico practical

LUI e LEI

il cappotto

l'impermeabile
l'ombrello

il maglione

le scarpe

gli stivali

gli occhiali   i guanti

LEI

il vestito

il due pezzi
(giacca e gonna)

la camicetta

i collant
(le calze)

la maglietta
(T-shirt)

LUI

la cravatta

il completo
(giacca e pantaloni)

la camicia

i calzini

il golf
(cardigan)

ESERCIZIO SU STUDIO DI PAROLE

1. Che cosa porta Lei quando piove (*it rains*)?   **2.** Che cosa mettiamo d'estate per proteggere (*to protect*) gli occhi dal sole?   **3.** Come si veste un uomo per andare a una festa molto elegante?   **4.** E una donna?   **5.** Che cosa si mette un uomo sotto la giacca?
6. E una donna?   **7.** Com'è un vestito di seta?   **8.** E un completo di lana?   **9.** Portiamo un vestito pesante d'estate (*summer*)?   **10.** Che cosa ci mettiamo quando fa fresco la sera?
11. Quando si mette una maglietta Lei?   **12.** Un vestito di cotone è elegante o è pratico?
13. Quando una persona cammina molto, come devono essere le scarpe?   **14.** Dove mette Lei i soldi e le carte di credito?

P U N T I   G R A M M A T I C A L I

I. *Demonstrative adjectives and pronouns*

Lucia: Non è bello *questo* vestito rosso?
Liliana: Sì, ma preferisco *quella* giacca.
Lucia: Quanto costano *quegli* stivali?

1. Che cosa preferisce Liliana?   **2.** Quale articolo (*item*) costa centoventimila lire?
3. Che cosa desidera sapere Lucia?

---

1. The demonstrative adjectives (**aggettivi dimostrativi**) are **questo, questa** (*this*) and **quello, quella** (*that*). A demonstrative adjective always precedes the noun. As with all other adjectives, it must agree in gender and number with the noun.

Questo has the following singular forms: **questo, questa, quest'** (before a singular noun beginning with a vowel); the plural forms are **questi, queste** and mean *these*.

Quanto hai pagato **questa** maglietta?	*How much did you pay for **this** T-shirt?*
Quest'anno vado in montagna.	***This** year I'll go to the mountains.*
Queste scarpe sono larghe.	***These** shoes are large.*

Quello, quella have different endings like the adjective **bello** and the partitive (see Chapter 4.I). The singular forms are **quel, quello, quella, quell'**; the plural forms are **quei, quegli, quelle** and mean *those*.

Ti piace **quel** completo?	*Do you like **that** outfit?*
Preferisco **quell'**impermeabile.	*I prefer **that** raincoat.*
Quella gonna è troppo lunga.	***That** skirt is too long.*
Quegli stivali non sono più di moda.	***Those** boots are no longer fashionable.*
Hai visto **quei** vestiti?	*Did you see **those** dresses?*
Quelle borsette sono italiane.	***Those** handbags are from Italy.*

2. Questo(a) and **quello(a)** are also pronouns when used alone. **Questo(a)** means *this one* and **quello(a)** means *that one, that of,* or *the one of*. They have regular endings (**o, a, i, e**). For emphasis, **questo(a)** may be followed by **qui** (*here*) and **quello(a)** may be followed by **là** (*there*).

Compro questo vestito; **quello** rosso è caro.	*I am buying this dress; **the red one** is expensive.*
Questa macchina è **quella** di Renzo.	*This car is Renzo's (**that of** Renzo).*
Ho provato queste scarpe e anche **quelle là**.	*I tried on these shoes and also **those over there**.*

Il tenore canta: «*Questa* o *quella* per me pari sono (*are the same*)».

esercizi

A. Esprimete (*Express*) la vostra opinione sulle seguenti cose, usando l'aggettivo **questo** nella forma corretta.

ESEMPIO   libri, interessante   **Questi libri sono interessanti.**

1. vestiti, stretto   **2.** magliette, bello   **3.** cravatta, brutto   **4.** scarpe, comodo   **5.** maglione, pesante   **6.** borsetta, elegante   **7.** impermeabile, troppo largo   **8.** gonne, pratico   **9.** giacca, leggero   **10.** pantaloni, corto

B. Completate con la forma corretta dell'aggettivo **quello.**

1. Vorrei _____ stivali e _____ scarpe marroni.
2. Preferisci _____ gonna o _____ vestito?
3. Ho bisogno di _____ impermeabile e di _____ calzini.
4. Dove hai comprato _____ occhiali da sole?
5. _____ negozio d'abbigliamento è troppo caro.
6. Le piace _____ automobile Fiat rossa?
7. _____ commesse sono state poco gentili.
8. _____ libri sono caduti dallo scaffale poco fa (*a little while ago*).
9. _____ studenti sono veramente bravi!

C. Rispondete, secondo l'esempio.

ESEMPIO —È il cappotto di Maria? (*Giovanni*). —**No, è quello di Giovanni.**

1. (*Mary*) Sono i bambini di Lucia? No, sono _____.
2. (*Mr. Smith*) È l'assegno di Pietro? No, è _____.
3. (*Petrarca*) Sono i poemi di Dante? No, sono _____.
4. (*today*) Hai letto il giornale di ieri? No, ho letto _____.
5. (*Puccini*) Preferisci le opere di Verdi? No, preferisco _____.
6. (*Paul*) Sono le scarpe di Pio? No, sono _____.
7. (*Antonioni*) Desideri vedere i film di Fellini? No, preferisco vedere _____.

D. Domanda e risposta. Voi comprate dei regali di Natale (*Christmas*). Il commesso fa delle domande e voi rispondete, secondo l'esempio.

ESEMPIO disco —**Desidera questo disco o quello?**
—**Preferisco questo.**

1. guanti 2. portafoglio 3. camicetta 4. cravatte 5. profumo 6. libro di cucina
7. cartoline 8. calendario 9. ombrello 10. calcolatrice

II. *Cardinal numbers above 100*

—O dividiamo i *cento milioni*
o chiamo mio marito!

1. The numbers above 100 are:

101	centouno	100.000	centomila
200	duecento	1.000.000	un milione
300	trecento	2.000.000	due milioni
1.000*	mille	1.000.000.000	un miliardo
1.001	milleuno		
1.100	millecento		
2.000	duemila		
3.000	tremila		

2. The plural of **mille** is **mila**.

duemila chilometri   *two thousand* kilometers

In Italian, **cento** and **mille** are not preceded by the indefinite article **un**.

cento dollari   *a hundred* dollars
mille lire   *a thousand* lire

3. When **milione** (*pl.* **milioni**) and **miliardo** (*pl.* **miliardi**) are immediately followed by a noun, they take the preposition **di**.

Ci sono due **milioni di** abitanti   *Are there two **million** inhabitants*
   a Milano?   *in Milan?*

esercizi

A. Leggete le seguenti espressioni.

1. 560 giorni   **2.** 3.000 chilometri   **3.** 27.000 abitanti   **4.** 580.000 dollari   **5.** 7.200.000 lire

B. Domanda e risposta. Voi chiedete alla centralinista il numero di telefono delle seguenti persone.

> ESEMPIO   Lino Ricci/35-500   —**Per favore, vorrei il numero di Lino Ricci.**
>   —**Trentacinque-cinquecento.**

1. Elsa Bettini/240-764   **2.** Luisa Bini/618-207   **3.** Gianni Cardinale/352-601   **4.** Emilio Storti/41-909   **5.** Gigi Schicchi/33-46-104   **6.** Ornella Rei/17-92-888

---

*Note that in writing numbers of four or more digits, Italian uses a period instead of a comma.

C. Domandate il numero di telefono dei vostri compagni.

D. Quanto costa (costano) . . .? Domanda e risposta.

> ESEMPIO   camicia/30.000 lire   —**Quanto costa quella camicia?**
> —**Costa trentamila lire.**

1. maglione/45.500 lire   **2.** scarpe/115 dollari   **3.** macchina fotografica/275.000 lire   **4.** appartamento/150.000.000 di lire   **5.** biglietto aereo per Milano/980 dollari   **6.** torta/ 4.500 lire   **7.** jeans dello stilista Armani/148 dollari   **8.** occhiali/65.750 lire   **9.** gelato/1 dollaro

III. Ordinal numbers

—Che cos'è questo oggetto?
—È un relitto del *ventesimo* secolo.

1. Ordinal numbers (*first, second, third,* etc.) are adjectives and must agree in gender and number with the noun they modify. They are:

primo(a,i,e)*	sesto
secondo	settimo
terzo	ottavo
quarto	nono
quinto	decimo

From **undicesimo** (*eleventh*) on, the ordinal numbers are formed by dropping the final vowel of the cardinal number and adding the suffix **-esimo (a,i,e)**. Exceptions: Numbers ending in **-trè (ventitrè, trentatrè,** etc.) and in **-sei (ventisei, trentasei,** etc.) preserve the final vowel.

quindici	quindic**esimo**	trentatrè	trentatre**esimo**
venti	vent**esimo**	ventisei	ventisei**esimo**
trentuno	trentun**esimo**	mille	mill**esimo**

---

*The abbreviated forms of ordinal numbers are: **1°** (**primo**) or **1ª** (**prima**), **2°** (**secondo**) or **2ª** (**seconda**), etc.

Ottobre è il **dẹcimo** mese dell'anno.	*October is the **tenth** month of the year.*
Hai letto le **prime** pạgine?	*Did you read the **first** pages?*
Ho detto di no, per la **millẹsima** volta.	*I said no, for the **thousandth** time.*

---

2. Ordinal numbers precede the noun they modify except when referring to popes and royalty. When referring to centuries, they may follow or precede the noun.

Papa Giovanni XXIII (ventitreẹsimo)	*Pope John XXIII*
Luigi XIV (quattordicẹsimo)	*Louis XIV*
il sẹcolo XX (ventẹsimo) *or* il ventẹsimo sẹcolo	*the twentieth century*

---

esercizi

A. Leggete le seguenti espressioni, usando i nụmeri ordinali.

ESEMPIO   1, pạgina   **la prima pạgina**

1. 5, strada   **2.** 13, giorno   **3.** 100, nụmero   **4.** 24, ora   **5.** 50, volta   **6.** 1,000, parte (*f.*)   **7.** 9, capịtolo   **8.** 7, mese   **9.** 10, giorno   **10.** 3, maglietta

B. Completate le seguenti frasi con il **numero ordinale** appropriato.

1. Dopo il trentun marzo viene il _____ (1°) di aprile.
2. Machiavelli è vissuto (*lived*) nel sẹcolo _____ (XVI).
3. Ora studiamo il _____ (9°) capịtolo.
4. Papa Giovanni Paolo _____ (2°) è di orịgine polacca (*Polish*).
5. Enrico _____ (VIII) ha avuto sette mogli.
6. La regina (*queen*) d'Inghilterra è Elisabetta _____ (2ª).
7. È la _____ (3ª) volta che ripeto la stessa cosa.
8. Vittọrio Emanuele _____ (II) è stato il _____ (1°) re d'Itạlia.

C. Rispondete usando i nụmeri ordinali.

1. Che pạgina del libro è questa?   **2.** Che capịtolo del libro è questo?   **3.** Che giorno della settimana è mercoledì? E venerdì?   **4.** Aprile è il sesto mese dell'anno? E dicembre?
5. In quale settimana di novembre celebriamo il Thanksgiving?   **6.** In quale settimana di settembre celebriamo la Festa del Lavoro?   **7.** Un minuto è la cinquantẹsima parte di un'ora?   **8.** A che ora è la vostra prima classe il lunedì? E la seconda classe?   **9.** Come si chiama la quarta studentessa seduta nella terza fila (*row*)?

IV. *The months and the date* (**i mesi e la data**)

—Il *32 marzo?!*
Ma che calendario è questo!

1. In Italian, the months of the year are masculine and are *not* capitalized. They are:

gennaio	*January*	**luglio**	*July*
febbraio	*February*	**agosto**	*August*
marzo	*March*	**settembre**	*September*
aprile	*April*	**ottobre**	*October*
maggio	*May*	**novembre**	*November*
giugno	*June*	**dicembre**	*December*

2. Dates are expressed according to the following pattern:

definite article + number + month + year
    il   **20**   **marzo**   **1990**

The abbreviation of the above date would be written: 20/3/1990.
Note that in Italian, the day comes *before* the month (compare March 20, 1990, and 3/20/1990).

3. To express days of the month, *cardinal* numbers (1, 2, 3, etc.) are used except for the first of the month, which is indicated by the ordinal number **primo.**

Oggi è il **primo** (di) aprile.	*Today is April first.*
È il **quattordici** (di) luglio.	*It is July fourteenth.*
Lia è nata il **sedici** ottobre.	*Lia was born on October sixteenth.*
Abito qui dal **tre** marzo 1980.	*I have been living here since March 3, 1980.*

4. To ask the day of the week, the day of the month, and the date, the following questions are used:

Che giorno è oggi?	*What day is today?*
Oggi è venerdì.	*Today is Friday.*
Quanti ne abbiamo oggi?	*How many (days of the month) do we have today?*
Oggi ne abbiamo tṛedici.	*Today we have thirteen (of them).*
Qual è la data di oggi?	*What is the date today?*
Oggi è il tṛedici (di) dicembre.	*Today is the thirteenth of December.*

---

5. The article **il** is used before the year.

Il 1988 è stato un anno bisestile.	*1988 was a leap year.*
Siamo nati **nel** 1962.	*We were born in 1962.*

---

esercizi

A. Leggete queste date. Incominciate con **È il** . . . .

1. 13/7   **2.** 1/4   **3.** 23/10   **4.** 29/5   **5.** 15/8   **6.** 17/2   **7.** 30/6   **8.** 1/1   **9.** 11/3
10. 18/11

B. Rispondete.

1. Quanti ne abbiamo oggi?   **2.** Che giorno è oggi?   **3.** Qual è la data di oggi?
4. Quand'è il tuo compleanno?   **5.** Quando incomincia l'autunno?   **6.** In che anno sei
nato(a)?   **7.** Quand'è Natale?   **8.** Quand'è il compleanno di tua madre?   **9.** Qual è
l'ultimo giorno dell'anno?

C. Domanda e risposta. Ecco le date di alcune feste civili e religiose in Itạlia.
Incominciate le domande con **Quand'è...?**

1. Capodanno, 1/1   **2.** Epifania, 6/1   **3.** Pạsqua (*Easter*), in marzo o in aprile   **4.** l'Anni-
versario della Liberazione, 25/4   **5.** la Festa del Lavoro, 1/5   **6.** Ferragosto*, 15/8
7. Tutti i Santi, 1/11   **8.** l'Immacolata Concezione, 8/12   **9.** Natale (*Christmas*), 25/12

D. Abbinate (*Match*) le date e gli eventi e formate delle frasi complete.

25/12	Halloween
21/3	l'anno dell'unificazione d'Itạlia
1861	il primo giorno di primavera

---

*A religious, midsummer holiday (Day of the Assumption).

1/1	l'anno della scoperta dell'America
31/10	il giorno di Natale
1492	la data di dichiarazione dell'indipendenza americana
4/7	Capodanno

V. *The seasons and the weather* (**le stagioni e il tempo**)

In primavera fa bel tempo. Ci sono molti fiori.

D'estate fa caldo. C'è molto sole.

In autunno fa brutto tempo. Piove e tira vento.

D'inverno fa freddo e nevica.

1. The seasons are **la primavera** (*spring*); **l'estate** (*f.*) (*summer*); **l'autunno** (*autumn*); and **l'inverno** (*winter*). The article is used before these nouns except in the following expressions: **in primavera, in autunno, d'estate, d'inverno.**

L'autunno è molto bello.	*Fall is very beautiful.*
Vado in montagna **d'estate.**	*I go to the mountains in the summer.*

2. Fare is used in the third person singular to express many weather conditions.

Che tempo fa?	*How is the weather?*
Fa bel tempo.	*The weather is nice.*
Fa brutto tempo.	*The weather is bad.*
Fa caldo.	*It is hot.*
Fa freddo.	*It is cold.*
Fa fresco.	*It is cool.*

Il tempo

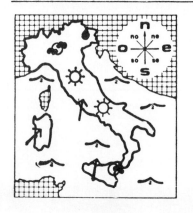

TEMPO	
☼	sereno
☁	poco nuval.
☂	variabile
☁	nuvoloso
☂	pioggia
☂	temporale
✳	neve
	nebbia

VENTI	
→	deboli
⇒	moderati
⇒	forti

MARI	
︵	poco mosso
△	mosso
⋀⋀	molto mosso

Temperature in Italia

BOLZANO	17	29	PISA	20	35	NAPOLI	21	30
VERONA	21	32	ANCONA	18	29	POTENZA	18	29
TRIESTE	24	33	PERUGIA	20	32	S.M. LEUCA	22	29
VENEZIA	20	31	PESCARA	20	31	R. CALABRIA	22	30
MILANO	19	30	L'AQUILA	19	33	MESSINA	24	30
TORINO	18	20	ROMA URBE	20	34	PALERMO	24	31
GENOVA	19	30	FIUMICINO	21	31	CATANIA	21	32
BOLOGNA	21	32	CAMPOBASSO	18	30	ALGHERO	18	37
FIRENZE	21	36	BARI	21	29	CAGLIARI	18	31

3. Other common weather expressions are:

Piove. (piovere)   *It is raining.*   **C'è nebbia.**   *It is foggy.*
Nevica. (nevicare)   *It is snowing.*   **È nuvoloso.**   *It is cloudy.*
Tira vento.   *It is windy.*   **È sereno.**   *It is clear.*
C'è il sole.   *It is sunny.*

NOTE:
Piovere and **nevicare** may be conjugated in the **passato prossimo** with either **essere** or **avere.**

Ieri ha piovuto *or* è piovuto.
Ieri ha nevicato *or* è nevicato.

---

esercizi

A. Che tempo fa . . . ?

1. oggi   **2.** in primavera   **3.** d'inverno in montagna   **4.** a Chicago   **5.** in dicembre
6. a Londra (*London*) in autunno

B. Completate le frasi con l'espressione di tempo appropriata (con il verbo al **presente** o al **passato prossimo**, secondo il caso).

1. Mi metto il cappotto perchè _____.
2. Liliana porta l'ombrello perchè _____.
3. L'inverno scorso _____ in montagna.
4. In autunno a Milano, non vediamo bene perchè _____.
5. Anche se è estate, a San Francisco abbiamo bisogno di un golf perchè _____.
6. Faccio lunghe passeggiate quando _____.
7. D'estate porto un vestito leggero perchè _____.
8. Non abbiamo bisogno dell'impermeabile quando non _____.
9. Chicago si chiama «the windy city» perchè _____.
10. L'estate scorsa _____.

C. Rispondete.

1. Oggi è sereno o è nuvoloso?   **2.** Ha piovuto la settimana scorsa?   **3.** Che tempo ha fatto l'inverno scorso?   **4.** Quando nevica nella Sua città?   **5.** Ha nevicato in gennaio?   **6.** In che mese fa molto caldo in questa città?   **7.** Piove spesso o solo qualche volta qui?   **8.** Qual è la stagione della pioggia in questa città?   **9.** C'è mai nebbia qui?   **10.** Tira vento? Quando?

D. Che cosa Le piace fare quando...? Combinate gli elementi delle due colonne e formate una frase completa. Incominciate sempre con **quando** e usate sempre l'espressione **mi piace....**

| **Quando** | piove
nevica
tira vento
fa bel tempo
è nuvoloso
è sereno
fa caldo | **mi piace** | divertirmi con un aquilone (*kite*).
guardare dalla finestra gli ombrelli delle persone.
guardare il cielo.
pensare all'albero di Natale.
camminare al sole.
bere una bevanda fresca.
stare a letto. |

LETTURA

Ai grandi *magazzini*

department stores

Liliana e Lucia sono andate alla *Rinascente,* dove Liliana vuole fare delle spese. Infatti, ha bisogno di *diverse* cose, perchè si prepara per un viaggio in Inghilterra. Va a Londra per la seconda volta, per fare la ragazza *alla pari* in una famiglia inglese e per perfezionare il suo inglese.

    Adesso le due amiche sono nel *reparto* abbigliamento.

(a big department store) / several

au pair

department

La vetrina di una calzoleria a Milano.

Lucia	Che tempo fa a Londra in luglio e agosto? Ho sentito che fa freddo d'estate.	
Liliana	L'anno scorso sono stata fortunata: ha fatto bel tempo e ha piovuto solo poche volte. Ma la sera, di solito, fa fresco.	
Lucia	Allora hai bisogno di un vestito leggero, ma anche di un golf o di una giacca. Ti piace quel due pezzi blu di lana?	
Liliana	Sì, mi piace. Però ho già un due pezzi di quel colore. E poi ho bisogno di altre cose, di un paio di scarpe, di una borsetta....	
Lucia	Quelle scarpe nere sono molto *di moda* e vanno bene con questa borsetta Gucci.	fashionable
Liliana	(*alla commessa*) Scusi, quanto costano queste scarpe?	to the clerk
La commessa	Centosessantamila lire, signorina.	
Liliana	*Così tanto!* Costano *un occhio della testa!*	That much! / fortune
La commessa	Cara signorina, viviamo una volta sola!	

Alla fine Liliana decide di comprare alcuni articoli pratici.

Liliana	Vorrei provare questa camicetta gialla, quel maglione bianco, e quei jeans.	
Lucia	Ma hai abbastanza soldi?	
Liliana	*Forse no*, ma posso pagare con la carta di credito.	Maybe not

DOMANDE SULLA LETTURA

1. Per quali ragioni le due amiche sono andate ai grandi magazzini La Rinascente?
2. Perchè Liliana vuole andare a Londra?   **3.** È la prima volta che va in Inghilterra?
4. È mai stata in Inghilterra Lucia?   **5.** Perchè Liliana ha bisogno di un golf o di una giacca?   **6.** Ha piovuto molto a Londra in agosto?   **7.** Che vestito ha già Liliana?
8. Costano poco le scarpe nere? Quanto?   **9.** Quali articoli d'abbigliamento prova Liliana?
10. Paga tutto in contanti (*cash*)?

DOMANDE PERSONALI

1. Che giorno è oggi? Quanti ne abbiamo?   **2.** In che anno siamo?   **3.** In che giorno e in che mese è nato(a) Lei?   **4.** In che anno è nato Suo padre?   **5.** Che tempo fa nella Sua città in ottobre? E nel mese di maggio?   **6.** Quale stagione preferisce e perchè?
7. Che tempo ha fatto quest'inverno?   **8.** Che tempo ha fatto la settimana scorsa?
9. Quando porta un cappotto, Lei?   **10.** Quando porta un vestito leggero?   **11.** Che cosa Le piace fare quando fa molto freddo?   **12.** Esce Lei se tira molto vento o se piove?
13. Com'è il cielo oggi?

ATTIVITÀ

A. Orale

Come vestirsi? Alcuni studenti hanno ricevuto l'invito a un ricevimento (*reception*) alla Casa Bianca; altri, invece, hanno intenzione di partire per una settimana sulla neve o. . . . Formate piccoli gruppi: parlate della data di partenza, del tempo a Washington o in montagna o . . ., della valigia già pronta (che cosa avete messo nella valigia, come volete vestirvi, ecc.).

B. Tema

La vostra stagione preferita. Qual è? Perchè amate questa stagione? Che vestiti portate? Quali sono le vostre attività in questa stagione? C'è qualche festa speciale? Come passate questa festa o le vostre giornate? Con chi? Andate in qualche posto? ecc.

C. Traduzione

1. Patrizia, why don't we go shopping today?   **2.** Oh, not today. It is raining, and it is cold. Besides (**Inoltre**), I went shopping yesterday.   **3.** Really? What did you buy?   **4.** I bought these black boots.   **5.** They are very beautiful. Next week I plan to (**penso di**) go shopping, too (**anch'io**). Do you want to come with me?   **6.** Yes. What do you want to buy?   **7.** I would like to buy a two-piece suit for my birthday.   **8.** When exactly is your birthday? I know it is in May, but I forgot the exact (**esatta**) date.   **9.** I was born on June 17, 1964.   **10.** Oh, that's right! The other day I saw a beautiful silk blouse in Armani's window (**vetrina**), and I am planning to buy that blouse for your birthday.   **11.** Oh, Patrizia, thank you.

vocabolario

NOMI

l'abitante (*m. f.*)	*inhabitant*
agosto	*August*
aprile	*April*
l'articolo	*item*
l'autunno	*autumn, fall*
il calendario	*calendar*
il Capodanno	*New Year's Day*
la carta di credito	*credit card*
il cielo	*sky*
il cioccolato	*chocolate*
il commesso;	*salesperson*
la commessa	
la data	*date*
dicembre	*December*
l'estate (*f.*)	*summer*
febbraio	*February*
gennaio	*January*
giugno	*June*
l'inverno	*winter*
luglio	*July*
maggio	*May*
marzo	*March*
il Natale	*Christmas*
la nebbia	*fog*
la neve	*snow*
novembre	*November*
ottobre	*October*
la Pasqua	*Easter*
la pioggia	*rain*
la primavera	*spring*
il profumo	*perfume*
la roba	*stuff, things*
settembre	*September*
il sole	*sun*
la stagione	*season*
lo, (la) stilista	*designer*
il vento	*wind*

AGGETTIVI

caldo	*hot, warm*
caro	*expensive*
corto	*short*
elegante	*elegant*
esatto	*exact*
freddo	*cold*
largo	*large, wide*
quello	*that*
questo	*this*
stretto	*narrow, tight*

VERBI

decidere (*p.p.* deciso)	*to decide*
nevicare	*to snow*
piovere	*to rain*
sperare	*to hope*

ALTRE ESPRESSIONI

abbastanza	*enough*
andare bene	*to fit*
c'è il sole	*it is sunny*
c'è nebbia	*it is foggy*
Così tanto!	*That much!*
di moda	*fashionable*
È nuvoloso.	*It is cloudy.*
È sereno.	*It is clear.*
È vero!	*That's right!*
Fa caldo.	*It is hot.*
Fa freddo.	*It is cold.*
Fa fresco.	*It is cool.*
Fa bel tempo.	*It is nice weather.*
Fa brutto tempo.	*It is bad weather.*
fare le valigie	*to pack (suitcases)*
farne a meno	*to do without it*
forse	*maybe, perhaps*
in contanti	*cash*
occhiali da sole	*sunglasses*
un occhio della testa	*a fortune*
scarpe da tennis	*tennis shoes*
tira vento	*it is windy*
veramente	*truly, really*

LA DONNA ITALIANA

Roma. Il presidente Spadolini con alcune senatrici in occasione della festa delle donne (8 marzo).

In Italia il processo di evoluzione della donna *verso* [*towards*]
l'emancipazione è stato lento, *ritardato* anche dal fascismo e [*delayed*]
dalla sua insistenza sulla vocazione della donna al ruolo di
casalinga e di madre. Il 1946 è stato un anno molto importante [*housewife*]
per le donne italiane che, per la prima volta, *hanno avuto* [*were granted the right to vote*]
diritto al voto.

Da quel giorno lontano le donne hanno fatto molta strada
nella conquista dei loro diritti. Le lavoratrici madri hanno
ottenuto, fino dagli anni Cinquanta, facilitazioni in caso di
maternità e il diritto a un *congedo* pagato di cinque mesi. Il [*leave*]
lavoro delle casalinghe è stato riconosciuto e, di conse-
guenza, è stato riconosciuto anche il loro diritto alla *pensione* [*Social Security*]
statale.

Una buona parte delle donne italiane, specialmente le giovani, sono oggi emancipate e la loro aspirazione più modesta è di trovarsi un lavoro e di *raggiungere* l'indipendenza economica. *Siccome* hanno, come tutti gli Italiani, un senso *innato* dell'eleganza e desiderano vestire bene, spendono molto del loro stipendio nell'abbigliamento. La moda italiana è un'industria complessa che offre lavoro a più di un milione di donne. Diverse si sono distinte nel *campo* della moda, come Luisa Spagnoli, creatrice di *abiti a maglia* e, più recentemente, Krizia, Chiara Boni, e Laura Biagiotti, alcune delle varie stiliste italiane.

— *to reach*
— *Since*
— *innate*

— *field*
— *knitted dresses*

Sempre più numerose sono oggi le donne che preferiscono continuare gli studi universitari e competere con gli uomini nelle varie professioni, un tempo esclusivamente maschili. Tina Anselmi, già ministro del lavoro, è diventata senatrice. Nel 1979 la senatrice Nilde Jotti è stata eletta presidente della Camera dei Deputati, e nel 1983 Elda Pucci, dottoressa in medicina, è diventata la prima donna *sindaco* di una grande città, Palermo. Rosa Russo Iervolino è ministro degli Affari Sociali. Rita Levi Montalcini, premio Nobel per la medicina, è senatrice a vita.

— *mayor*

Sposarsi e occuparsi della famiglia non è più, per la donna italiana, un *dovere*, ma *piuttosto* una questione di preferenza e di *scelta*.

— *duty/rather*
— *choice*

ESERCIZIO DI COMPRENSIONE

1. L'emancipazione della donna italiana non è stata facile a causa (*because*) delle idee . . . .
   a. delle madri   **b.** del fascismo   **c.** delle casalinghe
2. La donna italiana ha ottenuto il diritto di votare . . . .
   a. trentasei anni fa   **b.** quarant'anni fa   **c.** più di quarant'anni fa
3. Oggi la donna tipica italiana vuole sopratutto (*above all*) . . . .
   a. fare la casalinga   **b.** lavorare nel campo della moda   **c.** essere economicamente indipendente
4. La moda italiana rappresenta un'industria . . . .
   a. modesta   **b.** abbastanza importante   **c.** complessa
5. La prima donna sindaco di una grande città italiana è stata . . . .
   a. una laureata in medicina   **b.** una deputata   **c.** una stilista

10

IN CUCINA

Tavola con antipasti.

Un negozio di pasticceria a Perugia.

IL GIORNO DI PASQUA

Oggi è la domenica di Pasqua e, per festeggiar*la*, Marco e Paolo   it
sono ritornati da Bologna, dove studiano medicina. Sono venuti
per passare alcuni giorni con la loro famiglia. È l'ora del pranzo:
i due fratelli *apparecchiano* la tavola.   set

Paolo	Hai messo i piatti, le posate, e i bicchieri?	
Marco	Sì, *li* ho già messi. E anche *i tovaglioli.*	them / napkins
Paolo	Hai preso l'acqua minerale dal frigo?	
Marco	Ma sì! L'ho presa! E tu, hai portato a casa *la colomba pasquale?*	Easter cake (in the shape of a dove)
Paolo	Certo, ho comprato una colomba Motta. E i fiori?	
Marco	Ho dimenticato di comprarli, ma ho preso un bell'uovo di cioccolato con la sorpresa*. Lo diamo adesso alla mamma?	
Paolo	*È meglio* aspettare la fine del pranzo.	It is better

E così, alla fine del pranzo, la mamma riceve un grosso uovo di
cioccolato, con gli auguri di Pasqua. Lei è sorpresa e dice *scher-*
zando:—Ma com'è pesante! Cosa c'è dentro? Un milione di lire?   jokingly

---

*The Easter chocolate egg is hollow and contains a surprise.

DOMANDE SUL DIALOGO

1. Che giorno è oggi?   **2.** Come si chiamano i due ragazzi?   **3.** Sono cugini?   **4.** Da dove sono ritornati?   **5.** Cosa fanno a Bologna?   **6.** Dov'è Bologna?   **7.** Con chi festeggiano il giorno di Pasqua?   **8.** Quanto tempo passano con la loro famiglia?   **9.** Che ora è?   **10.** Chi apparecchia la tavola?   **11.** Che cosa hanno messo sulla tavola?   **12.** Da dove ha preso l'acqua minerale Paolo?   **13.** Che cosa ha comprato Paolo per la festa di Pasqua?   **14.** Marco ha comprato i fiori?   **15.** La mamma ha ricevuto subito l'uovo di cioccolato? Quando?   **16.** È leggero l'uovo?

STUDIO DI PAROLE

GLI INGREDIENTI

la farina   flour
il burro   butter
lo zucchero   sugar
l'uovo (*pl.* **le uova**)   egg(s)
il formaggio   cheese
il sale   salt
il pepe   pepper
l'olio   oil
l'aceto   vinegar
l'aglio   garlic
la cipolla   onion

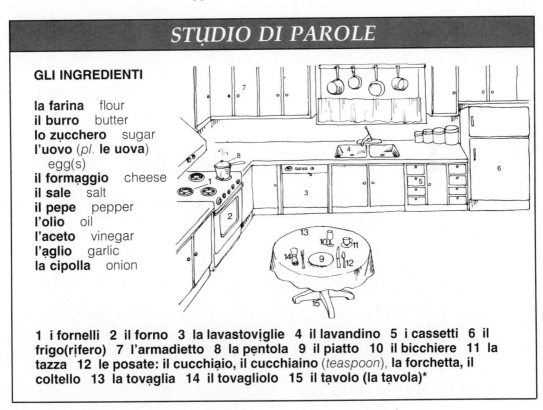

1 i fornelli **2** il forno **3** la lavastoviglie **4** il lavandino **5** i cassetti **6** il frigo(rifero) **7** l'armadietto **8** la pentola **9** il piatto **10** il bicchiere **11** la tazza **12** le posate: il cucchiaio, il cucchiaino (*teaspoon*), **la forchetta, il coltello 13** la tovaglia **14** il tovagliolo **15** il tavolo (la tavola)*

ESERCIZIO SU STUDIO DI PAROLE

1. Se guardate il disegno (*drawing*), che cosa vedete su un fornello?   **2.** Che cosa vedete sotto i fornelli?   **3.** Quali ingredienti sono necessari per preparate una torta?   **4.** Dove mettiamo il latte ed altri cibi per conservarli (*to keep them*) freschi?   **5.** Quali ingredienti usano gli Italiani per condire (*to dress*) l'insalata?   **6.** Che cosa mettiamo sulla tavola per un pranzo elegante?   **7.** Cosa usiamo per tagliare (*to cut*) la carne?   **8.** Cosa usiamo per mangiare gli spaghetti?   **9.** Dove mettiamo i piatti e le posate a lavare?   **10.** Dove mettiamo le posate quando sono lavate?   **11.** Quanti cucchiaini di zucchero mette Lei nel caffè?

---

*Tavola is used when referring to meals: **apparecchiare la tavola** (*to set the table*); **andiamo a tavola.**

I. *Direct object pronouns* (**pronomi diretti**)

—Liliana, *ti* invito a cena.
—Inviti anche Maria e Teresa?
—Sì, *le* invito.
—Prepari gli spaghetti?
—Sì, *li* preparo.

1. Lucia invita le sue amiche a cena?   **2.** Prepara gli spaghetti?

1. The direct object of a verb is a noun expressing the person or thing *directly* affected by the verb. It answers the question *whom?* or *what?*

A direct object pronoun replaces the direct object noun. Whereas in English the direct object pronoun follows the verb, in Italian it immediately *precedes* the conjugated verb.

Lucia invita **Liliana**.	(*Whom does she invite?* **Liliana**.)
Lucia **la** (l')invita.	(*Whom does she invite?* **Her**.)
Lucia prepara **il pranzo**.	*Lucia prepares* **dinner**.
Lucia **lo** prepara.	*Lucia prepares* **it**.

Here are the forms of the direct object pronouns:

	Singular		Plural
mi (m')	*me*	ci	*us*
ti (t')	*you (familiar)*	vi	*you (familiar)*
lo (l')	*him, it*	li	*them (m.)*
la (l')	*her, it*	le	*them (f.)*
La (L')*	*you (formal, m. & f.)*	Li, Le	*you (formal, m., f.)*

*The formal pronoun **La (L')** is both masculine and feminine, as in **arriverderLa.** The capital letter is optional and is used to avoid ambiguity.

The final vowel of a singular direct object pronoun may be dropped before a vowel or an **h**.

Apro il frigo. **L'**apro.	*I open the refrigerator. I open **it**.*
Tina compra la farina. Tina **la** compra.	*Tina buys the flour. Tina buys **it**.*
Leggo le lẹttere. **Le** leggo.	*I read the letters. I read **them**.*
Quando dai gli esami? **Li** do alla fine di questo trimestre.	*When are you taking the exams? I will take **them** at the end of this quarter.*
Buona sera, Dottore. **La** vedo domani.	*Good evening, Doctor. I'll see **you** tomorrow.*

---

2. In negative sentences, **non** precedes the object pronoun.

Non ti vedo **mai**.	*I **never** see **you**.*
Non ci invịtano spesso.	*They **don't** invite **us** often.*

---

3. Contrary to their English equivalents, verbs such as **ascoltare** (*to listen to*), **guardare** (*to look at*), **cercare** (*to look for*), and **aspettare** (*to wait for*) are not followed by a preposition; they therefore take a direct object.

Cerchi la ricetta?	*Are you looking for the recipe?*
Sì, **la** cerco.	*Yes, I'm looking for **it**.*
Guardi il ricettạrio?	*Are you looking at the recipe collection?*
Sì, **lo** guardo.	*Yes, I'm looking at **it**.*
Vi aspetto stasera alle otto.	*I will be waiting for (expecting) **you** at eight o'clock tonight.*
Ascoltate le notịzie?	*Are you listening to the news?*
No, non **le** ascoltiamo.	*No, we are not listening to **it**.*

---

esercizi

A. Voi siete in cucina e pensate ad alcune cose che dovete fare. Sostituite il nome in corsivo (*italics*) con il pronome appropriato.

ESEMPIO   Aspetto *il mio amico* a cena.   **Lo aspetto.**

1. Apparẹcchio *la tạvola*.   **2.** Metto *la tovạglia*.   **3.** Metto *i piatti e i bicchieri*.   **4.** Cerco *le posate*.   **5.** Non trovo *i coltelli*.   **6.** Apro *il frigorifero*.   **7.** Prendo *l'ạcqua minerale*. **8.** Non prendo *il vino*.   **9.** Metto *le lasagne* nel forno.   **10.** Lavo *l'insalata*.   **11.** Non trovo *il sale*.   **12.** Taglio *le cipolle*.   **13.** Apro *la porta* al mio amico.   **14.** Servo *la cena*. **15.** Non servo *il dolce* perchè siamo a dieta (*we are on a diet*).   **16.** Dopo cena saluto *il mio amico*.   **17.** Lavo *i piatti* nella lavastovịglie.   **18.** Metto *i piatti lavati* negli armadietti. **19.** Metto *le posate* nei cassetti.

B. Domanda e risposta. Voi domandate a un(a) compagno(a) la sua opinione sulle seguenti cose. Il (La) compagno(a) risponde, usando il pronome appropriato.

> ESEMPIO   la pizza/buona   —**Come trovi la pizza?**
> —**La trovo buona   o:**
> —**Non la trovo buona.**

1. il vino Valpolicella/eccellente   **2.** le ricette francesi/complicate   **3.** la moda di quest'anno/elegante   **4.** gli Italiani/simpatici   **5.** le ragazze americane/belle   **6.** lo studio dell'italiano/facile   **7.** i professori dell'università/severi   **8.** l'ultimo film di Bette Midler/divertente   **9.** le sere d'inverno/lunghe   **10.** il caffè espresso/forte   **11.** i giorni di pioggia/tristi   **12.** il gelato al cioccolato/squisito   **13.** i mezzi di trasporto in Italia/efficienti

C. Uno(a) di voi si lamenta (*complains*) perchè Gianni, un vostro compagno, non è più cortese. Completate con il pronome appropriato.

Gianni non _____ guarda più, non _____ saluta quando _____ incontra, non _____ aspetta dopo la lezione d'italiano, non _____ invita più a bere un caffè insieme; insomma (*in short*), _____ ignora.

D. Ripetete l'esercizio C. Questa volta sono due o tre compagni che si lamentano di Gianni.

E. Rispondete alle seguenti domande con i pronomi appropriati.

> ESEMPIO   —Dove lavi *i piatti?*/nella lavastoviglie   —**Li lavo nella lavastoviglie.**

1. Quando apparecchi la tavola, dove metti *il cucchiaio?*/a destra
2. Quando inviti *i tuoi amici?*/sabato sera
3. Dove cucini *l'arrosto?*/nel forno
4. A chi mandi *gli inviti?*/agli amici intimi
5. Dove fai *la spesa?*/al supermercato
6. Dove trovi *le tue ricette?*/in un buon libro di cucina
7. Come prepari *le uova?*/strapazzate (*scrambled*)
8. Usi *il burro* quando cucini?/…
9. Per una cena elegante, metti *la tovaglia?*/…
10. Metti *il formaggio* sui maccheroni?/…
11. A che ora fai *colazione?*/…

II. Agreement of the past participle with direct object pronouns

—**Terra! Terra!** *(Land! Land!)*
—**L'abbiamo trovata!**

When a verb is conjugated in the **passato prossimo,** the past
participle must agree with the *direct object pronouns* **lo, (l'), la, (l'),
La (L'), li,** and **le.** With the other direct object pronouns,
agreement is optional.

Hai visto Luigi?	*Did you see Luigi?*
L'ho vist**o.**	*I saw him.*
Avete aspettato Maria?	*Did you wait for Maria?*
No, non **l'**abbiamo aspettat**a.**	*No, we didn't wait for her.*
Hai mangiato i biscotti?	*Did you eat the cookies?*
Sì, **li** ho mangiat**i.**	*Yes, I ate them.*
Hai messo le patate nel forno?	*Did you put the potatoes in the oven?*
Sì, **le** ho mess**e.**	*Yes, I put them in.*
Gina, **ti** ho vist**o** (or vist**a**) ieri al cinema!	*Gina, I saw you yesterday at the movie theater!*

esercizi

A. Domanda e risposta. Tu hai perso alcune delle tue cose. Un amico (un'amica) ti
domanda se le hai trovate. Tu rispondi affermativamente o negativamente.

> ESEMPIO gli appunti/sì —**Hai trovato i tuoi appunti?**
> —**Sì, li ho trovati. o: No, non li ho trovati.**

1. il portafoglio/sì **2.** le chiavi/no **3.** gli occhiali da sole/no **4.** la sveglia/sì **5.** l'oro-logio/no **6.** la maglietta/sì **7.** il nuovo indirizzo/no **8.** il biglietto dell'aereo/sì **9.** i soldi/no **10.** le cravatte di seta/no **11.** i francobolli/sì **12.** l'orario/no **13.** la racchetta da tennis/no

B. Domanda e risposta. Voi dovete apparecchiare (*to set*) la tavola. Vostra madre vi domanda se avete messo le seguenti cose.

> ESEMPIO   il vino   —Avete messo il vino?
> —Sì, l'abbiamo messo.   o: No, non l'abbiamo messo.

1. la tovaglia   **2.** i piatti nuovi   **3.** i bicchieri   **4.** le posate   **5.** i tovaglioli   **6.** il pane   **7.** il sale e il pepe   **8.** l'acqua minerale   **9.** i grissini (*bread sticks*)   **10.** le tazze   **11.** il burro   **12.** i fiori

C. Domanda e risposta. Domandate a un(a) compagno(a) se oggi ha fatto le seguenti cose. Seguite l'esempio.

> ESEMPIO   leggere il giornale/ieri   —Hai letto il giornale oggi?
> —No, l'ho letto ieri.

1. mangiare le lasagne/domenica scorsa   **2.** ascoltare la radio/ieri sera   **3.** chiamare il tuo amico/due giorni fa   **4.** salutare i compagni di classe/l'altro ieri   **5.** dare gli esami/qualche settimana fa   **6.** prendere la macchina/ieri mattina   **7.** vedere i tuoi genitori/sabato a mezzogiorno   **8.** fare i compiti/la settimana scorsa   **9.** pulire la tua stanza/sei mesi fa

III. *Indirect object pronouns* (**pronomi indiretti**)

—Marcello dà i cioccolatini
a Lucia?
—No, *le* dà i fiori.

1. An indirect object pronoun replaces the person *to whom* the action is directed.

It is used with verbs of *giving:* **dare, prestare, offrire, mandare, portare,** etc., and with verbs of *oral* and *written communication:* **parlare, dire, domandare, chiedere, rispondere, telefonare,**

scrivere, insegnare, spiegare, etc. The preposition **a** follows these verbs and precedes the name of the person to whom the action is directed.

Scrivo **una lettera.** *(direct object)*
Scrivo una lettera **a Lucia.** *(indirect object)*

Here are the forms of the indirect object pronouns:

Singular		Plural	
mi (m')	*(to) me*	ci	*(to) us*
ti (t')	*(to) you (familiar)*	vi	*(to) you (familiar)*
gli	*(to) him*	loro or gli	*(to) them (m. & f.)*
le	*(to) her*	Loro or Gli*	*(to) you (formal, m. & f.)*
Le*	*(to) you (formal, m. & f.)*		

2. These pronouns have the same forms as the direct object pronouns except for the third person singular and plural (**gli, le, loro** *or* **gli**). As with direct object pronouns, they precede the conjugated form of the verb except for **loro,** which follows the verb. In negative sentences, **non** precedes the pronouns.

Mi dai un gettone?	*Will you give **me** a token?*
Chi **ti** telefona?	*Who is calling **you?***
Non **gli** parlo.	*I am not speaking **to him.***
Perchè non **ci** scrivete?	*Why don't you write **to us?***
Le offro un caffè.	*I am offering **you** a cup of coffee.*
Domando **Loro** se è giusto.	*I am asking **you** if it is right.*

NOTE:
In contemporary Italian, the tendency is to replace **loro** with the plural **gli.**

Gli parlo. *or* Parlo **loro.**	*I am speaking **to them.***

3. When a verb is conjugated in the **passato prossimo,** the past participle *never* agrees with the indirect object pronoun.

Le ho parlat**o** ieri.	*I spoke **to her** yesterday.*
Non **gli** abbiamo telefonat**o.**	*We did not call **them.***

---

*The capital letter in **Le, Loro,** and **Gli** is optional and is used to avoid ambiguity.

A. Sostituite le parole in corsivo con i pronomi appropriati.

1. Scrivo *a mia cugina.* **2.** Perchè non telefoni *a tuo fratello?* **3.** Oggi parliamo *ai professori.* **4.** Lucia spiega una ricetta *a Liliana.* **5.** Presto il libro di cucina *al mio ragazzo.* **6.** Il professore spiega i pronomi *agli studenti.* **7.** Do cento dollari *a mia sorella.* **8.** Perchè non offri del tè *alle tue amiche?* **9.** I due ragazzi chiedono un favore *al padre.* **10.** Liliana scrive una cartolina *a sua madre.* **11.** Date spesso dei consigli *ai vostri amici?* **12.** Paolo manda dei fiori *alla sua ragazza.*

B. Ti piace telefonare e dici a chi telefoni e perchè.

ESEMPIO   Paolo, un piacere   **Telefono a Paolo e gli chiedo un piacere.**

1. mia madre, dei soldi **2.** mio padre, un consiglio **3.** i miei nonni, la macchina **4.** Maria, il numero di telefono di Lia **5.** Paolo, l'indirizzo di Anna **6.** i miei zii, notizie dei miei cugini **7.** la mia compagna di classe, gli appunti di chimica **8.** l'agente di viaggi, informazioni **9.** i miei fratelli, un prestito *(loan)* **10.** la dottoressa, un appuntamento **11.** il mio capoufficio, due giorni di vacanza

C. Domanda e risposta. Seguite l'esempio.

ESEMPIO   rispondere   **—Mi rispondi?**
                        —Sì, ti rispondo. *o* **No, non ti rispondo.**

1. ascoltare **2.** aspettare **3.** invitare a cena **4.** telefonare stasera **5.** dare l'indirizzo di Lucia **6.** prestare il libro di cucina **7.** offrire un caffè dopo la lezione **8.** chiamare domani mattina **9.** mandare tue notizie **10.** spiegare i pronomi **11.** insegnare una canzone italiana **12.** scrivere una cartolina da Roma

D. Ripetete l'esercizio C, usando la forma di cortesia.

ESEMPIO   rispondere   **—Signor.../Signorina..., mi risponde?**
                        —Sì, Le rispondo. *o* **No, non Le rispondo.**

E. Immaginate una conversazione tra un padre e i figli. Rispondete alle domande del padre affermativamente o negativamente.

ESEMPIO   **—Non vi porto spesso al cinema?**   **—Sì, ci porti spesso al cinema.**

1. Non vi consiglio sempre bene? **2.** Non vi do abbastanza soldi? **3.** Non vi invito sempre al ristorante? **4.** Non vi compro sempre cose nuove? **5.** Non vi presto la macchina? **6.** Non vi spiego l'algebra? **7.** Non vi aiuto quando siete in difficoltà? **8.** Non vi ascolto quando avete dei problemi? **9.** Non vi capisco quando siete preoccupati per la scuola?

F. Domanda e risposta.

> ESEMPIO parlare, professore —Hai parlato al tuo professore?
> —Sì, gli ho parlato. *o* No, non gli ho parlato.

1. rispondere, madre **2.** chiedere un consiglio, padre **3.** scrivere, sorelle **4.** suggerire un ristorante, amico **5.** telefonare, zio **6.** chiedere un appuntamento, professoressa **7.** dare l'indirizzo, parenti **8.** offrire un pranzo, genitori **9.** mandare un regalo, fratello **10.** spiegare la situazione, compagne di classe

G. Rispondete alle domande sostituendo le parole in corsivo con i pronomi.

1. Quando telefoni *a tua madre?*/la domenica
2. Quando *ci* mandi una cartolina?/quando arrivo a Roma
3. Quando presti il libro di cucina *alla tua amica?*/quando dà una festa
4. Quando scrivi *ai tuoi genitori?*/quando ho bisogno di soldi
5. Quando *mi* fai gli auguri?/il giorno del tuo compleanno
6. Quando *ci* offri un gelato?/dopo cena
7. Quando rispondi *ai tuoi parenti?*/quando ho tempo
8. Quando porti un regalo *a tua madre?*/per Natale
9. Quando dai dei consigli *al tuo amico?*/quando ha dei problemi

H. La prova dell'amicizia (*Test of friendship*). Rispondete con una frase completa, sostituendo il **pronome diretto** o **indiretto** alle parole fra parentesi, secondo l'esempio.

> ESEMPIO Per il compleanno del tuo ragazzo (della tua ragazza):
>
> **a.** hai portato (il tuo ragazzo, la tua ragazza) allo zoo?
> **b.** hai portato (il tuo ragazzo, la tua ragazza) a cena e a teatro?
>
> **L' ho portato(a) a cena e a teatro.**

1. Per il giorno di San Valentino:
   a. hai portato (alla tua ragazza, al tuo ragazzo) dei Baci Perugina (*chocolates from Perugia*)?
   b. hai portato (alla tua ragazza, al tuo ragazzo) dei Baci Perugina e un regalo?

2. Per Pasqua:
   a. hai scritto una cartolina (agli amici lontani)?
   b. hai telefonato (agli amici lontani)?

3. I tuoi amici sono arrivati in ritardo a un appuntamento e tu:
   a. non hai aspettato (i tuoi amici)?
   b. hai aspettato (i tuoi amici)?

4. Quando tu e la tua amica (il tuo amico) avete litigato (*had an argument*):
   a. non hai telefonato (alla tua amica, al tuo amico) per fare la pace (*peace*)?
   b. hai telefonato (alla tua amica, al tuo amico) per fare la pace?

5. L'ultima volta che sei andato al ristorante con gli amici:
   a. non hai pagato (il conto)?
   b. hai pagato (il conto) per tutti?

6. Quando un amico (un'amica) ti ha chiesto un favore:
   a. hai detto (all'amico, all'amica) di no?
   b. hai fatto il favore (all'amico, all'amica)?

7. Quando la tua amica (il tuo amico) ti ha chiesto un consiglio:
   a. hai detto (alla tua amica, al tuo amico) che non sei «Dear Abby».
   b. hai dato un consiglio (alla tua amica, al tuo amico).

Se hai totalizzato sette **b,** sei un vero amico (una vera amica); se hai totalizzato meno di (*fewer than*) quattro **b,** c'è sempre tempo per migliorare (*to improve*).

IV. *Object pronouns with the infinitive and* **ecco**

—Mamma! Fido ha rubato
 (stole) **le salsicce!**
—**Devi fermarlo!**

1. When a direct or indirect pronoun is the object of an infinitive, it is attached to the infinitive, which drops the final **-e.**

Non desidero veder**la.**	*I don't wish to see **her.***
Preferisco scriver**le.**	*I prefer to write **to her.***

NOTE:
With the verbs **potere, volere, dovere,** and **sapere,** the object pronoun may be placed before the conjugated verb or attached to the infinitive.

Ti posso parlare?
Posso parlar**ti?** } *May I speak **to you?***

2. A direct object pronoun is attached to the expression **ecco!**

Ẹcco**lo!**	*Here **he** is!*
Ẹcco**mi!**	*Here **I** am!*

A. Sostituite le espressioni in corsivo con il pronome oggetto appropriato.

1. Incomincio a capire *questa lingua.*   **2.** Abbiamo bisogno di parlare *a Tonino.*   **3.** Preferisco scrivere *a Luisa* domani.   **4.** Ho deciso di invitare *gli amici.*   **5.** Ho dimenticato di comprare *le uova.*   **6.** Ho intenzione di aiutare *mia sorella.*   **7.** Quest'anno non posso fare molti regali *ai miei amici.*   **8.** Desidero invitare *le mie amiche* a una festa.   **9.** Sapete parlare bene *lo spagnolo?*   **10.** Devo studiare *i pronomi* per domani.   **11.** Voglio trovare *le mie chiavi!*   **12.** Ho bisogno di parlare *al professore.*   **13.** Non posso aspettare *mio fratello.* **14.** Devi prendere *la macchina?*

B. Domanda e risposta. Sei indeciso(a) e domandi a tuo fratello (a tua sorella) se (*whether*) devi fare le seguenti cose. Lui (Lei) risponde affermativamente, usando il pronome oggetto appropriato.

> ESEMPIO   studiare l'italiano   —**Devo studiare l'italiano?**
> —**Sì, devi studiarlo. o: Sì, lo devi studiare.**

1. lavare i bicchieri   **2.** preparare la cena   **3.** prendere l'ombrello   **4.** comprare i biglietti per il teatro   **5.** sentire le notizie   **6.** chiamare la baby-sitter   **7.** telefonare alla mamma **8.** aspettare la sua telefonata   **9.** offrire l'aperitivo agli ospiti   **10.** mostrare i miei voti a papà   **11.** dire la verità alla mamma   **12.** fare i miei compiti

C. Domanda e risposta. Domandate dove sono le seguenti cose o persone. Lo (La) studente(ssa) che risponde usa **ecco** e il pronome appropriato.

> ESEMPIO   penna   —**Dov'è la penna?**
> —**Eccola!**

1. elenco telefonico   **2.** quaderni   **3.** orologio   **4.** chiavi   **5.** uscita (*exit*)   **6.** lavagna **7.** studenti   **8.** carta (*map*) d'Italia   **9.** tu   **10.** indirizzo di Marco   **11.** giornale di ieri **12.** farina   **13.** soldi per la spesa   **14.** cucchiaini   **15.** ricette di tua madre   **16.** tu e la tua compagna

Una ricetta semplice: risotto alla milanese

Milanese rice

Giorno di spesa al negozio di frutta e verdura.

Domenica scorsa Liliana ha incontrato Marcello con una ragazza francese a casa di amici. Li ha invitati a cena per stasera. *Per fare bella figura* telefona a Lucia, cuoca esperta. Eccola ora che le parla.

To make a good impression

—Lucia, devi aiutarmi. Ho bisogno di te. Ho deciso di servire, come secondo, bistecca alla fiorentina e insalata mista. Sono ricette semplici e le so fare. E come dolce ho comprato un *semifreddo Motta*. Puoi consigliarmi cosa fare come primo piatto?

ice cream cake

—Puoi fare un risotto alla milanese. Puoi farlo con i *funghi*. In questa stagione li trovi freschi. Ti va bene il risotto?

mushrooms

—Se è facile, sì.

—È molto facile! Ti do la ricetta di mia madre. Perchè non la scrivi? Eccola:

Dosi per 4: 400 grammi di riso; 1 cipolla; 100 grammi di burro; *brodo*; 1 bicchiere di vino bianco secco; un po' di funghi *tritati*; 1 pizzico di zafferano; sale e pepe; parmigiano.

Triti la cipolla e la metti *a rosolare* nel burro. *Aggiungi* il riso e lo mescoli nel burro. Poi aggiungi al riso il vino bianco, lo zafferano, il sale, il pepe, i funghi, e mescoli *tutto*. Aggiungi il brodo a poco a poco, *fino a* quando il riso è *cotto*. Il riso deve essere al dente. Lo servi subito con burro e parmigiano e...buon appetito! Va bene?

—Sì, mille grazie. È una ricetta semplice. La metto nel mio *ricettario*.

—*Da quando* hai un ricettario?

—Da oggi.

Amount /
broth / minced
a dash of saffron
(You) mince / to brown / (You) add / (you) mix
everything
until / cooked

recipe collection
Since when

DOMANDE SULLA LETTURA

1. Dove ha incontrato Marcello e la sua amica, Liliana?   **2.** Perchè telefona a Lucia?
3. Che cosa ha deciso di servire come secondo piatto Liliana?   **4.** Perchè ha deciso di servire questo piatto?   **5.** Prepara lei il dolce?   **6.** Che cosa le consiglia Lucia come primo piatto?   **7.** Perchè è una buon'idea comprare dei funghi?   **8.** Di chi è la ricetta del risotto alla milanese?   **9.** Quali sono gli ingredienti necessari per preparare il risotto?   **10.** Deve essere molto cotto il riso?   **11.** Che cosa deve aggiungere Liliana quando il riso è già cotto?   **12.** Dove vuole mettere questa ricetta Liliana?   **13.** Da quando ha un ricettario?

DOMANDE PERSONALI

1. Le piace cucinare?   **2.** Passa molto tempo in cucina Lei?   **3.** Com'è la Sua cucina? Quali mobili ci sono?   **4.** Quando i Suoi amici vengono a casa Sua, preferisce cucinare o invitarli al ristorante?   **5.** Conosce alcune buone ricette? Quali?   **6.** È vegetariano(a) Lei?   **7.** Le piace la verdura surgelata o preferisce quella fresca?   **8.** Se vuole fare bella figura quando ha degli ospiti, che cosa prepara per cena?   **9.** Serve il caffè durante o dopo i pasti?   **10.** Preferisce servire del gelato o delle paste come dolce?   **11.** Se un amico L'invita a cena, che cosa gli porta?   **12.** Di solito a che ora cena (*have dinner*) Lei?
13. Quando ha finito di cenare, lava i piatti subito o aspetta la mattina dopo?   **14.** Dove lava i piatti?   **15.** Dove li mette quando sono puliti?   **16.** Cosa fa dopo cena di solito?

ATTIVITÀ

A. Orale
Domani è il compleanno del(la) professore(ssa) d'italiano, e poichè (*since*) gli studenti di questa classe sono molto simpatici, decidono di organizzare una cena. Alcuni studenti descrivono (*describe*) come preparano la tavola; altri dicono che cibi portano, com'è la torta, quante candeline (*candles*) ha; altri suggeriscono di comprare un regalo.

B. Tema
Descrivi un pranzo o una cena che hai preparato recentemente. Chi hai invitato? Quali cibi hai servito? Quali ingredienti hai usato? Come hai apparecchiato la tavola?

C. Traduzione

1. Marc's parents intended to spend a few days in town, and Marc has invited them to dinner at his house.   2. Since (**poichè**) he did not know how to cook, he was worried.
3. He phoned his girlfriend and asked her to give him a good recipe.   4. She suggested preparing (**di preparare**) *spaghetti alla carbonara* and explained to him how to make it (*pl.*).
5. It is a very easy recipe.   6. At seven o'clock, his parents arrive. Here they are!
7. Marc is very happy to (**di**) see them, but he does not want his mother in the kitchen.
8. Unfortunately, his girlfriend didn't tell him how much salt to use, and he has used it generously.   9. She also forgot (**di**) to tell him how long (**per quanto tempo**) to cook the spaghetti.   10. Tonight Marc and his parents are eating scrambled eggs (**uova strapazzate**) and bacon (**pancetta**) with bread.

vocabolario

NOMI

gli auguri	wishes
il brodo	broth
il cibo	food
i cioccolatini	chocolate candies
il consiglio	advice
la dose	amount
il favore	favor
il fungo (*pl.* funghi)	mushroom
i grissini	bread sticks
l'ingrediente (*m.*)	ingredient
il libro di cucina	cookbook
l'ospite (*m. & f.*)	guest
il parmigiano	Parmesan cheese
la ricetta	recipe
il ricettario	recipe collection
il riso	rice
la situazione	situation

AGGETTIVI

cotto	cooked
indeciso	undecided
intimo	close
misto	mixed
necessario	necessary
pulito	clean
secco	dry
sorpreso	surprised
squisito	exquisite, delicious
surgelato	frozen
vegetariano	vegetarian

VERBI

aggiungere (*p.p.* aggiunto)	to add
aiutare	to help
apparecchiare	to set (the table)
consigliare	to advise
festeggiare	to celebrate
ignorare	to ignore
lamentarsi (di)	to complain (about)
litigare	to have an argument, to argue
mescolare	to mix
pensare di (+ *inf.*)	to intend
prestare	to lend
punire (-isc)	to punish
suggerire (-isc)	to suggest
tagliare	to cut
usare	to use

ALTRE ESPRESSIONI

al dente	firm, not overcooked (pasta, rice)
a poco a poco	little by little
dire di *no/sí*	to say no/yes
essere a dieta	to be on a diet
fare bella figura	to make a good impression
fare la pace	to make up
fare un regalo	to give a gift
l'ora di cena	dinner time
le uova strapazzate	scrambled eggs

LA CUCINA ITALIANA

Vorrei un chilo di mele e mezzo chilo d'uva.

Colline Toscane. Dove cresce l'ulivo, il condimento preferito è l'olio d'oliva.

La gastronomia italiana *vanta* una delle tradizioni più il- boasts
lustri d'Europa. Sono stati dei cuochi italiani che, nel Rinascimento, hanno insegnato ai Francesi l'arte culinaria. La
cucina italiana è nota soprattutto per la varietà dei suoi primi
piatti, a base di pasta.

È certo che non è stato Marco Polo ad importare gli spaghetti in Italia, come molti credono: esistono sull'*argomento* subject
documenti anteriori al viaggio in Oriente di questo famoso
Italiano.

Oggi troviamo la pasta in una varietà infinita di forme e
di preparazioni, *a seconda delle* tradizioni locali. Può essere according to the
preparata in brodo, con salse elaborate o con condimenti
semplici. Il burro è il condimento predominante del Nord.
La gente che abita nelle regioni dove *cresce l'olivo* preferisce People / olive trees grow
l'olio d'oliva. L'olio è alla base della preparazione della pasta
al pesto, tipica della Liguria, e specialmente di molti piatti
della cucina meridionale.

Oltre alla pasta, in diverse regioni sono popolari il riso e
la *polenta*. Il riso è consumato soprattutto nella *pianura pa-* corn mush / Po valley
dana, ed è l'ingrediente di base di *diverse* ricette di risotto. several
L'ingrediente principale della polenta è il mais, che è arrivato
dall'America—come le patate e i pomodori. Molti secoli fa i
Veneziani gli hanno dato il nome di «granoturco» perchè
chiamavano «turco» *tutto quello che veniva* da lontano. La po- they called / everything
lenta di farina di granoturco ha sostituito per secoli il pane that came
sulla tavola dei *contadini* e dei *montanari* del Nord. farmers / mountain
people

ESERCIZIO DI COMPRENSIONE

1. Gli Italiani hanno introdotto (*introduced*) la cucina italiana in Francia nel secolo. . . .
   a. tredicesimo   **b.** sedicesimo   **c.** ventesimo
2. La pasta è arrivata in Italia....
   a. quando Marco Polo è ritornato dall'Oriente   **b.** dopo Marco Polo   **c.** prima di
   (*before*) Marco Polo
3. Il condimento predominante nell' Italia meridionale è....
   a. l'olio d'oliva   **b.** il pesto   **c.** il burro
4. Il riso è popolare specialmente nella regione....
   a. del Lazio   **b.** della Lombardia   **c.** della Sicilia
5. L'ingrediente principale della polenta è....
   a. il pomodoro   **2.** la farina di patate   **3.** la farina di granoturco

11

LA POLITICA

Dimostrazione antinucleare, a Milano.

Manifesti elettorali.

TEMPO DI ELEZIONI

È tempo di elezioni e sui *muri* della città ci sono molti manifesti   walls
elettorali dei diversi partiti. Tommaso, un ragazzo di 9 anni, e
suo nonno camminano e si fermano *ogni tanto* a leggere i mani-   once in a while
festi.

—Nonno, ho letto nel mio libro di storia che una volta c'era la
  monarchia in Italia. È vero?
—Sì, è vero. L'Italia è diventata una repubblica nel 1946, dopo
  la seconda *guerra* mondiale.   war
—Come si chiamava il re?
—Vittorio Emanuele III.
—Nonno, quanti anni avevi tu durante la guerra?
—Ero giovane, avevo 24 o 25 anni. Quelli erano tempi molto
  difficili.
—Nonno, dov'eri tu durante la guerra?
—Lavoravo in un ospedale militare, dove ho conosciuto tua
  nonna, che era *infermiera*.   nurse
—E poi?
—E poi, dopo la guerra, ci siamo sposati.

DOMANDE SUL DIALOGO

1. Che cosa vede Tommaso sui muri della sua città? **2.** Perchè? **3.** Quanti anni ha Tommaso? **4.** Con chi cammina Tommaso? **5.** Perchè lui e il nonno si fermano per la strada? **6.** C'era la repubblica cinquant'anni fa in Italia? **7.** Come lo sa Tommaso? **8.** Quando l'Italia è diventata una repubblica? **9.** Come si chiamava il re allora? **10.** Com'era la vita in Italia quando il nonno di Tommaso era giovane? Perchè? **11.** Dove lavorava il nonno di Tommaso? **12.** Chi ha incontrato in quegli anni? **13.** Cosa faceva allora la sua futura moglie? **14.** Quando si sono sposati i nonni di Tommaso?

STUDIO DI PAROLE

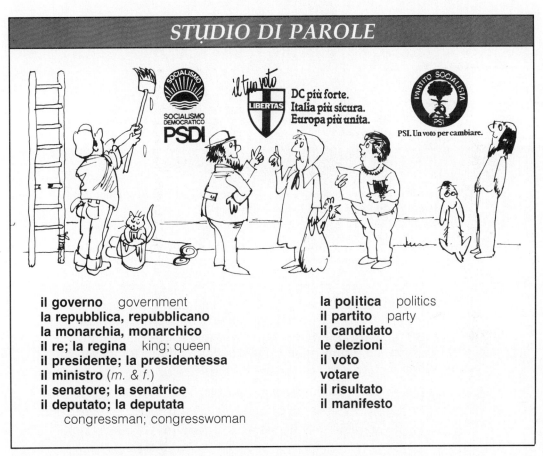

il governo government	**la politica** politics
la repubblica, repubblicano	**il partito** party
la monarchia, monarchico	**il candidato**
il re; la regina king; queen	**le elezioni**
il presidente; la presidentessa	**il voto**
il ministro (*m. & f.*)	**votare**
il senatore; la senatrice	**il risultato**
il deputato; la deputata	**il manifesto**
congressman; congresswoman	

ESERCIZIO SU STUDIO DI PAROLE

1. Che cosa vediamo sui muri della città durante il periodo delle elezioni? **2.** Che cosa fanno le persone nella vignetta? **3.** Quanti partiti sono rappresentati nella vignetta? **4.** Che cosa vuol dire «P S I»? **5.** Quanti e quali partiti ci sono negli Stati Uniti? **6.** C'è una repubblica o una monarchia in Italia? **7.** Come si chiama la regina d'Inghilterra? **8.** Chi è il presidente degli Stati Uniti oggi? **9.** Chi era il presidente degli Stati Uniti durante la seconda guerra mondiale? **10.** Che cosa facciamo il giorno delle elezioni? **11.** Per chi votiamo? **12.** A che età possono votare gli Americani?

I. Imperfetto

C'era una volta un burattino di legno *(wooden puppet)* che *si chiamava* Pinọcchio.
Aveva il naso molto lungo perchè *diceva* molte bugie....

1. Chi era Pinọcchio?   **2.** Come aveva il naso?   **3.** Perchè era così lungo?

1. The **imperfetto** (from the Latin *imperfectum*) means "imperfect," that is, incomplete. It is used to express an action that took place in the past and that cannot be framed within a precise time limit. It derives from the infinitive and has identical endings for all three conjugations.

parlare → parla-**vo** = *I was speaking, I used to speak, I spoke*

parlare	ricẹvere	dormire
parla**vo**	riceve**vo**	dormi**vo**
parla**vi**	riceve**vi**	dormi**vi**
parla**va**	riceve**va**	dormi**va**
parla**vamo**	riceve**vamo**	dormi**vamo**
parla**vate**	riceve**vate**	dormi**vate**
parlạ**vano**	riceve**vano**	dormị**vano**

2. The following verbs are irregular in the imperfect tense:

essere: **ero, eri, era, eravamo, eravate, erano**
fare: **facevo, facevi, faceva, facevamo, facevate, facevano**
bere: **bevevo, bevevi, beveva, bevevamo, bevevate, bevevano**
dire: **dicevo, dicevi, diceva, dicevamo, dicevate, dicevano**

---

3. The imperfect tense is used to describe:

a. Environment, time, weather; physical and mental states; and age in the past.

Il salone **era** pieno di gente. | *The hall **was** full of people.*
Erano le sette di sera. | *It **was** 7:00 P.M.*
Fuori **faceva** freddo e **pioveva.** | *Outside **it was** cold, and **it was** raining.*
La gente **aveva** fame. | *People **were** hungry.*
Antonio **era** preoccupato. Non **voleva** fare il discorso. | *Antonio **was** worried. He **did** not **want** to give a speech.*
Nel 1976 **avevo** dieci anni. | *In 1976 I **was** ten years old.*

b. Habitual actions in the past.

Da bambino **andava** spesso al teatro dei burattini. | *As a child he often **used to go** to the marionette theater.*
Leggeva favole tutte le sere. | *He read **(used to read)** fables every night.*

c. An action in progress while another action was taking place or was completed.

Mentre lui **parlava** il pubblico **si annoiava.** | *While he **was speaking,** the audience **was getting bored.***
Lui **finiva** il discorso quando Marcello è entrato. | *He **was finishing** his speech when Marcello walked in.*

d. An action that started at some point in the past (at a given or implied time) and was still in progress when another action was completed. In this case, the **imperfetto** corresponds to the English past perfect tense (**parlavo** = *I had been speaking*) and is related to the questions **Da quanto tempo?** and **Da quando?**

Da quanto tempo parlava? | *How long had he been speaking?*
Parlava da trenta minuti quando l'amico è arrivato. | *He had been speaking for thirty minutes when his friend arrived.*

esercizi

A. Che cosa faceva tutti i giorni Giovanna quand'era a Firenze?

ESEMPIO   visitare la città   **Visitava la città.**

1. ammirare i musei e le chiese   **2.** entrare nei negozi   **3.** fare le spese   **4.** comprare delle cartoline   **5.** scriverle ai parenti e agli amici   **6.** mangiare troppo gelato   **7.** bere il caffè espresso   **8.** camminare per ore e ore   **9.** la sera vedere un film   **10.** dormire molte ore   **11.** spendere molti soldi   **12.** parlare in italiano

B. Ripetere l'esercizio A, usando come soggetto **I turisti.**

C. Domanda e risposta. Due vecchi amici ricordano gli anni della loro gioventù (*youth*). Che cosa facevi quand'eri studente universitario?

ESEMPIO   studiare molto   —**Studiavi molto?**
—**Sì, studiavo molto.   o: —No, non studiavo molto.**

1. andare in classe tutti i giorni   **2.** fare sempre i compiti   **3.** scrivere molti temi (*essays*)   **4.** ascoltare attentamente le conferenze   **5.** discutere (*to discuss*) con i compagni   **6.** parlare con i professori   **7.** prepararsi per gli esami   **8.** preoccuparsi del risultato degli esami   **9.** alzarsi presto la mattina   **10.** telefonare a casa quando avere bisogno di soldi

D. Domanda e risposta. Che cosa facevate tu e i tuoi amici quando eravate in vacanza?

ESEMPIO   nuotare   —**Nuotavate?**
—**Sì, nuotavamo.   (o: No,....)**

1. fare passeggiate   **2.** andare in bicicletta   **3.** leggere dei libri   **4.** giocare a tennis   **5.** mangiare molti gelati   **6.** divertirsi molto   **7.** uscire la sera   **8.** riposarsi quando essere stanchi   **9.** dormire fino a tardi

E. Conversazione tra due persone: la prima persona parla della situazione al presente; la seconda persona risponde che le cose erano così anche nel passato.

ESEMPIO   La vita è difficile.   —**Oggi la vita è difficile.**
—**Anche allora la vita era difficile.**

1. I giovani vogliono cambiare le cose.   **2.** Molte madri lavorano fuori casa.   **3.** Le donne s'interessano di politica.   **4.** I padri ripetono le stesse cose.   **5.** I treni arrivano in ritardo.   **6.** Molti candidati politici dicono delle bugie.   **7.** Gli studi sono molto costosi.

F. Riscrivete al passato la lettura del Capitolo 2, «Due amici differenti».

G. Sostituite l'infinito con la forma appropriata dell'imperfetto.

1. Mentre il deputato _____ (parlare), molte persone _____ (ascoltare) attentamente, ma altre _____ (annoiarsi).

2. Tutte le mattine, quando _____ (essere) le sette, marito e moglie _____ (salutarsi) e _____ (partire).

3. Quando Mussolini _____ (essere) primo ministro, l'Italia _____ (avere) un re, Vittorio Emanuele III.

4. Tutte le sere il giovane _____ (lavorare) come barista perchè _____ (dovere) pagarsi gli studi.

5. Quando noi _____ (essere) bambini, noi _____ (andare) al cinema tutte le settimane.

6. Io _____ (conoscere) una ragazza che _____ (volere) diventare deputata del Partito Socialista.

7. I miei nonni _____ (dire) sempre che ai loro tempi i figli _____ (seguire) i consigli dei genitori.

8. Mentre la mamma _____ (raccontare) la favola di *Cappuccetto Rosso* (*Little Red Riding Hood*), i bambini _____ (chiudere) gli occhi perchè _____ (avere) sonno.

H. Completate il seguente paragrafo con la forma appropriata dell'imperfetto.

Quando io e mia sorella _____ (essere) giovani, noi _____ (passare) ogni estate con i nonni. I nonni _____ (abitare) in una piccola casa in collina (*hill*). La casa _____ (essere) bianca, con un tetto (*roof*) rosso. Davanti alla casa _____ (esserci) un giardino molto grande. Ogni giorno, quando _____ (fare) caldo, noi _____ (stare) in giardino, e se noi _____ (avere) sete, la nonna _____ (portarci) del tè freddo. Il pomeriggio noi _____ (divertirsi) a giocare a carte (*cards*) o _____ (fare) delle lunghe passeggiate nei campi (*fields*) con il vecchio cane. Alle sette la nonna _____ (chiamarci) per la cena, e noi _____ (aiutarla) ad apparecchiare la tavola. La sera noi _____ (andare) a letto, stanchi ma contenti.

II. **Passato prossimo** *versus* **imperfetto**

—*Hai sentito* le previsioni del tempo (*weather forecast*)?
—Sì, *dicevano* «sereno su tutta l'Italia».

Both the **passato prossimo** and the **imperfetto** present events and facts that took place in the past. However, they are not interchangeable.

a. If a past action took place only *once,* was repeated a *specific* number of times, or was performed within a *definite* time period, the **passato prossimo** is used.

b. If a past action was *habitual,* was repeated an *unspecified* number of times, or was performed in an *indefinite* time period (with no beginning or end indicated), the **imperfetto** is used. It is also used to *describe* all *circumstances* surrounding a past action or event (time, weather, physical appearance, age, feelings, attitudes, etc.).

The sentence below illustrates graphically the time relationship between these two tenses:

Quando **sono entrato,**

Antonio **parlava.**

The **passato prossimo** is represented by the dot (•), which symbolizes the *specific point in time* the action (**sono entrato**) occurred. The **imperfetto** is represented by an uninterrupted line (⟶), which symbolizes the *indefinite duration in time* of the action (**parlava**), that is, of what was going on.

The following sets of sentences illustrate further the contrast between these two tenses. (Dots and lines are used as a helping device.)

Ieri sera **ho ascoltato** la radio. (•, *one occurrence*)	*Last night **I listened to** the radio.*
Tutte le sere **ascoltavo** la radio. (⟶, *habitual*)	*Every evening **I would** (= **used to**) **listen to** the radio.*
La settimana scorsa Gianni mi **ha telefonato** tre volte. (•••, *specific number of repetitions*)	*Last week Gianni **phoned** me three times.*
Prima mi **telefonava** molto spesso. (⟶, *unspecified number of repetitions*)	*Before **he used to phone** me very often.*
L'estate scorsa **ho fatto** del tennis tutti i giorni. (•, *definite time period:* **l'estate scorsa***)*	*Last summer **I played** tennis every day.*

Quando **ero** giovane, **facevo** del tennis tutti i giorni. (⟶, *indefinite time period* **quando ero giovane**)

When *I was young I would* (= ***used to***) *play* tennis *every day.*

Gina **ha preso** l'impermeabile ed **è uscita.** (•• , *two successive single occurrences*)

Gina *took her raincoat and **went out**.*

Gina **ha preso** l'impermeabile perchè **pioveva.** (__•→__, *one occurrence; one factual description with length of time unspecified*)

Gina *took her raincoat because **it was raining**.*

---

esercizi

A. Sei stato(a) testimone (*witness*) a una discussione di politica, e adesso la racconti a un(a) amico(a). Usa il passato prossimo o l'imperfetto, a seconda del caso (*according to the context*).

1. È il primo giugno.   **2.** Sono le otto di sera.   **3.** Piove.   **4.** Entro al Caffè Repubblica. **5.** Ordino un espresso.   **6.** Un giovane arriva al bar.   **7.** Ha circa vent'anni.   **8.** Porta un vecchio impermeabile.   **9.** Incomincia a parlare male del governo.   **10.** Un cliente s'arrabbia.   **11.** I due litigano.   **12.** La confusione è grande.   **13.** Un cameriere telefona alla polizia (*police*).

B. Sostituite all'infinito la forma corretta dell'imperfetto o del passato prossimo, a seconda del significato (*according to the meaning*).

1. Questo pomeriggio io _____ (vedere) molte persone: _____ (essere) sul marciapiede e _____ (leggere) dei manifesti.
2. Quando Graziella _____ (uscire) stamattina, il marito _____ (dormire) ancora.
3. Ieri Luisa _____ (andare) in campagna: _____ (fare) bello.
4. Quando noi _____ (svegliarsi), _____ (essere) le sei.
5. Oggi Paolo _____ (incontrare) la sua ragazza: lei _____ (portare) un vestito rosso.
6. L'Italia _____ (diventare) una repubblica perchè gli Italiani _____ (essere) scontenti della monarchia.
7. Lo scrittore italiano Carlo Collodi _____ (scrivere) *Pinocchio* perchè _____ (avere) bisogno di soldi.
8. Ieri noi _____ (camminare) lungo la strada quando _____ (vedere) un incidente automobilistico.
9. La ragazza americana _____ (restare) all'Università per Stranieri di Perugia tre mesi perchè _____ (desiderare) imparare l'italiano.

III. **Passato prossimo** *versus* **imperfetto**
with certain verbs

—*Ho dovuto lavorare, anche se non stavo bene.*

Certain verbs such as **dovere, potere, sapere, volere,** and
conoscere have different meanings depending on whether they are
used in the **imperfetto** or in the **passato prossimo;** the former
stresses the state, the latter the action.

Doveva lavorare, ma non stava bene.	*He (She) **was supposed** to work, but he (she) was not well.*
Ha dovuto lavorare anche se non stava bene.	*He **had to work** even if he was not well.*
Potevo uscire, ma non ne avevo voglia.	*I **could have gone** out, but I did not feel like it.*
Ho potuto finire il lavoro in un'ora.	*I **was able** to finish the job in one hour.*
Sapevamo che le elezioni erano in giugno.	*We **knew** the elections were in June.*
Abbiamo saputo che i democristiani hanno vinto.	*We **found out** that the Christian Democrats won.*
Lui **voleva** divertirsi, ma non aveva soldi.	*He **wanted to** have fun, but he did not have any money.*
Maria **ha voluto** comprare una casa in Riviera.	*Maria **wanted to** buy a house on the Riviera (and she did).*
Conoscevo il senator Fabbri.	*I **knew** Senator Fabbri.*
Ieri **ho conosciuto** suo padre.	*Yesterday **I met** his father (for the first time).*

esercizi

A. Domanda e risposta. Ecco una conversazione tra due compagni di classe. Seguite l'esempio.

> ESEMPIO   dovere studiare ieri sera/sì, ma preferire uscire   —**Dovevi studiare ieri sera?**
> —**Sì, ma ho preferito uscire.**

1. non potere restare a casa/sì, ma decidere di uscire   **2.** non volere leggere queste pagine/sì, ma un amico telefonarmi   **3.** sapere che l'Italia è una repubblica/sì, leggerlo nel mio libro di storia   **4.** sapere il nome dell'ultimo re d'Italia/no, ma impararlo qualche giorno fa   **5.** non dovere scrivere alcuni esercizi di questo capitolo/sì, ma leggere solo il dialogo **6.** non sapere che c'è un esame molto presto/sì, ma non avere il tempo di studiare

B. Sostituite l'infinito tra parentesi con la forma corretta del passato prossimo o dell'imperfetto.

1. La bambina _____ (volere) giocare, ma la mamma le ha detto di studiare.   **2.** Il deputato è ritornato contento: _____ (potere) visitare il Giappone.   **3.** Due giorni fa noi _____ (conoscere) il candidato del Partito Socialista.   **4.** _____ (Sapere) Lei che l'Italia è diventata una repubblica nel 1946?   **5.** Domenica scorsa noi _____ (dovere) partire, ma pioveva e siamo restati a casa.   **6.** Ieri io _____ (sapere) che Marcello non lavora più in banca.   **7.** Sono ritornato(a) a casa tardi perchè _____ (dovere) prendere un libro in biblioteca.

IV. Da quanto tempo? Da quando?

—_Da quanto tempo_ aspetta l'autobus?
—Da secoli.

1. To ask *how long* (**da quanto tempo?**) something has been going on, the following construction is used:

Da	+ **(quanto tempo)** +	*present tense*
Da	**quanti anni**	**ạbiti** qui?
(For) How	*many years*	*have you been living here?*

To answer, the following construction is used:

present tense	+ **da** +	**(tempo)**
Ạbito qui	**da**	**dieci anni.**
I have been living here	*(for)*	*ten years.*

Da quanti giorni sei a Roma?	*How many days have you been in Rome?*
Sono a Roma **da tre giorni.**	*I have been in Rome (for) three days.*

2. If the question is **da quando?** (*since when?*), **da** means *since*.

Da quando studi l'italiano?	*Since when have you been studying Italian?*
Stụdio l'italiano **dall'**anno scorso.	*I have been studying Italian since last year.*

3. The **imperfetto** is used when an action started at some point in the past (at a given or implied time) and was still in progress when another action was completed. In this case, the **imperfetto** corresponds to the English past perfect tense (**parlavo** = *I had been speaking*) and is related to the questions **Da quanto tempo?** and **Da quando?**

Da quanto tempo parlava?	*How long had he been speaking?*
Parlava da trenta minuti quando l'amico è arrivato.	*He had been speaking for thirty minutes when his friend arrived.*

esercizi

A. Da quanto tempo? Domanda e risposta.

ESEMPIO   abitare in questa città   —Da quanto tempo ạbiti in questa città?
                                    —Ạbito in questa città da sei mesi (un anno, due anni, ecc.).

1. frequentare (*to attend*) l'università   **2.** studiare l'italiano   **3.** ẹssere alla lezione d'italiano
4. abitare con lo stesso compagno (la stessa compagna) di stanza   **5.** conọscere i tuoi

compagni di classe   6. fare questi esercizi   7. ascoltare il professore (la professoressa)
8. avere la patente (*driver's license*)   9. parlare una lingua straniera

B. Da quando? Completate le frasi.

ESEMPIO   Abito in questa città, 1985   **Abito in questa città dal 1985.**

1. L'Alaska è uno stato americano   1958
2. L'Italia non è più una monarchia   1946
3. La Costituzione americana esiste   1789
4. L'Italia è una nazione unita   1871
5. La California fa parte degli Stati Uniti   1850

C. Leggete le seguenti frasi e dite **da quanto tempo** non facevate le seguenti cose.
Seguite l'esempio.

ESEMPIO   Oggi sono andata al ristorante. (tre mesi)
          Non andavo al ristorante da tre mesi.

1. La settimana scorsa ho parlato di politica. (molto tempo)   2. Venerdì sera sono andata
al cinema. (alcuni mesi)   3. Sabato ho pulito la mia stanza. (due settimane)   4. Domenica
ho votato. (cinque anni)   5. Ieri ho visto i miei zii. (diversi mesi)   6. La notte scorsa ho
dormito bene. (molti giorni)   7. Oggi ho bevuto latte. (qualche tempo)

V. Trapassato prossimo

—Te l'*avevo detto* che il tuo piano non era perfetto!

The **trapassato prossimo** (*pluperfect*) expresses an action that took place prior to an action in the past. It is a compound tense formed with the *imperfect tense* of the auxiliary (**avere** or **essere**) + *the past participle* of the main verb.

avevo ascoltato = *I had listened*

It is conjugated as follows:

parlare	partire	alzarsi
avevo avevi aveva avevamo avevate avevano } parlato	ero eri era } partito(a) eravamo eravate erano } partiti(e)	mi ero ti eri si era } alzato(a) ci eravamo vi eravate si erano } alzati(e)

Non aveva fame perchè **aveva** già **mangiato**.

Non siamo andati a San Remo perchè c'**eravamo** già **stati** l'anno scorso.

She wasn't hungry because she had already eaten.

We didn't go to San Remo because we had already been there last year.

---

esercizi

A. Completate le frasi seguenti usando il trapassato prossimo.

ESEMPIO   Non ha mangiato perchè...   **aveva già mangiato.**

1. Non ha dormito perchè....   **2.** Non abbiamo votato perchè....   **3.** Non mi sono lavato perchè....   **4.** Non mi ha risposto perchè....   **5.** Non siamo stati a Roma perchè....   **6.** Non gli abbiamo telefonato perchè....   **7.** Non hanno fatto colazione perchè....

B. Completate con il trapassato prossimo.

1. Gino parlava bene l'italiano perchè _____ (studiare) lingue all'università.
2. Le ho fatto un bel regalo perchè lei _____ (farmi) un favore.
3. Ieri non siamo usciti perchè il giorno prima noi _____ (stancarsi) molto.
4. Mi ha detto che quella sera lui _____ (aspettarmi) per tre ore e poi _____ (andare) a casa.
5. Le ho portato dei cioccolatini perchè lei _____ (invitarmi) a cena la settimana prima.
6. Quando tu sei arrivato, lei _____ (arrivare, già)?
7. Io non l'ho visto, ma ho saputo che lui _____ (venire) a cercarmi.

UNA POESIA DIALETTALE

ER COMPAGNO SCOMPAGNO

Un Gatto, che faceva er
   socialista
Solo a lo scopo d'arivà' in un
   posto,
Se stava lavoranno un pollo
   arosto
Ne la cucina d'un capitalista.

Quanno da un finestrino su
   per aria
S'affacciò un antro Gatto:—
   Amico mio.

   Pensa—je disse—che ce so'
      pur'io
   Ch'appartengo a la classe
      proletaria!

Io che conosco bene l'idee
   tue
So' certo che quer pollo che
   te magni,
Se vengo giù, sarà diviso in
   due:
Mezzo a te mezzo a me...
   Semo compagni!

—No, no:—rispose er Gatto
   senza core—
Io nun divido gnente co'
   nessuno:
Fo er socialista quanno sto a
   diggiuno,
Ma quanno magno so'
   conservatore!

*Satira in dialetto romano del poeta
Trilussa, 1871–1950*

IL CATTIVO *COMPAGNO*

Un Gatto, che *faceva* il
   socialista
solo allo scopo d'arrivare a un
   posto,
si lavorava un pollo arrosto
   nella cucina d'un
   capitalista.

Quando *da un finestrino su per*
   aria
s'affaccia un altro Gatto:—
   Amico mio,

   —gli dice—pensa che sono
      qui anch'io
   e che *appartengo* alla classe
      proletaria.

Io che conosco bene le idee
   tue
sono certo che quel pollo
   che tu mangi,
se vengo *giù, sarà diviso* in
   due:
mezzo a te, mezzo a me...
Siamo compagni!...

—No, no:—risponde il
   Gatto *senza cuore*—
Io *non* divido *niente* con
   nessuno:
faccio il socialista quando *sto*
   a digiuno,
ma quando mangio sono
   conservatore!

comrade

pretended to be

just in order to
position
was eating

at a small narrow
   window from
   above
appears

I belong

down / will be
   divided

heartless

nothing
nobody

I am starving

La campagna elettorale

the electoral campaign

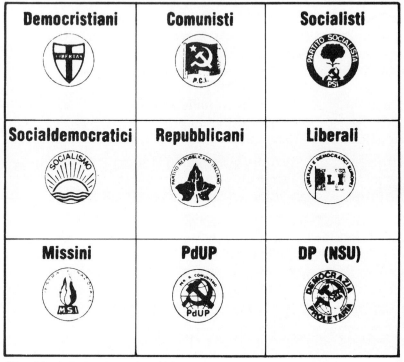

Gli emblemi di alcuni partiti politici.

Dal diario di Antonio:

                           21 maggio 19..

    Questa mattina camminavo lungo la strada. Ero ancora *mezzo addormentato* perchè ero andato a letto alle due di notte. Quando sono arrivato all'*angolo* di via Dante, ho visto un gruppo di persone. Erano sul *marciapiede* e guardavano dei manifesti elettorali. Ho voluto fermarmi anch'io. Un giovanotto biondo lavorava su una *scala* e *attaccava* un manifesto socialista. Avevo dimenticato che le elezioni sono vicine.

    Una signora faceva dei commenti: «È questa la democrazia italiana? Mille partiti *che promettono mari e monti*? La verità è che tutti i candidati vogliono arrivare a Roma *per mangiare...*»

half-asleep

corner

sidewalk

ladder / was posting

that promise the moon

(*meaning:* for their own interest)

Un vecchio signore ha detto sarcasticamente:

«Abbiamo bisogno di una monarchia in Italia. Quand'ero giovane, i tempi erano diversi». Il vecchio signore aveva una piccola barba bianca e una *cravatta nera a farfalla*. Ma che cosa pensava *il matusa*? Che siamo ancora ai tempi di Vittorio Emanuele III? *Roba da matti!* black bowtie
the old fool
Unbelievable!

Ho incominciato a leggere il manifesto del Partito Socialista. Improvvisamente da una macchina *che passava* veloce è arrivata una pioggia di uova. Un uovo *ha colpito* il giovane sulla scala. *Il poveretto* è caduto. Un altro uovo è arrivato sulla mia giacca. Vandali! Aveva ragione il manifesto socialista: «L'Italia ha bisogno di cambiare». that was passing by
hit
The poor fellow

Mentre aiutavo il giovanotto, abbiamo incominciato a parlare. Ho saputo che è americano e che lavora per pagarsi un anno di studi in Italia. Mi ha detto anche che di sera lavorava come *barista* in centro. Devo leggere *di più* sulla democrazia americana. barman / more

DOMANDE SULLA LETTURA

1. In che data ha scritto questa pagina del diario Antonio?   **2.** Dov'era Antonio questa mattina?   **3.** Perchè era mezzo addormentato?   **4.** Quando ha visto un gruppo di persone?   **5.** Dov'erano e cosa facevano queste persone?   **6.** Cosa faceva il giovanotto biondo?   **7.** La donna che (*who*) faceva commenti era contenta o scontenta? Perchè?   **8.** Era repubblicano il vecchio signore che portava la cravatta a farfalla?   **9.** Che cosa voleva?   **10.** Quale manifesto ha incominciato a leggere Antonio?   **11.** Da dove sono venute le uova?   **12.** Perchè si è arrabbiato Antonio?   **13.** Con chi ha incominciato una conversazione?   **14.** Di dov'era il giovanotto biondo?   **15.** Perchè lavorava in Italia?   **16.** Dove lavorava?   **17.** Che cosa ha suggerito ad Antonio l'incontro (*meeting*) con il giovane americano?

DOMANDE PERSONALI

1. Che tempo ha fatto ieri?   **2.** Dov'era Lei ieri sera?   **3.** Che cosa faceva Lei ieri a mezzogiorno?   **4.** Dove abitava Lei quando era bambino(a)?   **5.** Come si divertiva allora?   **6.** I Suoi genitori La portavano spesso a vedere i film di Walt Disney?   **7.** Quanti anni aveva quando ha visto Disneyland per la prima volta?   **8.** Sua madre Le raccontava delle favole?   **9.** Quale favola preferiva?   **10.** Conosceva Lei la favola di Pinocchio? Chi era Pinocchio?   **11.** Che cosa voleva diventare Lei quando era bambino(a)?   **12.** Chi era il presidente degli Stati Uniti quando Lei aveva quindici anni?   **13.** Chi era presidente quando Lei ha votato per la prima volta?

ATTIVITÀ

A. Orale

Parlate delle ultime elezioni presidenziali. (Ogni studente contribuisce con qualche frase.) Chi erano i candidati nelle elezioni presidenziali del 1988? Di quale partito erano? Com'erano? Qual era il candidato favorito? Perchè? Chi ha vinto le elezioni? Secondo voi, perchè ha vinto? Chi è diventato vice-presidente?

B. Tema

Lei è andato(a) a una riunione politica (o a una conferenza, o...). Descriva quello che (*what*) ha visto e sentito. Che giorno era? Che tempo faceva? Dov'era Lei? Perchè era là? Che cosa è successo (*happened*)? Che cosa ha detto l'oratore (*speaker*)?

C. Traduzione

1. I am reading from the diary of a young cynic (**cinico**).   **2.** The other day my friends and I were listening to a political speech.   **3.** The candidate who (**che**) was giving (**fare**) the speech was a Christian Democrat; he was about fifty and was wearing a gray suit and glasses.   **4.** He was saying that Italy needed to change and that we had to vote for his party.   **5.** I had heard these same lies last week from a Communist candidate.   **6.** At one time (**una volta**), I used to listen to these speeches.   **7.** Suddenly, we heard the voice of a young man.   **8.** He was sarcastically asking the candidate if his speeches were always so interesting.   **9.** When we went out, it was raining.   **10.** We all went to the Caffè Sport.

vocabolario

NOMI

l'angolo	corner
la barba	beard
il barista	barman
la bugia	lie
il commento	comment
la confusione	confusion
la democrazia	democracy
il diario	diary
il discorso	speech
il fascismo	fascism
la favola	fable
la gente	people
il giovanotto	young man
la guerra	war
l'incontro	meeting
l'infermiere(a)	nurse
il marciapiede	sidewalk
il muro	wall
la nazione	nation
l'ospedale (m.)	hospital
il passato	past
la polizia	police
il pubblico	public
la scala	ladder
la voce	voice

AGGETTIVI

addormentato	asleep
comunista (m. & f.)	communist
costoso	expensive
democratico	democratic
democristiano	Christian Democrat
diverso	several; different
militare	military

pieno	full
politico	political
scontento	unhappy
socialista (m. & f.)	socialist
unito	united
vicino	near

VERBI

ammirare	to admire
cambiare	to change
colpire (-isc)	to hit
discutere (p.p. discusso)	to discuss
esistere (p.p. esistito)	to exist
frequentare	to attend
interessarsi (di)	to be interested (in)
passare	to pass by
preoccuparsi (di)	to worry (about)
vincere (p.p. vinto)	to win

ALTRE ESPRESSIONI

c'era una volta	once upon a time
da bambino/a	as a child
giocare a carte	to play cards
improvvisamente	suddenly
lungo	along
mentre	while
ogni tanto	once in a while
parlare male (di)	to say bad things (about)
sarcasticamente	sarcastically
la seconda guerra mondiale	World War II

LA REPUBBLICA ITALIANA

L'Italia è un paese che *vanta* una storia e una civiltà antiche. Come nazione, però, ha poco più di un secolo. Fino alla prima metà del secolo XIX, la penisola italiana era divisa in diversi stati: in Piemonte regnava la casa di Savoia; parte dell'Italia centrale era dominata dall'autorità papale; *l'Impero Austriaco* e la Spagna controllavano direttamente o indirettamente gli altri stati.

La nazione italiana è nata nel 1861, dal movimento di unificazione politica chiamato il Risorgimento. Il primo re è stato Vittorio Emanuele II di Savoia.

La rivoluzione fascista del 1922 ha accettato la presenza del re, ma ha centralizzato il *potere* nelle mani di Mussolini. La fine della seconda guerra mondiale ha visto anche la fine del fascismo e della monarchia. Infatti, il 2 giugno 1946 gli Italiani si sono presentati alle *urne* per la prima volta *per scegliere* la forma del nuovo governo: la repubblica.

Oggi l'Italia è una repubblica parlamentare. Il Parlamento è formato dalla *Camera dei Deputati* e da *quella dei Senatori*. Mentre gli Inglesi e gli Americani votano direttamente per il loro governo, gli Italiani eleggono solo i deputati (630) ed i

boasts

Austrian Empire

power

polls / to choose

the House of Representatives / that of the Senate

Solenne cerimonia in Campidoglio.

Palanza, sul Lago Maggiore. Il presidente del Consiglio, Ciriaco De Mita con il premier britannico, la signora Thatcher, in occasione dell'incontro annuale tra i rappresentanti dei due paesi europei.

senatori (315). Questi hanno *il potere* di fare *le leggi,* di eleggere il Presidente e di approvare un nuovo governo. Il Presidente è il capo dello Stato *e resta in carica* sette anni. Il capo del governo è il Primo Ministro, *che* è nominato dal Presidente e che ha l'autorità *di scegliere* i suoi collaboratori, *cioè* i membri del Consiglio dei Ministri.

    Invece di due partiti principali, come negli Stati Uniti o in Inghilterra, diversi partiti siedono nelle due camere. Tra i principali sono la Democrazia Cristiana (DC), il Partito Comunista (PCI), il Partito Socialista (PSI), il Partito Socialdemocratico (PSDI), il Partito Repubblicano (PRI) e il Partito Liberale (PLI). La Democrazia Cristiana ha dominato la scena politica *fino al* 1983, ma per governare ha dovuto cercare la coalizione di altri partiti, *non avendo la maggioranza* assoluta. Questa è una delle cause dell'instabilità della politica italiana. Per ragioni amministrative, la Repubblica Italiana è divisa in 20 regioni e in 95 *province.*

(margin glosses: power / laws; is appointed for; who; to choose / that is; Instead of; until; not having the majority; districts)

ESERCIZIO DI COMPRENSIONE

1. Nella prima metà del secolo scorso, l'Italia era....
   a. una nazione unita   **b.** un paese diviso in pochi stati   **c.** un paese diviso in diversi stati
2. Alla fine della seconda guerra mondiale, gli Italiani hanno votato....
   a. per il Fascismo   **b.** per la monarchia   **c.** per la repubblica
3. Il Parlamento italiano è formato....
   a. dalla Camera dei Senatori   **b.** dalla Camera dei Deputati   **c.** da tutt'e due le Camere
4. Il Presidente della Repubblica Italiana è eletto (*is elected*)....
   a. dal Primo Ministro   **b.** dal popolo italiano   **c.** dal Parlamento

12
LA CASA

La sala di un appartamento in città.

Appartamenti in periferia.

UN *TRASLOCO*

move

Da alcune settimane Emanuela cercava un appartamento. Ora ne
ha trovato uno e lo dice al marito.

—Franco, ho trovato un appartamento *bellissimo!* È in Piazza   very beautiful
  Verdi, al terzo *piano.*   floor
—Quante stanze ci sono?
—Ce ne sono tre, con un bel bagno, e la cucina è abbastanza
  grande.

—Quante finestre ci sono nella sala?

—Ce ne sono due. Tutto l'appartamento ha molta *luce*.   light

—È *ammobiliato* o vuoto?   furnished

—È ammobiliato.

—*Magnifico!* Ed è già lịbero?   wonderful

—Sì, e *il padrone di casa* dice che dobbiamo firmare il contratto   landlord
per *almeno* sei mesi.   at least

—Va bene, glielo firmiamo. Quant'è l'*affitto*?   rent

—900.000 lire al mese, *comprese le spese*.   with expenses

—Possiamo portare il nostro gatto?

—Non gliel'ho domandato, ma penso di sì.

—Allora possiamo traslocare il primo del mese!

DOMANDE SUL DIALOGO

1. Da quanto tempo Franco e Emanuela cercạvano un appartamento?   **2.** A che piano si trova quello in Piazza Verdi?   **3.** Quante stanze ci sono in quell'appartamento?   **4.** È piccola la cucina?   **5.** Perchè c'è molta luce nella sala?   **6.** Dẹvono comprare i mọbili Franco e Emanuela? Perchè no?   **7.** Pọssono traslocare sụbito?   **8.** Che cosa dẹvono firmare prima?   **9.** Per quanti mesi?   **10.** Quanto vuole d'affitto il padrone di casa?   **11.** Hanno animali Franco e Emanuela?   **12.** Ha parlato del gatto al padrone di casa, Emanuela?   **13.** Vọgliono lasciare il gatto a un parente o vọgliono portarlo nel nuovo appartamento?   **14.** Quando pọssono traslocare?

I MOBILI (FURNITURE)

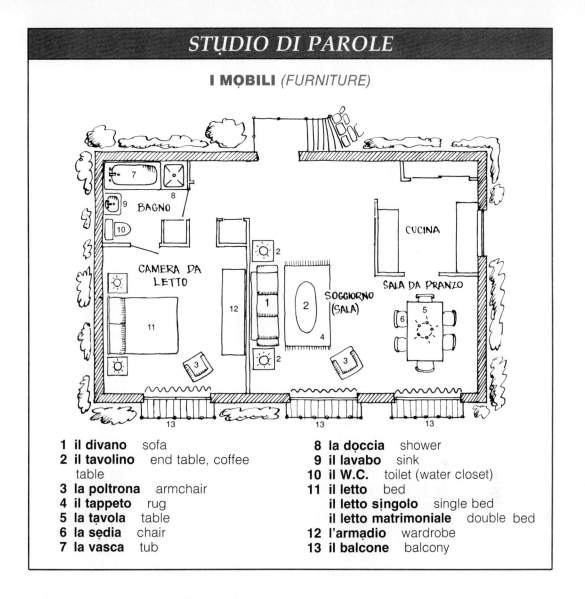

1	**il divano**	sofa	
2	**il tavolino**	end table, coffee table	
3	**la poltrona**	armchair	
4	**il tappeto**	rug	
5	**la tavola**	table	
6	**la sedia**	chair	
7	**la vasca**	tub	
8	**la doccia**	shower	
9	**il lavabo**	sink	
10	**il W.C.**	toilet (water closet)	
11	**il letto**	bed	
	il letto singolo	single bed	
	il letto matrimoniale	double bed	
12	**l'armadio**	wardrobe	
13	**il balcone**	balcony	

ESERCIZIO SU STUDIO DI PAROLE

1. In questo disegno la cucina dà (*opens*) sul soggiorno? **2.** Che mobili ci sono nel soggiorno? **3.** Che cosa c'è sotto il tavolino davanti al divano? **4.** Quando Lei guarda la televisione, dove preferisce sedersi? **5.** In quale mobile della camera da letto mettiamo i vestiti? **6.** La camera da letto di questo disegno è per una o per due persone? Come lo sa? **7.** Se una persona preferisce fare il bagno, dove lo fa, nella vasca o nella doccia? **8.** Quanti balconi ci sono in quest'appartamento? **9.** Nel Suo appartamento (o la Sua casa) c'è un balcone? **10.** Nella Sua camera da letto c'è un letto singolo o un letto matrimoniale? **11.** C'è molta luce nel Suo soggiorno? Perchè? **12.** Nel soggiorno, Lei preferisce i tappeti orientali o la moquette (*wall-to-wall carpet*)?

I. Ne

Antonio fa la spesa.
—Quante pere desidera?
—*Ne* desidero un chilo.
—Desidera uva, mele, fragole?
—No, non *ne* ho bisogno.

1. Desidera molti chili di pere Antonio?   **2.** Desidera altra frutta?

1. Ne is an invariable pronoun that has several meanings: *some (of it, of them); any (of it, of them); about it, about them; of it, of them.* **Ne** can be used to replace a noun used in a partitive sense or a noun introduced by a number or expression of quantity, such as **poco, molto, tanto,** etc.

Hai **del vino bianco?**	*Do you have **some white wine?***
No, non **ne** ho.	*No, I don't have **any (of it).***
Volevo **delle pesche.**	*I wanted **some peaches.***
Ne volevo alcune.	*I wanted some **(of them).***
Quante **stanze** hai?	*How many **rooms** do you have?*
Ne ho tre.	*I have three **(of them).***
Quanti **anni** hai?	*How **old** are you?*
Ne ho ventitrè.	*I am twenty-three.*
Hai molti **vestiti?**	*Do you have many **dresses?***
Sì, **ne** ho molti.	*Yes, I have many.*
Parlate **dell'Italia?**	*Do you talk **about Italy?***
Sì, **ne** parliamo spesso.	*Yes. We often talk **about it.***

2. Ne replaces the noun or infinitive used after verbs such as **avere bisogno di, avere paura di, parlare di,** and **pensare di** (when asking for an opinion).

Hai bisogno **di lavorare?**	*Do you need **to work?***
No, non **ne** ho bisogno.	*No, I do not need to.*
Parlavate **dell'affitto?**	*Were you talking **about the rent?***
Sì, **ne** parlavamo.	*Yes, we were talking **about it.***
Che pensi **di quel film?**	*What do you think **of that movie?***
Che **ne** pensi?	*What do you think **of it?***

---

3. Ne has the same position as that of object pronouns.

Quante **camere** avevi?	*How many rooms did you have?*
Ne avevo cinque.	*I had five (**of them**).*
Vuoi comprare **delle arance?**	*Do you want to buy **some oranges?***
Voglio comprar**ne** 4 o 5.	*I want to buy 4 or 5 (**of them**).*

---

4. When **ne** is used with the **passato prossimo,** the past participle agrees with the noun replaced by **ne** only when this noun is a direct object.

Quanti **annunci** hai letto?	*How many **ads** have you read? (**direct object**)*
Ne ho letti molti.	*I have read many (**of them**).*

But if the noun replaced by **ne** is *not* a direct object, there is no agreement.

Abbiamo parlato **delle elezioni.**	*We talked about **the elections.***
Ne abbiamo parlato.	*We talked about **them.***

---

esercizi

A. Domanda e risposta. In un negozio di frutta e verdura. Seguite l'esempio.

ESEMPIO   pesche/quattro   —**Vorrei delle pesche.**
—**Quante ne desidera?**
—**Ne vorrei quattro.**

1. fragole/un cestino (*basket*)   **2.** uva bianca/un chilo   **3.** mele/sei   **4.** pomodori/tre
5. piselli/mezzo chilo   **6.** patate/sette o otto   **7.** pere/due

B. Rispondete, usando il pronome **ne.**

1. Quanti anni hai? **2.** Quanti corsi hai questo trimestre (semestre)? **3.** Quante camere da letto ci sono a casa tua? **4.** Quanti amici hai? **5.** Hai dei fratelli? Quanti? **6.** Leggi molti o pochi libri? **7.** Quanti anni avevi quando hai incominciato le scuole elementari? **8.** Quanti giocattoli (*toys*) avevi quando eri bambino? **9.** Dicevi molte bugie da bambino/a?

C. Rispondete affermativamente o negativamente, usando il pronome **ne.**

ESEMPIO   —Abbiamo bisogno di carta per scrivere?   —Sì, **ne abbiamo bisogno.**

1. a. Abbiamo bisogno del passaporto per andare in Messico? **b.** Abbiamo bisogno di mangiare per vivere? **c.** Abbiamo bisogno di soldi per essere felici? **d.** E tu, desideri avere molti soldi? **2. a.** Parli qualche volta della tua famiglia? **b.** Parli di politica durante le elezioni? **c.** Con chi parli dei tuoi problemi personali? **d.** Vuoi parlare dei tuoi problemi ora? **3. a.** Ha paura Lei di una guerra? **b.** Ha paura del terremoto (*earthquake*)? **c.** Ha paura degli esami?

D. Domanda e risposta. Conversazione con un amico (un'amica) che è ritornato(a) da un viaggio in Italia. Seguite l'esempio.

ESEMPIO   conoscere persone interessanti   **—Hai conosciuto delle persone interessanti?**
—Ne ho conosciute molte (poche, una...).
o: Non ne ho conosciute.

1. vedere molte città **2.** visitare dei musei **3.** incontrare molti turisti (*tourists*) americani **4.** fare delle telefonate negli Stati Uniti **5.** bere dell'acqua minerale San Pellegrino **6.** mangiare molta pasta **7.** passare diversi giorni a Roma **8.** comprare dei regali

E. Rispondete affermativamente usando **lo, la, li, le** o **ne,** secondo il caso.

ESEMPIO   —Ha comprato i libri?   —Sì, **li ho comprati.**
—Ha comprato dei libri?   —Sì, **ne ho comprati.**

1. Ha veduto le fontane di Roma? **2.** Ha veduto delle fontane a Roma? **3.** Ha visitato dei musei? **4.** Ha visitato i musei? **5.** Ha bevuto il Frascati? **6.** Ha bevuto del Frascati? **7.** Ha preso dell'acqua minerale? **8.** Ha preso l'acqua minerale? **9.** Ha incontrato i turisti americani? **10.** Ha incontrato dei turisti americani?

F. Domanda e risposta. Rispondete negativamente e usate i seguenti pronomi: **lo, la, li, le** o **ne,** secondo il caso. Seguite l'esempio.

ESEMPIO   comprare tutti i libri/cinque   **—Hai comprato tutti i libri?**
—No, non li ho comprati tutti.
—Quanti libri hai comprato?
—Ne ho comprati cinque.

1. spendere tutti i dollari/150 **2.** leggere tutte le pagine del capitolo/quattro **3.** bere tutto il latte/solo un po' **4.** scrivere tutti i temi d'italiano/alcuni **5.** mangiare tutte le mele che erano nel frigorifero/due o tre **6.** vedere tutti i film di Coppola/due **7.** aprire tutte le finestre del soggiorno/una **8.** pulire tutte le stanze/due **9.** fare tutti i letti/tre **10.** prendere tutte le uova/cinque

II. Ci

—Quanti piani *ci* sono?
—*Ce ne* sono troppi!

1. The adverb **ci** means *there* when it is used in the expressions **c'è** and **ci sono.**

Scusi, **c'è** una galleria d'arte?	*Excuse me, **is there** an art gallery?*
Ci sono due lampade in sala.	*There are two lamps in the living room.*

2. Ci is also used to replace an expression indicating location and introduced by **a, in, su,** or **da.**

Quando vieni **da me?**	*When are you coming **to my house?***
Ci vengo stasera.	*I am coming (**there**) tonight.*
Sei stato(a) **in Italia?**	*Have you been **to Italy?***
No, non **ci** sono mai stato.	*No, I have never been **there.***

3. Ci may also replace a prepositional phrase governed by **a** after verbs such as **credere** (*to believe in*) and **pensare** (*to think about*).

Credi **all'astrologia?**	*Do you believe **in astrology?***
No, non **ci** credo.	*No, I don't believe **in it.***
Devi pensare **al futuro!**	*You have to think **about the future!***
Non voglio pensar**ci!** Non **ci** voglio pensare!	*I don't want to think **about it!***

NOTE:
With verbs such as **volere, dovere, potere,** and **sapere, ci** can
either be attached to the infinitive or precede the conjugated verb.

---

4. When **ci** is followed by a direct object pronoun or **ne,** it
becomes **ce.**

Ci sono quadri in sala?	*Are there paintings in the living room?*
Sì, **ce** ne sono quattro.	*Yes, **there** are four.*
Hai la chiave in tasca?	*Do you have the key in your pocket?*
Sì, **ce** l'ho.	*Yes, I have it.*

---

esercizi

A. Sostituite le parole in corsivo con **ci.**

ESEMPIO   Vado *a Roma.*   **Ci vado.**

1. Vengo *da te* stasera.   **2.** I miei genitori sono andati *in Francia* un mese fa.   **3.** Gabriella è andata *a Torino* la settimana scorsa.   **4.** Maria Caputo è ritornata *al suo paese* quando aveva trent'anni.   **5.** Vado subito *nel soggiorno.*   **6.** Quand'ero bambino(a), andavo ogni estate *dai nonni.*   **7.** Siamo saliti due volte *sulla Torre di Pisa.*   **8.** Vado *dal dentista* domani mattina.   **9.** Ritorni *in ufficio?*   **10.** A che ora andate *in banca?*

B. Domanda e risposta. Pensi mai alle seguenti cose o situazioni? Seguite l'esempio.

ESEMPIO   la politica   **—Pensi mai alla politica?**
                              —Sì, ci penso spesso (qualche volta). *o* **—No, non ci penso mai.**

1. il costo della vita   **2.** il nostro governo   **3.** le elezioni   **4.** la probabilità di una guerra   **5.** la morte (*death*)   **6.** l'inflazione   **7.** i problemi dell'inquinamento (*pollution*)   **8.** il tuo futuro   **9.** le persone senza casa   **10.** i problemi ecologici

C. Domanda e risposta. Quando sei stato(a) in questi posti?

ESEMPIO   a Los Angeles   **—Quando sei stato(a) a Los Angeles?**
                                    —Ci sono stato(a) l'estate scorsa. (o...) o:
                                    —Non ci sono mai stato(a).

1. in Europa   **2.** a un museo   **3.** a teatro   **4.** dal dentista   **5.** dal medico (*dottore*)   **6.** dai tuoi nonni   **7.** al cinema   **8.** all'ospedale   **9.** alle Hawaii   **10.** in montagna a sciare (*to ski*)   **11.** alla spiaggia (*beach*)   **12.** a Firenze   **13.** al supermercato   **14.** al campo da tennis

D. Rispondete alle domande e sostituite i nomi con i pronomi appropriati.

ESEMPIO —Quante sedie ci sono nella tua cucina? —**Ce ne sono quattro. (o...)** o:
—**Non ce ne sono.**

1. Quanti studenti ci sono oggi in classe? **2.** Quanti giorni ci sono in un anno?
3. Quante finestre ci sono nella tua camera da letto? **4.** Quante poltrone (o sedie) ci sono
nel tuo soggiorno? **5.** Quanti bagni ci sono nel tuo appartamento (nella tua casa)?
6. Ci sono quadri nella tua camera da letto? Quanti? **7.** Quanti tappeti orientali ci sono
nella tua sala? **8.** Quante persone ci sono nella tua famiglia?

E. Rispondete sostituendo le parole in corsivo con **ci** o **ne.**

1. Preferisci parlare *dei tuoi problemi* con i tuoi amici o con la tua famiglia?
2. Quando pensi di andare *in Italia?*
3. Quante settimane pensi di stare *in Italia?*
4. Quanti *regali* pensi di ricevere a Natale?
5. Quando pensi di andare *da tua madre?*
6. Vuoi andare *al cinema* sabato o domenica?
7. Quante *settimane di vacanza* (*vacation*) pensi di avere quest'anno?
8. Quanti *corsi* pensi di seguire il trimestre prossimo?
9. Preferisci andare *in Europa* solo o con amici?
10. Ti piace avere molti o pochi *amici?*
11. Ti piace andare *al cinema* quando c'è un film comico o sentimentale?

III. *Double object pronouns*

—**Mi leggi gli annunci pubblicitari?**
—Sì, *te li* leggo subito.

—**Ci mostra l'appartamento?**
—Sì, *ve lo* mostro volentieri.

1. When two object pronouns occur with the same verb, the word order is the following:

indirect object + *direct object* + *verb*
Me **lo** leggi?
(Mi leggi il giornale?)

Me lo leggi?	*Do you read **it to me**?*
Sì, **te lo** leggo.	*Yes, I read **it to you**.*

Here are all the possible combinations.

mi ti ci vi	+ lo, la, li, le, ne =	me lo, me la, me li, me le, me ne te lo, te la, te li, te le, te ne ce lo, ce la, ce li, ce le, ce ne ve lo, ve la, ve li, ve le, ve ne
gli le (Le)	+ lo, la, li, le, ne =	glielo, gliela, glieli, gliele, gliene

NOTE:

    a. **Mi, ti, ci,** and **vi** change the ending **-i** to **-e** before **lo, la, li, le, ne** (for phonetic reasons).

    b. **Gli, le,** and **Le** become **glie-** when they combine with direct object pronouns.

    c. **Loro** does *not* combine with direct object pronouns and always follows the verb.

Lo do **loro.**	*I give **it** to **them**.*
Quando mi dà il libro?	*When will you give me the book?*
Quando **me lo** dà?	*When will you give **it to me**?*
Gli ho affittato la casa. **Gliela** ho affittata.	*I rented him the house. I rented **it to him**.*
Le offro centomila lire.	*I offer you one hundred thousand lire.*
Gliene offro centomila.	*I offer **you** one hundred thousand (**of them**).*
Non ci ha letto l'annuncio. Non **ce l'**ha letto.	*He did not read us the ad. He did not read **it to us**.*
Non le abbiamo dato le chiavi? Non **gliele** abbiamo date?	*Didn't we give her the keys? Didn't we give **them to her**?*

2. When the verb is in the infinitive form, the double object pronouns are attached to the infinitive. When the infinitive is governed by **dovere, volere,** or **potere,** the double object pronouns can either be attached to the infinitive or precede the conjugated verb.

Spero di affittarLe l'appartamento.	*I hope to rent you the apartment.*
Spero di affittar**glielo.**	*I hope to rent **it to you.***
Voglio mostrarti gli annunci.	*I want to show you the ads.*
Voglio mostrar**teli** or **Te li** voglio mostrare.	*I want to show **them to you.***

esercizi

A. Ripetete le seguenti frasi sostituendo i nomi fra parentesi con i pronomi appropriati.

ESEMPIO   I miei genitori mi comprano (dei regali).   **Me ne comprano.**

1. Il cameriere mi serve (gli antipasti, le lasagne, la frutta, delle paste).   **2.** Io ti chiudo (le finestre, il cassetto, gli armadi).   **3.** La signora ci mostra (la sala da pranzo, il bagno, le camere da letto, i tappeti).   **4.** Vi presto sempre (dei soldi, la macchina, il giornale).

B. Rispondete affermativamente o negativamente usando **glielo, gliela, glieli, gliele, gliene.**

1. Diamo la mancia a un commesso?   **2.** Offriamo la nostra poltrona a una vecchia signora?   **3.** Facciamo dei regali a persone antipatiche?   **4.** Diciamo delle cattive parole a un bravo bambino?   **5.** Parliamo del nostro lavoro a un amico?   **6.** Domandiamo a un ospite (*host*) il costo del suo divano?   **7.** Apriamo la porta ai nostri invitati?   **8.** Prestiamo i nostri libri a un compagno di classe?   **9.** Diamo dei consigli a un amico (un'amica) in difficoltà?   **10.** Mostriamo la nostra casa agli amici?   **11.** Raccontiamo delle favole a un bambino piccolo?   **12.** Prestiamo dei soldi a un(a) compagno(a)?   **13.** Offriamo il nostro aiuto a una persona che ne ha bisogno?   **14.** Restituiamo subito i soldi a un amico che (*who*) ce li ha prestati?

C. Rispondete negativamente usando i pronomi doppi (*double*).

ESEMPIO   —Mi hai dato il giornale?   **—No, non te l'ho dato.**

1. Mi hai restituito il libro?   **2.** Hai pagato il conto al cameriere?   **3.** Avete mai scritto lettere al Presidente?   **4.** Vi ha mandato la risposta?   **5.** Mi hai comprato dei regali?   **6.** Le ha mandato dei soldi la Sua famiglia recentemente?   **7.** Hai restituito i soldi a tuo padre?   **8.** Hai mandato le tue notizie ai tuoi nonni?   **9.** Avete lasciato la mancia al cameriere?   **10.** Hai dato dei consigli a tua sorella?   **11.** Avete prestato la macchina a Filippo?   **12.** Avete spiegato la vostra situazione finanziaria ai vostri genitori?   **13.** Hai parlato del tuo problema a tuo padre?   **14.** Hai parlato dei tuoi progetti ai tuoi genitori?

D. Rispondete usando i pronomi doppi.

> ESEMPIO   —Puoi prestarmi la macchina?   —**Sì, posso prestartela.**

1. Puoi dirmi la verità?   **2.** Vuoi darmi il tuo numero di telefono?   **3.** Devi dare i biglietti a Pietro?   **4.** Puoi presentarmi i tuoi amici?   **5.** Puoi darci l'indirizzo di tua madre?   **6.** Puoi prestarmi il tuo dizionario?   **7.** Volete mostrarmi il vostro appartamento?   **8.** Potete affittarmi la stanza?   **9.** Devo comprarti i biglietti o li hai già comprati?   **10.** Sai dirmi come si dice in italiano "brother-in-law"?   **11.** Puoi prestarmi venti dollari fino a domani?

IV. *Double object pronouns with reflexive verbs*

—Mi metto il cappello
o non *me lo* metto?

With reflexive verbs, the word order is *reflexive pronoun + direct object pronoun + verb.*

Mi metto			**Me lo** metto.
Ti metti			**Te lo** metti.
Si mette	il vestito. =		**Se lo** mette.
Ci mettiamo			**Ce lo** mettiamo.
Vi mettete			**Ve lo** mettete.
Si mettono			**Se lo** mettono.

When a reflexive pronoun precedes a direct object pronoun, the ending **-i** changes to **-e.**

Note that in Italian, reflexive pronouns take the place of the English possessive adjectives.

Mi lavo la faccia.   *I wash **my** face.*
Si mette il vestito.   *She is putting on **her** dress.*

If the reflexive verb is in a compound tense, the past participle must agree with the *direct object pronoun* that precedes the verb.

Gino si è lavato **le mani.**   *Gino washed **his hands.***
Gino se **le** è lava**te.**   *Gino washed **them.***

Maria si è tagliata **i capelli.**   *Maria cut **her hair.***
Maria se **li** è tagliat**i.**   *Maria cut **it.***

Note that **li** and **le** function as direct object pronouns and therefore require agreement with the past participle.

esercizi

A. Quando ti metti...? Rispondete e sostituite i seguenti nomi con il pronome appropriato.

ESEMPIO   i guanti di lana   —**Quando ti metti i guanti di lana?**
—**Me li metto quando fa freddo.**

1. il golf o il maglione di lana   **2.** gli occhiali da sole   **3.** le scarpe da tennis   **4.** l'impermeabile   **5.** il cappotto e gli stivali   **6.** il vestito da sera   **7.** la maglietta leggera **8.** il costume da bagno (*bathing suit*)   **9.** gli scarponi da montagna   **10.** i pantaloni corti **11.** le scarpe comode

B. Che cosa hanno fatto questi studenti **prima di...** (*before . . .*)?
Ripetete le frasi e sostituite le espressioni in corsivo con il pronome appropriato.

1. Prima di colazione mi sono lavato(a) *le mani.*   **2.** Io, invece, non mi sono lavato(a) *le mani.*   **3.** Prima di partire mi sono tagliato(a) *i capelli.*   **4.** Prima di cena io e la mia compagna ci siamo messe *il vestito da sera.*   **5.** Prima di andare a letto Lucia si è lavata *i capelli.*   **6.** Prima dell'appuntamento lui si è pulito *le scarpe nere.*   **7.** Prima di andare in bicicletta, noi ci siamo messi *i pantaloni corti.*   **8.** Prima di uscire mi sono messa *il cappotto.* **9.** Io, invece, non mi sono messo *il cappotto.*

Si affitta appartamento ammobiliato

VENDIAMO libero Via Gramsci camere 2, sala, cucina ab. garage per L. 61.000.000
ZONA BUON PASTORE 1° piano sala cucina 2 camere terrazzo garage e cantina adatto anche uso ufficio L. 87.000.000
GARAGE V.le Gramsci per auto grossa cilindrata L. 10.500.000
LIBERO magazzeno FF.SS. mq. 90 altezza 4.20 termo autonomo L. 60.000.000 tel. 219838

IMMOBILSILVI affitta appartamenti uffici ville vuote arredate zona grandezze varie minimo 500.000 tel 06/4952791 49.50.680.
RESIDENCE monocamere vasto assortimento serviti Villa Carpegna modici prezzi tel. 06/63893.

 5 | Case residenziali affitti

AFFITTASI adiacenze Piazza Duomo appartamento arredato 140 metri uso foresteria COIFIL Milano 6709081.

AFFITTIAMO vuoti arredati villette Locatà Triulzi. Segrate mq 120 box, Bruzzano mq 110. Sapi Milano 2711732.

FIERA libero 3 locali + servizi piano rialzato uso abitazione/ufficio L. 115.000.000 Tel. (02) 4696364.

SOFIM 80 affitta prestigiosi appartamenti varie zone città. (02) 795796-781642.

AFFITTIAMO piccolo laboratorio di cornici in Centro Storico per L. 2.500.000 annui

AFFITTASI villetta a schiera camere 3 sala cucina ad equo canone.

AFFITTASI appartamento ammobiliato, 2 camere, sala, cucina - Tel. 21.98.38.

Annunci pubblicitari: case e appartamenti in vendita e in affitto.

Un mese fa Antonio ha incominciato a insegnare in una scuola media come *supplente*. Il giovane è ora pieno di entusiasmo e di progetti. Eccolo che ne parla a Marcello.

—Sai, ho intenzione di cercarmi un appartamentino ammobiliato e di *rendermi* indipendente.
—Ehi! Super! Così possiamo dare *un sacco* di feste! Hai guardato gli annunci pubblicitari sul *Corriere della Sera?*
—No, non ancora… eccoli!

substitute

to become
a lot of
(well-known Italian newspaper)

—Non ce ne sono molti. Te ne leggo uno: Appartamento *signorile* 4 locali *doppi servizi* libero… — *deluxe / two baths*

—Sei matto?! Io non sono milionario come te: *mi basta* una cucina-soggiorno con bagno. — *is enough for me*

—Eccone uno che va bene:…. monolocale *Lambrate*. — *small town near Milano*

—Sì, mi piace. Quant'è l'affitto?

—Non lo dice. Perchè non *fissiamo* un appuntamento e ci andiamo? (Il monolocale si trova al terzo piano di un modesto edificio senza ascensore. Il *portinaio*, svegliato dalla siesta, glielo mostra *malvolentieri*.) — *set up* / *concierge* / *unwillingly*

—Scusi, ha una lettera di referenze?

—Certamente, *interviene* Marcello. Mio padre, l'ingegner Scotti della *ditta* Scotti e Figli, è pronto a scrivergliene una. — *interrupts* / *firm*

—Grazie, Marcello. Che ne pensi?

—*Mah!* Mi sembra un *buco*…con dei mobili *preistorici*. — *I don't know! / a hole / prehistoric*

—Caro mio, io non ho la *grana* di tuo padre; per uno come me che ha *condiviso fino* ad oggi la stanza con due fratelli, quest'appartamento sembra un palazzo! — *dough (slang) shared / until*

DOMANDE SULLA LETTURA

1. In che scuola ha incominciato ad insegnare Antonio?   **2.** Da quanto tempo ci insegna? **3.** Che cosa pensa di fare ora?   **4.** Perchè vuole cercarsi un appartamento?   **5.** Lo vuole vuoto o ammobiliato?   **6.** Perchè Marcello è entusiasta dell'idea dell'amico?   **7.** Dove suggerisce di cercare gli annunci Marcello?   **8.** Ci sono tanti annunci per appartamenti da affittare (*to rent*) sul giornale?   **9.** Perchè il primo annuncio che Marcello legge non piace ad Antonio?   **10.** Di quante stanze ha bisogno Antonio?   **11.** Nell'annuncio c'è il costo dell'affitto?   **12.** Com'è l'appartamento che Antonio decide di andare a vedere? **13.** Dove si trova?   **14.** Chi mostra l'appartamento ai due amici?   **15.** Perchè il portinaio è di malumore (*in a bad mood*)?   **16.** Cosa chiede il portinaio ad Antonio?   **17.** Chi è disposto (*willing*) a scrivere una lettera di referenze?   **18.** Piace a Marcello quell'appartamento?   **19.** Che ne pensa Antonio? Perchè?

DOMANDE PERSONALI

Usate dei pronomi, quando è possibile.

1. Ha mai traslocato Lei? Quante volte?   **2.** Lei abitava in una casa o in un appartamento quand'era bambino(a)? E ora?   **3.** Quanti piani ci sono nella Sua casa (o: A che piano si trova il Suo appartamento?)   **4.** Quante camere da letto ci sono?   **5.** Quanti bagni ci sono?   **6.** Dove riceve Lei i Suoi invitati?   **7.** Che mobili ci sono nel Suo soggiorno?   **8.** Preferisce i mobili antichi o quelli moderni?   **9.** Ci sono tappeti sui pavimenti?   **10.** Invita volentieri o malvolentieri gli amici a casa Sua?   **11.** Vorrei vedere la Sua casa: me la mostra?

ATTIVITÀ

A. Orale

La casa ideale. Descrivete la casa ideale. Ogni studente partẹcipa alla descrizione. Dov'è la casa (in campagna, in città, vicino al mare (*sea*))? Quanti piani ci sono? Quali sono le stanze? Come sono i mọbili? ecc.

B. Tema

Scrivete un diạlogo tra un padrone di casa e un eventuale (*possible*) inquilino (*tenant*).

C. Traduzione

1. Giụlia has been living in San Francisco with her friend Kathy for a month, and now she wants to rent an apartment. **2.** Today Kathy is helping her find one, and she is reading her the newspaper ads. **3.** I found one that I like: Studio, Golden Gate Park. Available immediately. $550. **4.** How big is a studio? How many rooms are there? **5.** There is only one, with a bathroom. **6.** Now, here they are near Golden Gate Park to see the studio. **7.** The manager (**l'amministratore,** *m.*) shows it willingly to them. **8.** Giulia is enthusiastic about (**di**) the studio and asks Kathy what (**cosa**) she thinks about it. **9.** I like it a lot, because there are big windows with the view (**veduta**) of the park. **10.** Next Saturday Giulia can move to (**nel**) her new apartment.

---

case in affitto offerte

PAVULLO affitto bellissimo appartamento nuovo 1° piano ingresso ampia sala tinello cucinotto 2balconi 2camere doppi servizi soleggiato termogas aut. spese solo luce scala equo canone L. 300.000 scrivere Maria Canella postale N. 21 Pavullo (MO) inviare numero telefonico.

AFFITTASI magazzino 140 mq via Poletti tel. 059/241525 dopo ore 20.

AFFITTASI appartamento a Montecreto periodo invernale 4 posti letto con camino ed ingresso indipendente tel. 059/250668.

AFFITTO capannoncino pluriusi zona Tempio tel. 059/331374 ore pasti.

AFFITTASI garage via Buozzi 373/c L. 50.000 mensili pagamento anticipato un anno L. 500.000 tel. 059/363994 ore pasti.

AFFITTO ufficio o studio comp. arredato via Pelusia 38 tel. 059/218699 ore ufficio.

ADIACENZE policlinico affittasi monolocale arredato tel. 059/218432 ore ufficio.

TRASLOCHI CORRIERI

ABC

IMMAGAZZINIAMO mobilio 3.500 metrocubo mensili Passerini traslochi ovunque tel. 06/36.11.508.

NOMI

l'affitto	rent
l'annuncio pubblicitario	ad
l'ascensore (*m.*)	elevator
il chilogrammo	kilogram
il contratto	contract
il costo	cost
l'entusiasmo	enthusiasm
la faccia	face
la fragola	strawberry
il gatto	cat
il giocattolo	toy
l'inflazione	inflation
l'inquilino, l'inquilina	tenant
l'inquinamento	pollution
l'invitato, l'invitata	guest
la luce	light
la mano (*pl.* le mani)	hand
il mobile	piece of furniture
il monolocale	studio apartment
la morte	death
il padrone (la padrona) di casa	landlord, landlady
il palazzo	palace; building
la pesca	peach
il piano	floor, story
il portinaio	concierge
il progetto	project, plan
il quadro	painting, picture
il trasloco (*pl.* traslochi)	moving
l'uva	grapes

AGGETTIVI

ammobiliato	furnished
antico	antique, ancient
entusiasta (di) (*m. & f.*)	enthusiastic (about)
libero	free, vacant
moderno	modern
modesto	modest
vuoto	vacant, empty

VERBI

affittare	to rent, to lease
condividere (*p.p.* condiviso)	to share
sembrare	to seem
traslocare	to move (from one house or apartment to another)
trovarsi	to find oneself, to be located

ALTRE ESPRESSIONI

almeno	at least
certamente	certainly
fino a	until
fissare un appuntamento	to set (make) an appointment
di malumore	in a bad mood
malvolentieri	unwillingly
penso di sì	I think so
prima	first
rifare il letto	to make the bed
volentieri	willingly

LE ABITAZIONI IN ITALIA

La casa degli antichi Romani era costruita in *mattoni* e *coperta di tegole*. Aveva una forma quadrangolare, e le varie stanze erano disposte intorno a un *cortile* centrale chiamato «atrium». I vecchi palazzi delle città italiane hanno avuto come prototipo l'antica casa romana. *Essi* sono uniti l'uno all'altro. Al centro di ogni facciata un *portone ad arco dà* su un cortile interno. All'esterno, il *pianterreno* è occupato da negozi o da uffici, mentre gli altri piani sono occupati, in genere, da appartamenti. Gli *artigiani* e i commercianti spesso abitano nell'appartamento sopra il loro negozio. Nel vecchio centro urbano convivono diverse classi sociali, e questo contribuisce alla vitalità del centro cittadino.

Fra gli anni 1950 e 1970 i *cambiamenti* economici e sociali hanno determinato un'espansione notevole dei centri urbani. Intorno alla vecchia città ne è nata una interamente moderna, fatta di edifici a molti piani e di *villette*. Per correggere la grave crisi di abitazioni del dopoguerra, il governo ha preso molti *provvedimenti*. Ha finanziato la costruzione di condomini, di abitazioni economiche e di case popolari, e ha stabilito dei *mutui* per incoraggiare gli Italiani a diventare proprietari del loro appartamento. *Ha* inoltre *bloccato* tutti gli affitti e ne ha stabilito il controllo.

(glossario a margine)
- bricks
- covered with tiles
- courtyard
- They
- arched front gate opens
- ground floor
- artisans
- changes
- small villas
- measures
- mortgage loans
- It has frozen

Una filiale *(branch)* della
Banca d'Italia a Perugia.

Positano, sulla costa amalfitana.

Purtroppo, questo provvedimento ha creato delle ingiustizie e un conflitto permanente fra padroni di casa e *inquilini*. Molti inquilini hanno approfittato di affitti incredibilmente bassi per «*farsi*» una casa o un condominio al mare, al lago, o in montagna. E così, gli anni settanta hanno visto il boom di nuove città e villaggi in *centri di villeggiatura*.

tenants

to buy

resort areas

Oggi l'abitazione nelle grandi città italiane è uno dei gravi problemi che il governo italiano deve risolvere.

ESERCIZIO DI COMPRENSIONE

Completate le seguenti frasi secondo il significato della lettura.

1. Le case degli antichi Romani avevano una forma. . . .
   a. circolare   **b.** quadrangolare   **c.** rettangolare
2. Come le antiche case romane, i vecchi palazzi italiani hanno un cortile. . . .
   a. davanti   **b.** dietro   **c.** all'interno
3. La coabitazione di diverse classi sociali dà vita. . . .
   a. agli uffici   **b.** ai cortili dei palazzi   **c.** al vecchio centro urbano
4. Dopo la seconda guerra mondiale il governo italiano ha. . . .
   a. aumentato gli affitti   **b.** finanziato la costruzione di case   **c.** limitato la costruzione di case
5. Gli affitti molto bassi hanno permesso (*allowed*) a molti inquilini di comprarsi. . . .
   a. un condominio in un posto di villeggiatura   **b.** un appartamento in un palazzo
   c. una casa nella parte moderna della città

13

LE VACANZE

Venezia. Piazza San Marco.

Levanto. Una spiaggia gremita di bagnanti.

AL MARE

Due *bagnini* su una spiaggia dell'Adriatico parlano fra di loro.   lifeguards

Giovanni Hai visto quanti turisti ci sono quest'anno?

Lorenzo Sì, e ne arriveranno ancora molti.

Giovanni Arrivano con le loro tende e i loro camper da tutta l'Europa.

Lorenzo Il campeggio è un modo economico di fare le vacanze.

Giovanni Molti non hanno la tenda, ma solo uno *zaino* e un *sacco a pelo.* Quando sono stanchi di stare sulla *spiaggia,* fanno l'autostop e vanno in montagna.   backpack / sleeping bag / beach

Lorenzo E hai visto come sono *attrezzati?* Hanno *tutto l'occorrente* per passare l'estate in Italia.   equipped / all that they need

Giovanni Sì, e viaggiano con le loro carte geografiche. Molti conoscono l'Italia *meglio di* noi.   better than

Lorenzo Quest'estate saremo più occupati *del solito.* Non ho mai visto tanta gente!   than usual

Giovanni È vero. Ma mi piace questo lavoro perchè posso ammirare lo spettacolo magnifico del mare.

Lorenzo A me, invece, piace ammirare le ragazze in bikini.

Una voce Bagnino, *aiuto!* Aiuto!   help!

Lorenzo *Addio,* spettacolo!   Good-bye

DOMANDE SUL DIALOGO

1. Chi sono Giovanni e Lorenzo? **2.** Dove sono? **3.** Ci sono molti o pochi turisti in Italia? **4.** Da dove arrivano i turisti sulle spiagge italiane? **5.** Perchè preferiscono il campeggio? **6.** Dove dormono? **7.** Cosa fanno quando sono stanchi di stare sulla spiaggia? **8.** Si perdono facilmente? Perchè no? **9.** Perchè quest'estate i bagnini saranno più occupati del solito? **10.** Che spettacolo ammirano Giovanni e Lorenzo? **11.** Mentre i due bagnini parlano, che cosa grida (*screams*) una persona?

STUDIO DI PAROLE

GITA TURISTICA O ... VACANZE IN BIKINI?

il mare sea	**la giacca a vento** windbreaker
la spiaggia beach	**gli scarponi da montagna** hiking boots
la barca a vela sailboat	
il (la) bagnino(a) lifeguard	**lo zaino** backpack
il costume da bagno bathing suit	**il sacco a pelo** sleeping bag
l'asciugamano towel	**la tenda** tent
abbronzarsi to tan	**montare la tenda** to mount the tents
nuotare to swim	
il pullman tour bus	fare { **l'autostop** to hitchhike
la carta geografica map	**il campeggio** to go camping, to camp
la guida* tour guide, guidebook	**un'escursione** (*f.*) to take an excursion

*****La guida** is always feminine.

ESERCIZIO SU STUDIO DI PAROLE

1. Perchè stiamo molte ore al sole? **2.** Che cosa si mette Lei quando nuota? **3.** Alla spiaggia, chi aiuta le persone in pericolo (*in danger*)? **4.** Dove dormiamo quando facciamo il campeggio? **5.** Che cosa portiamo sulle spalle (*on our shoulders*) quando andiamo in montagna? **6.** Quando si mette gli scarponi Lei? **7.** Lei è in montagna. Se le previsioni del tempo (*weather forecast*) annunciano vento e pioggia, cosa si mette? **8.** Cosa usa Lei per asciugarsi (*to dry yourself*)? **9.** Lei e il Suo amico sono in gita turistica e si perdono. Di che cosa hanno bisogno per ritrovare la strada? **10.** Guardate il disegno: quale mezzo di trasporto usano i turisti per la loro gita turistica?

I. Futuro

Lia *passerà* le ferie al mare.   **Tina *si divertirà* in montagna.**

1. Dove passerà le vacanze Lia?   **2.** Chi andrà in montagna?   **3.** Si annoierà o si divertirà Tina?

---

1. The **futuro** (future) is a simple tense expressing an event that will take place in the future. It is formed by adding the endings of the future to the infinitive after dropping the final **-e**.

rispondere → **risponderò** = *I will answer*

The future is conjugated as follows:

parlare	rispondere	partire
parler**ò**	risponder**ò**	partir**ò**
parler**ai**	risponder**ai**	partir**ai**
parler**à**	risponder**à**	partir**à**
parler**emo**	risponder**emo**	partir**emo**
parler**ete**	risponder**ete**	partir**ete**
parler**anno**	risponder**anno**	partir**anno**

The endings are the same for all conjugations. Note that for the first conjugation, the **-a** of the infinitive ending changes to **-e** before adding the future endings.

I turisti **prenderanno** il pullman.	*The tourists **will take** the tour bus.*
Noi **visiteremo** un castello.	*We **will visit** a castle.*
Che cosa mi **dirà**?	*What **will he/she say** to me?*
Domani non **lavorerò**.	*Tomorrow **I will** not **work**.*

2. The following groups of verbs have an irregular future:

a. Verbs that end in **-are** but that do not undergo a stem change:

dare: **darò, darai**, ecc.
fare: **farò, farai**, ecc.
stare: **starò, starai**, ecc.

b. Verbs that end in **-care, -gare, -ciare,** and **-giare** and that undergo a spelling change for phonetic reasons:

dimenticare: **dimenticherò, dimenticherai**, ecc.
pagare: **pagherò, pagherai**, ecc.
cominciare: **comincerò, comincerai**, ecc.
mangiare: **mangerò, mangerai**, ecc.

c. Verbs that drop a stem vowel:

andare: **andrò, andrai**, ecc.
avere: **avrò, avrai**, ecc.
cadere: **cadrò, cadrai**, ecc.
dovere: **dovrò, dovrai**, ecc.
potere: **potrò, potrai**, ecc.
sapere: **saprò, saprai**, ecc.
vedere: **vedrò, vedrai**, ecc.
vivere: **vivrò, vivrai**, ecc.

—Dove cadrà?
—Chi vivrà, vedrà!

d. Verbs that have an irregular stem:

essere: **sarò, sarai,** ecc.
bere: **berrò, berrai,** ecc.
venire: **verrò, verrai,** ecc.
volere: **vorrò, vorrai,** ecc.

Saremo pronti alle otto.	*We will be ready by eight.*
Dovrà studiare se **vorrà** riuscire.	*He will have to study if he wants to succeed.*
Pagherai tu il conto?	*Will you pay the bill?*
A che ora **mangerete?**	*At what time will you eat?*
Prometto che non **berrò** più.	*I promise that I will not drink any more.*

---

3. When the main verb of a sentence is in the future, the verb of a subordinate clause introduced by **se, quando,** or **appena** (*as soon as*) is also in the future.

Andremo alla spiaggia se **farà** bello.	*We will go to the beach if the weather is nice.*
Ti **racconterò** tutto quando ti **vedrò.**	*I will tell you everything when I see you.*
Mi **scriverà** appena **arriverà** a Roma.	*He will write to me as soon as he arrives in Rome.*

NOTE:
Colloquial Italian often uses the present tense to express the near future.

Quando **parti?**	*When are you leaving?*
Parto la settimana prossima.	*I am leaving next week.*

---

4. Here are a few expressions of time used with the future tense.

domani	tomorrow
dopodomani	the day after tomorrow
la settimana prossima	next week
l'anno (il mese) prossimo	next year (month)
fra 3 giorni (una settimana, ecc.)	in 3 days (a week, etc.)
fra poco	in a little while

esercizi

A. Progetti di vacanze. Rispondete alla domanda secondo l'esempio.

a. Cosa farai quando andrai in vacanza?

ESEMPIO   andare a Portofino   **Andrò a Portofino.**

1. stare in un bell'albergo   2. mangiare nelle trattorie locali   3. visitare i villaggi vicini
4. nuotare nel mare   5. abbronzarsi   6. divertirsi con gli amici   7. fare passeggiate sulla spiaggia   8. dormire fino a tardi   9. riposarsi   10. andare in barca   11. comprare dei ricordi (*souvenirs*)   12. scrivere delle cartoline

b. Cosa farete quando andrete in montagna?

ESEMPIO   fare il campeggio   **Faremo il campeggio.**

1. partire presto la mattina   2. trovare un bel posto   3. montare la tenda   4. andare a pescare delle trote nel fiume (*river*)   5. accendere il fuoco   6. cucinare le trote sul fuoco
7. mangiarle   8. bere del tè   9. cantare le canzoni della montagna   10. ascoltare i rumori del bosco (*wood*)   11. dormire nel sacco a pelo   12. fermarsi alcuni giorni   13. vivere all'aperto   14. dimenticare i rumori della città

B. In pullman. Conversazione tra due passeggeri americani in gita turistica in Italia. Seguite l'esempio.

ESEMPIO   mangiare le lasagne/Bologna   **—Ha già mangiato le lasagne?**
                                             —No, ma le mangerò a Bologna.

1. cambiare dei dollari/fra poco   2. leggere la guida di Venezia/prima di sera   3. vedere la città di Firenze/dopodomani   4. visitare la Sicilia/l'anno prossimo   5. andare a Roma/fra sei giorni   6. imparare alcune frasi in italiano/prima del ritorno   7. bere il vino di Frascati/a Roma

C. I tuoi genitori faranno le seguenti cose quando avranno. . . . Seguite l'esempio.

ESEMPIO   le ferie, riposarsi   **Quando avranno le ferie, si riposeranno.**

1. il camper, andare in campagna   2. una nuova macchina, volere fare lunghe gite
3. i soldi, comprarsi una barca a vela   4. la barca a vela, andare sul lago   5. il biglietto dell'aereo, partire per il Messico   6. una carta geografica, non perdersi più   7. una guida, capire facilmente le bellezze artistiche del paese

D. Se. . . .   Domanda e risposta. Seguite l'esempio.

ESEMPIO   andare in vacanza/fare bel tempo   **—Andrai in vacanza?**
                                                  —Ci andrò se farà bel tempo.

1. finire il compito/avere tempo   2. andare in piscina/venire anche tu   3. partire per l'Italia/avere abbastanza soldi   4. vedere la Galleria degli Uffizi*/avere una buona guida
5. visitare Taormina/andare in Sicilia   6. fare il bagno/avere il costume da bagno   7. fare molte escursioni/non piovere

---

*A famous art museum in Florence.

II. **Futuro** *di probabilità*

—**Perchè corre tutti i giorni in bicicletta?**

—*Si preparerà* **per il Giro d'Italia.**

The **futuro** may also be used to convey an idea of probability or conjecture. The future tense expresses probability in the present.

Dov'è la guida? **Sarà** al bar.
*Where is the tour guide? **He is probably (He must be)** in the bar.*

Che ore sono? **Saranno** le tre.
*What time is it? **It is probably (It must be)** three.*

Quanto costa una Ferrari? **Costerà** 50.000 dọllari.
*How much does a Ferrari cost? **It probably costs** 50,000 dollars.*

esercizi

A. Indovinello (*Guessing game*). Dove **saranno** le seguenti persone e il gatto in questo momento? Completate le frasi con le espressioni appropriate delle due colonne.

1. I Rockefeller   in giardino, con un topo
2. Alcuni studenti assenti (*absent*) a Roma o in viaggio
3. Il gatto   in crociera (*on a cruise*)
4. Il professore d'inglese   a casa a dormire
5. Il Presidente degli Stati Uniti   a casa a preparare un esame
6. Il Papa (*Pope*)   alla Casa Bianca

B. Quali sono le ragioni delle seguenti situazioni? Usate il futuro di probabilità per i verbi fra parentesi.

> ESEMPIO Quello studente mangia . . . (avere fame).
> **Quello studente mangia perchè avrà fame.**

1. Quel ragazzo dorme…(avere sonno).   **2.** Una studentessa ha la faccia pallida (*pale*)…(non stare bene).   **3.** Il professore non risponde alla domanda…(essere distratto). **4.** Uno studente non ascolta…(pensare al suo lavoro o…alla sua ragazza).   **5.** Quei due studenti vicini leggono lo stesso libro di matematica…(seguire lo stesso corso e avere un esame).   **6.** Gli studenti sono felici…(domani esserci vacanza).   **7.** La mia compagna è preoccupata…(avere un esame).   **8.** La professoressa sembra stanca…(avere troppi compiti da correggere = *to correct*).

III. *Disjunctive (Stressed) pronouns*

—Ascolti *me* o guardi *lei*?

Disjunctive pronouns (**I pronomi tonici**) are personal pronouns that are used after a verb or a preposition. They are:

	Singular		Plural
me	*me*	noi	*us*
te	*you (familiar)*	voi	*you (familiar)*
lui	*him*	loro	*them*
lei	*her*		
Lei	*you (formal)*	Loro	*you (formal)*
sè	*himself, herself, itself, yourself*	sè	*themselves, yourselves*

As a direct or an indirect object, a disjunctive pronoun is used after the verb for emphasis, to avoid ambiguity, and when the verb has two or more objects.

Vedo **te!**	*I see **you!***
Parlo **a lui,** non **a lei.**	*I'm speaking **to him,** not **her.***
Ha scritto a Franco e **a me.**	*He wrote to Franco and **me.***

It is also used as the object of a preposition.

Parto **con loro.**	*I'm leaving **with them.***
L'invito è **per te.**	*The invitation is **for you.***
Ạbita vicino **a noi.**	*He lives **near us.***
Teresa impara **da sè.**	*Teresa is learning **by herself.***
Siamo andati **da lei.**	*We went **to her house.***

esercizi

A. Vostro fratello non capisce quello che (*what*) dite. Voi ripetete la frase, usando il pronome tọnico.

> ESEMPIO   Ti ho visto alla spiaggia.   **Ho visto te alla spiaggia.**

1. I nonni ci hanno scritto.   **2.** Abbiamo invitato lo zio a pranzo, e non la cugina. **3.** Pensavo a nostra sorella, non ai suoi bambini.   **4.** Perchè non mi ascolti quando ho ragione?   **5.** Devi parlarne a nostro padre, non alla tua amica.   **6.** Se ti ho chiamato, è perchè ti voglio parlare.   **7.** Questo regalo non è per te, è per la mamma.

B. Sì o no? Rispondete, usando il pronome tọnico.

> ESEMPIO   —Partirai con i tuoi genitori?   —**Sì, partirò con loro.   o:**
> —**No, non partirò con loro.**

1. Sei arrivato in classe prima degli altri compagni?   **2.** Questa cartolina è per il tuo ragazzo?   **3.** Avrai bisogno del(la) professore(ssa) per alcune spiegazioni?   **4.** A chi pensavi poco fa? A una tua amica?   **5.** È vero che tu ạbiti vicino a Pietro (o...)? **6.** Noi andremo in vacanza fra due settimane. Verrai con noi?   **7.** Vieni al ristorante con me domani sera?   **8.** Hai bisogno di parlarmi?   **9.** Hai paura del professore d'italiano? **10.** Vieni al cịnema con me?

C. Da.... Rispondete, usando da e il pronome tọnico.

> ESEMPIO   —Vai a casa di Paolo oggi?   —**Sì, vado da lui.**

1. Ceni a casa del tuo compagno stasera?   **2.** Vieni a casa mia?   **3.** È vero che andrai a casa di...per le vacanze d'estate?   **4.** Quando andrai dai tuoi genitori?   **5.** Se hai bisogno di consigli, vai da tua madre?   **6.** Quando vai dal dottore?   **7.** Vai dal tuo compagno di classe quando hai perso gli appunti di italiano?   **8.** Vieni da noi stasera?   **9.** Quando hai bisogno di soldi, vai da tuo padre?   **10.** Quando ti senti solo(a), vai dai tuoi amici?

IV. Piacere

—*Ti piace* quella casa?

1. The irregular verb **piacere** means *to please*. It is used mainly in the third persons singular and plural (present: **piace, piacciono**), and it has an indirect construction that corresponds to the English construction *to be pleasing to.*

Mi piace la pasta.

I like pasta. (Pasta is pleasing to me.)

Ci piace l'appartamento.

We like the apartment. (The apartment is pleasing to us.)

Le piacciono queste scarpe?

Do you like these shoes? (Are these shoes pleasing to you?)

NOTE:

    a. In Italian, the word order is *indirect object + verb + subject;* in English it is *subject + verb + direct object.*

    b. The singular form **piace** is followed by a singular noun; the plural form **piacciono** is followed by a plural noun.

2. Piacere is in a singular form when followed by an infinitive.

Ti piace fare il campeggio?   *Do you like to go camping?*
Vi piacerà andare alla spiaggia.   *You will like to go to the beach.*

3. When the indirect object is a noun or a disjunctive pronoun, the preposition **a** is used.

Ai bambini piace il gelato.   *Children like ice cream.*
A Filippo piaceva divertirsi.   *Filippo used to like to have fun.*
A me piacciono le feste.   *I like parties.*

4. The opposite of **piacere** is **non piacere. Dispiacere** has the same construction as **piacere,** but it translates as *to be sorry, to mind.*

Non mi piace la birra.	*I don't like beer.*
Non mi piacciono gli spinaci.	*I don't like spinach.*
Non sta bene? **Mi dispiace.**	*You are not well? I am sorry.*
Le dispiace se fumo?	*Do you mind if I smoke?*

5. The **passato prossimo** of **piacere** is conjugated with **essere.** Therefore, the past participle (**piaciuto**) agrees in gender and number with the subject.

Ti è piaciut**a** la sala?	*Did you like the living room?*
Non mi sono piaciut**i** i mobili.	*I did not like the furniture.*

esercizi

A. Rispondete a ogni domanda con due o tre attività.

1. Che cosa ti piace fare quando vai al mare?
2. Che cosa vi piace fare quando andate in montagna?
3. Che cosa piace fare ai turisti quando arrivano in Italia?

B. Sì o no? Domanda e risposta. Nella domanda usate la forma di cortesia:
Le piace...? Le piacciono...?

> ESEMPIO   le lasagne   —**Le piacciono le lasagne?**
> —Sì, mi piacciono. o:
> —No, non mi piacciono.

1. la cucina italiana   **2.** le mele   **3.** le fragole   **4.** lavorare la domenica   **5.** nuotare in piscina   **6.** viaggiare   **7.** il film italiani   **8.** le vacanze al mare   **9.** fare il campeggio   **10.** i giorni di pioggia   **11.** studiare l'italiano   **12.** i mobili antichi   **13.** l'estate

C. Domanda e risposta. Rispondete usando i pronomi oggetto indiretto.

> ESEMPIO   Ai bambini, giocare   —**Ai bambini piace giocare?**
> —**Sì, gli piace giocare.**

1. a te e a Mario, gli spaghetti   **2.** a te, fare il campeggio   **3.** ai tuoi genitori, i tuoi voti   **4.** alla tua amica, il mare   **5.** agli studenti di questa classe, studiare l'italiano   **6.** a voi, il cappuccino   **7.** a te, fare le spese   **8.** a noi, gli esami

D. Rispondete alle seguenti domande.

1. Cosa piace fare a tuo padre quando ha tempo libero? **2.** Che cosa piace fare a voi quando arrivano le vacanze? **3.** A tua madre cosa piace ricevere per il «giorno della mamma»? **4.** Che cosa piace fare a voi in una bella giornata di primavera? **5.** Cosa piace fare a te quando piove? **6.** Cosa piace fare ai bambini quando non studiano? **7.** E a te, che cosa piace fare?

E. Dite se vi sono piaciute o non vi sono piaciute le seguenti cose o attività.

1. il weekend scorso **2.** le vacanze dell'estate scorsa **3.** i regali che Lei ha ricevuto per Natale **4.** l'ultima gita che ha fatto **5.** i mobili del soggiorno di un amico **6.** la casa di quest'amico **7.** il risultato delle ultime elezioni presidenziali **8.** il ristorante dove ha mangiato l'ultima volta **9.** gli anni che ha passato al liceo

F. Tutti i gusti sono gusti. Quali sono i gusti (*tastes*) delle seguenti persone? Usate **piacere** e il pronome tonico.

> ESEMPIO Luisa preferisce cantare. **A lei piace cantare.**

1. Antonio preferisce insegnare. **2.** Noi preferiamo divertirci. **3.** La signora Tortora ha preferito le spiagge del mare Adriatico. **4.** Io preferivo una casa al mare. **5.** Gabriella e Filippo hanno preferito un appartamento in città. **6.** So che voi preferite viaggiare in pullman. **7.** I miei genitori preferiscono stare in un albergo di prima categoria. **8.** Io, invece, preferisco dormire sotto la tenda. **9.** Quand'eravamo bambini, io e mia sorella preferivamo andare al mare.

V. Futuro anteriore

—Aiuto!
—Verrò dopo che *avrò imparato* a nuotare!

The **futuro anteriore** (*future perfect tense*) expresses a future action taking place before another future action. It is a compound tense formed with the *future* of the auxiliary **avere** or **essere** + the past participle of the conjugated verb, and is usually introduced by conjunctions such as **se, quando, appena,** and **dopo che.**

avrò finito = *I will have finished*

It is conjugated as follows:

parlare	rispondere	partire
avrò avrai avrà avremo } parlato avrete avranno	avrò avrai avrà avremo } risposto avrete avranno	sarò sarai } partito(a) sarà saremo sarete } partiti(e) saranno

Avrò finito alle cinque.	*I will have finished by five.*
Usciremo dopo che **avremo cenato.**	*We will go out after we have dinner.*
Visiterò la città appena **sarò arrivata.**	*I will visit the city as soon as I have arrived.*

NOTE:
The future perfect tense expresses probability in the past.

Che bella macchina ha Luigi! **Avrà ereditato** dallo zio d'America.	*What a beautiful car Luigi has! He must have inherited from his rich uncle in America.*
Com'è abbronzata! **Sarà stata** alla spiaggia.	*How tan she is! She must have been at the beach.*
Non è ancora arrivato? No, **si sarà fermato** con gli amici.	*Hasn't he arrived yet? No, he must have stopped with his friends.*

esercizi

A. Completate le seguenti frasi con **il futuro anteriore,** secondo l'esempio.

ESEMPIO   Leggerò (mangiare).   **Leggerò dopo che (*after*) avrò mangiato.**

1. Guarderò la TV (studiare).   **2.** Luisa andrà a letto (telefonare).   **3.** I viaggiatori faranno la doccia (arrivare).   **4.** La signora preparerà il pranzo (il marito ritornare).   **5.** Le signorine ritorneranno dal mare (abbronzarsi).   **6.** Ci riposeremo (pescare).   **7.** Accenderete (*light*) il fuoco (Claudio portare il cibo).

B. Indovinello (*Guessing game*). Chi avrà fatto le seguenti cose? Seguite l'esempio.

ESEMPIO   mangiare la frutta/Nino   —**Chi avrà mangiato la frutta?**
                                                    —**L'avrà mangiata Nino.**

1. prendere la macchina/tuo fratello   **2.** comprare il giornale/il nonno   **3.** portare lo zaino/il tuo amico   **4.** fare il campeggio/i ragazzi   **5.** bere l'acqua minerale/la mia compagna di stanza   **6.** dormire nel mio letto/papà orso (*bear*)   **7.** mangiare la mia minestra/mamma orsa   **8.** sedersi sulla mia sedia/il piccolo orsacchiotto

C. Castelli in aria.* Mettete i verbi fra parentesi nella forma corretta del futuro semplice o del futuro anteriore.

C'era una volta una giovane contadina che portava al mercato del villaggio un secchio (*bucket*) pieno di latte. Mentre camminava col secchio sulla testa, pensava: «Lo _____ (vendere) e _____ (comprare) dei pulcini (*chicks*). Appena i pulcini _____ (diventare) dei bei polli, li _____ (vendere) e _____ (prendere) un vitellino (*calf*). Quando il vitellino _____ (essere) grasso, lo _____ (portare) al mercato, lo _____ (vendere), e con il guadagno (*earnings*) _____ (comprarsi) un bel vestito. Allora il figlio del re mi _____ (vedere) e _____ (innamorarsi) di me. Dopo che noi _____ (sposarsi), _____ (andare) dal re. Il mio principe (*prince*) mi _____ (presentare) a suo padre, ed io _____ (fare) un bell'inchino (*bow*), così…».Mentre pensava, la ragazza ha fatto un bell'inchino, e il secchio di latte è caduto. La ragazza aveva fatto dei castelli in aria*!

LETTURA

Vacanze in Sicilia

L'estate è arrivata e Antonio scrive una lettera ai nonni in Sicilia.

17 luglio 19…

Carissimi nonni,
    Come state? Noi in famiglia stiamo tutti bene, e così speriamo di voi. Le mie vacanze arriveranno presto, e io verrò *a trovarvi* per qualche settimana. Arriverò prima di *ferragosto**, *verso* il 9 o il 10 del mese. *Purtroppo* non potrò fermarmi *a lungo* perchè incomincerò a lavorare la prima settimana di settembre.

    Vorrei chiedervi un favore: vorrei portare con me il mio amico Marcello. Prima, però, io e Marcello andremo sulla

to visit you

around / Unfortunately

for a long time

---

*Fare dei castelli in aria means "to daydream."
*holiday that occurs on August 15

Costa Azzurra e staremo con i suoi genitori *che* hanno una villa poco lontano da Monaco. Ci resteremo una settimana, poi partiremo per il sud. Viaggeremo con la macchina di Marcello. Ci pensate? Vostro nipote arriverà in una Ferrari nuova!

French Riviera / who

Siccome ha paura di *disturbarvi*, Marcello cercherà una camera con doccia in un albergo o in una pensione. Ma gli ho detto che per mangiare potrà venire da voi. Sono certo che Marcello vi piacerà. Non vedo l'ora di venire in Sicilia per rivedere voi, cari nonni, e tanti posti che amo. Visiterò certamente la Valle dei Templi e Siracusa. Sono sicuro che Marcello preferirà visitare la spiaggia di Taormina: gli piace ammirare le belle ragazze in costume da bagno. Ma saliremo *tutti e due* sull'Etna e ci divertiremo *da matti*.

Since / to bother you

both / a lot

Aspetto una vostra telefonata per sapere se posso portare Marcello con me. Un caro *abbraccio,* anche *da parte* dei miei genitori.

hug / from

Antonio

Sicilia. Segesta. Un tempio.

DOMANDE SULLA LETTURA

1. A chi scrive Antonio?   **2.** In che data?   **3.** Perchè scrive ai nonni Antonio?   **4.** Potrà fermarsi per molto tempo dai nonni? Perchè no?   **5.** Che favore vuole chiedere ai nonni, Antonio?   **6.** Antonio e Marcello andranno subito in Sicilia?   **7.** Dov'è la villa dei genitori di Marcello?   **8.** Quanto tempo ci staranno i due amici?   **9.** Arriveranno in Sicilia in treno?   **10.** Perchè Marcello starà in una pensione o in un albergo?   **11.** Dove andranno a mangiare?   **12.** Antonio non vede l'ora di arrivare in Sicilia. Per quale ragione?   **13.** Perchè Marcello non visiterà con lui la Valle dei Templi?   **14.** Si annoieranno i due in Sicilia?   **15.** Dove saliranno?   **16.** Con quale saluto (*greeting*) ha finito la sua lettera Antonio?

DOMANDE PERSONALI

1. Come passava le vacanze Lei quand'era bambino(a)?   **2.** Dove ha passato le vacanze l'anno scorso?   **3.** Che cosa farà l'estate prossima?   **4.** Preferisce passare una settimana a contatto con la natura o in un albergo elegante?   **5.** Ha mai fatto il campeggio Lei?   **6.** Di che cosa ha avuto bisogno?   **7.** Che cosa Le piace fare al mare?   **8.** Se andrà in montagna in vacanza, che cosa farà?   **9.** Lei fa le valigie perchè va in vacanza al mare. Quali sono tre cose che Lei mette nella valigia perchè sono indispensabili per Lei?   **10.** Sa dirmi qual è la differenza fra «fare un viaggio» e «fare una gita»?   **11.** Chi è una «guida»?   **12.** Lei sta molte ore al sole per abbronzarsi? Lo sa che fa male alla salute (*it is bad for your health*)?   **13.** Dopo che ha fatto il bagno, cosa usa Lei per asciugarsi (*to dry yourself*)?

ATTIVITÀ

A. Orale

Una gita. Gli studenti della classe d'italiano organizzano una gita. Ogni studente contribuisce con qualche frase. Dove andrete? Quando partirete? Come viaggerete? Che cosa farete? Che cosa porterete con voi? Perchè? Chi telefonerà all'agenzia di viaggi?

B. Tema

Il mese prossimo un tuo compagno (una tua compagna) di scuola verrà a trovarti e starà a casa tua per alcuni giorni. È la prima volta che il tuo amico (la tua amica) viene nella tua città. Dove lo (la) porterai? Cosa gli (le) mostrerai? Chi gli presenterai? Cosa farete insieme? Come vi divertirete?

C. Traduzione

1. It is August and Franca and Raffaella are beginning their vacation (**le vacanze,** *plurale*) today.   **2.** Since they don't like to travel by train, they are traveling by car and will arrive tomorrow in the beautiful Dolomites (**Dolomiti,** *f. pl.*).   **3.** They will camp there for a week.   **4.** We will stop near a lake, so we will have water to (**per**) wash and cook.   **5.** I like your idea! And we will be able to swim every day!   **6.** Since it is my first camping experience (**esperienza**), you will put up (**montare**) the tent and I will help you.   **7.** Then we will take the backpack and go for a short hike (**escursione**).   **8.** How is the weather in the mountains?   **9.** It is probably beautiful. The weather forecast (**le previsioni del tempo**) stated (**dire che**) it will be nice weather until next Friday.   **10.** Franca and Raffaella arrived and camped, but unfortunately it rained all week.

NOMI

l'abbraccio	hug
la bellezza	beauty
il bosco	wood
la crociera	cruise
le ferie	annual vacation
il fuoco (*pl.* fuochi)	fire
la gita (turistica)	tour, trip
il lago	lake
il modo	way, manner
la natura	nature
la pensione	inn
il pericolo	danger
il rumore	noise
il saluto	greeting
lo spettacolo	spectacle, view, sight
la trota	trout
il (la) turista (*pl.* i turisti, le turiste)	tourist
la vacanza	vacation

AGGETTIVI

artistico	artistic
assente	absent
attrezzato	equipped
distratto	distracted, absent-minded
economico	economical
prossimo	next
siciliano	Sicilian
certo	certain, sure

VERBI

accendere (*p.p.* acceso)	to light
andare (venire) a trovare	to visit (a person)
asciugarsi	to dry oneself
cenare	to have dinner
disturbare	to bother
gridare	to scream
perdersi	to get lost
pescare	to fish
piacere	to like
ritrovare	to find again
rivedere	to see again

ALTRE ESPRESSIONI

Aiuto!	Help!
all'aperto	outdoors
appena	as soon as
andare in vacanza	to go on vacation
da parte di	from
del solito	than usual
dopo che	after
dopodomani	the day after tomorrow
fino a tardi	until late
fra (tra) poco	in a little while
fra (tra) un mese (un anno)	in a month (a year)
non vedo l'ora di	I can't wait to
prima di	before
purtroppo	unfortunately
siccome	since
stare al sole	to stay in the sun
tutti(e) e due	both
verso	around

LA SICILIA: TERRA DI CONTRASTI

Sicilia. Taormina. Rovine greco-romane.

I turisti che sono innamorati del sole, del mare, e del passato possono trovare tutto questo in Sicilia. La Sicilia è separata dal resto dell'Italia dallo Stretto di Messina ed è la più grande isola del Mediterraneo. La sua posizione strategica è la ragione principale della sua storia complicata. Molti, infatti, sono i popoli che *l'hanno invasa* e *sfruttata:* i Greci, i invaded / exploited Cartaginesi, i Romani, i Bizantini, gli Arabi, i Normanni, i Tedeschi, i Francesi, e gli Spagnoli. Tutte queste dominazioni hanno lasciato l'isola piena di contrasti nell'arte, nella lingua e nel folclore.

La Sicilia è il museo archeologico d'Europa. Un viaggio in quest'isola significa anche un viaggio nel tempo, alla *scoperta* delle varie civiltà. La presenza di templi e di teatri greci ci ricorda che quasi tre mila anni fa, esistevano nell'isola delle colonie greche molto importanti, come per esempio Agrigento e Siracusa. L'antico nome dell'isola, Trinacria, viene dal greco e significa triangolo, dalla sua forma. Le leggende siciliane sono piene di mostri e di divinità della mitologia greca. Il dio greco del fuoco, Vulcano, per esempio, *viveva* nell'interno del monte Etna, la *montagna ardente* (dal greco «aitho»). Secondo un'altra leggenda, era impossibile passare lo Stretto di Messina *a causa* dei mostri Scilla e Cariddi—eccetto per l'eroe greco Ulisse.

Gli Arabi hanno lasciato dei templi che *si riconoscono* dalle loro *cupole* sferiche. Il prefisso di diversi nomi di città deriva dall'arabo *Kalat* che significa «castello» (Calatafimi, Caltanissetta, Caltagirone). Marsala, la città del vino marsala, significa «porto di Dio» (dall'arabo «Marsah el Allah»). I Normanni hanno saputo adattare al loro stile l'arte bizantina e araba. Sotto di loro Palermo era una capitale splendida, con cattedrali e palazzi ricchi di mosaici e di giardini esotici. Nella prima metà del XIII secolo la corte di Palermo era la più brillante d'Europa. La prima scuola di poesia italiana è nata

discovery

lived / burning mountain

because of

are recognizable
domes

Palermo. Gli Arabi ci hanno lasciato i loro templi.

precisamente in questa città. Nei secoli successivi gli Spa
gnoli hanno introdotto in Sicilia lo stile barocco del loro
paese. Purtroppo la dominazione spagnola ha anche determinato la decadenza dell'isola.

L'elemento umano rivela un analogo contrasto. L'aspetto
fisico di molti Siciliani ricorda il tipo arabo. Ma è possibile
ritrovare anche il tipo normanno in diversi abitanti dagli occhi azzurri e dai capelli biondi.

ESERCIZIO DI COMPRENSIONE

1. La Sicilia è considerata un museo archeologico a causa....
   a. delle sue leggende   **b.** dei suoi templi   **c.** dei resti di molte civiltà differenti
2. I templi di Agrigento rivelano tracce della civiltà....
   a. bizantina   **b.** greca   **c.** spagnola
3. L'antico nome della Sicilia, Trinacria, suggerisce (*suggests*) una forma....
   a. triangolare   **b.** quadrata   **c.** sferica
4. Secondo la leggenda, nel monte Etna abitava....
   a. il dio del fuoco   **b.** un mostro   **c.** un eroe greco
5. Nel secolo tredicesimo, Palermo era una capitale brillante, piena di palazzi, di arte, e
   di cultura, sotto la dominazione....
   a. francese   **b.** spagnola   **c.** normanna

14
MESTIERI E PROFESSIONI

Milano. Un rappresentante di pelletterie alla Fiera Campionaria.

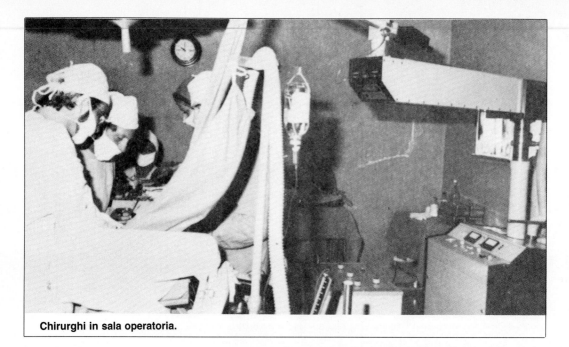

Chirurghi in sala operatoria.

UNA *SCELTA* DIFFICILE

choice

Laura è all'ultimo anno di liceo e pensa al suo futuro.

Laura	A che facoltà m'iscriverò, dopo il liceo?	
La sua *coscienza*	Se non studi la matematica e le altre *materie* principali, non riuscirai mai agli *esami di maturità*.	conscience/subjects high school proficiency exam
Laura	*Mi piacerebbe* fare la professoressa: in estate *avrei* lunghe vacanze e mi divertirei. Ma...la professoressa di che cosa?	I would like I would have
La sua coscienza	Le professoresse passano lunghe ore sui libri e sui fogli *da correggere*. E non ti piacerebbe ricevere il loro stipendio.	to correct
Laura	*Sarebbe* forse *meglio* fare medicina: i medici sono tutti ricchi. *Potrei* diventare specialista; per esempio, chirurgo o oculista.	It would be / better I could
La sua coscienza	Per fare medicina sono necessari sei anni. Poi ci sono gli anni della specializzazione. E un medico continua a studiare per tutta la vita, *dato* il progresso della scienza.	considering
Laura	E quando avrei il tempo di divertirmi? Meglio non pensarci per il momento.	

1. Ha già incominciato gli studi universitari Laura?   **2.** Qual è il suo dilemma?   **3.** Che cosa dovrà fare per riuscire agli esami di maturità?   **4.** Perchè le piacerebbe fare la professoressa?   **5.** Quali sono i lati (*sides*) negativi della professione di professore(ssa)? **6.** Quale altra alternativa piacerebbe a Laura?   **7.** Perchè è una buon'idea diventare medico, secondo Laura?   **8.** Quanti anni di studio ci vogliono (*does it take*) per diventare medico?   **9.** Perchè la professione di medico è difficile?   **10.** Che cosa preferisce fare per il momento Laura?

STUDIO DI PAROLE

I MESTIERI TRADES

l'elettricista (*m.*)   electrician
l'idraulico   plumber
il meccanico
l'operaio, l'operaia   worker
il parrucchiere, la parrucchiera
    hairdresser
il salumiere   delicatessen man

il colloquio   interview
l'impiego   employment, job
il lavoro   job
un lavoro a tempo pieno
    full-time job
un lavoro part-time   part-time job
lo stipendio   salary
disoccupato(a)   unemployed
fare sciopero   to strike

LE PROFESSIONI

il dottore, il medico; la dottoressa
il chirurgo   surgeon
l'oculista (*m. & f.*)   eye doctor
il (la) consulente   consultant
il (la) dentista
l'avvocato, l'avvocatessa   lawyer
il direttore, la direttrice   director,
    manager
l'ingegnere   engineer
il ragioniere, la ragioniera
    accountant
l'impiegato, l'impiegata   clerk
il segretario, la segretaria
    secretary

fare il (la) . . .   to be a . . .
    (profession or trade)
andare in pensione   to retire

1. Guardate la vignetta: che cosa vogliono le persone che fanno la fila (*stand in line*) davanti all'agenzia di collocamento? **2.** Quando va a un'agenzia di collocamento Lei? **3.** Chi chiama Lei se non ha l'elettricità in casa? **4.** Se ha bisogno di occhiali, da quale specialista va? **5.** Se ha bisogno di un consiglio legale, da quale professionista va? **6.** Se Lei vuole mangiare un bel panino al prosciutto, dove va a comprarlo? **7.** Se i Suoi capelli sono troppo lunghi, dove va a tagliarli? **8.** Quando un lavoratore (una lavoratrice) (*worker*) arriva a sessantacinque anni ed è stanco(a) di lavorare, cosa fa? **9.** Che cosa riceve alla fine del mese una persona che lavora? **10.** Di tutte le professioni o i mestieri sopra elencati (*listed above*), qual è, secondo lei, la (il) più difficile (*the most difficult*)? Perchè? **11.** Se i lavoratori non sono soddisfatti (*satisfied*) delle loro condizioni di lavoro, cosa fanno?

P U N T I   G R A M M A T I C A L I

I. Condizionale presente

Il muratore *preferirebbe* riposarsi.   Al postino *piacerebbe* andare in macchina.

1. Il muratore preferirebbe lavorare o riposarsi? **2.** Che cosa piacerebbe fare al postino?

> **1.** The **condizionale presente** (*present conditional*) expresses an intention, a preference, a wish, or a polite request; it is the equivalent of the English *would* + verb. Like the future, it derives from the infinitive, and its stem is always the same as the future stem. Also like the future, **-are** verbs change the **-a** to **-e**.

partire → partirei = *I would* leave*

It is conjugated as follows:

parlare	rispondere	partire
parler**ei**	risponder**ei**	partir**ei**
parler**esti**	risponder**esti**	partir**esti**
parler**ebbe**	risponder**ebbe**	partir**ebbe**
parler**emmo**	risponder**emmo**	partir**emmo**
parler**este**	risponder**este**	partir**este**
parler**ẹbbero**	risponder**ẹbbero**	partir**ẹbbero**

The endings of the present conditional are the same for all conjugations.

Mi **piacerebbe** ẹssere ricco.   *I would like to be rich.*
Preferirebbe non lavorare.   *She would prefer not to work.*
Ci **aiuteresti**?   *Would you help us?*

---

2. Verbs that are irregular in the future are also irregular in the conditional. Here is a comprehensive list. (Verbs ending in **-care, -gare, -ciare, -giare** follow the same rules as in the future. See Chapter 13, I.)

dare: **darei, daresti,** ecc.
fare: **farei, faresti,** ecc.
stare: **starei, staresti,** ecc.
andare: **andrei, andresti,** ecc.
avere: **avrei, avresti,** ecc.
cadere: **cadrei, cadresti,** ecc.
dovere: **dovrei, dovresti,** ecc.
potere: **potrei, potresti,** ecc.
sapere: **saprei, sapresti,** ecc.
vedere: **vedrei, vedresti,** ecc.
vịvere: **vivrei, vivresti,** ecc.
ẹssere: **sarei, saresti,** ecc.
bere: **berrei, berresti,** ecc.
venire: **verrei, verresti,** ecc.
volere: **vorrei, vorresti,** ecc.

—*Vorrebbe* l'anestesia?

---

*When "would" indicates a habitual action in the past, Italian uses the imperfect tense. When I was a child, I would (I used to) go to the beach every summer. = *Da bambino,* **andavo** *alla spiaggia tutte le estati.*

Verresti al cinema con me?	*Would you come* with me to the movies?
Mi darebbe alcuni consigli?	*Would you give me* some advice?
Che cosa **vorrebbe** fare Paolo?	What *would* Paolo *like* to be?
Vorrei fare l'oculista.	*I would like* to be an eye doctor.

---

esercizi

A. Cosa faresti durante le vacanze?

> ESEMPIO   vedere gli amici   **Vedrei gli amici.**

1. dormire fino a tardi   **2.** fare delle passeggiate   **3.** leggere molti libri   **4.** mangiare al ristorante   **5.** guardare la TV   **6.** divertirsi   **7.** scrivere delle lettere   **8.** andare al cinema   **9.** stare alla spiaggia tutto il giorno   **10.** uscire con gli amici   **11.** riposarsi   **12.** giocare a tennis   **13.** andare a trovare i parenti

B. Completate con il condizionale presente.

1. Noi _____ (mangiare) in un buon ristorante stasera.
2. Voi _____ (potere) venire da noi domani?
3. Tu _____ (telefonarmi) quando hai un momento di tempo?
4. I bambini _____ (giocare), ma devono studiare.
5. Stasera noi dobbiamo fare i compiti, ma _____ (preferire) andare al cinema.
6. I tuoi genitori _____ (dovere) sapere la verità.
7. Tu _____ (venire) a fare una gita con me?
8. Noi _____ (partire) in treno, ma c'è lo sciopero.
9. Io _____ (scrivere) al mio compagno, ma ho perso il suo indirizzo.
10. Mi _____ (piacere) diventare direttore/direttrice di una grande azienda (*firm*).

C. Sì o no? Domanda e risposta. Seguite l'esempio.

> ESEMPIO   fare un viaggio in Oriente   —**Farebbe un viaggio in Oriente Lei?**
>   —**Sì, lo farei.   o: —No, non lo farei.**

1. iscriversi a medicina   **2.** fare il professore   **3.** passare lunghe ore sui libri   **4.** cambiare volentieri lavoro   **5.** aiutare un amico in difficoltà   **6.** prestarmi centomila lire   **7.** andare in pensione a cinquant'anni   **8.** fare il ragioniere/la ragioniera   **9.** preferire un lavoro a tempo pieno o part-time   **10.** lavorare nel campo (*field*) dell'informatica (*computers*)   **11.** laurearsi in ingegneria (*engineering*)

D. No, ma. . . . Domanda e risposta. Seguite l'esempio.

> ESEMPIO   andare al mare   —**Andreste al mare?**
>   —**No, ma andremmo volentieri in montagna (o . . .).**

1. bere un succo d'arancia   **2.** comprare una Fiat   **3.** giocare al golf   **4.** fare il (la) parrucchiere(a)   **5.** studiare il russo   **6.** mangiare una bistecca con asparagi (*asparagus*)

7. volere un gelato alla vaniglia (*vanilla*)   **8.** affittare una villa al mare   **9.** passare alcuni giorni a Tokio   **10.** restare in Italia per sei mesi

E. Cosa faresti tu in questa situazione? Scegliete (*Choose*) l'espressione corretta della seconda colonna e rispondete usando il verbo al **condizionale.**

1. Sei in ritardo a un appuntamento.
2. La macchina non funziona.
3. Un amico ti domanda un favore.
4. Il padrone di casa aumenta l'affitto dell'appartamento.
5. Non sei soddisfatto dei tuoi voti.
6. Un collega d'ufficio riceve una promozione.
7. Hai bisogno di un consiglio legale.
8. Devi spedire (*to send*) un pacco (*package*), e all'ufficio postale ci sono molte persone.
9. Devi presentarti ad un colloquio.
10. Il tuo direttore ti dà un aumento (*increase*) di stipendio.

protestare (o cambiare casa)
fargli le mie congratulazioni
andare da un avvocato
farglielo
scusarsi
portarla dal meccanico
studiare di più (*more*)
preparare il mio curriculum vitae
fare la fila e aspettare
ringraziarlo

II. Condizionale passato

Avrebbe voluto
diventare un grande pittore . . .
invece fa l'imbianchino.

1. The **condizionale passato** (*conditional perfect*) is the equivalent of the English *would have* + past participle. It is formed with the present conditional of **avere** or **essere** + the past participle of the main verb.

avrei finito = *I would have finished*

It is conjugated as follows:

parlare	rispondere	partire
avrei avresti avrebbe avremmo avreste avrębbero } parlato	avrei avresti avrebbe avremmo avreste avrębbero } risposto	sarei saresti sarebbe } partito(a) saremmo sareste sarębbero } partiti(e)

Avrei scritto, ma non avevo
l'indirizzo.
Avresti accettato l'invito?

*I would have written, but I did
not have the address.*
Would you have accepted *the
invitation?*

---

2. In indirect discourse with verbs such as **dire, rispondere,
scrivere, telefonare, spiegare,** Italian uses the conditional perfect
to express a future action that is seen from a point in the past.
Compare the constructions in Italian with those in English:

Ha detto che **sarębbe andato.**
Hanno scritto che **sarębbero
venuti.**
Ha risposto che **non avrebbe
aspettato.**

He said he would go.
They wrote they would come.

*He answered he would not
wait.*

---

esercizi

A. Completate con il **condizionale passato.**

1. Noi _____ (andare) in vacanza, ma avevamo già speso troppi soldi.
2. Io ti _____ (rispondere), ma non ho potuto trovare il tuo indirizzo.
3. Noi ti _____ (aspettare), ma non sapevamo a che ora tu _____ (venire).
4. Lui mi _____ (telefonare), ma non ricordava il mio numero di telęfono.
5. Mi _____ (piacere) uscire con Luisa, ma lei era ammalata (*ill*).
6. Io _____ (ęssere) contento di avere un piccolo aumento di stipęndio.
7. Cosa _____ (volere) ricęvere tu per il tuo compleanno?
8. Noi _____ (fare) volentieri una passeggiata, ma pioveva.
9. La tua _____ (ęssere) un'idea meravigliosa!
10. Mia sorella _____ (preferire) ęssere una casalinga (*housewife*), ma ha dovuto cercarsi un lavoro in un uffįcio.

B. Formate delle frasi complete con il primo verbo al **condizionale passato** e il secondo verbo all'**imperfetto**.

> ESEMPIO Lia (fare) un viaggio, non (avere) soldi
> **Lia avrebbe fatto un viaggio, ma non aveva soldi.**

1. io (prestarti) la macchina, non (funzionare) **2.** lui (cambiare) lavoro, (essere) difficile trovarne un altro **3.** noi (prendere) il treno, (esserci) lo sciopero dei treni **4.** la nipote (telefonare) agli zii, non (trovare) più il loro indirizzo **5.** lei (fare) medicina, ma gli studi (essere) troppo lunghi **6.** noi (volere) chiedere un aumento di stipendio, (avere paura) di non riceverlo **7.** il nostro amico (andare) in vacanza, non (stare) bene **8.** io (laurearmi) l'anno scorso, (dovere) seguire ancora diversi corsi **9.** io (preferire) un lavoro a tempo pieno, (esserci) solo lavori part-time **10.** (piacermi) andare in ferie, non (essere) possibile

C. Completate con il condizionale presente o passato.

1. Io (*would go*) _____ in vacanza, ma sono al verde.
2. Tu (*could*) _____ prestarmi cento dollari?
3. (*I would lend them to you*) _____, ma devi aspettare fino a domani.
4. (*Would you live*) _____ in campagna?
5. Tuo padre sa che non hai più soldi? (*You should talk to him about it.*) _____
6. Loro (*would be*) _____ contenti di stare a casa oggi.
7. Gino (*would have left*) _____ con il treno delle sei, ma la sua valigia non era pronta.
8. Che cosa (*would you answer*) _____ a un amico che ti domanda un favore?
9. (*I would do it for (to) him.*) _____
10. (*Would you like*) _____ fare il chirurgo?
11. Hai scritto a Pietro? (*I would have written to him*) _____, ma lui non ha risposto alla mia ultima lettera.

III. *Meanings of* **dovere, potere,** *and* **volere** *in the conditional*

—*Potrebbe* **darmi un aumento?**

1. The present conditional of **dovere, potere,** and **volere** is used instead of the present indicative to make a request sound more polite or a statement less forceful. It has the following meanings:

dovrei = *I should, I ought to*
potrei = *I could, I might*
vorrei = *I would want, I would like*

Compare:

Devi aiutare la gente.	*You must help people.*
Dovresti aiutare la gente.	***You should (you ought to)** help people.*
Non voglio vivere qui.	*I don't want to live here.*
Non vorrei vivere qui.	***I would not want (I would not like)** to live here.*
Può aiutarmi?	*Can you help me?*
Potrebbe aiutarmi?	***Could you** help me?*

2. The Italian constructions of **potere, volere,** and **dovere** in the conditional perfect correspond to the following English constructions:

avrei dovuto + *infinitive* = *I should have* + past participle
avrei potuto + *infinitive* = *I could have* + past participle
avrei voluto + *infinitive* = *I would have liked* + infinitive

Avrei dovuto parlare all'avvocato.	*I should have spoken to the lawyer.*
Avrebbe potuto sposare un milionario.	*She could have married a millionaire.*
Avrebbe voluto fare un viaggio.	*He would have liked to take a trip.*

esercizi

A. Attenuate (*Make less forceful*) il significato delle seguenti frasi, usando il condizionale presente.

1. Voglio comprare una barca a vela.   **2.** Devi finire il lavoro prima delle cinque.
3. Possiamo uscire dalla classe mezz'ora prima?   **4.** Può spiegarci ancora il condizionale?
5. Dovete pensare al vostro futuro.   **6.** Un bravo studente vuole ricevere un buon voto.
7. I miei genitori vogliono traslocare.   **8.** Vogliamo una camera singola con doccia.
9. Può prepararci il conto?   **10.** Dovete assumere (*to hire*) una persona competente.

11. Voglio imparare a usare il computer.   12. Può portarci il Suo curriculum vitae?
13. Ha una lettera di raccomandazione?   14. Scusi, può dirci dov'è l'ufficio postale?
15. Vuoi diplomarti a giugno?

B. Dite che cosa avrebbero dovuto (voluto o potuto) fare queste persone nelle seguenti situazioni.

> ESEMPIO   —Lei ha ricevuto un brutto voto all'esame. Che cosa avrebbe dovuto fare?
> —**Avrei dovuto studiare di più.**

1. Il signor Brambilla era stanco di lavorare. Che cosa avrebbe voluto fare?
2. Non avevate notizie di una vostra amica. Che cosa avreste potuto fare?
3. I turisti non mangiavano da dieci ore. Che cosa avrebbero voluto fare?
4. Avevi un appuntamento, ma non ci potevi andare. Che cosa avresti potuto fare?
5. Sei arrivato in ritardo a scuola. Che cosa avresti dovuto fare?
6. Un amico Le ha telefonato perchè era in gravi difficoltà finanziarie. Che cosa avrebbe potuto fare?
7. L'altro giorno Lei è andato(a) in ufficio; il computer non funzionava, faceva troppo caldo, e il direttore era di cattivo umore. Cosa avrebbe voluto fare?
8. Ieri era una bellissima giornata. A scuola c'era un esame difficile; tu e il tuo compagno (la tua compagna) non eravate preparati(e), e non avevate voglia di andare in classe. Cosa avreste voluto fare?
9. La settimana scorsa tu non avevi voglia di studiare. Un amico (un'amica) ti ha telefonato e, invece di studiare, siete andati(e) alla spiaggia insieme. Cosa avresti dovuto fare invece di andare a divertirti?

C. Completate le frasi al condizionale passato.

1. Voi (*should have waited for us*) _____ anche se eravamo un po' in ritardo.
2. Tu (*should have spoken about it*) _____ al tuo avvocato.
3. Io (*should have gone*) _____ dal dentista, anche se avevo paura.
4. Mio padre (*would have wanted*) _____ andare in pensione, ma non aveva ancora 60 anni.
5. Mia sorella (*could have found*) _____ un buon impiego, ma ha preferito continuare gli studi.
6. (*Would you have preferred*) _____ essere una casalinga (*housewife*) o fare carriera in una professione?
7. (*I would have liked*) _____ fare architettura, ma ho dovuto cercarmi un lavoro appena mi sono diplomato(a).

IV. *Verbs and verbal expressions + infinitive*

Mentre Beethoven *continuava a soffrire* (*to suffer*), **il padre** *incominciava a* perdere la pazienza (*patience*).

1. Perchè Beethoven continuava a soffrire?   **2.** Che cosa incominciava a perdere il padre?

1. Some verbs and verbal expressions are followed by an infinitive without any preposition. Among the most common are:

   a. Semiauxiliary verbs: **dovere, potere, volere, sapere**
   b. Verbs of *liking* or *disliking:* **amare, odiare** (*to hate*), **piacere, desiderare, preferire, detestare**
   c. Impersonal verbal expressions with the verb **essere,** such as: **è facile (difficile), è possibile (impossibile), è necessario, è bello**

Potresti aiutarmi?	*Could you help me?*
Mi piace ascoltare i dischi di Pavarotti.	*I like to listen to Pavarotti's records.*
È facile sbagliarsi.	*It is easy to make a mistake.*
È possibile laurearsi in 4 anni.	*It is possible to graduate in 4 years.*
È bello camminare sotto la pioggia.	*It is nice to walk in the rain.*

2. Some verbs and verbal expressions require the preposition **di** + *infinitive.* Among the most common are:

   a. **essere** + *adjective:* **contento, felice, soddisfatto, stanco**
   b. **avere** + *noun:* **paura, bisogno, intenzione, tempo, voglia**
   c. Verbs of *saying:* **dire, domandare, chiedere, consigliare, promettere**

d. Verbs of *thinking:* **crẹdere, pensare, ricordarsi, sperare, decịdere**

e. Other verbs: **dimenticare, dispiacere, cercare** (*to try*), **finire**

Sono contento di vederLa.	*I am glad* to see you.
Mi dispiace di sentire questa brutta notịzia.	*I am sorry* to hear this bad news.
Non ha intenzione di assumermi.	*He doesn't intend* to hire me.
Sperava di diventare un grande pittore.	*He was hoping* to become a great painter.
Ti **prometto di** studiare.	*I promise* you to (that I will) study.
Non ci siamo ricordati di pagare l'affitto.	*We didn't remember* to pay the rent.

---

3. Other verbs require the preposition **a** + *infinitive*. Among the most common are:

aiutare	(in)cominciare
andare	insegnare
continuare	invitare
fermarsi	riuscire
imparare	venire

Non riesco a capire.	*I cannot* understand.
Abbiamo continuato a camminare.	*We continued* walking.
Ha imparato a scrịvere a mạcchina.	*She learned* to type.
Mi **ha insegnato a** lẹggere.	*He taught* me to read.
Mi sono fermato a salutarlo.	*I stopped* to say hello to him.
Vorrei **venire a** trovarti.	*I would like **to come*** visit you.

NOTE:

A more complete list of verbs and verbal expressions + infinitive may be found in Appendix 1.

---

esercizi

A. Completate con le preposizioni **a, di** o **per,** se necessario.

Pierino impara _____ suonare il piano. Detesta _____ studiare. Preferisce _____ giocare con gli amici. Dopo la scuola incomịncia _____ studiare e spera _____ finire presto perchè vuole _____ uscire _____ giocare al pallone. Quando è fuori, continua _____ giocare e dimẹntica _____ ritornare presto per la cena. Dopo cena Pierino chiede _____ guardare la televisione, ma non può _____ guardarla per molto tempo perchè ha sonno e desịdera _____ dormire. La mattina del giorno dopo deve _____ alzarsi presto _____ finire i compiti.

B. Ripetete le seguenti frasi sostituendo i verbi in corsivo con i verbi o le espressioni verbali fra parentesi. Usate la preposizione corretta, se è necessario.

1. *Imparo a* scrivere a macchina. (so, sono stanco, desidero, continuo)   **2.** *Decidiamo di* cercare un nuovo impiego. (vogliamo, pensiamo, abbiamo intenzione, andiamo)   **3.** Maria *vorrebbe* pensare al suo futuro. (avrebbe bisogno, incomincerebbe, cercherebbe)   **4.** *Hanno promesso di* passare le vacanze con noi. (hanno deciso, sono venuti, hanno potuto, sono riusciti)   **5.** *Eravamo felici di* vederli. (andavamo, pensavamo, avevamo voglia, volevamo)

C. Cambiate le frasi seguenti secondo l'esempio, e usate le preposizioni appropriate quando sono necessarie.

> ESEMPIO   Ci iscriviamo all'università. (speriamo)   **Speriamo di iscriverci all'università.**

1. Uso il computer. (ho imparato)   **2.** Beviamo un cappuccino. (vorremmo)   **3.** Vai in Italia? (sei contento)   **4.** I lavoratori aspettavano un aumento. (erano stanchi)   **5.** Ho riparato la macchina da scrivere. (ho cercato)   **6.** La segretaria cerca un lavoro. (incomincia)   **7.** Lucia guarda le vetrine. (si è fermata)   **8.** Ti accompagno a casa? (posso) **9.** Lei leggeva fino a tardi. (le piaceva)   **10.** Non faccio molto sport. (mi dispiace) **11.** Lavoriamo per vivere. (è necessario)

D. Un amico (Un'amica) non fa quello che (*what*) dovrebbe fare. Date alcuni buoni consigli, secondo l'esempio.

> ESEMPIO   (mangia poco) cercare   **Devi cercare di mangiare!**

1. (non parla l'italiano) imparare   **2.** (non è paziente) cercare   **3.** (studia poco) promettere **4.** (non si preoccupa degli esami) incominciare   **5.** (non chiude mai la porta) imparare **6.** (non è mai in orario) incominciare   **7.** (non trova un impiego) riuscire   **8.** (non va più dal medico) continuare

E. Completate le seguenti frasi secondo il significato. Usate le preposizioni appropriate quando è necessario.

> ESEMPIO   Il professore ha sonno. Desidera....   **Desidera dormire.**

1. Il padre di Marcello ha 65 anni. Pensa....
2. La segretaria ha perso l'impiego. Ha paura....
3. Noi partiremo alle cinque di mattina. Dovremo....
4. Liliana fa il secondo anno di legge. Ha intenzione....
5. Gli operai sono scontenti del loro salario. Vorrebbero....
6. A Marcello non piaceva il lavoro in banca. Non voleva continuare....
7. È marzo e piove quasi ogni giorno. Io non dimentico mai....
8. Non mi laureerò quest'anno. Mi dispiace....
9. Filippo riceve uno stipendio modesto. Lui e Gabriella non riescono....

In cerca di un impiego

In search of

Infermiera di professione e referenziata, offresi a tempo pieno o part-time presso uno studio medico-dentistico o per un altro lavoro serio. Telefonatele al numero 399412.

Sono una giovane signora, dinamica, con conoscenza del l'inglese e del francese, ed esperienza nel campo della moda e delle gallerie d'arte. Impegnata per due giorni la settimana, vorrei occuparmi per gli altri giorni e svolgere un lavoro interessante. Sono disposta anche a viaggiare. Rispondo di sera al numero 964715.

Annunci pubblicitari: domande d'impiego.

Oggi Liliana si è presentata nello studio dell'avvocato Rizzi per un *colloquio*.

interview

Rizzi	*Dunque*, signorina, quali sarebbero le Sue qualifiche?
Liliana	Lei vuol dire se ho esperienza?
Rizzi	*Appunto.* Ha mai lavorato in un ufficio come questo?
Liliana	No, mai. Ma ho lavorato per alcuni mesi in una ditta di import-export.
Rizzi	Allora Lei potrebbe scrivere a macchina.
Liliana	Sì, ma non troppo velocemente, trentadue o trentatrè parole al minuto, ma nelle altre attività pratiche d'ufficio, sarei inesperta.
Rizzi	*Viva la sincerità*, signorina. Ma, francamente, perchè vorrebbe lavorare da noi?
Liliana	Sono studentessa in legge e mi piacerebbe vedere come funziona uno studio legale.

Marginal glosses: So — Exactly. — Hurrah for your frankness

Rizzi	Ah! Lei fa legge! Brava! E quando finirà gli studi?	
Liliana	Se tutto va bene, li finirò *fra* due anni.	*within*
Rizzi	Ancora due anni, eh? Fra due anni una bella ragazza come Lei potrebbe incontrare un bel giovanotto, sposarsi e avere...	
Liliana	Avvocato, Lei mi offende! Se Lei *insinua* che non ho intenzioni serie perchè sono una donna, Lei si sbaglia. Ho sempre avuto l'intenzione di diventare avvocatessa, e un giorno lo diventerò, anche se esistono *certi pregiudizi*.	*suggest* *certain biases*
Rizzi	Mi scusi, signorina, *scherzavo!* Ma avrebbe dovuto presentarsi qualche giorno fa. Adesso è troppo tardi. Abbiamo già assunto un'altra signorina, molto esperta in lavori d'ufficio. Vuole un consiglio? Dovrebbe prima finire i Suoi studi e poi ritornare, e allora, *chissà*...potremmo avere bisogno del Suo aiuto.	*I was joking* *who knows*

DOMANDE SULLA LETTURA

1. Perchè Liliana si è presentata ad uno studio legale?   **2.** Ha mai lavorato in un ufficio Liliana?   **3.** Che cosa potrebbe fare?   **4.** Sarebbe una segretaria esperta?   **5.** Sa scrivere a macchina rapidamente?   **6.** Per quali ragioni vorrebbe fare la segretaria in uno studio legale?   **7.** Ha già finito gli studi di legge?   **8.** Fra quanto tempo li finirà?   **9.** Secondo l'avvocato, che cosa potrebbe succedere (*happen*) a Liliana prima della laurea?   **10.** Ha dei pregiudizi verso le donne l'avvocato?   **11.** Resta calma alle parole dell'avvocato Liliana?   **12.** Come si scusa l'avvocato?   **13.** Parlava seriamente l'avvocato?   **14.** Ha ottenuto (*obtained*) l'impiego Liliana? Perchè no?   **15.** Qual è il consiglio dell'avvocato a Liliana?

DOMANDE PERSONALI

1. Si è mai presentato(a) a un'agenzia di collocamento (*employment agency*) Lei?   **2.** Com'è andato il colloquio?   **3.** Che cosa Le hanno chiesto?   **4.** Le hanno chiesto il curriculum vitae?   **5.** Ha ottenuto l'impiego?   **6.** Le piacerebbe fare l'impiegato(a)? Perchè?   **7.** Che cosa saprebbe fare in un ufficio?   **8.** Sa scrivere a macchina rapidamente?   **9.** Quante parole al minuto potrebbe scrivere?   **10.** Se non ha ancora un lavoro, quale mestiere o professione vorrebbe fare? Perchè?   **11.** Se Lei ha già un impiego, è soddisfatto(a) del Suo stipendio?   **12.** Spende tutto lo stipendio mensile o riesce a risparmiare (*to save*) un po' di soldi?   **13.** Perchè i lavoratori fanno sciopero, di solito?   **14.** Se Lei non ha un impiego, è perchè Lei è disoccupato(a), molto ricco(a), in pensione, o semplicemente perchè vorrebbe prima finire i Suoi studi?   **15.** Se Lei studia per laurearsi, cosa farà quando si sarà laureato(a)?   **16.** Il diploma è il titolo di studio (*degree*) che gli studenti ricevono alla fine del liceo. Cos'è la laurea?   **17.** Sa spiegare il significato della parola «casalinga»?   **18.** C'è molta disoccupazione negli Stati Uniti?

ATTIVITÀ

A. Orale

Cerchiamo lavoro. Immaginate di ẹssere in un'agenzia di collocamento. Gli studenti si divịdono in due gruppi: quelli che offrono il lavoro e quelli che lo cercano. I colloqui incomịnciano: Qual è il lavoro? Quali sono le condizioni: per esẹmpio, l'orạrio, lo stipẹndio, l'esperienza, le referenze?

B. Tema

Lei cerca un lavoro. Scriva (*Write*) un breve curriculum spiegando (*explaining*) che tipo di lavoro desịdera, che cosa sa fare, e dove e quando ha fatto esperienza.

C. Traduzione

1. Roberto S. is a young lawyer who (**che**) lost (his) job. **2.** Since he would like to find a new one, today he is in an employment agency for an interview. **3.** Would you have a job for a person with my qualifications (**qualifiche,** *f. pl.*)? **4.** Well (**beh!**), the C. & C. brothers are building a wall (**muro**) around their property (**proprietà**) and will be hiring several people. **5.** I would prefer to work in an office: I can type. . . . **6.** Well, maybe you should come back next month; we might have another job. **7.** I can't wait. I will take this job, though (**però**) I would have preferred a more (**più**) intellectual job. **8.** Who knows? Today you start as (a) laborer (**operaio**), and tomorrow you might become the president of C. & C.

vocabolario

NOMI

l'agenzia di collocamento	employment agency
l'aumento	increase
l'azienda	firm, company
il campo	field
la casalinga	housewife
la condizione	condition
la difficoltà	difficulty
il diploma	high school diploma
la disoccupazione	unemployment
l'elettricità	electricity
l'esperienza	experience
l'informatica	computer science
l'intenzione (f.)	intention
la laurea	university degree
il lavoratore, la lavoratrice	worker
la legge	law
la lettera di raccomandazione	letter of recommendation
la macchina da scrivere	typewriter
la materia	subject (scholastic)
il pacco	package
il (la) professionista	professional (person)
la promozione	promotion
la referenza	reference
il salario	salary
lo (la) specialista	specialist
la specializzazione	major
il titolo di studio	degree

AGGETTIVI

calmo	calm
esperto	expert, experienced
inesperto	inexperienced
intellettuale	intellectual
legale	legal
mensile	monthly
negativo	negative
soddisfatto	satisfied

VERBI

assumere (p.p. assunto)	to hire
cercare di	to try to
diplomarsi	to graduate (from high school)
funzionare	to work, to function
iscriversi	to enroll
laurearsi	to graduate (from a university or college)
licenziare	to fire
odiare	to hate
offendere (p.p. offeso)	to offend
ottenere	to obtain
presentarsi	to introduce (present) oneself
promettere (p.p. promesso)	to promise
risparmiare	to save (money)
sbagliarsi	to make a mistake
scherzare	to joke
scrivere a macchina	to type
spedire (-isc)	to mail, to send
succedere (p.p. successo)	to happen

ALTRE ESPRESSIONI

avere voglia	to feel like
chissà!	who knows!
di cattivo umore	in a bad mood
fare legge, medicina, ecc.	to study law, medicine, etc.
fare la fila	to stand in line
intorno a	around
verso	toward(s)
volerci	to take (time)

L'ECONOMIA E IL LAVORO IN ITALIA

Torino. Lo stabilimento della Fiat.

Fino al 1930 più della *metà* dei lavoratori italiani erano occupati nell'agricoltura. Verso il 1960, grazie al progresso tecnologico ed alla sua partecipazione al Mercato Comune Europeo, l'Italia *ha raggiunto* un alto *sviluppo* industriale. Alla fine degli anni sessanta infatti, il numero di lavoratori dell'industria *superava* largamente quello dei lavoratori della campagna.

Il numero eccessivo di giovani che si iscrivono alle università *ha peggiorato* la crisi dell'agricoltura. Purtroppo le possibilità di trovare un impiego alla fine degli studi diventano sempre più incerte. Secondo previsioni elaborate da un gruppo di ricerche, negli anni novanta solo il 60 per cento dei laureati potrà trovare un impiego. L'aumento della disoccupazione *andrà di pari passo* con l'aumento dell'inflazione.

half

reached /. . . development

exceeded

has worsened

will keep up

Secondo queste statistiche, l'Italia sarebbe *sull'orlo* di una crisi econòmica. In realtà, il turista che va in Italia è molto sorpreso di *constatare* l'alto *tenore di vita* dell'Italiano medio. Questo benessere è visìbile nell'abbondanza e nella qualità dei prodotti *disponìbili* nei negozi, e anche nella gente *che affolla* i ristoranti, i teatri, e i centri di villeggiatura. L'*attuale* benessere è dovuto in buona parte all'esistenza di una forma d'indùstria, familiare o artigianale, che *sfugge* alle statìstiche ufficiali, e che *perciò* è chiamata «*sommersa*».

Il lavoratore italiano, di norma, riceve lo stipèndio trèdici volte all'anno, cioè a dicembre riceve lo stipèndio regolare più un'altra *mensilità* che si chiama tredicèsima. Le banche ed alcune aziende pàgano anche una quattordicèsima mensilità. Quando il lavoratore va in pensione o decide di cambiare lavoro, riceve dal *datore di lavoro* una somma di denaro, chiamata liquidazione, cioè l'ùltimo stipèndio moltiplicato per il nùmero di anni d'impiego in quella ditta. Il governo garantisce a tutti il diritto alla pensione, anche alle casalinghe.

on the verge

to see . . . standard of living

available / who crowd

present

escapes

therefore . . . underground

month's salary

employer

ESERCIZIO DI COMPRENSIONE

1. Prima della seconda guerra mondiale, l'Italia era principalmente un paese....
   a. agrìcolo   **b.** industriale   **c.** commerciale
2. La crisi dell'agricoltura è diventata ancora più sèria a causa....
   a. del Mercato Comune   **b.** della disoccupazione   **c.** del nùmero considerèvole di giòvani che vanno all'università
3. I negozi, i ristoranti, e i teatri pieni di gente suggerìscono l'idea che la vita dell'Italiano medio (*average*) è....
   a. diffìcile   **b.** confortèvole   **c.** lussuosa
4. La tredicèsima è una paga speciale che i lavoratori italiani ricevono dopo....
   a. trèdici anni di lavoro   **b.** la tredicèsima settimana di lavoro   **c.** gli stipendi mensili (*monthly*)
5. Il governo assicura la pensione....
   a. solamente ai lavoratori dell'industria   **b.** ai lavoratori dell'agricoltura
   c. a tutti i lavoratori, incluse le casalinghe

15

PAESI E PAESAGGI

Sicilia. Veduta di Taormina e del vulcano Etna.

In campagna. Contadini al lavoro sotto il sole.

UNA *GITA SCOLASTICA*

field trip

Alcuni professori del liceo «M» hanno organizzato una gita scolastica. Così Tina e i compagni vanno in montagna a sciare per tre giorni. Ora i ragazzi sono sul pullman, *eccitati* e felici.

Tina	Mi piace viaggiare in pullman, e a te?	excited
Stefano	Mi piace *di più* viaggiare in treno.	more
Riccardo	Sapete cosa mi piacerebbe fare? Mi piacerebbe fare un viaggio in aereo. Siete mai andati in aereo voi?	
Lisa	Sì, io ci sono andata l'anno scorso, ma è un viaggio *meno* interessante *di quel che* tu pensi.	less . . . than
Stefano	*Sono d'accordo* con te. Un viaggio in treno è *molto più* interessante: dal treno puoi vedere *pianure*, colline, *laghi, fiumi*, mentre dall'aereo non vedi niente.	I agree / much more / plains laghi lakes / rivers
Tina	E poi io non prenderei mai l'aereo, perchè soffro di claustrofobia e avrei *una paura da morire!*	scared to death
Riccardo	*Ma va!* Tu hai paura di *tutto! Come mai* non hai paura di sciare?	Come on! / everything / How come
Tina	Perchè sciare mi piace moltissimo. E poi mio padre mi ha comprato un paio di *sci* per Natale.	skis
Lisa	*A proposito*, ho bisogno di comprare alcune cose appena arriviamo al paese.	By the way
Tina	Di cosa hai bisogno?	

Lisa Ho dimenticato a casa *il sacchetto del trucco.*	make-up case
Tina Ma per tre giorni non puoi *farne a meno?*	do without it
Lisa Sì, posso fare a meno *di truccarmi,* ma il fatto è che	to put on make-up
nel sacchetto c'erano *lo spazzolino da denti* e *il*	toothbrush
dentifricio.	toothpaste
Tina Allora appena arriveremo al paese, cercheremo una	
farmacia.	

DOMANDE SUL DIALOGO

1. Dove vanno Tina e i suoi compagni?   **2.** Vanno con le loro famiglie?   **3.** A Stefano piace di più viaggiare in treno o in pullman?   **4.** Quando è andata in aereo Lisa?   **5.** Le è piaciuto il viaggio in aereo?   **6.** Perchè Stefano dice che un viaggio in aereo è meno interessante di un viaggio in treno?   **7.** Per quale ragione Tina rifiuta (*refuses*) di prendere l'aereo?   **8.** Secondo Stefano sarebbe una ragazza coraggiosa Tina? Perchè no?   **9.** Di cosa non ha paura Tina? Perchè?   **10.** Che cosa ha lasciato a casa Lisa?   **11.** Si preoccupa perchè non può truccarsi per tre giorni?   **12.** Perchè dovrà cercare una farmacia Lisa?

STUDIO DI PAROLE

TERMINI GEOGRAFICI

il cielo   sky
la terra   earth
la montagna
il monte
la catena   chain
la collina   hill
il vulcano
la valle
la pianura   plain
la costa
il continente
il paese   country; village
l' isola   island
la penisola
il fiume   river
il porto
il golfo
il lago
il mare
l'oceano
il territorio
la superficie   area
attraversare   to cross
confinare (con)   to border

settentrionale *o* **del nord**
meridionale *o* **del sud**
orientale *o* **dell'est**
occidentale *o* **dell'ovest**

Tutto il mondo...in trenta parole.

1. La Sardegna è un'isola o una penisola?   2. Da che cosa è circondata l'Italia?   3. È un lago o un fiume il Mississippi?   4. Che cosa attraversiamo per andare dall'Austria all'Italia?   5. È più lunga la catena degli Appennini o quella delle Alpi?   6. Come si chiama l'oceano che si trova fra l'America del Sud e l'Africa?   7. È più grande la superficie dell'Italia o quella degli Stati Uniti?   8. Qual è il contrario di orientale?   9. Che cosa sono l'Asia e l'Australia?   10. È possibile attraversare gli Stati Uniti in treno?   11. Quanti giorni ci vogliono (*does it take*)?   12. Costa di più attraversare gli Stati Uniti in treno o in aereo?   13. Come preferisce viaggiare Lei, e perchè?   14. Sa quali sono i paesi che confinano con l'Italia? Se non lo sa, Lei può guardare la carta geografica che è all'interno della copertina (*cover*) di questo libro.

P U N T I   G R A M M A T I C A L I

I. *Comparatives* (comparativi)

La Sardegna è grande *quanto* la Sicilia.
Il Po è *più* lungo *del* Tevere.
Gli Appennini sono *meno* alti *delle* Alpi.

L'Italia ha una superficie di 116.305 miglia quadrate (*sq. mi.*) e una lunghezza di circa 800 miglia.

1. Il Tevere è più lungo o più corto del Po?   2. Le Alpi sono meno alte o più alte degli Appennini?   3. La Sardegna è più grande della Sicilia?

There are three types of comparisons: the comparison of equality, the comparison of superiority, and the comparison of inferiority.

1. The expressions for the comparison of equality are as follows:

(così)...come	as . . . as
(tanto)...quanto	as . . . as, as much . . . as

Both may be used either before an adjective or before an adverb. In these cases, **così** and **tanto** may be omitted. Before a noun, **tanto...quanto** must be used. In that case, **tanto** must agree with the noun it modifies and cannot be omitted.

Roma è (**tanto**) bella **quanto** Firenze.	*Rome is **as** beautiful **as** Florence.*
Studio (**così**) diligentemente **come** Giulia.	*I study **as** diligently **as** Giulia.*
Io ho **tanta** pazienza **quanto** Lei.	*I have **as much** patience **as** you.*
Ho **tanti** amici **quanto** Luigi.	*I have **as many** friends **as** Luigi.*

---

2. The expressions for the comparisons of superiority and inferiority are:

più...di, più...che	*more . . . than*
meno...di, meno...che	*less . . . than*

a. Più...di and **meno...di** are used when two persons or things are compared in terms of the same quality or performance.

La California è **più** grande dell'Italia.	*California is bigger **than** Italy.*
Una Fiat è **meno** cara **di** una Ferrari.	*A Fiat is **less** expensive **than** a Ferrari.*
Gli aerei viaggiano **più** rapidamente **dei** treni.	*Planes travel faster **than** trains.*
Tu hai **più** soldi **di** me.	*You have **more** money **than** I.*

NOTE:
Di (*than*) combines with the article. Also, if the second term of comparison is a personal pronoun, a disjunctive pronoun must be used (**me, te,** ecc.)

b. Più...che and **meno...che** are used when two adjectives, adverbs, infinitives, or nouns are directly compared and are related to the same person or thing.

L'Italia è **più** lunga **che** larga.	*Italy is longer **than** it is wide.*
Studia **più** diligentemente **che** intelligentemente.	*He studies **more** diligently **than** intelligently.*
Mi piace **meno** studiare **che** divertirmi.	*I like studying **less than** having fun.*
Luigi ha **più** nemici **che** amici.	*Louis has **more** enemies **than** friends.*

3. Before a conjugated verb, *than* translates into **di quel(lo) che.**

L'Italia produce più vino **di quel che** consuma.

*Italy produces more wine **than** it consumes.*

Pietro guadagna meno **di quel che** pensavo.

*Pietro earns less **than** I thought.*

esercizi

A. Paragonate (*Compare*) le seguenti persone (o posti o cose) usando **tanto...quanto** o **così...come.**

ESEMPIO   (alto) Teresa, Gina   **Teresa è tanto alta quanto Gina.   o:**
Teresa è così alta come Gina.

1. (bello) l'isola di Capri, l'isola d'Ischia   **2.** (grande) la tua camera, la mia camera **3.** (elegante) le donne italiane, le donne americane   **4.** (diligente) questi studenti, quegli studenti   **5.** (artistico) i film di Fellini, quelli di Zeffirelli   **6.** (preoccupato) la mamma, papà   **7.** (presto) questo pullman arriva, il treno   **8.** (serio) il problema della disoccupazione, quello dell'inflazione   **9.** (prezioso) il silenzio, la parola   **10.** (noioso) le giornate di vento, quelle di pioggia   **11.** (importante) le ore di studio, quelle di lavoro

B. Domanda e risposta. Rispondete usando **più...di** o **meno...di** e scegliendo (*choosing*) una delle due alternative.

ESEMPIO   (popolato) l'Italia, la California
—**L'Italia è più popolata o meno popolata della California?**
—**L'Italia è più popolata della California.**

1. (riservato) gli Italiani, gli Inglesi   **2.** (difficile) un esame di algebra, un esame di spagnolo   **3.** (lungo) le notti d'inverno, le notti d'estate   **4.** (leggero) un vestito di lana, un vestito di seta   **5.** (rapido) l'aereo, il treno   **6.** (necessario) la salute, i soldi   **7.** (pericoloso) la bicicletta, la motocicletta   **8.** (vecchio) il nonno, il nipotino   **9.** (fedele = *faithful*) il cane, il gatto   **10.** (comodo) una poltrona, una sedia   **11.** (costoso) i mobili antichi, i mobili moderni   **12.** (profumato) le rose, le margherite   **13.** (piacevole = *pleasant*) una giornata alla spiaggia, una giornata sugli sci   **14.** (umido) il clima di Milano, il clima di San Francisco   **15.** (alto) una villa di 2 piani, un grattacielo (*skyscraper*)

C. Rispondete usando **più...di** o **meno...di.**

ESEMPIO   —Chi ha più soldi? I Rockefeller o Lei?
—**I Rockefeller hanno più soldi di me.   o:**
—**I Rockefeller hanno meno soldi di me.**

1. Chi ha più preoccupazioni? I genitori o i figli?
2. Chi ha più clienti? Gli avvocati o i dottori?
3. Chi mangia più dolci? I bambini o gli adulti?

4. Chi cucina più spaghetti? Gli Italiani o i Francesi?
5. Chi cambia la macchina più spesso? Gli Europei o gli Americani?
6. Chi ha ricevuto più voti nelle ultime elezioni? I repubblicani o i democratici?
7. Chi guadagna più soldi? Un professore o un idraulico?
8. Chi ha più tempo libero? Una donna di casa o un'impiegata?
9. Chi parla più correttamente l'italiano? Lei o il professore?
10. Chi va più volentieri al ristorante? La moglie o il marito?
11. Chi ha un lavoro più faticoso (*tiring*)? Un meccanico o un postino (*mail carrier*)?

D. Rispondete secondo l'esempio.

ESEMPIO   Milano è industriale o artistica?   **Milano è più industriale che artistica.**

1. La Maserati è sportiva o pratica?   **2.** Il cielo è nuvoloso o sereno oggi?   **3.** L'Amaretto di Saronno è dolce o amaro?   **4.** Venezia ha strade o canali?   **5.** A un bambino piace studiare o giocare?   **6.** Lei mangia carne o verdura?   **7.** I Tedeschi bevono vino o birra? **8.** Per Lei è interessante leggere o viaggiare?   **9.** Le piace sciare o andare a un concerto? **10.** Lavora volentieri dentro o all'aperto, Lei?   **11.** Per Lei è interessante viaggiare negli Stati Uniti o all'estero?

E. Completate le frasi usando **come, quanto, di** (con o senza articolo), **che**, o **di quel che**.

1. La tua stanza è tanto grande _____ la mia.   **2.** Venezia è più romantica _____ credevamo. **3.** La sua sorellina è più bella _____ lei.   **4.** È meno faticoso (*tiring*) camminare in pianura _____ camminare in collina.   **5.** La moda di quest'anno è meno attraente (*attractive*) _____ moda degli anni scorsi.   **6.** Non siamo mai stati così poveri _____ adesso. **7.** Pescare è più riposante _____ nuotare.   **8.** I bambini sono più semplici _____ adulti. **9.** L'italiano è più facile _____ cinese.   **10.** Il cinese è meno difficile _____ pensate.

II. *Superlatives* (superlativi)

Con i suoi canali, i suoi ponti, e le sue gondole, Venezia è *la* città *più* romantica d'Italia.

There are two types of superlatives: the relative superlative (**superlativo relativo**) and the absolute superlative (**superlativo assoluto**).

---

1. The relative superlative in English means *the most . . . , the least . . . , the (. . .)est*. It is formed by placing the definite article before the comparatives of superiority or inferiority.

Firenze è **la più** bella città d'Italia.	*Florence is **the most** beautiful city in Italy.*
Il Monte Bianco è **il più** alto d'Europa.	*Mont Blanc is **the highest** mountain in Europe.*
Pierino è **il meno** studioso della classe.	*Pierino is **the least** studious in the class.*

Note that the English preposition *in* is rendered in Italian by **di** or **di** + definite article.

The position of the superlative in relation to the noun depends on the adjective. If the adjective follows the noun, the superlative also follows the noun. In this case, the article is placed *before* the noun.

Roma è **la più grande** città d'Italia. *or* Roma è **la** città **più grande** d'Italia.	*Rome is **the largest** city in Italy.*
Genova e Napoli sono **i** porti **più importanti** del Mare Tirreno.	*Genoa and Naples are **the most important** ports in the Tyrrhenian Sea.*

---

2. The absolute superlative in English means *very* or *extremely* + adjective or adverb. It is formed in the following ways:

   a. By placing **molto** before the adjective or the adverb

Capri è un'isola **molto bella.**	*Capri is a **very beautiful** island.*
Lui impara le lingue **molto facilmente.**	*He learns languages **very easily.***

   b. By dropping the final vowel of the adjective or of the adverb not ending in **-mente** and adding the suffix **-issimo** (**-issima, -issimi, -issime**) to the adjective and **-issimo** to the adverb

È stata una **bellissima** serata.	*It was a **very beautiful** evening.*
Ho passato delle vacanze **interessantissime.**	*I spent a **very interesting** vacation.*
Siamo arrivati **prestissimo.**	*We arrived **very early.***

NOTE:
Adjectives ending in **-co** and **-go** add the suffix **-ssimo** (**a, i, e**) to their masculine plural form.

| ricco | ricchissimo (a, i, e) | lungo | lunghissimo (a, i, e) |
| antico | antichissimo (a, i, e) | simpatico | simpaticissimo (a, i, e) |

esercizi

A. Più o meno? **Domanda e risposta.** Rispondete usando il **superlativo relativo,** secondo l'esempio.

> ESEMPIO   I vestiti italiani, eleganti, mondo.
> —**I vestiti italiani sono i più eleganti o i meno eleganti del mondo?**
> —**Sono i più eleganti del mondo.**

1. Lo stato di Rhode Island, grande, Stati Uniti   **2.** Il baseball, popolare, sport americani   **3.** Un chirurgo, caro, professionisti   **4.** Febbraio, lungo, mesi   **5.** Il 21 dicembre, breve, giorni dell'anno   **6.** L'estate, calda, stagioni   **7.** Il jogging, pericoloso, sport   **8.** Il «Concorde», veloce, aerei di linea   **9.** Il Po, lungo, fiumi italiani   **10.** Il cane, fedele, animali

B. Domanda e risposta. Rispondete formando il **superlativo assoluto** dell'aggettivo.

> ESEMPIO   bravo, Maria   —**È brava Maria?**
> —**È bravissima.**

1. bello, l'isola di Capri   **2.** paziente, il professore (la professoressa) d'italiano   **3.** veloce, la Maserati   **4.** stanco, gli studenti   **5.** ordinato, la tua stanza   **6.** lungo, quest'ora   **7.** alto, i grattacieli (*skyscrapers*)   **8.** difficile, questa lezione   **9.** antico, Roma   **10.** simpatico, gli Italiani   **11.** nervoso, gli studenti prima degli esami   **12.** affollato, i negozi durante il periodo di Natale   **13.** lento, le ore passate in biblioteca a studiare   **14.** felice, tu, di superare (*to pass*) gli esami

III. *Irregular comparatives and superlatives*

È il *pegglor* pianista della città.
Suona *peggio* degli altri.

1. Some adjectives have irregular comparative and superlative forms in addition to regular forms (**più** + adjective; **il/la più** + adjective). The most common are:

Adjective	Comparative		Relative superlative	
buono	migliore	*better*	il migliore	*the best*
cattivo	peggiore	*worse*	il peggiore	*the worst*
grande	maggiore	*bigger, greater*	il maggiore	*the biggest, the greatest*
piccolo	minore	*smaller*	il minore	*the smallest*

These forms are often used figuratively, whereas the regular ones are often used literally (to express size and physical or moral qualities).

Come studentessa Franca è **migliore** di Claudia, ma Claudia è **più buona** di Franca.	*Franca is **a better** student than Claudia, but Claudia **is better** (nicer) than Franca.*
Il Lago di Como è **più piccolo** del Lago di Garda.	*Lake Como is **smaller than** Lake Garda.*
Le autostrade italiane sono tra **le migliori** d'Europa.	*Italian highways are among **the best** in Europe.*
Dante è **il maggior*** poeta italiano.	*Dante is **the greatest** Italian poet.*
La tua è **la peggiore** delle scuse.	*Yours is **the worst** of the excuses.*

Maggiore (il maggiore) and **minore (il minore)** also mean *older* (*the oldest*) and *younger* (*the youngest*) when speaking of age. In this case, they follow the noun they modify.

Il mio fratello **maggiore** è a Siena.	*My **older** brother is in Siena.*
Franca è **la minore** delle sorelle.	*Franca is **the youngest** of the sisters.*

The *absolute superlatives* of these adjectives are formed as follows:

buono ⟶ **buonissimo, ottimo** *very good*
cattivo ⟶ **cattivissimo, pessimo** *very bad*

---

*Migliore, peggiore, maggiore,** and **minore** may drop the final **-e** before a noun not beginning with **z** or with **s** + consonant.

| grande → | **grandissimo, massimo** | *very big, very great* |
| piccolo → | **piccolissimo, minimo** | *very small* |

Le tagliatelle alla bolognese sono **buonissime**.	*Tagliatelle alla bolognese (a type of pasta) are **very good**.*
La Russia è un paese **grandissimo**.	*Russia is a **very large** country.*
Capri è un'isola **piccolissima**.	*Capri is a **very small** island.*
Non ho la **minima** idea di cosa farò.	*I haven't the **slightest** idea what I will do.*
La tua è un'**ottima** soluzione.	*Yours is a **very good** solution.*
D'inverno il clima di Milano è **pessimo**.	*In winter the climate in Milan is **very bad**.*

---

2. The adverbs **bene, male, molto,** and **poco** have the following comparative and superlative forms:

Adverb	Comparative		Relative superlative	
bene	meglio	*better*	il meglio	*the best*
male	peggio	*worse*	il peggio	*the worst*
molto	più, di più*	*more*	il più	*the most*
poco	meno, di meno*	*less*	il meno	*the least*

Lei conosce gli Stati Uniti **meglio** di me.	*You know the United States **better** than I do.*
Viaggio **più** d'estate che d'inverno.	*I travel **more** in summer than in winter.*
Parlerò **il meno** possibile.	*I will speak **the least** possible.*
Guadagni come me? No, guadagno **di più**.	*Do you earn as much as I (do)? No, I earn **more**.*

The *absolute superlatives* of these adverbs are formed as follows:

bene →	**benissimo, ottimamente**	*very well*
male →	**malissimo, pessimamente**	*very badly*
molto →	**moltissimo**	*very much*
poco →	**pochissimo**	*very little*

| Qui si mangia **benissimo**. | *Here one eats **very well**.* |
| Ho dormito **pochissimo**. | *I slept **very little**.* |

****Di più** and **di meno** are used when the second term of comparison is not expressed.

esercizi

A. Domanda e risposta. Secondo te....

a. Quale dei due è **migliore?**

ESEMPIO il clima della California, il clima dell'Oregon
—Secondo te, è migliore il clima della California o il clima dell'Oregon?
—Il clima della California è migliore del clima dell'Oregon.

1. una Lamborghini, una Rolls Royce   **2.** una vacanza al mare, una vacanza in montagna
3. un gelato al cioccolato, un gelato alla vaniglia (*vanilla*)   **4.** l'espresso, il cappuccino
5. la musica classica, la musica rock   **6.** la cucina italiana, la cucina francese   **7.** un film
comico, un film di avventure (*adventure*)

b. Quale dei due è **peggiore?**

1. la noia (*boredom*), il troppo lavoro   **2.** un padre avaro, un padre severo   **3.** la pioggia,
il vento   **4.** un chirurgo nervoso, un chirurgo lento   **5.** gli studenti pigri, gli studenti
distratti   **6.** il clima del Polo Nord, il clima dell'equatore   **7.** gli spinaci, i cavolfiori
(*cauliflower*)

c. Quale dei due è **maggiore?**

1. un figlio di vent'anni, un figlio di tredici anni   **2.** la popolazione dello stato di New
York, quella della California   **3.** il costo di un biglietto per le Hawaii, uno per l'Inghilterra
4. la percentuale di disoccupazione negli Stati Uniti, quella in Europa   **5.** la responsabilità
di un padre, quella di un figlio

d. Quale dei due è **minore?**

1. la distanza Milano–Roma, quella Milano–Napoli   **2.** i problemi di uno studente, quelli
di un padre di famiglia   **3.** il peso di una libbra, quello di un chilo   **4.** l'autorità di un
deputato, quella del primo ministro

B. Formate una frase completa con il **comparativo dell'avverbio** in corsivo, seguendo
l'esempio.

ESEMPIO Maria canta *bene*, Elvira.   **Maria canta meglio di Elvira.**

1. Un povero mangia *male*, un ricco.   **2.** Un avvocato guadagna *molto*, un impiegato.
3. Un barista va a letto *tardi*, un elettricista.   **4.** Un neonato (*newborn*) mangia *spesso*, un
ragazzo.   **5.** Uno studente pigro studia *poco*, uno studente diligente.   **6.** Una segretaria
scrive a macchina *velocemente*, una professoressa.   **7.** Mia madre cucina *bene*, me.

C. Rispondete usando il **superlativo assoluto dell'aggettivo o dell'avverbio.**

1. Canta bene Pavarotti?   **2.** Le piace molto viaggiare?   **3.** Mangia poco quando è a dieta?
4. Sta male quando riceve una brutta notizia?   **5.** È cattivo l'olio di ricino (*castor oil*)?
6. È grande l'Oceano Pacifico?   **7.** È piccolo un atomo?   **8.** Sono buoni i dolci italiani?

D. Proverbi. Quali sono i proverbi in inglese che hanno un significato simile a questi?

1. Meglio tardi che mai.
2. È meglio un asino (*donkey*) vivo che un dottore morto.
3. È meglio un uovo oggi che una gallina (*hen*) domani.

IV. *Uses of the definite article*

***La* gente non è mai contenta. *La* signora Scontenti vorrebbe andare in macchina. *Il* signor Scontenti vorrebbe fare una passeggiata a piedi.**

1. We have already seen that the definite article is used with titles, days of the week, possessive adjectives, reflexive constructions, and dates and seasons.

2. The definite article is also required with:

   a. Nouns used in a general or an abstract sense, whereas in English it is often omitted.

I bambini amano **gli animali.**	*Children love* **animals.**
La gente ammira **il coraggio.**	*People admire* **courage.**
Il tempo è prezioso.	*Time is precious.*

   b. Names of languages.

Ho incominciato a studiare **l'italiano.**	*I began to study* **Italian.**

c. Geographical names indicating continents, countries, states, regions, large islands, and mountains. Names ending in **-a** are generally feminine and take a feminine article; those ending in a different vowel or in a consonant are masculine and take a masculine article.

L'**Ẹverest** è il monte più alto del mondo.

Mount Everest is the highest mountain in the world.

La capitale de**gli Stati Uniti** è Washington.

*The capital of **the United States** is Washington.*

L'**Ạsia** è più grande del**l'Europa**.

*Asia is larger than **Europe**.*

I miei genitori vẹngono dal**la Sicịlia**.

*My parents come from **Sicily**.*

Il Texas è ricco di petrọlio.

Texas is rich in oil.

Il Piemonte confina con **la Ligụria**.

*Piedmont borders on **Liguria**.*

La Sicịlia è una bellịssima ịsola.

Sicily is a very beautiful island.

NOTE:

When a feminine noun indicating a continent, country, region, or large island is preceded by the preposition **in** (*in, to*), the article is omitted unless the noun is modified.

Andrete **in Itạlia** questa estate?

*Will you go **to Italy** this summer?*

Sì, andremo **nell'Itạlia meridionale**.

*Yes, we will go **to southern Italy**.*

---

esercizi

A. Completate le seguenti frasi con l'*artịcolo*, se necessario.

1. Mi piace _____ vino rosso.   **2.** _____ neve è bianca.   **3.** _____ gente ama viaggiare.
4. _____ Capri è una piccola ịsola.   **5.** Impariamo due lịngue: _____ spagnolo e _____ italiano.   **6.** Giụlia si è tagliata _____ capelli.   **7.** Ci vedremo _____ venerdì.   **8.** Ti piace _____ inverno?   **9.** _____ domenica ci incontriamo sempre con _____ nostri amici.

B. Completate con le parole mancanti (*missing*).

1. _____ Giappone è _____ Ạsia.   **2.** _____ Monte Etna è _____ Sicịlia.   **3.** _____ Stati Uniti sono _____ Amẹrica del Nord.   **4.** _____ Massachụssetts confina con _____ New Hamp-shire.   **5.** _____ Algeria è _____ Ạfrica del Nord.   **6.** _____ Rụssia si trova _____ Europa orientale.   **7.** _____ Calạbria è _____ Italia meridionale.   **8.** Miami Beach è _____ Florida.
9. _____ Monte Bianco si trova _____ Alpi occidentali.   **10.** Il clima _____ Califọrnia è più mite (*mild*) di quello _____ Alaska.

C. Create delle frasi complete usando il superlativo relativo o il superlativo assoluto (o tutt'e due, se è possibile).

> ESEMPIO la disoccupazione **La disoccupazione è un problema gravissimo.**
> il K2 **Il K2 è la cima** (*peak*) **più alta dell'Everest.**

1. il Monte Bianco   2. la lingua italiana   3. il Mississippi   4. la fame nel mondo   5. l'Empire State Building   6. New York   7. la primavera   8. Firenze   9. agosto   10. Milano   11. febbraio

LETTURA

Una lezione di geografia

Liliana ha potuto trovare diverse lezioni private. Fra i suoi *allievi* c'è Tim, un *ragazzino* californiano. Il padre di Tim è impiegato in una società multinazionale *con sede* a Milano e si trova in Italia da più di un anno, con la famiglia. pupils
young boy
based

Oggi si parla di geografia.

—Timmy, che cosa sono queste?
—Due mappe, una dell'Italia, l'altra degli Stati Uniti.
—Attento: si dice «carte geografiche». Se paragoni l'Italia agli Stati Uniti, che cosa vedi?
—Vedo che l'Italia è piccolissima, molto più piccola degli Stati Uniti. Vedo anche che ha una forma strana e che è molto più lunga che larga.
—Bravissimo! Infatti ha la forma di uno stivale. Ora, se guardi il tuo stato, la California, che cosa mi puoi dire?
—L'Italia è quasi grande quanto la California.
—Benissimo. La superficie dell'Italia è più di due terzi quella della California. Ti posso dire di più: Milano dista da Roma quanto San Francisco dista da Los Angeles.
—Però quando *si va* in macchina da Milano a Roma, non sembra così lontano. one goes
—Perchè dici così?
—Perchè *si vedono* tante città. Anche l'Autostrada del Sole sembra più piccola, comparata con le autostrade americane. one sees
—Non si dice «comparata con», ma «paragonata a» quelle americane. E Milano, come ti sembra, se la paragoni a San Francisco?

—Meno bella, *naturalmente*. Più vecchia di San Francisco, e con   of course
le case più grigie. E d'inverno fa più freddo a Milano che a
San Francisco, mentre d'estate fa più caldo.

—Insomma, cosa ti piace di questa città?

—Mi piace la cucina. Da quando siamo qui, mangiamo molto
meglio: ogni giorno un piatto diverso di pastasciutta. E le
torte sono migliori qui che negli Stati Uniti.

—*Meno male* che ti piace qualche cosa. Ma…parlavamo della   It's a good thing
superficie dell'Italia, che è quasi uguale a quella della
California.* Lo sai quanti abitanti ci sono in California?

—Mio padre dice che ci sono più di venti milioni di Californiani
e che sono troppi.

—Sì, ho letto che la California è lo stato più popolato degli Stati
Uniti. Ma lo sai, Tim, che in Italia ci sono quasi sessanta
milioni di abitanti?

Autostrada con galleria, vicino a Pescara negli Abruzzi.

---

*L'Italia misura più di 116.000 miglia quadrate e ha una popolazione di più di
57.000.000 di abitanti.

MILANO: Centro della città *(in alto, a sinistra)*

VENEZIA: Un piccolo canale in una giornata di pioggia *(in alto, a destra)*

MILANO: La Galleria Vittorio Emanuele *(in basso)*

FIRENZE: Veduta da Piazzale Michelangelo *(in alto)*

FIRENZE: Ponte Vecchio e le sue botteghe *(al centro)*

FIRENZE: Paggio del calcio storico fiorentino *(in basso)*

ROMA: Tempio di Vesta *(in alto)*

ROMA: Statua equestre dell'imperatore Marco Aurelio *(al centro)*

ROMA: Un ristorante a Piazza Navona *(in basso)*

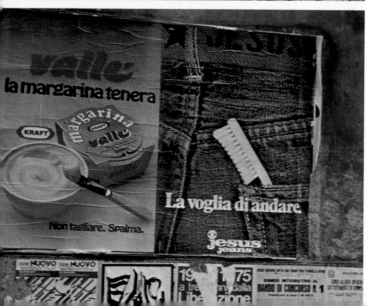

Cortina d'Ampezzo *(in alto, a destra)*

Riviera di Levante: Spiaggia a Camogli *(in alto, a sinistra)*

Cartelloni pubblicitari *(in basso)*

DOMANDE SULLA LETTURA

1. A chi ha incominciato a dare lezioni private Liliana? **2.** Che cosa fa il padre di Tim? **3.** Di quali paesi parlano? **4.** Che cosa guardano per paragonare i due paesi? **5.** È meno grande la California dell'Italia? **6.** La distanza fra Milano e Roma è maggiore o minore di quella fra San Francisco e Los Angeles? **7.** Secondo Tim, Milano sarebbe più bella o meno bella di San Francisco? Perchè? **8.** Com'è il clima di Milano paragonato a quello di San Francisco? **9.** Secondo il ragazzino, come sarebbe la cucina italiana paragonata a quella americana? **10.** Ci sono più o meno di 50 milioni di abitanti in Italia? **11.** L'Italia è più popolata o meno popolata della California?

DOMANDE PERSONALI

1. Ha dei fratelli minori Lei? **2.** Nella Sua città ci sono più di 250.000 abitanti? **3.** Si trova in questa università da più di un anno Lei? **4.** Ha tanto tempo libero quanto ne desidera Lei? **5.** Lei trova la grammatica italiana così semplice come credeva? **6.** Conosce l'italiano così bene come l'inglese? **7.** È più facile per Lei studiare nella Sua stanza o in biblioteca? **8.** Che cosa Le piacerebbe di più: fare il dottore (dottoressa) o il professore (professoressa)? **9.** È vero che Lei studia pochissimo? **10.** Lei è tanto bravo(a) in matematica quanto Einstein? **11.** È più ricco(a) dei Rockefeller Lei? **12.** È mai stato(a) all'estero Lei? Quando? **13.** Quale paese straniero Le è piaciuto? **14.** Se Lei paragona il Suo paese al paese straniero che Lei ha visitato, quali sono le differenze che Lei ha notato, dal punto di vista (*point of view*) fisico e culturale?

ATTIVITÀ

A. Orale

Descrivete la geografia di questo stato. Quali sono gli stati che lo circondano (*surround it*)? Quali ne sono le caratteristiche fisiche, il clima, ecc.? Dite che cosa vi piace di questo stato, che cosa non vi piace, e perchè. (Ogni studente contribuisce con le sue osservazioni.)

B. Tema

Scrivete una lettera a un amico italiano che vorrebbe venire a trovarvi. Descrivete il vostro stato, le sue bellezze naturali, il clima, le possibilità di lavoro, quali sport è possibile praticare, ecc.

C. Traduzione

1. Gino Campana and Gennaro De Filippo are two mechanics who (**che**) work at the Fiat plant (**fabbrica**) in Torino. **2.** Gennaro often speaks about his region, Campania, and his city, Napoli, to his friend Gino. **3.** Napoli is the most beautiful city in the world, with its fantastic gulf, Capri, Ischia. . . . **4.** Yes, Gennarino, but you must admit (**ammettere**) that Torino is more industrial and richer than Napoli. **5.** But the climate is not as good as that of Napoli. In winter it is much colder, and in summer it is more humid. **6.** You are right. Life is more pleasant in Napoli than in Torino for very rich people. **7.** If one wants to earn more money, it is better to live in Torino. There are better jobs, and salaries are higher. **8.** In fact, my younger brother, who is an engineer, has been working only three years, and he earns more than I. **9.** I will work in Torino until (**fino a quando**) it is time to retire, and then I will return to my very beautiful city. **10.** So, Gennarino, it is true what (**quello che**) they say: *Vedi Napoli, e poi muori.*

vocabolario

NOMI

l'adulto, adulta	adult
il canale	channel
la capitale	capital
la caratteristica	characteristic
il cliente	client
il clima	climate
il contrario	contrary, opposite
il dentifricio	toothpaste
la distanza	distance
la forma	form, shape
la gita scolastica	field trip
il grattacielo	skyscraper
la libbra	pound
il miglio (pl. le miglia)	mile
il mondo	world
il nemico	enemy
la noia	boredom
il paesaggio	landscape
la percentuale	percentage
il periodo	period
il peso	weight
il ponte	bridge
la popolazione	population
la preoccupazione	worry
la regione	region
la salute	health
gli sci	skis
la scusa	excuse
lo spazzolino da denti	toothbrush

AGGETTIVI

amaro	bitter
attraente	attractive
centrale	central
culturale	cultural
diligente	diligent
dolce	sweet
faticoso	tiring
fedele	faithful
fisico	physical
geografico	geographic
industriale	industrial
mite	mild
ottimo	excellent
pericoloso	dangerous
piacevole	pleasant
popolato	populated
prezioso	precious
privato	private
riservato	reserved
romantico	romantic
severo	strict
uguale	equal
umido	humid

VERBI

circondare	to surround
distare	to be distant, to be (far) from
guadagnare	to earn
paragonare	to compare
soffrire (p.p. sofferto)	to suffer
truccarsi	to put on make-up

ALTRE ESPRESSIONI

a proposito	by the way
come mai?	how come?
correttamente	correctly
essere d'accordo	to agree
infatti	in fact
il meno possibile	the least possible
meno male	it's a good thing
naturalmente	naturally, of course
il punto di vista	point of view

L'ITALIA: UN MOSAICO DI PAESAGGI

Una veduta delle Alpi.

L'Italia è un piccolo paese con *confini* naturali ben defi-   boundaries
niti. Al nord la catena *maestosa* delle Alpi la separa dal resto   majestic
dell'Europa. All'ovest, al sud, e all'est, invece, la circondano
il Mare Ligure, il Mare Tirreno, il Mare Ionio e il Mare Adriatico. Dentro questi confini sta un mosaico di *paesaggi* che   landscapes
permette al viaggiatore di ammirare panorami continua-
mente diversi.

Il paesaggio della regione alpina è ricco di *ghiacciai,* di   glaciers
grandi e piccoli laghi, e di valli coperte di *pinete.* Nelle Alpi   pine forests
occidentali si alza la montagna più alta d'Europa, il Monte
Bianco (4.810 metri*). Poi viene la zona dei grandi laghi: i

———————

*15,781 ft.

più importanti sono il Lago Maggiore, il Lago di Como, e il Lago di Garda, che *attirano* i turisti in ogni stagione. Infatti, il clima qui è mite e permette l'esistenza di una vegetazione che si trova di solito lungo le coste del mare: ulivi, aranci, limoni e palme.

attract

Dalle Alpi occidentali nasce il Po, il fiume più lungo d'Italia. Il Po attraversa la Pianura Padana (del Po) ed entra nell'Adriatico. La Valle Padana è la pianura più grande d'Italia. L'abbondanza dell'acqua fa di essa la zona più ricca d'Italia. La campagna *vi* è fertilissima e l'agricoltura *vi raggiunge* un alto livello di *sviluppo*. La catena dei Monti Appennini limita la Pianura Padana al sud e attraversa tutta la penisola.

here / reaches (here)

development

Sicilia. Una veduta della costa.

Da questa catena nascono i due fiumi Arno e Tevere che attraversano rispettivamente Firenze e Roma, prima di finire nel Tirreno. Gli Appennini sono di origine vulcanica. Una zona particolarmente instabile è quella compresa fra il Vesuvio, vicino a Napoli, e l'Etna, nella Sicilia orientale. Questi due vulcani hanno una lunga storia di distruzione. Il Vesuvio *ha sepolto* nel 79 dopo Cristo le città romane di Pompei e Ercolano; l'Etna *ha distrutto* diverse volte la città di Catania. Nelle regioni settentrionali, il paesaggio appenninico ha un aspetto dolce e civilizzato, mentre *acquista* una bellezza selvaggia *più si* procede verso il sud.

Anche le coste italiane differiscono nel loro aspetto fisico. Quelle occidentali sono in genere alte e *rocciose*. Particolarmente pittoresche sono la Riviera Ligure, che continua la Riviera Francese; la Costa Amalfitana, al sud di Napoli; e le coste settentrionale e orientale della Sicilia. Le coste dell'Adriatico sono in genere più basse, con ampie spiagge *sabbiose* che attirano d'estate *folle di bagnanti*.

Oltre alla Sicilia, fanno parte dell'Italia l'isola di Sardegna e molte altre isole minori. Vicino alla Toscana si trova l'isola d'Elba. Nel golfo di Napoli ci sono le isole di Capri e Ischia, due delle più belle isole del Mediterraneo.

Glosses (right margin):
- buried
- destroyed
- acquires
- the more one
- rocky
- sandy / crowds of sunbathers

ESERCIZIO DI COMPRENSIONE

1. Le Alpi separano l'Italia....
   a. dall'Africa   **b.** dalla Spagna   **c.** dal resto dell'Europa
2. Il Monte Bianco è....
   a. la montagna meno elevata d'Europa   **b.** la montagna più elevata d'Europa
   c. una delle montagne più elevate d'Europa
3. La Pianura Padana è situata nell'Italia....
   a. centrale   **b.** settentrionale   **c.** meridionale
4. Il Tevere attraversa....
   a. Firenze   **b.** Roma   **c.** Napoli
5. Il vulcano Vesuvio si trova....
   a. nell'Italia settentrionale   **b.** vicino a Napoli   **c.** in Sicilia
6. L'Elba è un'isola che si trova....
   a. nel Mar Adriatico   **b.** nel Mar Ionio   **c.** nel Mar Tirreno

16
GLI SPORT

Santa Margherita, in Liguria. Barche ancorate nel porto.

Una partita di pallacanestro.

GIOVANI SPORTIVI

Marisa ha incontrato Alberto, un ragazzo *con cui* suo fratello faceva dello sport alcuni anni fa.   with whom

Marisa	Come va, Alberto? Sempre appassionato di	
	pallacanestro?	basketball
Alberto	Più che mai! Ho *appena* finito di giocare contro la	just
	squadra torinese.	team
Marisa	E chi ha vinto la *partita?*	game
Alberto	La mia squadra, naturalmente! Il nostro gioco è stato	
	migliore. E poi, siamo più alti; cosa che aiuta, *non ti*	don't you think so?
	pare?	
Marisa	Eh, direi!	
Alberto	E voi, *cosa c'è di nuovo?*	what's new?
Marisa	*Nessuna novità*, almeno per me. Ma mio fratello ha	Nothing new
	ricevuto una lettera, *in cui* gli offrono un posto come	in which
	istruttore sportivo per l'estate prossima.	
Alberto	E dove lavorerà?	
Marisa	In uno dei villaggi turistici della Calabria.	
Alberto	Magnifico! Là potrà praticare tutti gli sport che	
	piacciono a lui, *compresi* lo sci acquatico e il surfing.	including
Marisa	Eh, sì. Il surfing è uno degli sport di maggior	
	successo oggi.	

Alberto	Ma tu, con un fratello così attivo negli sport, non ne pratichi *qualcuno?*
Marisa	Certo, ma sono gli sport dei poveri. Faccio del footing e molto ciclismo. Chissà, un giorno forse parteciperò al Giro d'Italia delle donne.

any (margin note next to "qualcuno")

DOMANDE SUL DIALOGO

1. Chi è Alberto? **2.** Quale sport piace ad Alberto? **3.** La sua squadra ha vinto o perso contro la squadra di Torino? **4.** Perchè la squadra di Alberto ha vinto? **5.** Cosa c'è di nuovo per Marisa? **6.** Che novità ci sono per il fratello di Marisa? **7.** Che cosa farà l'estate prossima? **8.** In quale regione andrà a lavorare? **9.** La Calabria è nell'Italia settentrionale? **10.** Quali sport potrà praticare al mare il fratello di Marisa? **11.** Quali sport pratica Marisa? **12.** Che cosa spera di fare un giorno? **13.** Al Giro d'Italia partecipano i ciclisti o i motociclisti? **14.** Chi segue con grande interesse il giro d'Italia?

STUDIO DI PAROLE

il calcio	soccer	**la partita**	match, game
il canottaggio	rowing	**il gioco**	game
il ciclismo	bicycling	**la gara**	race, competition
l'equitazione (*f.*)	riding	**la tuta da ginnastica**	sweatsuit
il football		**l'allenatore, allenatrice**	coach
il nuoto	swimming	**l'arbitro**	referee
la pallacanestro	basketball	**lo spettatore, la spettatrice**	
il pattinaggio	skating	**il (la) tifoso(a)**	fan
il pugilato	boxing	**fare il tifo (per)**	to be a fan (of)
lo sci	ski	**fare dello sport**	
lo sci acquatico		**praticare uno sport**	
il tennis		**(lo sci...ecc.)**	
lo stadio	stadium	**giocare a**	
la palestra	gym(nasium)	**allenare**	to coach
il giocatore, la giocatrice	player	**andare in bicicletta**	to ride a bike
l'atleta (*m. & f.*)		**correre** (*p.p.* **corso**)	to run
la squadra	team		

Qualunque sport è meglio di niente... o no?

il/la ciclista   il pugile

ESERCIZIO SU STUDIO DI PAROLE

1. Nominate alcuni degli sport americani più popolari.   **2.** C'è qualche sport che, secondo Lei, dovrebbe essere abolito (*abolished*)?   **3.** Quale genere di sci si fa al mare?   **4.** A che cosa giocano i *globetrotter?*   **5.** Dove si pratica il canottaggio?   **6.** Quali sono gli sport che si fanno sulla neve o sul ghiaccio?   **7.** Come si chiamano gli appassionati di uno sport?   **8.** Chi allena i giocatori nella loro preparazione sportiva?   **9.** Che cosa fanno le persone nel disegno di **Studio di parole?**   **10.** Lei sa quale sport in Italia ha il maggior numero di tifosi?   **11.** Dove si allenano i giocatori?   **12.** Fa il tifo per qualche sport Lei?   **13.** Lei ricorda dove hanno avuto luogo (*took place*) le Olimpiadi invernali (*winter*) del 1988? E quelle estive (*summer*)?   **14.** È uno sciatore (una sciatrice) esperto(a) Lei?   **15.** Preferisce lo sci di discesa (*downhill skiing*) o lo sci di fondo (*cross-country skiing*)?   **16.** Cosa si mette Lei quando va in palestra?

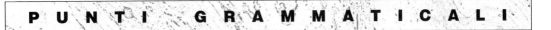

P U N T I   G R A M M A T I C A L I

I. *Relative pronouns* (pronomi relativi)

I giocatori *che* hanno vinto sono gli Azzurri.   Ecco lo stadio *in cui* hanno giocato.

1. Chi sono gli Azzurri?   **2.** Dove si trova lo stadio in cui hanno giocato?

1. The relative pronouns are **che, cui, il quale, quello che (ciò che),** and **chi.** They are used to link two clauses.

Questa è la squadra italiana. Ha giocato a Madrid.
Questa è la squadra italiana **che** ha giocato a Madrid.

2. Che is the equivalent of the English *who, whom, that, which* and is used either as a subject or as a direct object. It is invariable, cannot be omitted, and must *never* be used after a preposition.

Il ragazzo **che** gioca è brasiliano.	*The boy **who** is playing is Brazilian.*
La macchina **che** ho comprato è usata.	*The car (**that**) I bought is used.*
Le signore **che** ho visto sono le zie di Pino.	*The ladies (**whom**) I saw are Pino's aunts.*

3. Cui is the equivalent of the English *whom* and *which* as objects of prepositions. It is invariable and must be *preceded* by a preposition.

Ecco i signori **con cui** abbiamo viaggiato.	*Here are the gentlemen we traveled with (**with whom** we traveled).*
Il pugile **di cui** ti ho parlato è il migliore.	*The boxer I spoke to you about (**about whom** I spoke to you) is the best.*
L'amico **a cui** ho scritto si chiama Gianfranco.	*The friend I wrote to (**to whom** I wrote) is Gianfranco.*

NOTE:
In cui translates as *when* in expressions of time and as *where* in expressions of place. In the latter case, it may be replaced by **dove**. **Per cui** translates as *why* in the expression *the reason why (that)*.

Il giorno **in cui** sono nato...	*The day (**when**) I was born . . .*
La casa **in cui** (**dove**) sono nato...	*The house **in which** (**where**) I was born . . .*
Ecco la ragione **per cui** ti ho scritto.	*Here is the reason (**why**) I wrote to you.*

When **cui** is preceded by a definite article, it translates as *whose*. The article must agree with the noun that follows.

Ecco Bianchi, **il cui** fratello è un allenatore.	*Here is Bianchi, **whose** brother is a coach.*
Ti presento Gino, **i cui** genitori sono in America.	*I would like you to meet Gino, **whose** parents are in America.*

4. Il quale (la quale, i quali, le quali) may be used to replace **cui** after a preposition. It may also be used instead of **che** to avoid ambiguity.

La ragazza **con cui** (**con la quale**) esco è tedesca.	*The girl **with whom** I go out is German.*

Dov'è la casa **in cui (nella quale)** abitavate?	*Where is the house **in which** you used to live?*
Ecco i giocatori **a cui (ai quali)** ho parlato.	*There are the players I spoke to (**to whom** I spoke).*
Jim è l'amico di Teresa **che (il quale)** studia a Perụgia.	*Jim is Teresa's friend **who** is studying in Perugia.*

---

5. Quello che (quel che) or **ciò che** mean *what* denoting *that which.* They are invariable.

Quello che (Ciò che) dici è vero.	***What** you are saying is true.*
Non so **quello che (ciò che)** farò.	*I don't know **what** I will do.*

---

6. Chi translates as *the one(s), who, he who,* and *those who.* It is invariable.

Chi studierà avrà un bel voto.	***He who** studies will receive a good grade.*
Chi arriverà ụltimo avrà un prẹmio di consolazione.	***He who** arrives last will receive a consolation prize.*
Chi più spende, meno spende.	*Cheapest is dearest. (lit.: **He who** spends more, spends less.)*

---

esercizi

A. Unite (*Combine*) le due frasi di ogni gruppo usando **che.** Seguite gli esempi dati.

ESEMPIO   Ho conosciuto un atleta. Parteciperà alle Olimpịadi.
Ho conosciuto un atleta che parteciperà alle Olimpịadi.

1. Abbiamo visitato la Toscana. È una bellịssima regione.
2. Ho visto i giocatori. Si allenạvano allo stạdio.
3. Aspetto il treno. Va a Venẹzia.
4. Conosco una signora. È professoressa di geografia.

ESEMPIO   La squadra ha vinto. È italiana.   **La squadra che ha vinto è italiana.**

1. Gli atleti sono arrivati. Sono russi.
2. La gente va al mare. Fa dello sci acquạtico.
3. I ragazzi sono forti. Fanno molto sport.
4. Il giocatore ha perso. Non parteciperà ai giochi olịmpici.

ESEMPIO   Il libro è interessante. L'ho letto.   **Il libro che ho letto è interessante.**

1. La conferenza era noiosa. L'abbiamo ascoltata.
2. L'ạrbitro è mio zio. L'hanno fischiato (*booed*).
3. Il film è di Lina Wertmüller. L'abbiamo visto.
4. Gli stivali sono di pelle nera. Li ho comprati.

B. Domanda e risposta. Esprimete (*Express*) la vostra preferenza per le seguenti cose, secondo l'esempio.

> ESEMPIO (sport) il nuoto/il canottaggio —**Ti piace il nuoto?**
> —**No, lo sport che mi piace è il canottaggio.**

1. (colore) il giallo/il blu **2.** (frutta) le mele/l'uva **3.** (vino) il Chianti/il Valpolicella **4.** (fiori) le margherite/le viole **5.** (automobile) la Volvo/la Mercedes **6.** (sport) il ciclismo/lo sci di fondo **7.** (animali) i gatti/i cani **8.** (bevanda) il tè/la cioccolata calda **9.** (la musica) il jazz/la musica classica **10.** (la materia) la storia/la geografia **11.** (la festa) il Natale/la Pasqua **12.** (le stagioni) la primavera/l'autunno e l'inverno **13.** (i paesi) la Francia/l'Italia e la Svizzera

C. Dite se parlate **spesso, raramente, qualche volta,** o **mai** dei seguenti argomenti (*topics*).

> ESEMPIO la politica **La politica è un argomento di cui non parlo mai con i miei amici.**

1. le partite di football **2.** la crisi economica **3.** le previsioni del tempo **4.** l'oroscopo **5.** le vacanze **6.** gli esami **7.** i divertimenti **8.** il matrimonio **9.** la moda **10.** i miei problemi personali **11.** la mia salute **12.** l'inquinamento **13.** la disoccupazione **14.** la fame nel mondo **15.** la politica estera **16.** i soldi **17.** le mie relazioni personali

D. Completate le seguenti frasi usando **cui** preceduto (*preceded*) dalla preposizione appropriata.

> ESEMPIO Sono gli amici _____ ho fatto una passeggiata.
> **Sono gli amici con cui ho fatto una passeggiata.**

1. La scrivania (*desk*) _____ scrivo è molto vecchia.
2. Questo è il negozio _____ ho comprato il mio vestito.
3. Le ragioni _____ voglio cambiare lavoro sono molte.
4. La ragazza _____ ho dato l'indirizzo, l'ha perduto.
5. L'aereo _____ abbiamo viaggiato era un 747.
6. Ecco gli studenti _____ ho insegnato l'italiano.
7. Ho un fratello _____ piace molto scherzare.
8. Sono andato a vedere il musical _____ tutti parlano.
9. Ecco il museo _____ si sono incontrati.
10. Non mi piace la gente _____ tu vai.

E. Unite le due frasi sostituendo la parola in corsivo con **cui** preceduto dalla preposizione appropriata.

> ESEMPIO Il ragazzo si chiama Franco. Sono uscita con *lui.*
> **Il ragazzo con cui sono uscita si chiama Franco.**

1. La signora è segretaria. Ho bisogno di *lei.* **2.** Lo stadio è piccolo. Hanno giocato nello *stadio.* **3.** La ragazza è francese. Ho telefonato alla *ragazza.* **4.** L'amico è partito. Sono andato in vacanza con *lui.* **5.** Gli amici abitano in Florida. Ho scritto *loro.* **6.** La zia vive a Perugia. *Le* ho mandato una lettera. **7.** L'argomento è interessante. Il professore *ne* ha parlato.

F. Sostituite **cui** con **il quale, la quale, i quali,** or **le quali.**

> ESEMPIO   C'è una persona a cui penso spesso.
> **C'è una persona alla quale penso spesso.**

1. Ricordi l'amico di cui ti ho parlato?   **2.** Ho visitato la palestra in cui gli atleti si allenano.
3. Ecco il monumento vicino a cui si sono incontrati.   **4.** La città da cui veniamo è Bari.
5. Mio padre mi parla sempre degli anni in cui c'era la depressione.   **6.** Ti porto a vedere
le montagne su cui salivo da bambino.   **7.** Nell'Italia del nord ci sono fiumi in cui si può
pescare.   **8.** Ricordo molto bene l'esame in cui ho preso una *F.*   **9.** Questo è l'albero su
cui abbiamo scritto i nostri due nomi.   **10.** Quella è la scala da cui sono caduta.
11. Non mi ricordo più la ragione per cui io e il mio fidanzato abbiamo litigato.   **12.** Com'è
l'appartamento in cui avete traslocato?

G. Rispondete negativamente alle domande usando **quello che (ciò che).**

> ESEMPIO   —Che cosa ha spiegato il professore?
> **—Non so quello che il professore ha spiegato.**

1. Che cosa ha fatto Roberto ieri sera?   **2.** Che cosa ha detto il presidente nel suo discorso?
3. Che cosa faremo per il compleanno della mamma?   **4.** Che cosa dovrai pagare per
riparare la macchina?   **5.** Che cosa faranno i tifosi se la loro squadra perderà?   **6.** Che
cosa farà Lei quando sarà milionario?   **7.** Che cosa farai se nascerai una seconda volta?
8. Che cosa penserà tuo padre quando vedrà i tuoi voti?   **9.** Che cosa farai se sarai
licenziato?   **10.** Che cosa ha deciso di fare tuo fratello?   **11.** Che cosa è piaciuto ai tuoi
genitori quando sono andati in Europa?

H. Completate le frasi usando uno dei seguenti pronomi relativi: **che, cui** (preceduto da
una preposizione), o **quello che.**

1. Lo sport _____ preferisco è il tennis.   **2.** L'anno _____ sono nato era bisestile *(leap year).*
3. Puoi darmi i soldi _____ ti ho prestato?   **4.** Non capisco _____ dici.   **5.** La festa _____
hai dato è stata un successo.   **6.** Il libro _____ ti ho parlato è in biblioteca.   **7.** La signorina
_____ abbiamo incontrato è americana.   **8.** La signorina _____ abbiamo parlato è canadese.
9. Il pranzo _____ mi hanno invitato era al Waldorf Astoria.   **10.** È proprio il vestito
_____ ho bisogno.   **11.** Non ho ascoltato _____ ha detto il professore.   **12.** Il compagno
di camera _____ abito è giapponese.   **13.** L'appartamento _____ abbiamo traslocato è in
centro.   **14.** Questi sono i soldi _____ ho risparmiato questo mese.

I. Proverbi. Quali proverbi inglesi hanno un significato simile a questi proverbi?

1. Chi non lavora, non mangia.
2. Chi troppo vuole, niente ha.
3. Chi dorme, non prende pesci.

II. *Indefinite pronouns* **(pronomi indefiniti)**

—C'è *qualcuno* in casa?

In Chapter 4, you studied the indefinite adjectives **qualche, alcuni(e)** (*some*); **tutti(e)** (*all*); and **ogni** (*every*). Here are some common indefinite pronouns:

alcuni(e)	*some*	**chiunque**	*anyone*
qualcuno	*someone, anyone (in a question)*	**ognuno**	*everyone, each one*
		tutti(e)	*everybody, all*
qualcosa	*something, anything (in a question)*	**tutto**	*everything*

Alcuni sono rimasti, altri sono partiti.
Some stayed, others left.

Conosco **qualcuno** a Roma.
I know someone in Rome.

Hai bisogno di **qualcosa?**
Do you need anything?

Chiunque può fare questo lavoro.
Anyone can do this work.

Ognuno ha fatto una domanda.
Each one asked a question.

C'ẹrano **tutti.**
Everybody was there.

Ho visto **tutto.**
I saw everything.

NOTE:

a. The corresponding adjective for **chiunque** is **qualunque** (*any, whatsoever*), which is invariable. The noun that follows is always in the singular.

Lui riuscirà a **qualunque** costo.
He will succeed at any cost.

b. Qualcosa takes **di** before an adjective and **da** before an infinitive.

Ho qualcosa **di** interessante **da** dirti.
I have something interesting to tell you.

esercizi

A. Completate scegliendo una delle seguenti espressioni: **qualche, alcuni, alcune, qualcuno, qualcosa.**

1. Mi piacciono tutte le attività sportive, ma ho solamente _____ domeniche libere e pratico solamente _____ sport leggero.
2. Ieri sono andato allo stadio e ho visto _____ di interessante. C'erano degli atleti che si allenavano per le Olimpiadi: _____ erano spettacolari.
3. _____ mi ha detto che la nostra squadra di calcio ha una buona possibilità di vincere e che abbiamo anche _____ atlete bravissime.
4. Franco, c'è _____ al telefono che vuole domandarti _____.
5. _____ volta è difficile ammettere (*to admit*) di avere torto.

B. È qualcuno. . . . Domanda e risposta. Seguite l'esempio.

> ESEMPIO   un allenatore/allenare gli atleti   —**Che cos'è un allenatore?**
> —**È qualcuno che allena gli atleti.**

1. un giornalista/scrivere articoli   **2.** un ciclista/correre in bicicletta   **3.** un ottimista/pensare positivamente   **4.** un architetto/fare progetti di edifici   **5.** un segretario/scrivere a macchina   **6.** un disoccupato/non avere lavoro   **7.** una persona elegante/avere buon gusto   **8.** una persona pigra/non volere fare niente   **9.** uno sportivo/essere appassionato di sport   **10.** un tifoso/fare il tifo per la sua squadra   **11.** un pessimista/pensare sempre al peggio

C. È qualcosa. . . . Domanda e risposta. Seguite l'esempio.

> ESEMPIO   una palla/giocare   —**Che cos'è una palla?**
> —**È qualcosa con cui giochiamo.**

1. una pentola/cucinare   **2.** un paio di scarponi/andare in montagna   **3.** una penna/scrivere   **4.** i pattini/fare del pattinaggio   **5.** una valigia/viaggiare   **6.** l'ascensore/salire all'ultimo piano   **7.** un bicchiere/bere   **8.** gli occhiali/vedere meglio   **9.** un cucchiaio/mangiare la minestra   **10.** un coltello/tagliare la carne

D. Rispondete usando **chiunque** e **qualunque** e dei pronomi oggetto, se possibile.

> ESEMPIO   —Chi vuole un regalo?   —**Chiunque lo vuole.**
> —Quale regalo desidera Lei?   —**Desidero qualunque regalo.**

1. Chi desidera diventare ricco?   **2.** Chi vorrebbe fare una lunga vacanza in Italia?
3. Quali città italiane vorrebbe visitare Lei?   **4.** Quali musei italiani vorrebbe vedere?
5. Quali isole del Mediterraneo vorrebbe visitare?   **6.** Chi vorrebbe vincere un milione alla lotteria?   **7.** Chi ricorda la propria data di nascita?   **8.** Chi può rispondere a queste domande?   **9.** Chi vorrebbe fare una crociera nel Mediterraneo?

E. Completate le frasi usando **chiunque, qualunque, ogni, ognuno, tutto,** or **tutti.**

1. Puoi venire a _____ ora.   **2.** Ho mangiato _____.   **3.** _____ può fare questo lavoro.
4. _____ sono venuti.   **5.** _____ volta che la vedevo, mi sorrideva (*she was smiling*).
6. _____ erano presenti e _____ ha potuto esprimere la sua opinione.   **7.** I tifosi applaudivano _____ gol della squadra.   **8.** Ho fatto _____ quello che dovevo fare.   **9.** _____ gli hanno augurato (*wished*) buon viaggio.   **10.** _____ giorno vado in bicicletta.

F. Qualcosa di....   Domanda e risposta. Seguite l'esempio.

> ESEMPIO   dire/brutto   **—Che cos'hai da dirmi?**
> **—Ho qualcosa di brutto da dirti.**

1. dare/carino   **2.** mostrare/meraviglioso   **3.** raccontare/divertente (*amusing*)   **4.** regalare/bello   **5.** annunciare (*announce*)/interessante   **6.** portare/buono   **7.** prestare/comodo
8. offrire/caldo   **9.** domandare/importante

III. *Negatives*

Il frigo è vuoto e il signor Goloso protesta:
—*Non* c'è *mai niente* da mangiare in questa casa!

1. You have already studied (Chapter 8) some negative expressions: **non...più, non...mai, non...ancora.** The following are other common expressions that take a *double negative* construction:

nessuno	*nobody, no one, not . . . anyone*
niente (nulla)	*nothing, not . . . anything*
neanche (neppure, nemmeno)	*not even*
nè...nè	*neither . . . nor*

Non è venuto **nessuno.**	*Nobody came.*
Non abbiamo visto **nessuno.**	*We did **not** see **anyone.***
Non ho mangiato **niente.**	*I did **not** eat **anything.***
Non c'era **neanche** Pietro.	***Not even** Pietro was there.*
Non voglio **nè** carne **nè** pesce.	*I want **neither** meat **nor** fish.*

2. The expressions **nessuno, niente, nè...nè** may precede the verb. When they do, **non** is omitted.

Nessuno vuole parlare.   *Nobody wants to talk.*
Niente è pronto.   *Nothing is ready.*
Nè Giovanni **nè** Maria   *Neither Giovanni nor Maria*
  vǫgliono venire.   *wants to come.*

Note that with **nè...nè,** Italian uses a plural form of the verb (**vǫgliono**), whereas English uses a singular form (*wants*).

3. When **nessuno** is used as an adjective, it has the same endings as the indefinite article **un.** The noun that follows is in the singular.

Non ho **nessun** amico.   *I have **no** friends.*
Non vedo **nessuna** sedia.   *I don't see **any** chairs.*

4. Niente takes **di** before an adjective and **da** before an infinitive.

Non ho **niente di** buono **da**   *I have **nothing** good **to** offer you.*
  darti.

esercizi

A. Completate le frasi scegliendo fra **nessuno, niente, neanche, o nè...nè.**

1. Non ho invitato ＿＿ per il mio compleanno; non ho invitato ＿＿ il mio ragazzo.
2. Non c'è mai ＿＿ d'interessante da vedere alla TV.
3. Siamo andati all'appuntamento, ma non c'era ＿＿.
4. Non ho visto ＿＿ tuo cugino ＿＿ tuo fratello.
5. Hai detto qualcosa? No, non ho detto ＿＿.
6. Se tu non vai alla partita, non vado ＿＿ io.
7. Mi dispiace, ma non ho ＿＿ da offrirti.
8. Non ho visto ＿＿ atleta.
9. ＿＿＿ è venuto a trovarmi.
10. ＿＿＿ i giocatori ＿＿ l'allenatore erano allo stadio.
11. ＿＿＿ va bene oggi!
12. Non hanno costruito ＿＿ nuovo edificio.
13. Questo mese non ho risparmiato ＿＿ una lira!
14. Non mi ha mandato ＿＿ una lettera ＿＿ una cartolina.

B. Voi siete di cattivo umore. Rispondete usando **non** con un'altra espressione negativa.

1. C'è qualcosa di buono in casa?   **2.** Hai comprato qualcosa da mangiare?   **3.** Vuoi qualcosa da bere?   **4.** Desideri leggere il giornale o riposare?   **5.** Hai incontrato qualcuno in piscina?   **6.** Ti ha parlato qualcuno?   **7.** Farai della pallacanestro o del nuoto questo week-end?   **8.** Hai mai fatto del ciclismo?   **9.** Farai mai del pugilato?   **10.** Uscirai con qualcuno domenica?

C. Domanda e risposta. Rispondete negativamente.

> ESEMPIO   partecipare a una gara di nuoto
> **—Hai partecipato a una gara di nuoto?**
> **—Non ho mai partecipato a nessuna gara di nuoto.**

1. allenarsi allo stadio o in palestra   **2.** capire tutto   **3.** conoscere qualcuno a Firenze   **4.** vedere alcune città italiane   **5.** vincere un trofeo (*trophy*)   **6.** telefonare a qualcuno ieri sera   **7.** andare al cinema o alla partita   **8.** mangiare qualcosa di buono   **9.** scrivere cartoline a qualcuno

IV. *The impersonal* **si** + *verb*

Dante. *Divina Commedia,*
Inferno, Canto III*

---

*At the beginning of his mystic journey, Dante comes to the gate of hell and reads the following solemn inscription: "Through me one goes to the grieving city, Through me one goes to the eternal sorrow, Through me one goes among the lost souls."

The impersonal **si** + *verb* in the third person singular is used:

---

1. In general statements corresponding to the English words *one, you, we, they*, and *people* + verb.

Come **si dice** «...»?   *How **do you say** ". . ."?*
Se **si stụdia**, s'impara.   *If **one studies**, **one learns**.*

---

2. In conversational style, meaning **noi.**

Che **si fa** stasera?   *What **are we doing** tonight?*

---

3. As the equivalent of the passive construction. The verb is in the singular or plural form depending on whether the noun that follows is singular or plural.

In Frạncia **si parla** francese.   *In France, French **is spoken**.*
In Svịzzera, **si parlano** diverse   *In Switzerland, several languages*
  lịngue.   ***are spoken**.*

---

esercizi

A. Domanda e risposta. Ripetete l'esercizio C a pagina 311 usando il **si** impersonale + il verbo.

ESEMPIO   una palla/giocare   —**Che cos'è una palla?**
                                                —**È qualcosa con cui si gioca.**

B. Rispondete alle domande usando il **si** impersonale + il verbo.

ESEMPIO   Che cosa si fa al cịnema?   —**Si guarda un film.**

1. a un concerto?   **2.** in cucina?   **3.** in biblioteca?   **4.** in banca?   **5.** a una discoteca?
6. a una scrivania?   **7.** al ristorante?   **8.** all'università?   **9.** al supermercato?   **10.** in un negọzio di abbigliamento?   **11.** durante le elezioni?   **12.** in montagna?   **13.** in piscina?

C. Riscrivete le seguenti frasi usando il **si** impersonale.

1. Mangiamo bene in quel ristorante.   **2.** Se tu studi, impari.   **3.** In montagna, la gente va a dormire presto.   **4.** Se vuoi mangiare, devi lavorare.   **5.** Andiamo al cịnema stasera?
6. Se vogliamo un aumento di stipẹndio, dobbiamo chiẹderlo.   **7.** Oggi la gente non ha più pazienza.   **8.** Mangiamo per vịvere, non viviamo per mangiare.

La squadra degli azzurri*

Alcune settimane fa Marcello è andato a trovare Filippo e Gabriella. Era il periodo dei campionati europei di calcio e i tre hanno seguito alla televisione la partita Italia-Olanda. La squadra italiana giocava…e perdeva. Mentre osservavano tristemente la partita, Marcello ha incominciato a parlare con nostalgia delle vittorie degli Azzurri, e in particolare del campionato mondiale di calcio a Madrid alcuni anni fa.

—Ti ricordi, Filippo, l'estate in cui sono andato a fare il tifo a Madrid per la nostra squadra e il giorno in cui gli Azzurri hanno vinto la finale?

Una partita di calcio.

---

*Name given to the Italian national soccer team because of the color of their blue T-shirts.

—E chi può dimenticare quei giorni? Ricordo molto bene l'entusiasmo della gente qui in Italia. Tutti sembravano *impazziti*. Le strade erano piene di macchine che continuavano a *suonare il clacson*. Nessuno ha potuto dormire quella notte. Ricordi, Gabriella?

crazy

to honk their horns

—Sì, e abbiamo visto alla *Tivù* quel che facevano a Roma. *Si buttavano* nelle fontane per la gioia!

TV
They were throwing themselves

—Avreste dovuto vedere *ciò che è successo* nello stadio di Madrid: niente di più spettacolare. Perfino il nostro vecchio Presidente della Repubblica sembrava impazzito!

what happened

—L'ho visto anch'io. Eravamo tutti davanti alla Tivù, e abbiamo visto anche l'espressione imbarazzata del re di Spagna, seduto tra il Presidente d'Italia e il Cancelliere tedesco, che aveva una *faccia*....

face [he was upset]

—Aveva ragione di avere quella faccia. Chi avrebbe mai creduto in noi Italiani, dopo che tutti avevano *predetto* la vittoria della squadra tedesca? Si diceva che non c'era niente da fare, che il *portiere* degli Azzurri era troppo vecchio, e tante altre cose. Non pensavano che noi Italiani abbiamo delle riserve *inesauribili*, direi qualcosa di speciale, anche nei momenti più difficili. Mio zio Alfredo, appassionato di calcio, mi raccontava della *coppa* mondiale vinta dai nostri nel 1938 e della partita in cui il leggendario Meazza segnava il gol decisivo, mentre *si teneva su i calzoncini*, dei quali *si era rotto* l'elastico...

predicted

goalkeeper

inexhaustible

cup

was holding his shorts up / had broken

DOMANDE SULLA LETTURA

1. Dov'era Marcello durante il periodo dei campionati europei di calcio?   **2.** Che cosa guardavano alla televisione?   **3.** Contro quale paese giocava la squadra italiana? Vinceva?   **4.** Che cosa ricordava con nostalgia Marcello?   **5.** Che cosa avevano vinto gli Azzurri? Dove?   **6.** Come dimostravano il loro entusiasmo gli Italiani?   **7.** Per quali ragioni i giornali italiani non avevano predetto la vittoria degli Azzurri?   **8.** Perchè la squadra nazionale italiana di calcio si chiama «gli Azzurri»?   **9.** Che cosa pensa Marcello degli Italiani?   **10.** Quand'era stata l'ultima volta in cui la squadra italiana aveva vinto i campionati mondiali?   **11.** Che cosa era successo durante questa partita?

DOMANDE PERSONALI

1. Pratica qualche sport Lei? Quale (Quali)?   **2.** Potrebbe diventare un ottimo (un'ottima) atleta Lei?   **3.** Ha mai giocato in qualche squadra sportiva?   **4.** Di solito preferisce partecipare a un'attività o essere spettatore (spettatrice)?   **5.** Farebbe il tifo Lei per il pugilato? Perchè?   **6.** Ha mai fatto dello sci? E dello sci di fondo? E dello sci acquatico?   **7.** Dove

si pratica lo sci? E lo sci acquatico?   8. Cosa si deve avere per fare del ciclismo?
9. Quando una squadra o un giocatore della Sua città vince un campionato mondiale, qual
è la Sua reazione?   10. Le piace il pattinaggio sul ghiaccio?   11. Secondo Lei quali
sarebbero gli sport più pericolosi?   12. Dove si gioca una partita di calcio?   13. Di cosa
si ha bisogno per giocare a tennis?   14. Cosa si mette Lei quando va a sciare?   15. E
quando va a nuotare?   16. E quando va in palestra a fare ginnastica?   17. Secondo Lei,
una persona che fa molto sport, dovrebbe avere un'alimentazione ricca o povera di car-
boidrati?   18. Ha mai vinto il primo o il secondo premio in qualche gara sportiva Lei?
19. In una gara, chi riceve il premio di consolazione?

ATTIVITÀ

A. Orale

Quale sport? Ogni studente sceglie (*chooses*) uno sport (ma non dice quale) e lo descrive:
dove si pratica, con cosa, in quale stagione, se è uno sport individuale o uno sport di
squadra. Gli altri studenti devono indovinare (*guess*) di quale sport parla.

B. Tema

Siete stati a una manifestazione sportiva (una partita, una gara, o ai giochi olimpici).
Descrivete l'evento, il posto, gli spettatori, che tempo faceva, e il risultato finale.

C. Traduzione

1. Paul is a student at the University of . . ., which is one of the best universities on the
West Coast.   2. He is also a football player who plays on (**in**) the school team.   3. Today
he is sitting (**è seduto**) in the (**alla**) cafeteria.   4. John, the friend with whom he is
speaking, is a basketball player.   5. Someone said that he is so good that one day he will
certainly take part in the Olympic games.   6. Today he needs to talk to Paul because he
wants to ask him for yesterday's notes.   7. But Paul didn't go to class.   8. John, did
you do anything interesting yesterday?   9. No, I didn't do anything interesting. I prac-
ticed for a few hours in (the) gym. And you?   10. I was supposed to meet my coach and
some other players at the stadium, but no one was there.   11. Will you come tomorrow
to see the game?   12. I don't know yet what I will do. I hope to be able to come. Anyhow
(**comunque**), good luck!

NOMI

l'argomento	subject, topic (for a discussion)
il campionato	championship
il campione, la campionessa	champion
il divertimento	fun
il genere	kind
il ghiaccio	ice
la gioia	joy
il gusto	taste
l'istruttore, l'istruttrice	instructor
la nascita	birth
la palla	ball
i pattini	roller skates
il posto	position (job); place
il premio	prize
la ragione	reason
lo sciatore, la sciatrice	skier
lo sci di discesa	downhill skiing
lo sci di fondo	cross-country skiing
la scrivania	desk
la vittoria	victory

AGGETTIVI

appassionato (di)	fond (of)
attivo	active
canadese	Canadian
divertente	amusing
estivo	summer
invernale	winter
mondiale	worldwide
nazionale	national
olimpico	Olympic
ottimista (m. & f.)	optimist
pessimista (m. & f.)	pessimist
popolare	popular
qualunque	any, whatever
spettacolare	spectacular
sportivo	sports, sporty; athletic

VERBI

allenarsi	to practice, to train
ammettere (p.p. ammesso)	to admit
augurare	to wish (somebody)
esprimere (p.p. espresso)	to express
indovinare	to guess
nominare	to name
osservare	to observe
partecipare (a)	to take part (in)
riparare	to repair
segnare	to score
sorridere (p.p. sorriso)	to smile

ALTRE ESPRESSIONI

avere luogo	to take place
chiunque	anyone
Cosa c'è di nuovo?	What's new?
Cos'è successo?	What happened?
comunque	anyhow
nè...nè	neither . . . nor
neanche, nemmeno	not even
nessuna novità	nothing new
nessuno	nobody, no one
niente	nothing
Non ti pare?	Don't you think so?
ognuno	everyone, everybody
perfino	even
proprio	exactly, really, indeed
qualcuno	someone
qualunque	any, whatsoever

GLI ITALIANI: TIFOSI E SPORTIVI

Si dice che gli Italiani *sịano* più tifosi di sport che *sportivi*. are / athletic
Lo sport per cui fanno maggiormente il tifo è il cạlcio, che è
chiamato anche gioco del pallone. È uno sport che *vanta* una boasts
tradizione di molti sẹcoli e che si prạtica in tutte le città
italiane, ognuna delle quali ha una sua squadra. Il cạlcio è
lo sport della domẹnica ed ha una lunga stagione, che va da
settembre a giugno. È uno sport che appassiona la gente
anche perchè offre la possibilità di vincere somme conside-
rẹvoli a chi *riempie* la schedina del totocạlcio,* ed ha la for- fills in
tuna di *indovinare* il risultato delle partite di quella domẹnica. to guess

8.000 ciclisti hanno partecipato alla manifestazione cicloturistica «Stramilano».

---

*This is a very popular Italian lottery related to the soccer games that take place
every Sunday of the soccer season. Those who correctly guess the scores of each of
the thirteen soccer games listed on the printed form called *Schedina* win large
amounts of money.

Le Alpi. Giovani sciatori e sciatrici sui campi da sci.

Questi ultimi anni hanno visto nuovi sport di squadra, come la pallacanestro, il rugby, e il baseball, che *hanno attirato* l'interesse del giovane pubblico. Il primo *ha acquistato* una grande popolarità grazie anche all'importazione di qualche campione di pallacanestro dagli Stati Uniti. La squadra italiana di pallacanestro ha vinto nel 1983 il campionato europeo.

Negli ultimi anni un maggior benessere e l'influenza degli *igienisti* hanno incoraggiato lo sviluppo delle attività sportive *sia* maschili *che* femminili. L'aiuto finanziario di molte ditte commerciali e industriali *ha permesso l'apertura* di nuove palestre e piscine. L'atletica leggera, il tennis, e il nuoto *godono di* una notevole popolarità. Il ciclismo è ritornato ad essere popolare dopo gli anni di trionfo della macchina, anche se il tifo per la corsa «Il Giro d'Italia» che ha luogo ogni primavera, non è più così appassionante come un tempo. Gli Italiani *hanno rivalutato* la bicicletta come mezzo di trasporto facile, economico, e *salutare*.

have attracted

has attained

hygienists

both . . . and

has allowed / opening

enjoy

have reconsidered

healthy

D'inverno famiglie intere partono verso i numerosi centri alpini o appenninici per fare dello sci. La *cosiddetta* «settimana bianca», passata sui campi di neve, è entrata anche nel calendario delle attività di molte scuole italiane. Fra i centri invernali più *affollati*, ed anche più *attrezzati* ed eleganti, è Cortina d'Ampezzo, che nel 1956 *fu* la *sede* delle Olimpiadi invernali.

so-called

crowded / equipped
was / place

ESERCIZIO DI COMPRENSIONE

1. Lo sport più popolare in Italia è....
   a. la pallacanestro   **b.** il calcio   **c.** il ciclismo
2. Il Totocalcio è il nome di....
   a. una squadra di calcio   **b.** una ditta che finanzia il calcio   **c.** una lotteria
3. Un nuovo sport di squadra in cui gli Italiani hanno vinto un campionato europeo è....
   a. il rugby   **b.** la pallacanestro   **c.** il baseball
4. Oggi i giovani Italiani sono molto più sportivi di prima grazie (*thanks to*)....
   a. all'automobile   **b.** all'aiuto delle università   **c.** all'incoraggiamento degli igienisti
5. Si passa la settimana bianca....
   a. sulla neve   **b.** sulla spiaggia   **c.** a scuola

17
MEDICI E PAZIENTI

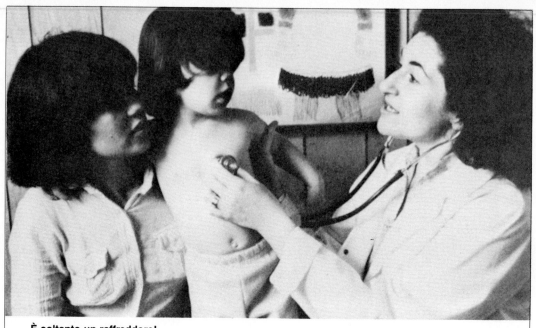

—È soltanto un raffreddore!

DALLA DOTTORESSA

Nello studio della dottoressa Rovelli, a *Bari*.

Signor Pini	Buon giorno, dottoressa.	
La dottoressa	Buon giorno, signor Pini, come andiamo oggi?	
Signor Pini	Eh, non molto bene, purtroppo. Ho mal di testa, un terribile *raffreddore*, e la *tosse*.	cold / cough
La dottoressa	Ha anche la *febbre*?	temperature
Signor Pini	Sì, l'ho misurata ed è alta: *trentanove*.	102.2° F
La dottoressa	Vedo che Lei ha una bella influenza. Le scrivo una *ricetta* che Lei presenterà in farmacia. Sono gli stessi antibiotici che Le *diedi* l'anno scorso.	prescription / I gave
Signor Pini	E per la tosse? La notte non posso dormire *a causa* della tosse.	because of
La dottoressa	Per la tosse prenderà questa medicina.	
Signor Pini	*Mi fanno male* anche le spalle, le braccia, e le gambe.	My . . . ache
La dottoressa	*Prenda* delle aspirine e vedrà che in due o tre giorni starà meglio.	Take
Signor Pini	Se non morirò prima....	
La dottoressa	Che *fifone*! Lei è *sano come un pesce*!	chicken / "as healthy as a horse"

regional capital of Le Puglie

1. In quale città si trova lo studio della dottoressa Rovelli?   **2.** Come si chiama il paziente?
3. Perchè il signor Pini va dalla dottoressa?   **4.** Quali sono i suoi sintomi?   **5.** Ha la
febbre alta o bassa il signor Pini?   **6.** Qual è la diagnosi della dottoressa?   **7.** Che cosa
scrive la dottoressa?   **8.** Dove deve portare la ricetta il signor Pini?   **9.** Perchè non può
dormire la notte il signor Pini?   **10.** Che altri dolori ha?   **11.** Che cosa prescrive la
dottoressa per tutti i dolori?   **12.** Perchè la dottoressa lo prende in giro (*does . . . tease
him*)?   **13.** È un ottimista o un pessimista il signor Pini?   **14.** Qual è la differenza tra un
ottimista e un pessimista?

STUDIO DI PAROLE

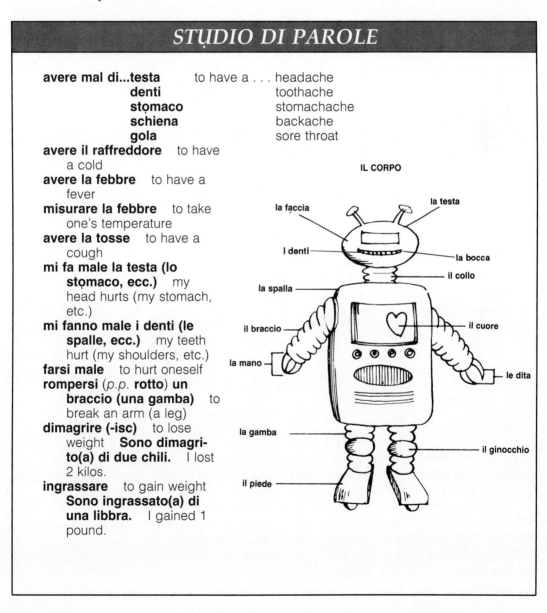

avere mal di...testa   to have a . . . headache
        denti   toothache
        stomaco   stomachache
        schiena   backache
        gola   sore throat
avere il raffreddore   to have
    a cold
avere la febbre   to have a
    fever
misurare la febbre   to take
    one's temperature
avere la tosse   to have a
    cough
mi fa male la testa (lo
    stomaco, ecc.)   my
    head hurts (my stomach,
    etc.)
mi fanno male i denti (le
    spalle, ecc.)   my teeth
    hurt (my shoulders, etc.)
farsi male   to hurt oneself
rompersi (*p.p.* **rotto**) **un**
    braccio (una gamba)   to
    break an arm (a leg)
dimagrire (-isc)   to lose
    weight   **Sono dimagri-**
    to(a) di due chili.   I lost
    2 kilos.
ingrassare   to gain weight
    Sono ingrassato(a) di
    una libbra.   I gained 1
    pound.

IL CORPO

la faccia
la testa
I denti
la bocca
il collo
la spalla
il cuore
il braccio
la mano
le dita
la gamba
il ginocchio
il piede

1. Quando andiamo dal dentista?   **2.** Se Lei va a sciare e cade, che cosa può rompersi?
3. Se mangiamo troppo, che cosa succede?   **4.** Se qualcuno lavora tutto il giorno in
giardino, come si sente la sera?   **5.** Se qualcuno festeggia un'occasione speciale e beve
molti bicchieri di vino, che cos'ha il giorno dopo?   **6.** Quando portiamo un paio di scarpe
strette, che cosa ci fa male?   **7.** Che cosa incidono (*carve*) sugli alberi gli innamorati
romantici?   **8.** Che cosa si deve fare quando non si sta bene?   **9.** Cosa prende Lei quando
ha il raffreddore?   **10.** Quando usa il termometro?   **11.** Quando Lei ha l'influenza, beve
molti o pochi liquidi?   **12.** Lei ha l'influenza: telefoni (*call*) al dottore e gli descriva (*describe*)
i Suoi sintomi. Un altro studente (un'altra studentessa) fa la parte (*plays the part*)
dell'infermiere(a) o del dottore (della dottoressa).

Completate le frasi seguenti.

1. Il mese scorso sono andato(a) a sciare e (*I broke my leg*) _____.   **2.** Ieri sono stato(a) a
casa perchè (*I had a fever*) _____.   **3.** Mia sorella è caduta dalla bicicletta e (*she hurt herself*)
_____.   **4.** L'altro ieri ho camminato per 4 ore e oggi (*my feet hurt*) _____.   **5.** Se (*you have
a toothache*) _____, perchè non vai dal dentista?   **6.** Dottore, non mi sento bene: (*I have a
cold and a sore throat*) _____.   **7.** Mia madre è preoccupata perchè (*I lost weight*) _____ di
tre chili.

P U N T I   G R A M M A T I C A L I

I. Passato remoto

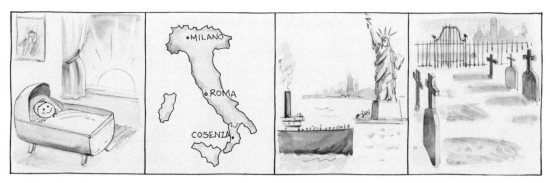

**Il nonno di Lucia *nacque*
a Cosenza nel 1910.**

**Visse* in Calabria fino al
1933.**

**A ventitrè anni *emigrò* in
America.**

Morì* a Brooklyn nel 1975.

1. Dove nacque il nonno di Lucia?   **2.** Quando partì dalla sua città?   **3.** In quale
paese emigrò?   **4.** In che anno morì?

1. The **passato remoto** is a past tense that corresponds to the English past absolute. It is formed by adding the appropriate endings to the infinitive stem.

parlare $\longrightarrow$ parl**ai** = *I spoke, I did speak*

It is conjugated as follows:

parlare	ricẹvere	partire
parl**ai**	ricev**ei** (ricev**etti**)	part**ii**
parl**asti**	ricev**esti**	part**isti**
parl**ò**	ricev**è** (ricev**ette**)	part**ì**
parl**ammo**	ricev**emmo**	part**immo**
parl**aste**	ricev**este**	part**iste**
parl**ạrono**	ricev**ẹrono** (ricev**ẹttero**)	part**ịrono**

Many regular **-ere** verbs have an alternate ending for the first person singular and for the third person singular and plural.

---

2. Both the **passato remoto** and the **passato prọssimo** express an action that was completed in the past. However, the use of the **passato remoto** indicates that the action is perceived as completely detached from the present. The **passato remoto** is frequently found in literary Italian and when relating historical events. Many southern Italians also use it in speaking and writing, whereas northern Italians tend to limit its use to formal writing.

Dante **morì** nel 1321.
Il dottore **entrò** e **visitò** il
  malato.
Roma **diventò** la capitale
  d'Itạlia nel 1870.

*Dante **died** in 1321.*
*The doctor **came in** and*
  ***examined** the patient.*
*Rome **became** the capital of Italy*
  in 1870.

---

3. **Ẹssere** and the following verbs are irregular in all their forms in the **passato remoto**:

essere: **fui, fosti, fu, fummo, foste, fụrono**
bere: **bevvi, bevesti, bevve, bevemmo, beveste, bẹvvero**
dare: **diedi, desti, diede, demmo, deste, diẹdero**
dire: **dissi, dicesti, disse, dicemmo, diceste, dịssero**
fare: **feci, facesti, fece, facemmo, faceste, fẹcero**
stare: **stetti, stesti, stette, stemmo, steste, stẹttero**

4. Avere and the following verbs are irregular only in the **io, lei,** and **loro** forms. To conjugate these forms, add the endings **-i, -e,** and **-ero** to the irregular stem.

avere:	**ebbi,** avesti, **ebbe,** avemmo, aveste, **ebbero**
cadere:	**caddi,** cadesti, **cadde,** cademmo, cadeste, **caddero**

chiedere	**chiesi**	rispondere	**risposi**
chiudere	**chiusi**	rompere	**ruppi**
conoscere	**conobbi**	sapere	**seppi**
decidere	**decisi**	scrivere	**scrissi**
leggere	**lessi**	vedere	**vidi**
mettere	**misi**	venire	**venni**
nascere	**nacqui**	vivere	**vissi**
prendere	**presi**	volere	**volli**

5. The **passato remoto** (as well as the **passato prossimo**) may be used in combination with the imperfect tense to express an action that was completed while another action or situation was occurring.

Gli **diedi** un bacio mentre uscivo.	*I gave him a kiss while I was going out.*
Scrissero al padre perchè non avevano più soldi.	*They wrote to their father because they didn't have any more money.*

esercizi

A. Formate delle frasi con i soggetti fra parentesi e con il verbo al *passato remoto*.

1. lavorare tutto il giorno (noi due, lui, voi, anch'io)   **2.** ripetere la domanda (il professore, loro, noi, voi)   **3.** finire di mangiare (io, noi, gli operai, la guida)

B. Dite che cosa fece Pietro l'anno scorso. Poi ripetete le frasi con **noi.**

1. stare molto male   **2.** essere malato per un mese   **3.** avere una brutta influenza
4. bere solo tè e camomilla   **5.** non vivere in famiglia   **6.** leggere molte riviste di medicina
7. decidere di seguire una dieta sana (*healthy*)   **8.** lavorare solo per nove mesi   **9.** soffrire di mal di denti   **10.** iscriversi ad un corso di psicologia   **11.** preoccuparsi della sua salute
12. promettere di curarsi (*take care of himself*)   **13.** guadagnare poco   **14.** non risparmiare niente   **15.** trovarsi in difficoltà finanziarie   **16.** dimagrire di dieci chili   **17.** decidere che non era una persona fortunata

C. Domanda e risposta. Rispondete con il passato remoto e con i pronomi appropriati, secondo l'esempio.

ESEMPIO   andare in Italia/tre anni fa   —È andato in Italia Lei?
—Ci andai tre anni fa.

1. vedere il film Casablanca/molto tempo fa   **2.** visitare la Galleria degli Uffizi/quando andai a Firenze   **3.** leggere la Divina Commedia/quand'ero studente al liceo   **4.** conoscere alcune persone importanti/durante un viaggio in India   **5.** rivedere i Suoi parenti/in occasione del mio viaggio in Italia   **6.** frequentare l'università negli Stati Uniti/no, in Italia   **7.** avere delle difficoltà finanziarie/durante la Depressione   **8.** dare dei soldi a un amico/ quando ne ebbe bisogno   **9.** perchè non rispondermi/perchè avevo perso il Suo indirizzo   **10.** cosa dire al Suo capoufficio/che avrei cercato un altro posto

D. Completate con il verbo fra parentesi al **passato remoto.**

C'era una volta una bambina che si chiamava Cappuccetto Rosso. Un giorno la mamma (preparare) un cestino (*basket*) di cose buone per la nonna che era ammalata. Cappuccetto Rosso (partire), (entrare) nel bosco, e (fermarsi) a raccogliere (*to pick*) dei fiori. Ad un tratto (*All of a sudden*) un grosso (*huge*) lupo (*wolf*) (uscire) da dietro un albero, e le (domandare) dove andava. Quando (sapere) che andava dalla nonna, la (salutare) e (andare) via (*away*). Cappuccetto Rosso (arrivare) dalla nonna, (entrare), e (trovare) la nonna a letto.
—Nonna, nonna, che orecchie lunghe hai…(dire) la bambina.
—Per sentirti meglio! (rispondere) la nonna.
—Nonna, nonna, che bocca grande hai….
—Per mangiarti meglio!
E il lupo (saltare) (*to jump*) dal letto e la (divorare).

E. Mettete i verbi in corsivo al **passato remoto** o all'**imperfetto,** secondo il caso.

In una piccola città di provincia un contadino *festeggia* il suo centesimo compleanno. Un giornalista *va* a casa sua per intervistarlo. *Vuole* conoscere il segreto della sua longevità.
—Qual è il segreto di una lunga vita?—gli *domanda* il giornalista.
Il contadino, che *si sente* importante, *pensa* un po', e poi *risponde*:
—È molto semplice: non fumo, vado a letto presto la sera e, soprattutto, non bevo vino. Non ho mai bevuto una goccia (*drop*) di vino in tutta la mia vita: ecco il segreto.
Mentre i due uomini *parlano, sentono* un gran rumore che *viene* dalle scale.
—Che cosa succede?—*chiede* il giornalista.
—Oh, non è niente,—*dice* il contadino,—è mio padre che ritorna a casa ubriaco (*drunk*) tutte le sere.

F. Alcuni Italiani famosi. Quanti nomi di esploratori (*explorers*) e di scienziati (*scientists*) italiani potete abbinare (*to match*) con le frasi che seguono?

Marco Polo (1254–1324)   Luigi Galvani (1737–1798)
Leonardo da Vinci (1452–1519)   Alessandro Volta (1745–1827)
Amerigo Vespucci (1454–1512)   Guglielmo Marconi (1874–1937)
Galileo Galilei (1564–1642)   Umberto Nobile (1885–1978)
Evangelista Torricelli (1608–1642) Enrico Fermi (1901–1954)

1. Cinque sęcoli fa disegnò molte mạcchine moderne, fra cui l'elicọttero, l'aẹreo, e il carro armato (*tank*).
2. Con l'aiuto del telescọpio, confermò la teoria che la terra gira intorno al sole. La Chiesa lo condannò come erẹtico.
3. Nel 1938 ricevè il prẹmio Nobel per le sue ricerche nel campo (*field*) dell'energia nucleare.
4. Fece esperimenti sugli animali, e stabilì le basi dell'elettrofisiologia.
5. Esplorò le coste del «Nuovo Mondo» e diede il suo nome al nuovo continente.
6. Nel 1926 sorvolò (*passed over*) il Polo Nord a bordo del dirigịbile (*airship*) «Norge».
7. Inventò il telẹgrafo senza fili (*wireless*), e nel 1909 ottenne il premio Nobel per la fịsica.
8. Inventò il barọmetro.
9. Visitò l'Asia e descrisse il suo viạggio nel famoso libro «Il Milione».
10. Fu l'inventore della pila (*battery*) elẹttrica.

II. *Irregular plurals (I)*

—Dottore, ho tutte le *ossa* rotte:
mi fanno male le gambe, *le braccia*, la schiena....

1. A few masculine nouns ending in **-o** become feminine in the plural and end in **-a.** (Several of them refer to parts of the body.) The most common are:

il brạccio (*arm*)	le brạccia
il dito (*finger*)	le dita
il ginọcchio (*knee*)	le ginọcchia
il labbro (*lip*)	le labbra
l'osso (*bone*)	le ossa
l'uovo (*egg*)	le uova
il pạio (*pair*)	le pạia
il mịglio (*mile*)	le mịglia

| Ho le ossa rotte. | *I ache all over. (literally, I have broken bones.)* |
| Gina ha due paia di scarpe nere. | *Gina has two pairs of black shoes.* |

---

2. Some masculine nouns end in **-a** and form their plural in **-i.** They derive mainly from Greek. The most common are:

il clima	i climi	il tema	i temi
il diploma	i diplomi	il programma	i programmi
il poema	i poemi	il telegramma	i telegrammi
il problema	i problemi	il poeta	i poeti
il sistema	i sistemi	il papa	i papi

Il clima della Valle Padana è umido.	*The climate of the Po Valley is humid.*
Non mi piace questo programma televisivo.	*I don't like this TV program.*
I tuoi problemi non sono molto importanti.	*Your problems aren't very important.*

---

3. Other nouns are invariable. They include the following:

a. Nouns ending with a consonant (**sport, film, weekend,** ecc.); nouns ending in accented vowels (**città, venerdì, caffè,** ecc.); and monosyllabic nouns (**re, sci**) (see Chapter 1).

b. Abbreviated nouns:

il cinema	**i** cinema
l'auto	**le** auto
la radio	**le** radio
la foto	**le** foto

c. Nouns ending in **-i**:

la crisi	**le** crisi
l'analisi	**le** analisi
la tesi	**le** tesi
l'ipotesi	**le** ipotesi

d. Nouns ending in **-ie**:

la specie	**le** specie
la serie	**le** serie

Exceptions: **la** moglie, **le** mogli; **la** superficie, **le** superfici

4. The following nouns have completely irregular plurals:

l'uomo   **gli uomini**
la mano   **le mani**

esercizi

A. Mettete le seguenti parole al **plurale.**

1. il braccio stanco   **2.** il ginocchio rotto   **3.** il dito della mano   **4.** l'uovo di Pasqua **5.** il diploma universitario   **6.** il sistema politico   **7.** il teorema di Pitagora   **8.** il programma televisivo   **9.** il poeta del Novecento   **10.** il paio di scarpe   **11.** la foto dell'amico **12.** la crisi economica   **13.** l'analisi medica   **14.** il re d'Italia   **15.** l'uomo sportivo

B. Rispondete alle seguenti domande.

1. Secondo il medico, quante uova alla settimana si potrebbero mangiare?   **2.** La donna che dice al dottore: «Ho tutte le ossa rotte», che cosa vuole dire veramente?   **3.** Quante mogli aveva Enrico VIII?   **4.** Ha mai avuto crisi sentimentali Lei?   **5.** Quando Lei ha dei problemi, con chi ne parla?   **6.** Quanti caffè beve in una giornata?   **7.** In due ore, quante miglia potrebbe fare a piedi?   **8.** Che cosa si fa con una macchina fotografica?   **9.** Come sono le auto giapponesi?   **10.** Secondo la costituzione americana, gli uomini sono diversi o sono tutti uguali?

III. *Common suffixes with nouns and adjectives*

—Che bel *nasino!*
—Che brutto *nasone!*

In Italian, the meaning of a noun or an adjective can be altered by attaching a particular suffix to it. The suffix is added after the final vowel of the word is dropped. The most common suffixes are:

a. -ino(a); -etto(a); -ello(a). They convey an idea of smallness or indicate endearment.

fratello	fratell**ino** (*dear little brother*)
Luigi	Luig**ino** (*dear little Louis*)
piccolo	piccol**ino** (*very small and cute*)
casa	cas**etta** (*small, cute little house*)
vino	vin**ello** (*light wine*)

b. -one (-ona, -oni, -one). It conveys a meaning of largeness, weight, or importance. When a feminine noun takes this suffix, it often becomes masculine.

naso	nas**one** (*huge nose*)
dottore	dottor**one** (*well-known doctor*)
pigro	pigr**one** (*very lazy*)
una donna	un donn**one** (*a big woman*)

c. -accio (-accia, -acci, -acce). It gives the noun or the adjective a pejorative connotation.

parola	parol**accia** (*dirty word*)
ragazzo	ragazz**accio** (*bad boy*)
tempo	temp**accio** (*very bad weather*)

NOTE:
The choice of these suffixes is idiomatic and cannot be made at random. It is best that you limit their use to the examples read in reliable sources or heard from native speakers.

esercizi

A. Aggiungete a ogni parola in corsivo il **suffisso** che è necessario per rendere (*to convey*) il significato della frase.

1. un *tempo* con molta pioggia   **2.** un *libro* di mille pagine   **3.** il *naso* di un bambino
4. un *ragazzo* grande e grosso   **5.** una *villa* piccola e carina   **6.** un *vestito* di poco valore
(*value*)   **7.** due lunghe *giornate* faticose   **8.** il *giornale* dei piccoli (bambini)   **9.** un *ragazzo*
cattivo   **10.** le grosse *scarpe* da montagna   **11.** un *professore* molto famoso   **12.** un *vino*
con poco contenuto alcoolico   **13.** una brutta *parola*

B. Date la vostra **definizione** delle seguenti parole.

1. un pigrone   **2.** una ragazzina   **3.** delle manine   **4.** una brunetta   **5.** delle scarpacce
6. due piedoni   **7.** una storiella   **8.** un maglione   **9.** una maglietta   **10.** un tavolino

IV. Trapassato remoto

Dopo che ẹbbero litigato, si abbracciạrono. Perchè?

1. The **trapassato remoto** (*past perfect*) is a compound tense. It is formed with the **passato remoto** of the auxiliary verb **ẹssere** or **avere** + the *past participle* of the main verb.

ebbi parlato = *I had spoken*
fui partito = *I had left*

parlare	partire
ebbi avesti ebbe avemmo aveste ẹbbero } parlato	fui fosti fu } partito(a) fummo foste fụrono } partiti(e)

2. The **trapassato remoto** is used in combination with the **passato remoto** and after conjunctions of time such as **quando, dopo che,** and **appena** (*as soon as*) to express an action prior to another past action. It is a tense found mainly in literary language.

Quando **ebbe finito,** salutò i colleghi e uscì.

*When **he (had) finished,** he said good-bye to his colleagues and left.*

Appena **fu uscito,** tutti cominciạrono a rịdere.

*As soon as **he (had) left,** they all began to laugh.*

NOTE:

When the subject of the two clauses is the same, the **trapassato remoto** is often replaced by **dopo (di)** + the past infinitive.

Dopo che ebbe mangiato, uscì. *or* **Dopo (di) aver(e) mangiato,** uscì.

esercizi

A. Completate con il **trapassato remoto.**

1. Uscì dopo che _____ (telefonare).   **2.** Andarono a letto quando _____ (finire) i compiti.
3. Dopo che Luisella _____ (prendere) un bel voto, la mamma le fece un regalo.
4. Quando il medico _____ (visitare) la nonna, le disse di stare a dieta.   **5.** Potè dormire solo quando _____ (prendere) un calmante.   **6.** Pagai il conto del medico appena lo _____ (ricevere).   **7.** Quando l'oratore _____ (finire) di parlare, tutti lo applaudirono.

B. Sostituite la forma dell'infinito con il **trapassato remoto.**

ESEMPIO   Dopo di aver mangiato, uscì.   **Dopo che ebbe mangiato, uscì.**

1. Dopo di aver ricevuto un aumento di stipendio, comprò una casa nuova.   **2.** Dopo aver imparato l'italiano, studiò un'altra lingua.   **3.** Dopo di essere arrivati in montagna, fecero il campeggio.   **4.** Dopo di aver visitato il museo, comprò delle cartoline.   **5.** Dopo aver fatto la spesa, preparò il pranzo.   **6.** Dopo di aver finito i corsi, partirono per le vacanze.   **7.** Dopo essere uscito dall'ospedale, andò in Riviera per due settimane.
8. Dopo aver mangiato una bistecca, ordinò un gelato.

LETTURA

La nonna è ammalata

Antọnio è andato in Sicịlia a trovare nonna Caterina che è ammalata.

Antọnio	Come vi* sentite, nonna?
Nonna	Eh, figlio mio bello! Non troppo bene. Ho sempre mal di schiena, mal di testa, e le gambe sono molto *dẹboli*.
Antọnio	Ma non siete andata dal mẹdico?
Nonna	Ma sì, figlio mio, ci andai la settimana scorsa.
Antọnio	E che cosa ha detto?
Nonna	Mi disse che ho *l'artrite,* e mi trovò anche *la pressione alta*.
Antọnio	E che cosa vi ha ordinato?
Nonna	Mi ordinò delle *iniezioni*. Mi diede anche delle *pịllole* per controllare la pressione e mi disse di stare a dieta.
Antọnio	Avete già cominciato la *cura?*
Nonna	Sì, dopo che mi *ẹbbero fatto* due o tre iniezioni, mi sentii meglio. Ma, che vuoi, Tonino, gli anni sono tanti.…
Nonno	Tua nonna parla sempre di anni e ascolta troppo i mẹdici. Dovrebbe ascoltare me e bere questo vinello rosso dell'Etna. È una medicina che cura tutte le malattie. *L'hai assaggiato?*
Antọnio	Sì, lo trovo eccellente. È della vostra *vigna*, nonno?
Nonno	No, facemmo poca uva l'anno scorso. Questo, lo comprai da un mio *compare.* Che ne dici, Tonino, non c'è dentro il fuoco dell'Etna?
Antọnio	Avete ragione, nonno. Incomịncio già a avere caldo.
Nonno	È quello che dico sempre a tua nonna: due bicchieri di vino al giorno, *ti levi il mẹdico d'intorno*. Ma lei ha la testa *dura* e preferisce ascoltare i dottori.

Margin glosses:
weak
arthritis / high blood pressure
injections / pills
treatment
had given
Did you taste it?
vineyard
friend
keeps the doctor away
hard (stubborn)

DOMANDE SULLA LETTURA

1. Perchè Antọnio andò a trovare la nonna in Sicịlia? **2.** Come si sentịva la nonna? **3.** Che cosa le faceva male? **4.** Cosa le disse il mẹdico che la visitò? **5.** Aveva la pressione bassa? **6.** Che medicina le ordinò il mẹdico? **7.** Il mẹdico disse che la nonna

---

*In certain regions, especially in the south, the **voi** form is used instead of the polite **Lei** form. It is also used instead of the **tu** form to show respect when addressing an elder.

poteva mangiare tutto quello che voleva? Cosa doveva fare? **8.** Come si sentì la nonna dopo che ebbe incominciato la cura? **9.** Secondo la nonna, quale sarebbe stata la vera ragione dei suoi disturbi (*ailments*)? **10.** Secondo il nonno, cosa avrebbe dovuto fare la nonna per guarire (*recover*)? **11.** Come trova quel vinello Antonio? **12.** Veniva dalla vigna del nonno? **13.** Chi glielo aveva dato? **14.** Come si sentì Antonio dopo che lo ebbe bevuto? **15.** Quale proverbio ripeteva sempre il nonno? **16.** Perchè, secondo il nonno, nonna Caterina aveva la testa dura?

DOMANDE PERSONALI

1. Com'è la Sua salute? **2.** Si ammala spesso Lei? **3.** Che medicina prende Lei quando ha mal di testa? **4.** Cosa fa quando ha mal di denti? **5.** Le hanno mai fatto un'iniezione? **6.** Lei può mangiare di tutto o deve stare a dieta? **7.** Quando Lei si ammala, si preoccupa e corre subito dal medico o aspetta alcuni giorni? **8.** È coraggioso(a) Lei quand'è ammalato(a), o si lamenta con tutti? **9.** Cosa fa Lei quando ha l'influenza? **10.** Che cosa Le preparava Sua nonna quando Lei era bambino(a) e aveva l'influenza? **11.** Cosa potrebbe succedere quando Lei va a sciare e cade? **12.** Si è mai rotto una gamba Lei? **13.** È mai andato(a) all'ospedale? **14.** Ha fatto l'operazione delle tonsille? **15.** Ha paura delle malattie Lei? **16.** Chi è un ipocondriaco? **17.** Quando Lei era bambino(a) e perdeva un dente, cosa trovava il mattino dopo sotto il cuscino (*pillow*)? **18.** Lei preferisce: a) un sistema in cui il governo provvede assistenza medica per tutti (*socialized medicine*) o b) un sistema in cui solo quelli che pagano l'assicurazione (*insurance*) ricevono assistenza medica? Gli studenti possono dividersi in due gruppi e discutere il pro e il contro (*the pros and the cons*) di questi due sistemi.

ATTIVITÀ

A. Orale

Come si sente? Immaginate di essere in Italia e di sentirvi male. Andate dal medico che vi fa diverse domande. Gli descrivete i sintomi (*symptoms*) della vostra malattia. (Dialogo in gruppi di due o tre studenti.)

B. Tema

Immagini (*Imagine*) di essere un igienista che scrive articoli su un giornale. Dia (*Give*) dei consigli su come mantenersi (*to keep*) in buona salute. Per esempio: Come dovrebbe essere l'alimentazione; quali attività fisiche si dovrebbero fare; quali eccessi si dovrebbero evitare (*to avoid*); quale tipo di lavoro potrebbe causare (*cause*) più stress; quali divertimenti o svaghi (*relaxation*) potrebbero incoraggiare (*encourage*) la salute dal punto di vista fisico e da quello mentale.

C. Traduzione

1. Here is a question that the Sphinx (**la Sfinge**) asked a great hero (**eroe,** *m.*): "Which is the animal who in the morning walks on four legs, at noon on two, and in the evening on three?" The hero knew how to answer. Do you? (**E Lei?**) **2.** One day an old peasant told the doctor who had treated him for a serious (**grave**) earache, "I feel completely cured (**guarito**). How much do I owe you?" The doctor answered, "One hundred thousand lire." The old man put (his) hand close to (**vicino a**) (his) ear and asked, "What did you say? Two hundred thousand lire?" So, the doctor shouted (**gridare**): "No, three hundred thousand lire!" **3.** Massimo d'Azeglio was a nineteenth-century Italian writer (**scrittore**). In one of his books he wrote that he could stand (**sopportare**) pain. One day, when he was a child (**da bambino**), he broke his arm. In order not to worry his mother, who had not noticed anything, he did not show any pain, and his mother believed him (to be) only tired. Many years later (**dopo**) he said to his children, who were always complaining of pain, "It's only after he has broken his legs and arms that a good Italian may say that he is not well."

vocabolario

NOMI

l'alimentazione (f.)	alimentation, feeding
l'analisi (f.)	analysis
l'antibiotico	antibiotic
l'artrite (f.)	arthritis
l'aspirina	aspirin
il calmante	sedative
il contadino, la contadina	peasant, farmer
il corpo	body
la crisi	crisis
la cura	treatment
il dente	tooth
la dieta	diet
il dolore	pain, ache
l'igienista (m. & f.)	hygienist
l'influenza	flu
l'iniezione (f.)	injection
l'innamorato, l'innamorata	lover
il labbro (pl. le labbra)	lip
la malattia	disease, illness
la medicina	medicine
l'orecchio (pl. le orecchie)	ear
l'osso (pl. le ossa)	bone
il (la) paziente	patient
la pillola	pill
la pressione	blood pressure
la ricerca	research
la ricetta	prescription
la rivista	magazine
il rumore	noise
il segreto	secret
il sintomo	symptom
il sistema (pl. i sistemi)	system
il termometro	thermometer

AGGETTIVI

(am)malato	ill
debole	weak
duro	hard
fisico	physical
grosso	huge
medico	medical
mentale	mental
sano	healthy

VERBI

ammalarsi	to get sick
controllare	to check
curare	to treat
descrivere	to describe
fumare	to smoke
guarire (-isc)	to cure, to be cured, to recover
lamentarsi (di)	to complain (about, of)
ordinare	to prescribe
prescrivere (p.p. prescritto)	to prescribe
saltare	to jump
visitare	to examine

ALTRE ESPRESSIONI

a causa di	because of
ad un tratto	all of a sudden
Che fifone!	What a chicken!
il pro e il contro	the pros and the cons
mantenersi in buona salute	to stay in good health
sano come un pesce	healthy as a horse
stare a dieta	to be on a diet
via	away

L'ASSISTENZA MEDICA PER TUTTI

Atletica per la "terza età".

La Costituzione italiana assicura a tutti gli Italiani l'assistenza medica «come fondamentale *diritto* dell'individuo ed interesse della collettività». I contributi sono pagati dal *datore di lavoro* per le persone che hanno un lavoro. Tutti gli altri pagano un contributo *attraverso* le tasse; i poveri ricevono l'assistenza medica *gratuita*.

right
employer
through
free

Ogni cittadino possiede un libretto sanitario sul quale sono registrate le visite mediche e tutti gli altri servizi sanitari. Ognuno è libero *di scegliere* il medico che preferisce; di solito questo è un medico generico che assiste tutta la famiglia. La continuità del *rapporto* di assistenza stabilisce *legami* di rispettosa amicizia, per cui il medico diventa veramente «il medico di famiglia». Quando una persona è ammalata, il medico viene a casa per la visita e, se necessario, ritorna nei giorni successivi. Purtroppo, la medicina socializzata rappresenta per lo stato un grave *peso* economico, e crea difficoltà nella costruzione di nuovi ospedali adeguati.

right

employer

through

free

to choose

relation / ties

burden

La dottoressa Rita Levi
Montalcini, vincitrice di
un premio internazionale
per le scienze mediche.

Grande importanza è data alla prevenzione delle malattie. Un'istituzione che fu creata durante l'epoca fascista e che è ancora molto popolare in Italia è quella delle *colonie* estive per i giovanissimi. *Enti* governativi, privati, e religiosi organizzano per i bambini vacanze economiche o anche gratuite in località marine o montane.   camps / Agencies

Le migliorate condizioni di vita e un'assistenza sanitaria costante hanno allungato la vita media, che è oggi di circa settantacinque anni. Si parla così della «terza età», cioè, del periodo della vita che comincia verso i sessant'anni, in cui uomini e donne, liberi da rapporti di lavoro e da preoccupazioni economiche, possono *dedicarsi* a nuove attività. In questi ultimi anni, molte università hanno aperto le loro porte a questa nuova categoria di studenti.   devote themselves

ESERCIZIO DI COMPRENSIONE

1. L'assistenza medica per tutti gli Italiani è garantita....
   a. dalla collettività   **b.** dai medici   **c.** dalla Costituzione italiana
2. Per avere l'assistenza medica, i poveri....
   a. pagano un modesto contributo   **b.** non pagano niente   **c.** pagano una tassa
3. Il medico di famiglia è....
   a. un amico della famiglia   **b.** un medico che cura i membri della famiglia
   c. uno specialista
4. Le colonie estive per ragazzi(e) sono organizzate principalmente per ragioni....
   a. salutari   **b.** economiche   **c.** religiose
5. La terza età è rappresentata da uomini e donne che....
   a. non hanno nessuna preoccupazione economica   **b.** si divertono   **c.** hanno più di cinquantacinque anni

18

LA MACCHINA

Milano, Piazza del Duomo. Un agente di pubblica sicurezza e un vigile urbano (*municipal policeman*). Il vigile urbano risponde alle domande di una passante.

Un distributore di benzina, a Roma.

DAL MECCANICO

Sig.na Meucci	Paolo, ha già controllato la mia macchina?	
Paolo	*Ma sicuro*, signorina. È pronta da un'ora.	of course
Sig.na Meucci	Spero che tutto *sia a posto*. Devo partire per Roma e non vorrei avere *noie* sull'autostrada.	is in order / trouble
Paolo	*Stia tranquilla*, signorina. Ho verificato tutto, anche i *freni* e le gomme.	Relax / brakes
Sig.na Meucci	E il motore?	
Paolo	Aveva bisogno di una *revisione*, ma ora va come un orologio. *Lo metta in moto* e sentirà.	tune-up / Start the motor
Sig.na Meucci	Bravo Paolo!	
Paolo	*Non dimentichi di fare il pieno*. Non credo che *ci sia* più di un litro di benzina nel *serbatoio*.	Don't forget to fill it up / there is / tank
Sig.na Meucci	Lo farò al primo distributore. Quanto Le devo?	
Paolo	Vediamo…duecentomila lire in tutto.	
Sig.na Meucci	Ecco a Lei. Scusi, Paolo, qual è la strada più breve per arrivare all'autostrada?	
Paolo	Allora, vada *avanti diritto* per sette o ottocento metri, fino a via Matteotti. *Giri a destra* su via Matteotti e continui fino a quando vede l'indicazione «Autostrada».	straight head / Turn right
Sig.na Meucci	Quante ore *ci vogliono*, più o meno?	does it take
Paolo	Dipende dalla velocità. *Comunque* ci vorranno sei o sette ore.	Anyhow,
Sig.na Meucci	Grazie mille, e arrivederLa.	
Paolo	Grazie a Lei. Buon viaggio, signorina…e *mi saluti* San Pietro.	say "hello" for me to

DOMANDE SUL DIALOGO

1. Che mestiere fa Paolo? 2. Perchè la signorina Meucci spera che la sua automobile sia a posto? 3. Quale parte della macchina aveva bisogno di una revisione? 4. Perchè Paolo ricorda alla signorina di fare il pieno? 5. Dove farà benzina la signorina? 6. Quanti soldi deve al meccanico? 7. Che cosa vuole sapere la signorina prima di partire? 8. Quando la signorina arriverà in via Matteotti, dovrà girare a destra o a sinistra per prendere l'autostrada? 9. Quante ore ci vogliono per arrivare a Roma? 10. Da cosa dipende il numero di ore che ci vogliono?

STUDIO DI PAROLE

l'automobilista (*m. & f.*) driver
la patente driver's license
la targa license plate
la benzina gasoline
il distributore di benzina
  gasoline pump
il parcheggio parking,
  parking lot
il poliziotto policeman
la multa fine
mettere in moto
  to start the car
guidare to drive
frenare to break
fare il pieno to fill up
controllare (l'olio, l'acqua)
  to check (the oil, the water)

parcheggiare to park
dare un passaggio to give a lift
avere dei guasti al motore
  to have a car breakdown

il cofano · il volante · il motore · divieto di sosta · il porta bagagli · il serbatoio · la ruota · la gomma · una gomma a terra = flat tire

ALCUNI SEGNALI STRADALI

 Lavori

 Bambini

 Pericolo

 Pedoni

Stop!

 Divieto di accesso

 Limite massimo di velocità

 Pronto soccorso

 Rifornimento

 Ospedale

 Polizia stradale

 Campeggio

 Parcheggio

 Assistenza meccanica

ESERCIZIO SU STUDIO DI PAROLE

1. Qual è il documento indispensabile per guidare la macchina? **2.** Quali parti della macchina domandiamo al meccanico di controllare? **3.** Che cosa facciamo quando andiamo ad un distributore di benzina? **4.** Che cosa ci dà un poliziotto se parcheggiamo dove c'è un divieto di sosta (*no parking*)? **5.** Dove mettiamo le valigie quando facciamo un viaggio in auto? **6.** Se Lei vede qualcuno che fa l'autostop, che cosa fa? **7.** Secondo Lei, è una buon'idea o una pessima idea fare l'autostop? Perchè? **8.** Guardi (*Look at*) i segnali stradali nello studio di parole: se Lei guida sull'autostrada e la macchina ha un guasto al motore, quale segnale spera di vedere? **9.** Qual è il segnale che si vede spesso nelle vicinanze (*in the vicinity*) di una scuola? **10.** Quando Lei arriva in macchina a questo segnale, Lei accelera, rallenta (*slow down*), o ferma la macchina? **11.** Se Lei guida la macchina e un pedone attraversa la strada davanti a Lei, cosa fa? **12.** Quale segnale spera di vedere Lei se vuole riportare un incidente (*accident*) di cui Lei è stato testimone (*witness*)? **13.** Quale segnale spera di vedere se Lei o qualcuno in macchina con Lei si sente male?

P U N T I   G R A M M A T I C A L I

I. Imperativo

—*Guarda* dove vai!
Frena! Sta' attento!

1. Cosa dice l'istruttore? **2.** Perchè?

1. The **imperativo** (*imperative*) mood is used not only to express a command, but also to express an invitation, an exhortation, or advice.

Guarda! = *Look!*

Its forms are:

	ascoltare	prendere	partire
(tu)	ascolta!	prendi!	parti!
(Lei)	ascolti!	prenda!	parta!
(noi)	ascoltiamo!	prendiamo!	partiamo!
(voi)	ascoltate!	prendete!	partite!
(Loro)	ascoltino!	prendano!	partano!

The pattern of the imperative for **-isc-** verbs is as follows: fin**isci**!, fin**isca**!, fin**iamo**!, fin**ite**!, fin**iscano**!

NOTE:

    a. Subject pronouns are *not* expressed in imperative forms.

    b. The imperative **noi** and **voi** forms for the three conjugations are identical to the present indicative forms; the **tu** forms for the second and third conjugations are also identical to the present indicative forms.

    c. The imperative **noi** form corresponds to the English "Let's. . . ." (**Guardiamo!** = *Let's look!*)

Mangiate!	*Eat!*
Gino, **prendi** la macchina!	*Gino, **take** the car!*
Portiamo un regalo a Lia!	***Let's bring** Lia a present!*
Entrino, signorine!	***Come in,** young ladies!*
Signore, **legga** il regolamento!	*Sir, **read** the regulation!*
Pierino, **ubbidisci!**	*Pierino, **obey!***

2. The *negative* imperative for the **tu** form is the infinitive preceded by **non.** For *all the other persons* of the imperative, **non** is placed before the affirmative form.

Dormi, Gino!	*Sleep, Gino!*
Non dormire, Gino!	***Don't sleep,** Gino!*
Mangia la minestra!	*Eat the soup!*
Non mangiare la minestra!	***Don't eat** the soup!*
Partiamo oggi!	*Let's leave today!*
Non partiamo oggi!	***Let's not leave** today!*
Aspettate!	*Wait!*
Non aspettate!	***Don't** wait!*
Viaggi in treno, signora.	*Travel by train, madam!*
Non viaggi in treno, signora!	***Don't travel** by train, madam!*

3. The following verbs have irregular imperative forms:

essere:	**sii, sia,** siamo, **siate, siano**
avere:	**abbi, abbia,** abbiamo, **abbiate, abbiano**
andare:	**va'** (vai), **vada,** andiamo, andate, **vadano**
dare:	**da'** (dai), **dia,** diamo, date, **diano**
dire:	**di', dica,** diciamo, dite, **dicano**
fare:	**fa'** (fai), **faccia,** facciamo, fate, **facciano**
sedersi:	**siediti,** si **sieda, sediamoci, sedetevi,** si **siedano**
stare:	**sta'** (stai), **stia,** stiamo, state, **stiano**
venire:	**vieni, venga,** veniamo, venite, **vengano**
uscire:	esci, **esca,** usciamo, uscite, **escano**

Abbi pazienza!	*Have patience!*
Sii buono!	*Be good!*
Vada a destra!	*Go right!*
Di' la verità!	*Tell the truth!*
Venite a casa mia!	*Come to my house!*
Non fare rumore!	*Don't make noise!*

esercizi

A. Pietro suggerisce al suo amico di fare insieme le seguenti cose. Seguite l'esempio.

ESEMPIO   comprare una pizza   **Compriamo una pizza!**

1. fermare la macchina davanti al caffè   **2.** telefonare a Mimmo   **3.** andare a vedere un film   **4.** fare un giro in macchina   **5.** giocare al calcio   **6.** ascoltare i dischi di Michael Jackson   **7.** prendere un aperitivo   **8.** dare la mancia al cameriere   **9.** parlare seriamente, non scherzare   **10.** risparmiare un po' di soldi   **11.** cercare di prendere un bel voto all'esame   **12.** spedire una cartolina agli amici   **13.** augurare «buon viaggio» a Luisa, che parte domani   **14.** esprimere la nostra opinione

B. Decalogo dell'automobilista. Ecco dieci consigli che un istruttore (un'istruttrice) di guida (*driving instructor*) dà ai suoi studenti. Usate la forma **voi** dell'imperativo.

1. guardare se arrivano macchine prima di partire   **2.** non accelerare se la strada non è libera   **3.** non superare mai il limite di velocità   **4.** fare attenzione al semaforo   **5.** stare sempre attenti al traffico   **6.** segnalare quando girate a destra o a sinistra   **7.** frenare dolcemente   **8.** non sorpassare quando c'è il divieto di sorpasso   **9.** non essere distratti quando siete al volante   **10.** specialmente, non bere bevande alcoliche quando dovete guidare

C. Ecco alcuni consigli di una mamma a suo figlio (sua figlia). Usate la forma **tu** dell'imperativo.

ESEMPIO   studiare   **Studia!**

1. finire i compiti   **2.** rifare il letto   **3.** riordinare la stanza   **4.** andare a scuola senza protestare   **5.** ascoltare attentamente i professori   **6.** stare attento(a) in classe   **7.** frequentare (*to go with*) bravi compagni   **8.** spendere poco nei divertimenti   **9.** venire a casa presto   **10.** stare a casa la sera   **11.** dare un po' d'aiuto in casa   **12.** apparecchiare la tavola per le sette   **13.** cambiare l'acqua ai pesci   **14.** mettere a posto (*in order*) le tue cose

D. I dieci comandamenti dell'impiegato(a) perfetto(a). Un capoufficio ha attaccato un foglio con le seguenti regole (*rules*) nell'ufficio del suo segretario (della sua segretaria). Usate la forma **Lei** dell'imperativo.

1. arrivare in ufficio prima delle otto   **2.** preparare il caffè   **3.** sedersi alla scrivania alle otto precise   **4.** scrivere a macchina velocemente   **5.** non fare errori   **6.** non perdere più di un'ora per lo spuntino (*snack*) del mezzogiorno   **7.** essere sempre gentile   **8.** dire sempre di sì   **9.** non stare mai a casa (nei giorni di lavoro)   **10.** lasciare la scrivania in ordine prima di partire

E. Dite a uno studente (una studentessa) di **non fare** le seguenti cose.

    a. Usate la forma **tu.**

1. usare la macchina   **2.** mettere la giacca   **3.** stare a letto fino a mezzogiorno   **4.** essere impaziente   **5.** uscire stasera   **6.** fare troppe domande   **7.** leggere le lettere degli altri **8.** dire parolacce   **9.** fumare   **10.** ascoltare i cattivi consigli   **11.** guidare troppo velocemente   **12.** promettere cose che non puoi mantenere (*keep*)   **13.** essere triste

    b. Usate la forma **Lei.**

1. dimenticare di telefonare   **2.** venire in ritardo   **3.** fare rumore   **4.** girare a sinistra **5.** avere paura   **6.** prendere calmanti   **7.** fermarsi bruscamente (*abruptly*)   **8.** sorpassare senza segnalare   **9.** superare i limiti di velocità   **10.** cambiare idea (*to change one's mind*) all'ultimo momento   **11.** parcheggiare la macchina dove c'è il divieto di parcheggio **12.** essere impaziente con gli altri automobilisti

II. *Imperative* (imperativo) *with pronouns*

—Papà, *prestami* la tua auto stasera; se no, avrò un complesso di inferiorità.

1. In the *affirmative* imperative, object pronouns, reflexive pronouns, and **ci** are attached to the end of the **tu, noi,** and **voi** forms. They *always precede* the **Lei** and **Loro** forms.

(tu) Scrivi**mi** una lęttera!   ⎫
(Lei) **Mi** scriva una lęttera! ⎬ *Write **me** a letter!*
   ⎭

*(voi) Fạte**ci** un favore!*   ⎫
*(Loro) **Ci** fạcciano un favore!* ⎬ *Do **us** a favor!*
   ⎭

(voi) Prestạte**ci** la mạcchina!	*Lend **us** the car!*
(noi) Parliạmo**gli.**	*Let's speak **to him!***
(noi) Alziạmo**ci!**	*Let's get up (Let's get **ourselves** up!)*
(voi) Divertịte**vi!**	*Have fun! (Amuse **yourselves!**)*
(voi) Dịte**celo!**	*Tell **it to us!***
(tu) Parla**mene!**	*Speak **to me about it!***
(Lei) **Ci** vada!	*Go **there!***

2. In the *negative* imperative, object and reflexive pronouns may precede *or* follow the verb in the **tu** and **voi** forms. They follow the **noi** form and *always precede* the **Lei** and **Loro** forms.

Non alzar**ti!**   ⎫
Non **ti** alzare! ⎬ *Don't get up!*
  ⎭

Non dịte**glielo!**   ⎫
Non **glielo** dite! ⎬ *Don't tell **it to him!***
  ⎭

Non far**lo!**   ⎫
Non **lo** fare! ⎬ *Don't do **it!***
  ⎭

But:

(noi) Non andiạmo**ci!**	*Let's not go **there!***
(Lei) Non **ci** vada!	*Don't go **there!***
(Loro) Non **glielo** dịcano!	*Don't tell **it to him!***

3. When the pronouns are attached to the monosyllabic imperatives **da', va', di', fa', sta',** the initial consonant of the pronouns is doubled except for **gli.**

Dammi la macchina!	*Give **me** the car!*
Dicci una cosa!	*Tell **us** one thing!*
Vacci tu!	*Go **there** yourself!*
Dịmmelo!	*Tell **it to me!***
Fạccelo vedere!	*Let **us** see it!*

But:

Dịglielo!   *Tell **it to him (her)!***

A. Sostituite la forma **Lei** con la forma **tu** dell'imperativo e fate i cambiamenti necessari.

1. Mi telefoni prima di venire!   **2.** Si fermi qui!   **3.** Ne prenda dieci!   **4.** Mi dica quanto costa!   **5.** Ci faccia questo piacere!   **6.** Le dica tutto!   **7.** Lo dia all'automobilista!   **8.** Ci vada Lei!   **9.** Non si preoccupi!   **10.** Non glielo dica!   **11.** Gli mostri la patente!   **12.** Non cambi sempre idea!   **13.** Si sieda e stia tranquillo!   **14.** Glielo spieghi Lei!

B. Rispondete alle domande usando **l'imperativo,** secondo l'esempio.

ESEMPIO   —Ci vediamo stasera?   —**Sì, vediamoci!**

1. Ti telefono domani sera?   **2.** Ci incontriamo al bar?   **3.** Vi porto a casa?   **4.** Vi offro un tè o un caffè?   **5.** Ti insegno a guidare?   **6.** Ti regalo un libro o un disco?   **7.** Vi aspettiamo a casa nostra?   **8.** Ti accompagno all'aeroporto?   **9.** Ti spedisco il pacco via aerea?   **10.** Vi chiamiamo dopo cena?   **11.** Ti aiuto a fare il trasloco?   **12.** Ti presento i miei colleghi?

C. Rispondete con la forma **tu** dell'**imperativo,** sostituendo le parole in corsivo con i pronomi appropriati.

ESEMPIO   —Posso offrirti *un espresso?*   —**Sì, offrimelo!**

1. Posso seder*mi?*   **2.** Posso andare *al cinema?*   **3.** Posso darti *il mio numero di telefono?*   **4.** Posso portare *un amico alla festa?*   **5.** Posso andare *a vedere la partita?*   **6.** Posso farti *un regalo?*   **7.** Posso guidare *la tua macchina?*   **8.** Posso fare *una passeggiata?*   **9.** Posso parlarti *del mio problema?*   **10.** Posso presentarti *i miei amici?*   **11.** Posso darti *un consiglio?*

D. Rispondete con la forma **Lei** dell'**imperativo** e con i pronomi appropriati.

ESEMPIO   —Signorina, posso portarLe la valigia?   —**Me la porti pure** (*by all means*)!

1. Signora, posso venire a casa Sua?   **2.** Devo aspettarLa qui?   **3.** Devo prenotarLe un posto di prima classe?   **4.** Signore, Le preparo il conto?   **5.** Signora, posso aprire la finestra?   **6.** Signorina, posso aiutarLa?   **7.** Dottore, posso andare in ufficio domani?   **8.** (A un poliziotto) Scusi, posso parcheggiare la macchina qui?

E. Domanda e risposta. Rispondete **negativamente,** usando i pronomi appropriati.

  a. Uno studente domanda consiglio a un amico (un'amica).

ESEMPIO   andare dal meccanico   —**Devo andare dal meccanico?**
                                —**No, non andarci!**   o: —**No, non ci andare!**

1. bere questa birra   **2.** dimenticare l'incidente   **3.** telefonare al dottore   **4.** raccontare tutto a mio padre   **5.** dirgli quello che mi è successo   **6.** parlarti di tutti i miei problemi   **7.** darti subito i soldi

b. Un ammalato domanda consiglio al suo dottore.

ESEMPIO   prendere questa medicina   —Potrei prendere questa medicina?
—No, non La prenda!

1. comprare queste iniezioni   **2.** misurare la febbre   **3.** mangiare delle uova   **4.** bere del vino   **5.** vedere lo specialista   **6.** fumare (*smoke*) delle sigarette   **7.** parlare della mia malattia a mia moglie

c. Due ragazzine domandano a un padre molto severo il permesso di fare qualcosa.

ESEMPIO   andare al cinema stasera   —Possiamo andare al cinema stasera?
—No, non andateci!

1. accendere (*to turn on*) la televisione   **2.** guardare almeno il vecchio film *La Strada*
3. leggere questi giornali   **4.** andare a casa di Marisa   **5.** farle almeno una telefonata
6. ascoltare le canzoni di Al Bano   **7.** restare nella nostra stanza/Sì

F. Consigli a un amico (un'amica). Il tuo amico (La tua amica) fa il contrario di quello che dovrebbe fare. Dagli (Dalle) dei buoni consigli. Segui l'esempio.

ESEMPIO   mangia troppo, smettere   **Smetti di mangiare!** (Stop eating!)

1. non guida, imparare   **2.** non è paziente, cercare   **3.** studia poco, promettere   **4.** non fa attenzione, cercare   **5.** scherza troppo, smettere   **6.** non chiude mai la porta, ricordarsi
7. non è mai in orario, abituarsi (a) (*to get used to*)   **8.** non cerca lavoro, incominciare
9. non fa i compiti, mettersi (a) (*to start*)

III. Congiuntivo presente

Pierino, l'ottimista:
—Papà, spero che tu mi *compri* una Ferrari per il mio compleanno.

1. The **congiuntivo presente** (*subjunctive*) mood, unlike the indicative mood (which expresses certainty and reality), expresses personal, subjective feelings and points of view; volition; uncertainty; possibility; and doubt. It is used mainly in subordinate clauses introduced by **che.** Contrary to English, the subjunctive is widely used in Italian in both speaking and writing.

(Vuole) che io **parli** = (*He wants*) *me* **to speak,** *that I* **(may) speak**

Its forms are:

	ascoltare	prendere	partire
che io	ascol**ti**	prend**a**	part**a**
che tu	ascol**ti**	prend**a**	part**a**
che lui/lei	ascol**ti**	prend**a**	part**a**
che noi	ascolt**iamo**	prend**iamo**	part**iamo**
che voi	ascolt**iate**	prend**iate**	part**iate**
che loro	ascol**tino**	prend**ano**	part**ano**

The first, second, and third persons singular are identical. To avoid ambiguity, the subject pronouns are usually expressed.

The present subjunctive of the **-isc-** verbs follows this pattern: fin**isca**, fin**isca**, fin**isca**, fin**iamo**, fin**iate**, fin**iscano**.

Note in the following chart that the forms of the subjunctive for the first, second and third persons singular are the same as the **Lei** form of the imperative. The **noi** and **loro** forms of the subjunctive correspond to the **noi** and **Loro** imperative forms.

Imperative	Subjunctive	Imperative	Subjunctive
(Lei) parta!	che io parta che tu parta che lui parta	(noi) partiamo! (Loro) partano!	che noi partiamo che loro partano

2. The following verbs and expressions usually govern the subjunctive in a dependent clause:

    a. Verbs of volition, such as **volere, desiderare,** and **preferire.**

    b. Verbs and verbal expressions of emotion, such as **essere contento (felice), sorpreso, temere, avere paura,** and **mi dispiace.**

    c. Verbs expressing opinion, hope, doubt, or uncertainty: **pensare (credere), sperare, dubitare,** and **non essere certo (sicuro).**

Voglio che tu impari a guidare.	*I want you to learn how to drive.*
Desideriamo che tu ci scriva più spesso.	*We would like you to write to us more often.*
Sono contento che i miei genitori arrivino.	*I am glad my parents are arriving.*
Temo che sia troppo tardi.	*I fear it's too late.*

NOTE:

With some verbs—such as **pensare, credere,** and **sperare**—the future may replace the present subjunctive when the action of the subordinate clause takes place in the future.

Credo che Lia **arrivi** domani.	*I believe Lia will*
Credo che Lia **arriverà** domani.	*arrive tomorrow.*

---

3. Verbs ending in **-care** and **-gare** insert an **h** between the stem and the endings: dimentichi, dimentichiamo, dimentichiate, dimentichino; paghi, paghiamo, paghiate, paghino.

---

4. Verbs ending in **-iare** drop the **i** of the stem: **cominci, cominciamo, cominciate, comincino.**

---

5. Many verbs have an irregular present subjunctive. The following are the most common:

essere:	**sia,** siamo, **siate, siano**
avere:	**abbia,** abbiamo, **abbiate, abbiano**
andare:	**vada,** andiamo, **andiate, vadano**
bere:	**beva,** beviamo, **beviate, bevano**
dare:	**dia,** diamo, **diate, diano**
dire:	**dica,** diciamo, **diciate, dicano**
dovere:	**deva,** dobbiamo, **dobbiate, devano**
fare:	**faccia,** facciamo, **facciate, facciano**
potere:	**possa,** possiamo, **possiate, possano**
sapere:	**sappia,** sappiamo, **sappiate, sappiano**
sedersi:	**sieda,** sediamo, **sediate, siedano**
stare:	**stia,** stiamo, **stiate, stiano**
uscire:	**esca,** usciamo, **usciate, escano**
venire:	**venga,** veniamo, **veniate, vengano**
volere:	**voglia,** vogliamo, **vogliate, vogliano**

Spero che Lei **abbia** la patente.	*I hope you **have** a driver's license.*
Desidero che tu **stia attento** al semaforo.	*I would like you **to pay attention** to the traffic light.*

La mamma non vuole che **beviate** vino.	*Mother does not want **you to drink** wine.*
Dubita che **sappiamo** guidare bene.	*He (She) doubts that **we know** how to drive well.*
Non crede che **dicano** la verità.	*He (She) does not believe (that) **they are telling** the truth.*

6. Compare the following sets of sentences:

Certainty		**Opinion, Doubt, Emotion**	
So che		Credo che	
Sono certo che		Dubito che	
Sono sicuro che	Lia **è** malata.	Non sono sicuro che	Lia **sia** malata.
È vero che		Mi dispiace che	

—Credo che il nostro professore *abbia* la testa fra le nuvole.
È sempre così distratto!

esercizi

A. Ripetete le frasi sostituendo il soggetto della proposizione dipendente (**che** *clause*) con i soggetti fra parentesi.

1. Desidero che Nino lavori di più. (tu, i ragazzi, voi due)   **2.** Preferisce che tu venda la vecchia macchina. (suo marito, loro, noi, voi)   **3.** Dubita che io finisca il lavoro per domani. (la sua segretaria, gli studenti, voi, tu)   **4.** La mamma è contenta che noi partiamo. (io, tutti, voi, Rosa)   **5.** Lui spera che tu non dimentichi i regolamenti. (tu e lui, gli automobilisti, la signorina, io)   **6.** Desidero che loro siano felici. (tu, la signora, tu e lei)   **7.** Dubito che lui voglia partire con questa pioggia. (noi, lui e lei, tu)

B. Sostituite le espressioni in corsivo con quelle fra parentesi.

1. Anna è contenta che io *giochi a tennis*. (andare a teatro, divertirsi, uscire stasera, dare un passaggio al pedone, fare un viaggio a Madrid, essere in ottima salute)

2. Ho paura che voi *non studiate abbastanza*. (non avere molta pazienza, stare male in macchina, non dire la verità, arrivare in ritardo, prendere una multa, non fare attenzione al traffico)

3. Mi dispiace che Giampaolo *non venga alla festa*. (non sapere guidare, non volere imparare, non conoscere nessuna lingua straniera, essere al verde, non avere la bicicletta, preferire andare a piedi)

C. Esprimete la vostra opinione sulle seguenti affermazioni (*statements*) incominciando la frase con **Credo che** o **Non credo che.**

1. È difficile guidare in Italia.   **2.** Gli Italiani bevono molto latte.   **3.** Il governo vuole aumentare le tasse (*taxes*).   **4.** L'inflazione può aumentare ancora.   **5.** Le donne hanno gli stessi diritti (*rights*) degli uomini.   **6.** Gli Americani sanno vivere.   **7.** I giovani devono studiare di più le lingue straniere.   **8.** Molti Europei vengono a passare le loro vacanze negli Stati Uniti.   **9.** Le macchine giapponesi consumano tanta benzina quanto quelle americane.   **10.** Gli studenti vogliono meno compiti.

D. Completate le frasi, scegliendo fra il presente **dell'indicativo** o **del congiuntivo.**

1. Sappiamo che gli Italiani _____ (guidare) pericolosamente.   **2.** Dubito che la monarchia _____ (ritornare) in Italia.   **3.** Spero che il governo _____ (potere) controllare l'inflazione e che tutti _____ (riuscire) a trovare lavoro.   **4.** Sono sicuro che le macchine italiane _____ (essere) tra le più belle del mondo.   **5.** Ho paura che gli stranieri _____ (avere) dei problemi quando _____ (guidare) in Italia.   **6.** Mi dispiace che un viaggio in Italia _____ (costare) così tanto.   **7.** Ho sentito alla televisione che il nuovo governo _____ (essere) in crisi.   **8.** Tutti desiderano che non _____ (esserci) guerre e che il mondo _____ (stare) in pace.

E. Il testamento del vecchio conte di Altavilla. Completate la storiella con le forme appropriate del **congiuntivo.**

Cara moglie,

Queste sono le mie ultime volontà. Spero che tu _____ (seguire) tutte le mie istruzioni. Desidero che tu _____ (dare) il tappeto del mio studio alla cameriera perchè mi ha sempre servito bene. Voglio che tu _____ (regalare) la mia collezione di francobolli al mio maggiordomo (*butler*) per la sua fedeltà e che tu _____ (pagare) al giardiniere la somma di un milione di lire.

Preferisco che il cugino Cosimo _____ (avere) il mio orologio d'oro (*gold*) e che le zie Rosa e Linda _____ (ricevere) tutte le bottiglie di vino della mia cantina. Spero che così loro _____ (consolarsi) della mia morte. Desidero che il mio castello, i miei mobili, le mie cinque macchine, e tutte le mie proprietà _____ (andare) al mio autista che mi è stato amico fedele per quarant'anni. A te, cara moglie, che hai protestato per quarant'anni, lascio i miei occhiali e la mia dentiera (*denture*). Spero che tu ne _____ (essere) contenta.

Tuo Alfredo

IV. *Irregular plurals (2)*

Ecco una sfilata *(parade)* **di cuo*chi*: un cuoco, due cuo*chi*...diversi cuo*chi*.**

1. As we saw in Chapters 1 and 2, feminine nouns and adjectives ending in **-ca** and **-ga** form their plural in **-che** and **-ghe**.

amic**a**, ami**che**   lung**a**, lun**ghe**

2. In Chapter 2, we saw that the plural of nouns and adjectives ending in **-co** is formed in two ways, depending on which syllable is stressed.

a. When the stress falls on the next-to-last syllable, the plural ends in **-chi**: pár-co → pár-**chi**.

cuóco   cuo**chi**   rícco   ric**chi**
fuóco   fuo**chi**   antíco anti**chi**

Exceptions: amico, ami**ci**; greco, gre**ci**; nemico, nemi**ci**

b. When the stress falls on the third-to-last syllable, the plural ends in **-ci**: mé-di-co → me-di-**ci**.

mónaco *(monk)*   mona**ci**   simpático   simpa**tici**
pórtico *(arcade)* porti**ci**   clássico   classi**ci**

3. Masculine nouns and adjectives ending in **-go** form their plural in **-ghi.**

luogo	luo**ghi**	lungo	lun**ghi**
albergo	alber**ghi**	largo	lar**ghi**
chirurgo	chirur**ghi**	analogo	analo**ghi**

NOTE:
Nouns ending in **-ologo,** referring to professions, form their plural in **-ologi:** radiologo, radio**logi;** psicologo, psico**logi;** geologo, geo**logi.**

---

4. Nouns ending in **-ista** can be either masculine or feminine. When masculine, they take the masculine article and form their plural in **-i.** When feminine, they take the feminine article and form their plural in **-e.**

il pianist**a**	i pianist**i**	la pianist**a**	le pianist**e**
lo specialist**a**	gli specialist**i**	la specialist**a**	le specialist**e**

NOTE:
Adjectives ending in **-ista** follow the same pattern:
ottimista → ottimist**i,** ottimist**e.**

---

5. Masculine nouns and adjectives ending in **-io** form their plural in:

a. **-ii** when the **i** of **-io** is *stressed.*

zio	z**ii**	natio (*native*)	nat**ii**
addio	add**ii**	pio (*pious*)	p**ii**

b. **-i** when the **i** of **-io** is *unstressed.*

studio	stud**i**	serio	ser**i**
ufficio	uffic**i**	vario	var**i**

---

6. Feminine nouns and adjectives ending in **-cia** and **-gia** form their plural as follows:

a. When **-cia** and **-gia** are preceded by a vowel, their plural is **-cie** and **-gie.**

valigia	vali**gie**
camicia	cami**cie**
grigia	gri**gie**

b. When **-cia** and **-gia** are preceded by a consonant, their plural is **-ce** and **-ge.**

fạccia (*face*)   facce
piọggia   piogge
mạrcia (*rotten*)   marce

c. When the **i** of **-cia** and **-gia** is stressed (whether **-cia** and **-gia** are preceded by a vowel or a consonant), the plural is **-cie** and **-gie.**

farmacịa   farmacie
bugịa   bugie
energịa   energie

esercizi

A. Mettete le seguenti frasi al plurale.

1. Abbiamo un mọbile antico.   **2.** È un mẹdico molto ricco.   **3.** Il fuoco è acceso (*lit*) nel caminetto (*fireplace*).   **4.** Questo chirurgo è un professionista sẹrio.   **5.** Davanti alla casa c'è un pọrtico lungo.   **6.** È uno psicọlogo simpạtico.   **7.** Detesto un lungo addio. **8.** Non mạngio l'arạncia perchè è mạrcia.   **9.** La stanza dell'albergo è abbastanza larga. **10.** La farmacia è chiusa oggi.   **11.** Giovanni porta una camịcia grịgia.

B. Rispondete alle seguenti domande.

1. Come sono le facce dei bambini il giorno di Natale?   **2.** Come sono le giornate con nẹbbia? Sono piene di luce o sono grịgie?   **3.** E i capelli di una persona di cinquanta o sessant'anni, come sono?   **4.** Che studi fanno gli studenti che vọgliono diventare mẹdici? E Lei, che studi fa?   **5.** Dica il nome di alcuni specialisti in medicina.   **6.** Può citare il nome di alcuni artisti e artiste di fama mondiale?   **7.** Quali autostrade sono più larghe: quelle negli Stati Uniti o quelle in Europa?   **8.** Il portabagagli della Sua mạcchina può contenere (*hold*) una sola valịgia o di più? Quante?   **9.** Come si chiạmano gli studiosi di psicologia? di biologia? di archeologia?   **10.** Dica il nome di alcune città antiche e di monumenti antichi.

Una lezione di guida

Marcello vuole che Antonio impari a guidare. Ora i due amici si trovano lungo una strada di molto traffico, e il povero Antonio non sa come fare.

—Insomma, Tonino, guarda davanti a te! Frena, per piacere! Non hai visto che il semaforo è rosso e che i pedoni attraversano la strada?

—Hai ragione, mi dispiace.

—Dai,* va' adesso! Non vedi che il semaforo è diventato verde? Va' diritto! Non girare a destra! Non vedi che quel *cartello* _{sign} dice «*Senso vietato*»? Fammi un piacere: sta attento! _{Wrong way}

—*Insomma,* cosa vuoi che faccia!? Se desideri che io impari a _{For heaven's sake} guidare, devi *smettere* di criticarmi. Ho già il mal di testa. È _{stop} meglio tornare a casa. È stata una pessima idea imparare a guidare durante le *ore di punta.* E poi...incomincio a dubitare _{rush hours} che tu sia un buon istruttore....

—Sta' zitto, *somaro.* E non dimenticare di segnalare quando _{dumbbell} devi sorpassare. Ma che cosa hai fatto? Hai accelerato e non hai visto che c'era il segnale di limite di velocità! Spero almeno che non ci sia nessun poliziotto.

   (Troppo tardi. I due sentono già la sirena: la macchina della polizia è dietro di loro.)

—Marcello, cosa faccio?

—Eh! Che cosa vuoi fare? *Rallenta* e fermati vicino al _{Slow down} *marciapiede.* _{sidewalk}

   L'agente si avvicina alla macchina e dice ad Antonio:

—Mi dia la patente, prego.

—*Mi permetta* di spiegarLe....(È Marcello che parla.) _{Allow me}

—Preferisco che Lei stia zitto. *Quanto a* Lei, come si chiama? _{As for}

—Antonio Catalano.

   Le cose *si complicano* e il povero Antonio deve *rinunciare* a _{become} guidare per il momento. _{complicated /
give up}

---

*__Dai! Su!__ are colloquial expressions used to encourage someone to do something, similar to English *Come on!*

Segnali stradali.

DOMANDE SULLA LETTURA

1. Chi vuole che Antonio impari a guidare la macchina? **2.** Com'è la strada dove Antonio guida? **3.** A che cosa deve fare attenzione Antonio? **4.** Perchè non può girare a destra? **5.** Perchè si lamenta Antonio? **6.** Secondo Lei, è paziente o impaziente Marcello? **7.** Perchè è difficile guidare durante le ore di punta? **8.** Che cosa deve fare Antonio prima di sorpassare? **9.** Che grave errore ha fatto Antonio? **10.** Che cosa spera Marcello? **11.** Perchè Antonio ha dovuto fermare la macchina vicino al marciapiede? **12.** Che cosa vuole vedere il poliziotto? **13.** Il poliziotto permette a Marcello di parlare? **14.** Che cosa vuole sapere da Antonio il poliziotto? **15.** Perchè Antonio deve rinunciare temporaneamente a guidare? **16.** Cosa pensa che succederà Lei?

DOMANDE PERSONALI

1. Da quanto tempo ha la patente Lei? **2.** Qual è l'età minima per prendere la patente nel Suo stato? **3.** Negli Stati Uniti il limite di velocità sulle autostrade è lo stesso per tutti gli stati, o varia da stato a stato? **4.** Qual è il limite di velocità nel Suo stato? **5.** Si considera bravo(a) Lei come automobilista? **6.** Ha mai ricevuto una multa? Perchè? **7.** Rispetta i limiti di velocità Lei? **8.** Cosa potrebbe succedere se Lei supera il limite e un poliziotto La vede? **9.** Fa sempre attenzione al semaforo e agli altri segnali stradali? **10.** Immagini di arrivare ad un incrocio (*intersection*) e che il semaforo diventi giallo. Cosa farebbe Lei? Passerebbe col giallo o si fermerebbe? **11.** Cosa fa Lei se la Sua macchina ha un guasto al motore sull'autostrada? **12.** Cosa fa Lei quando vede qualcuno che fa l'autostop? Si ferma e dà un passaggio, o continua per la Sua strada? **13.** Quando Lei guida la macchina, usa la cintura di sicurezza (*safety belt*)? **14.** Se Lei vede un incidente stradale, si ferma ad aiutare, telefona alla polizia stradale dal primo telefono che trova, o continua per la Sua strada senza preoccuparsi dell'incidente?

ATTIVITÀ

A. Orale

Uno studente (Una studentessa) dà indicazioni (*directions*) a un altro (un'altra): come arrivare a casa sua (diạlogo in gruppi di due o tre studenti).

Se volete venire a casa mia da San Francisco, prendete l'autostrada 280 che va verso San José. Uscite dall'autostrada all'uscita (*exit*) con l'indicazione «Los Altos». Prendete la seconda strada a sinistra. Andate diritto fino al primo semạforo, poi girate a destra su via Cascade. La prima strada a sinistra è la strada dove io ạbito.

B. Tema

Immagina di ẹssere un istruttore di guida. Usando l'imperativo, scrivi delle istruzioni per i tuoi studenti: quello che, secondo te, dẹvono o non dẹvono fare.

C. Traduzione

1. Mr. and Mrs. Smith arrived in Rome yesterday and rented a Fiat. **2.** Mr. Smith's wife is afraid that he may have an accident and continually tells him: "Go slowly! Pay attention!" **3.** "If you must complain so much (**così tanto**), next time I prefer that you stay home." **4.** "Look, Jim, those beautiful fountains! That is Piazza Navona. Let's stop!" **5.** "With this traffic? Let's first look for a parking lot." **6.** So, Mr. and Mrs. Smith drove for one hour, and finally, they were able to park (their) car. **7.** "Where are we now? I doubt that it is possible to walk to (**fino a**) Piazza Navona. It is too far!" **8.** "Listen, Liz, since you have studied Italian, go into that coffee shop and ask how to go to Piazza Navona." **9.** Mrs. Smith went in and asked the barman. **10.** "Tell me how to find Piazza Navona, please." **11.** "I am afraid you have to take the bus. Go straight for one hundred meters, and then turn to the left. You will see the bus stop (**la fermata dell'autobus**) at the street corner."

vocabolario

NOMI

il cartello	sign
la cintura di sicurezza	safety (seat) belt
i freni	brakes
la guida	driving
l'incidente (*m.*)	accident
l'incrocio	intersection
l'indicazione (*f.*)	direction, sign
l'istruzione (*f.*)	instruction
il limite	limit
la pace	peace
il passaggio	lift
il passeggero, la passeggera	passenger
il pedone	pedestrian
il segnale	signal, sign
il semaforo	traffic light
lo spuntino	snack
la velocità	speed
la volontà	will

AGGETTIVI

alcoolico	alcoholic
indispensabile	indispensable
sicuro	sure, certain
stradale	of the road(s)
triste	sad

VERBI

accelerare	to accelerate
accompagnare	to accompany
avvicinarsi (a)	to approach, to go near
consumare	to consume, to use up
criticare	to criticize
dubitare	to doubt
frenare	to break
girare	to turn
mettersi a	to start (doing something)

permettere (*p.p.* permesso)	to allow
presentare	to introduce
protestare	to protest
rallentare	to slow down
rinunciare	to renounce, give up
segnalare	to signal
smettere di	to stop (doing something)
sorpassare	to pass (a car)
superare	to exceed
temere	to fear
variare	to vary
verificare	to verify

ALTRE ESPRESSIONI

adagio	slowly
a destra	to the right
a sinistra	to the left
avanti diritto	straight ahead
cambiare idea	to change one's mind
Dai! Su!	Come on!
dipende (da)	it depends (on)
dolcemente	gradually, gently
fare un giro (in macchina)	to go for a drive
insomma	for heaven's sake, in short
mettere in moto	to start the motor
le ore di punta	rush hours
pericolosamente	dangerously
più o meno	more or less
prego	please
specialmente	especially
stare attento	to pay attention
stare zitto	to be quiet
volerci	to take (time)
ci vuole un'ora per...	it takes one hour for . . .
ci vogliono due ore...	it take two hours . . .

I MEZZI DI TRASPORTO

Segnali stradali, vicino a Pisa.

La forma allungata dell'Italia *esige* un sistema efficiente di strade. I Romani furono grandi costruttori, e *dotarono* la penisola italiana di un'estesa *rete* stradale che partiva da Roma e correva in tutte le direzioni. Dopo più di duemila anni, il *tracciato* delle antiche vie romane è ancora visibile e costituisce l'elemento fondamentale del ricco sistema autostradale moderno.

La principale arteria automobilistica, l'Autostrada del Sole, è una delle più belle d'Europa, e si estende fra Milano e la Calabria in una corsa continua di ponti e gallerie.

Il trasporto italiano è efficiente, veloce, ed economico. È effettuato per mezzo di un traffico continuo di treni locali, di accelerati che si fermano a tutte le stazioni, e di diretti, direttissimi e rapidi. I rapidi, come la Freccia del Sud e il Settebello, sono velocissimi e *collegano* in poche ore le città più importanti della penisola. Le Ferrovie dello Stato controllano più di *tre quarti* della rete ferroviaria del paese.

requires
supplied
network

layout

link

three fourths

Roma. Traffico in via Veneto.

Ogni città possiede una rete di trasporti pubblici, che comprende autobus, tram, e filobus. La maggior parte degli Italiani preferisce *recarsi* al lavoro con uno di questi mezzi, **to go** data la difficoltà di trovare un parcheggio e l'alto costo della benzina. Infatti, un gallone di benzina costa tre volte di più di quel che costa negli Stati Uniti. *Ciò nonostante,* oggi quasi **Nevertheless** tutti gli Italiani hanno la macchina, che serve specialmente per le vacanze e per le gite turistiche di fine settimana. Per *servirsi* delle autostrade è necessario pagare un *pedaggio* che **to use / toll** è elevato e che dipende dalla *potenza* del motore. **power**

La macchina rappresenta per l'Italiano qualche cosa di più di un mezzo di trasporto. È un simbolo di benessere e, secondo molti, ha il potere di cambiare la personalità dell'individuo che guida: l'uomo e la donna più timidi diventano aggressivi quando sono al *volante*. **steering wheel**

Le macchine italiane, come la Fiat, la Lamborghini, la Ferrari, l'Alfa Romeo, hanno conquistato i mercati mondiali, e testimoniano del genio e del buon gusto degli Italiani.

ESERCIZIO DI COMPRENSIONE

1. Il sistema stradale italiano segue la rete....
   a. delle strade automobilistiche del Sud   **b.** delle strade europee   **c.** delle antiche strade romane
2. L'Autostrada del Sole si estende....
   a. dal Sud al Nord   **b.** dall'Est all'Ovest   **c.** dal Nord al Centro
3. La Freccia del Sud è un treno....
   a. direttissimo   **b.** rapido   **c.** accelerato
4. Nonostante il costo della benzina, gli Italiani si servono dell'automobile per andare....
   a. in città   **b.** al lavoro   **c.** in vacanza
5. Per l'Italiano medio l'auto è....
   a. un segno di benessere   **b.** un mezzo di trasporto   **c.** un modo di servirsi delle autostrade

19
CINEMA E TIVÙ

Intervista per il telegiornale della sera

CHE PROGRAMMI CI SONO STASERA?

Pietro e sua moglie Lia fanno dei progetti per la serata.

Lia Pietro, cos'*hai voglia di fare* stasera?   do you feel like doing

Pietro Non ho molta voglia di uscire, e tu?

Lia *Nemmeno io.* E poi dalla settimana prossima devo essere in ufficio alle sette, *perciò* devo *abituarmi* ad alzarmi presto.   Neither do I. / therefore / get used to

Pietro Anch'io devo smettere di andare a letto tardi. La mattina non riesco ad alzarmi! E poi ho guardato sul giornale; non mi sembra che ci siano dei film interessanti. Preferirei stare a casa se non ti dispiace.

Lia *Non* mi dispiace *affatto.* Guarda sul giornale quali sono i programmi di stasera alla tivù.   Not . . . at all

Pietro Ti interessa un documentario sull'*alpinismo?* Pare che questo *abbia ricevuto* molti *premi*. Il regista Borelli ha portato la *macchina da presa* fino sulle *pendici* dell'Himalaya per filmare una *scalata*.   mountain climbing / received / awards / movie camera / slopes / climb

Lia	Sì, mi piacerebbe vederlo, *purchè* non sia troppo lungo.	provided that
	A che ora comincia?	
Pietro	Alle otto e mezzo, dopo *il telegiornale*, sul *canale* due.	TV news / channel
Lia	Benissimo. Allora aiutami ad apparecchiare la tavola,	
	così ceniamo prima delle otto.	

DOMANDE SUL DIALOGO

1. Ha voglia di uscire Lia stasera? **2.** Perchè Lia deve abituarsi ad alzarsi presto? **3.** Perchè Pietro non riesce ad alzarsi la mattina? **4.** Perchè non vuole andare al cinema Pietro? **5.** Preferisce uscire o stare in casa? **6.** Dispiace stare a casa a Lia? **7.** Che cosa vuole che Pietro cerchi? **8.** Perchè Pietro pensa che il documentario sull'alpinismo sia interessante? **9.** Dove ha filmato il documentario il regista? **10.** Quale programma televisivo precede il documentario? **11.** Su che canale? **12.** Perchè Lia vuole che Pietro l'aiuti ad apparecchiare la tavola?

STUDIO DI PAROLE

l'attore, attrice
il (la) regista director
il produttore, la produttrice
  producer
il film movie
le didascalie subtitles
il documentario
il cartone animato cartoon
la macchina da presa movie
  camera
a colori/in bianco e nero in color/
  in black and white

girare un film
filmare } to make a movie

l'annunciatore, annunciatrice TV
  reporter
il telespettatore, la telespettatrice
  TV viewer
il televisore TV set
il canale channel
il telegiornale TV news
le notizie news
la pubblicità advertising
il programma televisivo TV
  program
la telecamera TV camera
accendere (acceso) to turn on
spegnere (spento) to turn off

Oggi si gira...
«Via col vento!»

ESERCIZIO SU STUDIO DI PAROLE

1. Quale film si gira nella vignetta? Chi erano gli attori principali di *Via col vento* (*Gone with the Wind*)?   **2.** Chi sono Federico Fellini e Francis Ford Coppola? Che film famosi hanno girato?   **3.** E Carlo Ponti e Dino de Laurentis, chi sono?   **4.** Se andiamo a vedere un film in lingua straniera, che cosa ci aiuta a capirne il dialogo?   **5.** In che genere (*type*) di produzione si è specializzato Walt Disney?   **6.** Usa la macchina fotografica un regista? E per un programma televisivo, che cosa si usa?   **7.** Che cosa presenta un telegiornale? Chi lo presenta?   **8.** Per quale ragione molte compagnie commerciali finanziano programmi televisivi?   **9.** Cosa facciamo quando siamo stanchi di guardare la televisione?   **10.** Tra i mezzi di diffusione (*mass media*), che posto occupa la televisione? Perchè?

I. Congiuntivo passato

—Spegni! Credo che la mamma ci *abbia detto* di non guardare i film «western» perchè sono troppo violenti.

1. Che cosa vuole spegnere uno dei due bambini?   **2.** Che cosa crede?

1. The **congiuntivo passato** (*present perfect subjunctive*) is a compound tense formed with the present subjunctive of the auxiliary verb **avere** or **essere** + the *past participle* of the main verb.

ascoltare		partire	
che io abbia		che io sia	
che tu abbia		che tu sia	partito(a)
che lui/lei abbia	ascoltato	che lui/lei sia	
che noi abbiamo		che noi siamo	
che voi abbiate		che voi siate	partiti(e)
che loro abbiano		che loro siano	

Spero che **abbiate ascoltato** il telegiornale.	*I hope **you listened to** the TV news.*
Dubito che le **sia piaciuto** il film.	*I doubt that **she liked** the movie.*
Sono felice che **abbiano dato** l'Oscar alla mia attrice preferita.	*I am glad **they gave** the Oscar to my favorite actress.*
Non credo che i miei genitori **siano arrivati.**	*I don't believe that my parents **have arrived.***

2. When the verb of the main clause is in the present tense, the verb of the dependent clause (**che** *clause*) is in:

a. The *present perfect subjunctive* if it expresses an action or state that is *prior* to the action of the main clause.

Mi dispiace che zia Teresa non **sia venuta** con noi ieri.	*I'm sorry Aunt Teresa **didn't come** with us yesterday.*
Non è sicuro che vi **sia piaciuto** il suo regalo.	*He is not sure you **liked** his gift.*

b. The *present subjunctive* if it expresses an action or state that is contemporary or subsequent to the action of the main clause.

Mi dispiace che voi non **veniate** con noi ora.	*I'm sorry **you are** not **coming** with us now.*
Ho paura che non vi **piaccia** quel film.	*I'm afraid you **will** not **like** that movie.*

esercizi

A. Ripetete le frasi sostituendo il soggetto della **proposizione dipendente** (**che** *clause*) con i soggetti fra parentesi.

1. Temo che tu non abbia studiato ieri sera. (lui, gli studenti, voi)   **2.** Siamo contenti che loro siano arrivati. (tu, le vostre amiche, Lei, tu e Lia)   **3.** Dubito che lui abbia capito il film. (gli spettatori, voi, la tua amica)   **4.** Mi dispiace che tu non sia venuto al cinema con me. (i miei genitori, mia sorella, tu e Franca)

B. Riscrivete le seguenti frasi usando il **congiuntivo passato.**

ESEMPIO   Sono contento che tu venga con me. (ieri sera)
Sono contento che tu sia venuto con me ieri sera.

1. Credi che piova? (la notte scorsa)   **2.** Dubito che lei parta. (domenica scorsa)   **3.** Penso che questo film abbia successo. (negli anni trenta)   **4.** La mamma è contenta che i bambini non guardino la televisione. (ieri sera) **5.** Mi dispiace che tu fumi un pacchetto di sigarette. (ieri) **6.** Non credo che nevichi in montagna. (i giorni scorsi) **7.** Abbiamo paura che la nonna si ammali. (tre giorni fa) **8.** Spero che Giovanni trovi un buon posto. (il mese scorso) **9.** Siamo contenti che Massimo si laurei. (lo scorso giugno) **10.** Ci dispiace che il direttore licenzi il dieci per cento del personale. (il mese scorso) **11.** Non sono sicuro che i nostri atleti vincano. (alle Olimpiadi dell'ottantotto) **12.** Siamo contenti che voi ammettiate di avere torto. (l'altra sera) **13.** Sono felice che tu smetta di fumare. (qualche mese fa)

C. Unite le due frasi, secondo l'esempio. Scegliete fra l'indicativo e il congiuntivo.

> ESEMPIO   Pia è arrivata ieri. Lo spero.   **Spero che Pia sia arrivata ieri.**

1. La nostra squadra ha perso. Ci dispiace. **2.** Questo film ha vinto un Oscar. L'ho sentito alla radio. **3.** Avete capito il congiuntivo? Ne siamo felici **4.** Antonio ha preso lezioni di guida. Me l'hanno detto. **5.** Mio cugino è diventato dottore. Lo sai? **6.** Sophia Loren è tornata dall'America. L'ho letto. **7.** Il Partito Socialista ha vinto. Credo. **8.** Il telegiornale è stato molto interessante. Lo penso. **9.** Il regista ha girato il film nel Colorado. Ne sono certo(a). **10.** Il mio professore si è sbagliato quando mi ha dato il voto. Lo spero. **11.** Mio padre ha un lavoro faticoso. L'ho saputo. **12.** La mia compagna ha cambiato idea. Lo temo. **13.** Questa sera c'è un programma divertente alla tivù. L'ho sentito.

II. *Impersonal verbs and expressions + subjunctive*

—La mia amica non capisce l'italiano.
—*Peccato che* non ci *siano* le didascalie.

Many impersonal verbs and expressions indicating necessity, opinion, possibility, advice, and personal feeling require the subjunctive in the dependent clause (**che** clause). Some of the most common are:

è necessạrio	*it's necessary*
è probạbile (o improbạbile)	*it's probable (or improbable)*
è possịbile (o impossịbile)	*it's possible (or impossible)*
è bene	*it is good*
è mẹglio	*it is better*
è ụtile (o inụtile)	*it is useful (or useless)*
è importante	*it is important*
è giusto (o ingiusto)	*it is fair (or unfair)*
è preferịbile	*it is advisable*
è strano	*it is strange*
bisogna	*it is necessary*
pare	*it seems*
sembra	*it seems*
si dice	*they say, it is said*
può darsi	*it may be*
è ora che	*it is time that*
(è un) peccato	*(it is) too bad that*

Peccato che il televisore non funzioni.	**(It's) too bad** that the television set is not working.
È probạbile che domani piova.	**It is probable** that tomorrow it will rain.
Sembra che i tuoi amici sịano arrivati.	**It seems** that your friends have arrived.
Bisogna che studiate di più.	**It is necessary** that you study more.
Può darsi che ạbbiano affittato l'appartamento.	**It may be** that they have rented the apartment.

esercizi

A. Modificate le seguenti frasi usando il congiuntivo e il pronome **tu**.

ESEMPIO   È necessạrio alzarsi presto.   **È necessạrio che tu ti alzi presto.**

1. È bene fare una buona colazione.   2. È mẹglio partire da casa alle otto.   3. È preferịbile arrivare in antịcipo.   4. Bisogna fare attenzione alle spiegazioni sul congiuntivo.   5. È ụtile prẹndere appunti.   6. È importante andare in biblioteca.   7. È probạbile avere un esame fra qualche giorno.   8. È un peccato lẹggere poco.   9. È bene mẹttersi a studiare seriamente.   10. È mẹglio non scherzare troppo.

B. È ora che.... Un padre a suo figlio, studente universitario da sei anni.

 ESEMPIO   ascoltarmi   **È ora che tu mi ascolti.**

1. cambiare vita   **2.** smettere di divertirti   **3.** mostrare più buon senso   **4.** trovarti un impiego   **5.** guadagnarti il pane (*to earn one's living*)   **6.** capire che la vita non è facile **7.** prendere le tue responsabilità   **8.** decidere quello che vuoi fare   **9.** metterti a pensare seriamente a una carriera   **10.** cercarti un lavoro a tempo pieno

C. Si dice (pare, sembra) che.... Alcuni studenti parlano di quello che hanno sentito durante il telegiornale.

 ESEMPIO   Si dice, l'inflazione, essere aumentata   **Si dice che l'inflazione sia aumentata.**

1. Pare, l'attrice X, essersi sposata un'altra volta   **2.** Sembra, un aereo della TWA, essere caduto   **3.** Si dice, il film di Bertolucci, avere ricevuto l'Oscar   **4.** Pare, il primo ministro italiano, essere andato a Mosca   **5.** Si dice, le piogge, avere causato danni (*damages*) nell'Italia settentrionale   **6.** Pare, i rappresentanti (*representatives*) dell'OPEC, essersi riuniti in Svizzera (*Switzerland*)   **7.** Sembra, questi rappresentanti, avere deciso di aumentare il costo della benzina   **8.** Sembra, l'annunciatore, avere fatto un errore col congiuntivo **9.** Pare, lo stesso annunciatore, essersi sbagliato altre volte   **10.** Si dice, il governo, avere preso dei provvedimenti (*measures*) per aiutare i senza tetto (*homeless*)

D. Formulate una frase completa incominciando con l'espressione suggerita.

 ESEMPIO   Piove. Peccato...   **Peccato che piova.**

1. Le linee aeree sono in sciopero. Pare...   **2.** Giulia si prepara per gli esami. È necessario...   **3.** Faccio molti sacrifici per laurearmi. Bisogna...   **4.** Voi imparate a cucinare. È utile...   **5.** I miei cugini si divertono al mare. È probabile...   **6.** Il cugino di Filippo desidera emigrare. Sembra...   **7.** Antonio ha avuto un incidente di macchina. Si dice che...   **8.** Liliana incomincia a guadagnare. È ora...   **9.** Quell'impiegato è stato ammalato. Peccato...   **10.** Questa sera non esco. È meglio...   **11.** Luigi deve uscire in macchina nelle ore di punta. È probabile...   **12.** Mio fratello non ha voglia di studiare. Peccato...

E. Discutete se è bene (non è bene, meglio, utile, inutile, giusto, importante, peccato, preferibile, possibile, ora) che le seguenti persone facciano quello che è suggerito fra parentesi.

 ESEMPIO   Franco ha perso l'impiego. (cercarne un altro)
    È importante che ne cerchi un altro.

1. Lucia ama Mimmo, ma lui l'ha lasciata. (telefonargli, piangere tutto il giorno, uscire, divertirsi)   **2.** I signori Rizzi hanno invitato una coppia di amici al cinema, ma all'ora dell'appuntamento gli amici non sono arrivati. (aspettarli, comprare quattro biglietti, vedere il film da soli)   **3.** Voi desiderate passare le vostre vacanze in Italia. (studiare l'italiano, decidere quali città visitare, preparare le valigie un mese prima, essere puntuali all'aeroporto il giorno della partenza)   **4.** Sono una bella studentessa. Un regista ha visitato la mia università, mi ha vista, e mi ha offerto di fare la comparsa (*extra*) nel suo nuovo film. (accettare l'offerta, finire i miei studi, chiedere consiglio a qualcuno)

F. Discutete se gli Stati Uniti dovrebbero o non dovrebbero fare le seguenti cose. Usate per ogni frase le espressioni **secondo me, è bene (utile, importante) che....**

> ESEMPIO   aiutare l'Europa
> **Secondo me, è bene (non è bene) che gli Stati Uniti aiutino l'Europa.**

1. essere in buoni rapporti con la Russia   **2.** avere il primato (*supremacy*) negli armamenti nucleari   **3.** creare migliori possibilità di lavoro   **4.** incrementare lo studio delle lingue straniere   **5.** finanziare l'industria cinematografica di Hollywood   **6.** intervenire nella politica interna degli altri paesi   **7.** vendere armi alle altre nazioni   **8.** limitare l'importazione di automobili giapponesi   **9.** eliminare la previdenza sociale (*Social Security*) **10.** controllare l'inflazione   **11.** proibire la preghiera nelle scuole statali   **12.** stanziare (*to allocate*) dei fondi (*funds*) per i senza tetto   **13.** intensificare la lotta (*fight*) contro le droghe (*drugs*)   **14.** provvedere (*to provide*) assistenza medica gratuita per tutti

III. *Conjunctions + subjunctive*

—Ti do i soldi del cinema, *purchè* tu *lavi* la macchina.

The following conjunctions *must* be followed by the subjunctive:

affinchè, perchè	*so that*
benchè, per quanto, sebbene	*although*
a meno che...(non)	*unless*
prima che	*before*
purchè	*provided that*
senza che	*without that*

Scrivimi una nota **affinchè** me ne **ricordi.**	*Write me a note **so that** I **will remember** it.*
Benchè mio zio **sia** ricco, è molto avaro.	***Although** my uncle **is** rich, he is very stingy.*
Compra i biglietti **a meno che** Paolo (**non**) li **abbia** già **comprati.**	*Buy the tickets **unless** Paolo **has** already **bought** them.*

Ritorniamo a casa **prima che piova.**

*Let's go home **before it rains.***

Andranno alla spiaggia **purchè faccia** bel tempo.

*They'll go to the beach, **provided that** the weather **is** fine.*

---

esercizi

A. Domanda e risposta.

a. Lei farà le seguenti cose **benchè....**

ESEMPIO   pulire la stanza/essere stanco(a)   —**Pulirai la stanza?**
    —**La pulirò benchè sia stanco(a).**

1. andare dal dentista/avere paura   **2.** fare la spesa/non avere molto tempo   **3.** andare dai nonni/nevicare   **4.** aiutarmi/non essere sicuro di poterlo fare **5.** ritornare presto/dovere vedere una persona   **6.** comprare la bicicletta/costare molto

b. Lei farà le seguenti cose **prima che....**

ESEMPIO   laurearti/essere troppo tardi   —**Quando ti laureerai?**
    —**Mi laureerò prima che sia troppo tardi.**

1. partire per il lavoro/la mamma, alzarsi   **2.** andare alla banca/esserci troppa gente
3. ritornare/tu, uscire   **4.** cenare/gli altri, ritornare   **5.** studiare/i miei fratelli, accendere la televisione   **6.** andare a letto/il papà, dirmelo

B. Unite le due frasi, usando la congiunzione fra parentesi.

ESEMPIO   Paolo esce stasera. È malato. (benchè)   **Paolo esce stasera benchè sia malato.**

1. Ti presto diecimila lire. Me le restituisci. (purchè)   **2.** Devo studiare. È troppo tardi. (prima che)   **3.** Luigino aiuta in casa. La mamma glielo chiede. (senza che)   **4.** Il padre lavora. I figli possono andare all'università. (perchè)   **5.** Leggo ancora. È già mezzanotte. (sebbene)   **6.** Ti aiuterò. Ho poco tempo. (per quanto)   **7.** Sono andato a vedere *Casablanca*. L'ho già visto due volte. (benchè)   **8.** Il professore parla ad alta voce. Tutti lo capiscono. (affinchè)   **9.** Lo incontreremo al caffè. È già partito. (a meno che...non)

C. Povero Beppe! Riscrivete il paragrafo sostituendo **anche se** + l'indicativo con **benchè (per quanto, sebbene)** + il congiuntivo.

Questa mattina Beppe deve andare al lavoro anche se la macchina non funziona. Decide di andare a piedi anche se l'ufficio è lontano. Arriva in ritardo e il suo capoufficio lo rimprovera anche se lui ha dato una buona giustificazione. Deve scrivere molte lettere a macchina anche se non sa scrivere a macchina velocemente. Deve portare molti pacchi (*parcels*) alla posta anche se non si sente bene. Deve fare molte telefonate anche se ha mal di testa. La sera deve portare i bambini al cinema anche se ha lavorato tutto il giorno ed è stanco.

D. Riscrivete il paragrafo sostituendo **se** + l'indicativo con **purchè** + il congiuntivo.

Il regista Pellini vuol girare un film se riesce a trovare un produttore. Desidera offrire la parte principale all'attrice Sonia Sorel se non deve pagarla troppo. Per la parte maschile vuole invitare l'attore americano Neal Puman se è libero. Tutto va bene e si gira il film, ma un bel giorno i due attori principali litigano. Il povero regista finirà il film se i due attori faranno la pace.

IV. *Subjunctive versus infinitive*

—Desidero che Lei mi dia
la parte di Rodolfo Valentino.
—Preferisco *darLe* quella
di Sancio Pancia.

1. The infinitive is used instead of the subjunctive (a) when the subject of both the main verb and the subordinate verb is the same, (b) after impersonal expressions when the subject of the subordinate verb is not expressed.

Voglio che **tu parta**.	*I want **you to leave**.*
Voglio **partire**.	*I want **to leave**.*
Sono contenti che **io vada** all'università.	*They are happy that **I am going** to the university.*
Sono contenti di **andare** all'università.	*They are happy **to go** to the university.*
Bisogna che **io studi**.	*It is necessary **for me to study**.*
Bisogna **studiare**.	*It is necessary **to study**.*
È meglio che **io finisca**.	*It is better that **I finish**.*
È meglio **finire**.	*It is better **to finish**.*

Note that with verbs of *command* (**ordinare, dire, ecc.**), either of the two constructions (the subjunctive or the infinitive) is possible.

Digli che **esca** subito.	*Tell **him to go out** immediately.*
Digli di uscire subito.	

2. The infinitive is also used after the conjunctions **prima di** and **senza** when the subject of the main verb and that of the subordinate verb is the same.

Esce **senza** che io lo **saluti.**	*He goes out **without** my **saying good-bye** to him.*
Esce **senza salutarmi.**	*He goes out **without saying good-bye to me.***
Luisa mi telefonerà **prima** che io **ceni.**	*Luisa will call me **before** I **have dinner.***
Luisa mi telefonerà **prima di cenare.**	*Luisa will call me **before having dinner.***

esercizi

A. Marcello rifiuta (*refuses*) di fare quello che suo padre gli dice di fare. Due studenti fanno la parte (*play the roles*) di Marcello e del padre.

> ESEMPIO   fare l'ingegnere   **Padre: Voglio che tu faccia l'ingegnere.**
> **Marcello: Non voglio fare l'ingegnere!**

1. vendere le due macchine   **2.** stare a casa la sera   **3.** divertirsi di meno   **4.** fidanzarsi con una ragazza ricca   **5.** lavorare nella ditta Scotti e figli   **6.** andare meno spesso al caffè   **7.** laurearsi quest'anno   **8.** mettere la testa a posto (*settle down*)   **9.** guidare la Fiat, non la Ferrari   **10.** trovarsi un lavoro   **11.** iscriversi ad un corso per manager **12.** preoccuparsi del futuro   **13.** abituarsi a vivere con meno soldi   **14.** mettersi a lavorare seriamente

B. Contenti o tristi? Esprimete i sentimenti (*the feelings*) di queste persone. Di due frasi formatene una usando **che** + il congiuntivo o **di** + l'infinito.

> ESEMPIO   Paolo è contento. Lui è ricco.   **Paolo è contento d'essere ricco.**
> Paolo è contento. Suo padre è ricco.   **Paolo è contento che suo padre sia ricco.**

1. Io sono triste. Non vedo più Milano.   **2.** Lucia è furiosa. Mimmo l'ha lasciata.   **3.** Ho paura. Non capisco il congiuntivo.   **4.** Ho paura. Il congiuntivo è difficile.   **5.** Filippo e Gabriella sono felici. Fanno un viaggio a Cortina d'Ampezzo.   **6.** Gabriella è felice. Suo marito ha vinto due milioni di lire al totocalcio.   **7.** Sono contenta. Ho trovato un cane abbandonato.   **8.** Ho paura. Mio fratello ha un lavoro troppo faticoso.   **9.** Mi dispiace. Non sono riuscita a superare (*pass*) l'esame di guida.   **10.** Sono felice. Faccio le valigie e parto.   **11.** Ho paura. Quei pantaloni costano un occhio della testa.   **12.** Mi dispiace. Sei sempre indecisa!   **13.** Antonio è furioso. La sveglia non ha suonato.   **14.** Ho paura. Ho perso il portafoglio.

Preferisco un film divertente

Drammatici

Segreti Segreti ★★★
di Giuseppe Bertolucci
Una brigatista, sua madre, la sua
vecchia tata, un'amica, la madre
e la sorella di un brigatista ucciso, una donna magistrato. Sette
donne diverse per temperamento
e generazione. Un puzzle aggro-
vigliato e toccante di situazioni
personali, ovvero - finalmente -
l'altra faccia dei nostri anni di
piombo.   (Fiamma-B)

Cineguida

I nostri giudizi sui film:
★★★★   ECCEZIONALE
★★★   OTTIMO
★★   BUONO
★   DISCRETO

Brillanti

La rosa purpurea del Cairo ★★★
di Woody Allen
Il seducente personaggio di un
film scende dallo schermo per
consolare una dimessa sognatri-
ce. Ovvero: la fantasia come ri-
medio ai guai di una vita reale. E
il risultato è uno dei più limpidi e
gustosi del geniale Woody, che
non vi compare di persona ma lascia campo libero alla finissima
Mia Farrow.   (Rivoli, King)

Per decidere quale film vogliamo vedere, possiamo consultare *Cineguida*.

Lucia ha appena avuto una *delusione amorosa*. Mimmo, il ragazzo
con cui usciva da qualche mese, l'ha lasciata e Liliana cerca di
consolarla.

— Senti, Lucia, se vuoi che ti dica la verità, il tuo bel Mimmo
   non mi è mai piaciuto. Aveva un'aria troppo arrogante. È
   meglio che sia andata *così*.
— Dimmi, Liliana, ma *ce l'hai tu il cuore?* Sembra che tu non sia
   mai stata innamorata.
— Mia cara, lo so che la vita non è divertente, ma è inutile
   piangere per gli uomini. È ora che tu esca e che ti diverta. A
   meno che tu non voglia entrare in convento come succedeva
   in certi film romantici....*A proposito*, perchè non andiamo al
   cinema? All'Odeon *danno I tre fratelli* di Francesco Rosi ed io
   vorrei tanto rivederlo.
— Ci vengo, purchè sia divertente.
— *Ma come*, non l'hai mai visto? Non sapevi che è stato uno dei
   successi cinematografici di alcuni anni fa?
— No, credo di avere letto qualcosa molto tempo fa, ma non
   ricordo esattamente. *Di che cosa si tratta?*

love
   disappointment

this way

Don't you have a
   heart?

By the way

they are showing

How come

What is it about?

—La *trama* è molto semplice. Si tratta di tre fratelli che ritornano alla *casa paterna* per la morte della mamma. I tre erano emigrati dal loro villaggio del Sud, credo delle Puglie, quand'erano ancora giovani. Il maggiore è diventato un *giudice* importante a Roma. Degli altri due, uno è operaio a Torino, l'altro è *assistente sociale*. L'incontro con il padre, un vecchio contadino semplice, è veramente l'incontro di quattro solitudini, e anche di mondi diversi. Sebbene ognuno dei tre fratelli ritrovi le emozioni del passato, nessuno riesce più a comunicare. Le fotografie sono stupende e *certi primi piani indimenticabili*. E poi è interessante ricostruire la vita privata di ognuno dei *personaggi, per mezzo della* tecnica del flashback....

—Del flashback? E che cos'è?

—*Santo cielo*, Lucia, come si può essere così ignoranti? *Ad ogni modo*, capirai quando lo vedrai. Allora, andiamo sì o no?

—Da quello che mi hai detto, non mi pare che sia un film molto allegro. Se vuoi portarmi al cinema, trovamene un altro, *del genere di...Pane e cioccolata* se desideri davvero che io dimentichi i miei problemi.

[Glossa a margine:]
plot
family home

judge
social worker

some close-ups, unforgettable

characters / by means of

Good heavens / Anyway

like

DOMANDE SULLA LETTURA

1. Perchè è necessario che Liliana consoli Lucia? **2.** Che tipo (*kind of person*) era Mimmo? **3.** Secondo Liliana, è bene o male che Mimmo abbia lasciato Lucia? **4.** Liliana pensa che sia utile piangere per una delusione amorosa? **5.** Quali consigli dà all'amica? **6.** Che cosa vuole che l'amica veda? Perchè? **7.** Dov'erano nati i tre fratelli del film? **8.** Cosa facevano nelle loro rispettive (*own*) città? **9.** Perchè sono ritornati alla casa del padre? **10.** Che cosa non sapevano più fare? **11.** Le sembra che il film *I tre fratelli* sia allegro? **12.** Che cosa vorrebbe vedere Lucia invece? **13.** Le pare che Liliana capisca i problemi dell'amica? **14.** Come Le pare che sia: sensibile (*sensitive*) o insensibile ai problemi emotivi (*emotional*) dell'amica?

DOMANDE PERSONALI

1. Ha mai dovuto consolare un amico (un'amica) Lei? **2.** Che cos'ha fatto per consolarlo(la)? L'ha portato(a) al cinema? A cena fuori? Gli (Le) ha parlato per ore e ore? Che altro (*else*) ha fatto? **3.** Lei si trova meglio con un amico (un'amica) timido(a) o sicuro(a) di sè? Silenzioso(a) o che parla molto? Calmo(a) o dinamico(a)? Che ama gli sport o la vita sedentaria? Sentimentale o pratico(a)? **4.** Se Lei ha una serata libera, Le piace di più andare al cinema o guardare la televisione? **5.** A che ora guarda la tivù Lei di solito? **5.** Qual è il programma televisivo che Le piace di più? **6.** Secondo Lei, è bene o è male che i bambini stiano diverse ore davanti al televisore? Perchè? **7.** Secondo Lei, stimola di più l'immaginazione di un bambino un buon libro o un programma televisivo?   **8.** Si è mai domandato(a) (*Did you ever wonder*) come passavano le serate d'inverno i nostri nonni quando la televisione non esisteva ancora? Come le passavano?   **9.** Che genere di film Le piace di più? Un film comico, sentimentale, di fantascienza (*science-fiction*), di avventure, con un messaggio sociale, o un documentario?   **10.** Qual è stato il successo cinematografico di quest'anno?   **11.** È mai andato(a) a vedere un film italiano? Quale? Ha capito il dialogo o ha avuto bisogno di leggere le didascalie per capirlo?

ATTIVITÀ

A. Orale

Alcuni studenti si trasformano in annunciatori (annunciatrici) e presentano le notizie del telegiornale (le notizie politiche, nazionali e internazionali; gli avvenimenti (*events*) importanti del giorno; il tempo; le notizie sportive) e annunciano i programmi televisivi della serata.

B. Tema

Lei ha visto un film che Le è piaciuto. Ne scriva un breve riassunto (*summary*). Era un film americano o straniero? Qual era il titolo? Chi ne erano il regista e gli attori? Descriva brevemente la trama, la fine, e la Sua reazione.

C. Traduzione

1. Jim is in love with Joanne and is sorry that they quarreled.   **2.** Although he does not have much money, he intends to take her to the best movie theater in town.   **3.** First, however, it is necessary for him to ask his father for a loan (**prestito**) and for (his) car. **4.** His father gives him twenty dollars and the car keys, provided that he drive cautiously (**prudentemente**) and that he come home before midnight.   **5.** Jim wants his girlfriend to see *The Last Emperor*. It's too bad that she has already seen it.   **6.** It seems that the old Italian movie *Pane e cioccolata* is as good as the American movie.   **7.** So, the couple went to the movies. The movie was entertaining (**divertente**), and Jim is glad they spent a pleasant evening together.

NOMI

l'avvenimento	*event, happening*
la coppia	*couple*
il danno	*damage*
la delusione	*disappointment*
l'emozione (*f.*)	*emotion*
l'incontro	*encounter*
il messaggio	*message*
i mezzi di diffusione	*mass media*
l'offerta	*offer*
il rapporto	*relationship*
la solitudine	*loneliness*
il tipo	*type, kind of person*

AGGETTIVI

allegro	*cheerful*
famoso	*famous*
furioso	*furious*
giusto	*fair*
improbabile	*improbable*
ingiusto	*unfair*
innamorato (di)	*in love (with)*
insensibile	*insensitive*
inutile	*useless*
preferibile	*preferable*
probabile	*probable*
puntuale	*punctual*
sensibile	*sensitive*
silenzioso	*silent*
stupendo	*magnificent*
televisivo	*(pertaining to) television*
timido	*timid*
utile	*useful*

VERBI

abituarsi (a)	*to get used to*
accettare	*to accept*
comunicare	*to communicate*
consolare	*to console*
creare	*to create*
domandarsi	*to wonder*
eliminare	*to eliminate*
fidanzarsi	*to get engaged*
finanziare	*to finance*
intervenire (*p.p.* intervenuto)	*to interfere*
occupare	*to occupy*
parere (*p.p.* parso)	*to seem*
piangere (*p.p.* pianto)	*to cry, to weep*
presentare	*to introduce, to present*
proibire (-isc)	*to prohibit, to forbid*
rimproverare	*to scold, to reproach*
riunirsi (-isc)	*to get together*

ALTRE ESPRESSIONI

ad ogni modo	*anyway*
affinchè	*so that*
a meno che...(non)	*unless*
avere un'aria	*to look*
avere voglia (di)	*to feel like*
benchè	*although*
bisogna	*it is necessary*
è bene che	*it is a good thing that*
è ora che	*it is time that*
guadagnarsi il pane	*to earn one's living*
nemmeno io	*neither do I*
non...affatto	*not . . . at all*
peccato	*too bad . . .!*
perchè	*so that*
perciò	*therefore*
per quanto	*although*
prima che	*before*
può darsi che	*it may be that*
purchè	*provided that*
sebbene	*although*
senza che	*without*
i senza tetto	*the homeless*

MEZZI DI DIFFUSIONE Mass media

Un'edicola *(newsstand)* a Milano.

La *stampa*, la radio, la televisione, e il cinema sono i fattori che, con la scuola, hanno maggiormente influenzato il processo di unificazione della lingua italiana.

I *quotidiani* e i *settimanali* entrano sempre più spesso nelle case e nelle scuole. Sebbene quasi ogni città abbia il suo giornale locale, il quotidiano più letto del paese è il *Corriere della Sera*. Anche i partiti politici hanno il loro giornale: i comunisti, per esempio, sono fedeli lettori dell'*Unità*. *Quanto ai* tifosi dello sport, leggono la *Gazzetta dello Sport*. Per la gente che preferisce una maggior varietà di articoli esiste un'ampia *scelta* di riviste (settimanali illustrati). Fra le più popolari sono *Oggi, Tempo, Epoca, L'Espresso, La Famiglia Cristiana, e Grazia*.

press

daily newspapers / weeklies

As for the

selection

L'ingresso *(entrance)* di
un cinema a Roma.

La sera è il telegiornale che entra in tutte le famiglie italiane e che *riassume* per i più pigri le notizie del giorno. In questi ultimi anni la radio-televisione di stato (RAI-TV) ha visto la nascita di molte stazioni teleradio private. Dopo diversi anni di monopolio dello stato, è nata ufficialmente in Italia anche la televisione commerciale, alla maniera americana. La differenza fra i due paesi è che gli *utenti* italiani sono *tassati* annualmente dallo stato per un servizio pubblico che non è più esclusivamente dello stato. I telespettatori italiani hanno oggi a loro disposizione un'ampia scelta di film, *spettacoli* e programmi d'informazione che sono offerti, *oltre che* dalle *reti* dello stato, da canali privati, nazionali o locali, e da canali esteri (Montecarlo, Svizzera).

summarizes

consumers
taxed

shows
besides / networks

A causa della popolarità della TV, l'industria cinematografica è in crisi. I grandi maestri del neorealismo del *dopoguerra*, De Sica, Rossellini, e Visconti, sono morti. Due *giganti* dominano ancora la scena cinematografica italiana: Antonioni e Fellini, sempre pronti a sperimentare nuovi *temi* e nuove forme. Fellini è un regista che *ha ritratto* l'Italia e gli Italiani con l'occhio del visionario. Diversi titoli dei suoi film sono diventati parte del linguaggio comune: *vitellone, bidonista*, la dolce vita, *amarcord*. Una nuova generazione di registi sembra continuare le tendenze del neorealismo e *si serve* della macchina da presa per documentare la realtà sociale e come strumento di *lotta* politica. Fra questi registi sono Bernardo Bertolucci, Francesco Rosi, Elio Petri, Ettore Scola, i fratelli Taviani e anche due donne, Lina Wertmüller e Liliana Cavani. Bertolucci ha ricevuto l'Oscar per il miglior film del 1987, *L'ultimo Imperatore*.

postwar

giants

themes

has portrayed

lazy good-for-nothing / swindler / I remember

uses

struggle

ESERCIZIO DI COMPRENSIONE

1. *Il Corriere della Sera* è un giornale che esce una volta....
   a. al giorno   **b.** alla settimana   **c.** al mese
2. La RAI-TV è una sigla che rappresenta....
   a. una stazione teleradio privata   **b.** una rete dello stato   **c.** la radio-televisione dello stato
3. Per avere il diritto di guardare la televisione, gli Italiani devono....
   a. ascoltare programmi d'informazione   **b.** vedere canali esteri   **c.** pagare una tassa annuale
4. Un grande regista ancora vivente è....
   a. Marcello Mastroianni   **b.** Luchino Visconti   **c.** Federico Fellini
5. La dolce vita significa....
   a. una vita di lotta sociale   **2.** una vita facile e superficiale   **c.** la vita del dopoguerra

20
PROSA E POESIA

In una libreria.

Il primo capitolo di un romanzo rosa.

UN GIALLO *AVVINCENTE*   captivating

È una giornata molto calda e Beatrice è andata al parco. Qui ha incontrato un suo compagno di studi, seduto su una panchina e *immerso* nella lettura.   absorbed

Beatrice	Ma guarda *chi si vede!* Dimmi, Dante, che cosa leggi di bello?
Dante	Un *romanzo giallo.**
Beatrice	Tu? Credevo che *tu fossi* appassionato di poesia.
Dante	Non ti sbagliavi. Quando sono *in vena*, scrivo poesie. Ma con questo caldo è difficile *sentirsi ispirati*.
Beatrice	E chi è l'autore di questo giallo?
Dante	Agatha Christie.
Beatrice	E quanti *personaggi* sono già morti?
Dante	Finora, nessuno. Sono appena al primo capitolo, ma la trama promette di essere avvincente.
Beatrice	Quando ti ho visto, pensavo che *tu ti preparassi* per l'esame di letteratura italiana di martedì prossimo.

who's here!

mystery novel

you were

in the mood
to be inspired

characters

you were
preparing

***I libri gialli:** *mystery novels* received this name from the color of the cover of these books published by Mondadori after the war. By analogy, a mystery movie is also called **un film giallo.**

Dante	No, mi sento abbastanza preparato per quell'esame. Però non vedo l'ora di finire gli studi.
Beatrice	E poi cosa farai?
Dante	Il giornalista, spero. Voglio viaggiare all'estero e riportare le notizie da tutto il mondo.
Beatrice	Allora bisognerebbe che tu imparassi le lingue.
Dante	Appena avrò finito gli esami mi metterò a studiare le lingue seriamente. Parlo già perfettamente l'inglese!
Beatrice	Allora buona fortuna!
Dante	Also good fortune to you, Miss!

DOMANDE SUL DIALOGO

1. Che cosa faceva Dante quando Beatrice l'ha visto al parco? **2.** Che cosa leggeva? **3.** Che cosa scrive Dante quando è in vena? **4.** Per quale ragione Dante non si sentiva ispirato? **5.** Qual è un sinonimo di «sbagliarsi»? **6.** Com'è, secondo Dante, la trama del romanzo di Agatha Christie? **7.** Che cosa pensava Beatrice che Dante leggesse? **8.** Può spiegare Lei, in altre parole, la frase di Dante « Non vedo l'ora di finire gli studi»? **9.** Che cosa permetterebbe a Dante di fare la professione di giornalista? **10.** Qual è il consiglio di Beatrice? **11.** Che cosa ha intenzione di fare Dante dopo gli esami? **12.** Secondo Lei, Dante è un ottimista o un pessimista? Perchè?

Incontro di giovani su una via romana.

STUDIO DI PAROLE

l'autobiografia
l'autore, autrice
lo scrittore, la scrittrice   writer
il poeta, la poetessa
la poesia   poetry, poem
il verso   line of a poem
la prosa
la favola   fable, fairy tale
il racconto   short story
l'articolo
il critico   critic
l'editore, editrice   editor
pubblicare   to publish
il lettore, la lettrice   reader

la novella   novella, tale
il romanzo   novel

il romanzo
{
rosa   love story
giallo   mystery
di fantascienza
  science fiction
di avventure
}

il personaggio   character
il (la) protagonista   main character
la trama   plot
l'eroe, eroina   hero, heroine
il riassunto   summary

Dall'età della pietra...all'età del computer e dell'informatica.

ESERCIZIO SU STUDIO DI PAROLE

1. Su cosa scriveva l'uomo primitivo?   **2.** Di cosa si servono (*use*) oggi le persone che lavorano negli uffici?   **3.** Lei è d'accordo (*Do you agree*) che la vita è più facile per l'uomo moderno che per i cavernicoli (*cave dwellers*)? O no? Perchè?   **4.** Chi era Steinbeck? **5.** Qual è il romanzo di Steinbeck che Lei preferisce?   **6.** Chi era Dante Alighieri? **7.** Lei sa quale opera (*work*) di grandissimo valore letterario scrisse Dante? (Descrive il viaggio immaginario del poeta attraverso l'inferno, il purgatorio, e il paradiso.)   **8.** Lei sa in che secolo visse Dante?   **9.** Che cosa scrissero i fratelli Grimm?   **10.** Potrebbe nominare (*name*) un autore o un'autrice di romanzi gialli?   **11.** Che cosa scrive un giornalista? **12.** Come si chiama il personaggio principale di un romanzo?   **13.** Chi esprime un giudizio (*judgment*) favorevole o sfavorevole su uno scrittore?

I. Imperfetto del congiuntivo

Lei pensava che suo marito *lavorasse.*   **Lui credeva che sua moglie *fosse* a casa.**

1. Che cosa pensava la moglie?   **1.** Che cosa pensava il marito?
2. Dov'era invece lui?   **2.** Che cosa faceva invece lei?

1. The **imperfetto del congiuntivo** (*imperfect subjunctive*) is formed by adding the endings **-ssi, -ssi, -sse, -ssimo, -ste, -ssero** to the infinitive form of the verb after dropping **-re.**

che io **parlassi** = *that I spoke, might speak, would speak*

	parlare	**leggere**	**dormire**
che io	parla**ssi**	legge**ssi**	dormi**ssi**
che tu	parla**ssi**	legge**ssi**	dormi**ssi**
che lui/lei	parla**sse**	legge**sse**	dormi**sse**
che noi	parla**ssimo**	legge**ssimo**	dormi**ssimo**
che voi	parla**ste**	legge**ste**	dormi**ste**
che loro	parla**ssero**	legge**ssero**	dormi**ssero**

2. The imperfect subjunctive is governed by the same verbs and conjunctions that govern the present and present perfect subjunctive. It expresses an action that is simultaneous or subsequent to that of the main clause and is used mainly when the verb of the main clause is in a past tense or in the conditional.

Pia desiderava che il suo ragazzo le **scrivesse**.	*Pia wanted her boyfriend to* ***write*** *to her.*
Le due autrici sperạvano che molti **comprạssero** il loro libro.	*The two authors were hoping that many* ***would buy*** *their book.*
È uscito benchè **piovesse**.	*He went out although* ***it was*** ***raining***.
Fece dei sacrifici perchè suo figlio **andasse** all'università.	*He made sacrifices so that his son* ***might go*** *to the university.*
Vorrei che tu mi **ascoltassi**.	*I would like you* ***to listen to*** *me.*
Speravo che tu **pagassi** meno tasse.	*I was hoping you* ***would pay*** *fewer taxes.*
Volevamo che i nostri figli **andạssero d'accordo**.	*We wanted our children* ***to get*** ***along***.

The following verbs are irregular in the imperfect subjunctive:

ẹssere: **fossi, fossi, fosse, fọssimo, foste, fọssero**
dare: **dessi, dessi, desse, dẹssimo, deste, dẹssero**
stare: **stessi, stessi, stesse, stẹssimo, steste, stẹssero**
fare: **facessi, facessi, facesse, facẹssimo, faceste, facẹssero**
dire: **dicessi, dicessi, dicesse, dicẹssimo, diceste, dicẹssero**
bere: **bevessi, bevessi, bevesse, bevẹssimo, beveste, bevẹssero**

Mi piacerebbe che tu **stessi** a casa più spesso.	*I would like (for) you* ***to stay*** *home more often.*
Sarebbe bene che lui **bevesse** meno.	*It would be good if he* ***drank*** *less.*
Lesse il racconto sebbene **fosse** mezzanotte.	*He read the short story although* ***it was*** *midnight.*

---

esercizi

A. Ripetete le frasi sostituendo il soggetto della proposizione dipendente (**che** clause) con i soggetti fra parentesi.

1. Preferirei che tu non me ne parlassi. (Luisa, tu e lui, i lettori)   **2.** Aveva paura che io non sapessi guidare. (la figlia, tu e Franco, noi, loro)   **3.** Voleva che noi partissimo il giorno dopo. (io, sua moglie, gli ọspiti, tu)   **4.** L'editore sperava che il libro avesse successo. (i suoi libri, tu, Lei, noi)   **5.** Bisognava che gli studenti facẹssero delle domande. (il lettore, io, i presenti, voi)   **6.** Era mẹglio che io dicessi la verità. (i bambini, l'autore, tu e io)   **7.** Peccato che lui fosse al verde! (io, lui e lei, noi, voi)

B. Mettete le frasi **al passato,** secondo l'esempio.

ESEMPIO   Ho paura che lui sia malato.   **Avevo paura che lui fosse malato.**

1. Peccato che il computer non funzioni.   **2.** Ho paura che la farmacia sia chiusa.   **3.** È una bella giornata benchè faccia freddo.   **4.** È possibile che voi abbiate successo.   **5.** È necessario che tu vada in biblioteca.   **6.** Devo comprare una macchina da scrivere, sebbene costi molto.   **7.** È bene che non beviamo troppo.   **8.** Credo che lui non stia bene. **9.** Vi telefono perchè voi mi diate un consiglio.   **10.** Il padre si sacrifica affinchè i figli si istruiscano.   **11.** Sono contenta che i miei genitori siano d'accordo (*agree*) con me. **12.** Ho paura che tu ti sbagli.   **13.** Penso che ci vogliano tre ore per finire questo lavoro. **14.** Spero che voi non cambiate idea!   **15.** Non m'importa (*It does not matter to me*) che il mio fidanzato sia povero.

C. Incominciate ogni frase con **Luisa pensava che...,** e fate i cambiamenti necessari.

ESEMPIO   qualcuno invitarla ad un recital di poesie
Luisa pensava che qualcuno l'invitasse ad un recital di poesie.

1. il suo professore prestarle un romanzo classico   **2.** la trama essere interessante **3.** l'eroe (l'eroina) non morire   **4.** sua madre non avere bisogno di lei in casa   **5.** la sua amica dare una festa   **6.** il vestito rosso andarle bene   **7.** qualcuno dirle «sei bella!» **8.** il professor Bini correggerle la monografia sul romanzo di Silone   **9.** le tasse universitarie (*tuition*) essere meno costose   **10.** il professore essere di buon umore (*in a good mood*) e dare a tutti un bel voto   **11.** lei e la sua nuova compagna andare d'accordo (*to get along*)

D. Quali erano le vostre speranze (*hopes*) il week-end scorso? Incominciate le frasi con **Speravo che....**

1. non esserci compiti per lunedì   **2.** l'esame di chimica essere facile   **3.** il professore d'italiano non venire a scuola   **4.** lunedì e martedì essere due giorni di vacanza   **5.** il professore dimenticare che esserci un esame   **6.** gli studenti non dovere scrivere un tema per la classe d'italiano   **7.** il week-end durare 4 giorni

E. Se tu potessi (*If you could*) cambiare le cose, cosa vorresti cambiare?

ESEMPIO   il weekend durare tre giorni   **Vorrei che il weekend durasse tre giorni.**

1. la vita essere meno complicata   **2.** i professori dare meno compiti   **3.** mio padre capirmi di più   **4.** gli amici dire cose più divertenti   **5.** mia sorella non leggere le mie lettere   **6.** i corsi finire più presto   **7.** il registratore funzionare meglio   **8.** essere più facile scrivere a macchina   **9.** mia madre non rimproverarmi mai   **10.** il mio fratellino smettere di piangere per niente   **11.** mia sorella non criticarmi sempre   **12.** mio nonno guarire dall'artrite

F. Che cosa vorresti dalla vita? Incomincia con **Vorrei che....**Ogni studente esprime un desiderio (*wish*).

II. Trapassato del congiuntivo

Si diceva che l'autore del romanzo *Lui e Lei* si *fosse ispirato* alla propria (*his own*) vita.

The **trapassato del congiuntivo** (*past perfect subjunctive*) is a compound tense. It is formed with the imperfect subjunctive of **avere** or **ẹssere** + the *past participle* of the main verb.

	leggere	partire	
che io	avessi	fossi	
che tu	avessi	fossi	partito(a)
che lui/lei	avesse	fosse	
che noi	avẹssimo	fọssimo	
che voi	aveste	foste	partiti(e)
che loro	avẹssero	fọssero	

(leggere: letto)

The past perfect subjunctive, as well as the imperfect subjunctive, is used when the verb of the main clause is in a *past tense* or in the *conditional*. However, the past perfect subjunctive expresses an action that occurred *prior* to the action of the main clause.

Non sapevo che Marco Polo
avesse scritto *Il Milione* in
prigione.

*I did not know Marco Polo **had
written** Il Milione in prison.*

Benchè i Fiorentini l'**avessero mandato** in esilio, Dante continuò ad amare Firenze. Sebbene mio zio **fosse stato** in America dieci anni, ritornò povero.	*Although the Florentines **had sent** him into exile, Dante continued to love Florence. Although my uncle **had been** in America for ten years, he came back poor.*

esercizi

A. Ripetete le frasi usando i verbi fra parentesi.

1. Non era stanco sebbene avesse lavorato. (insegnare, viaggiare, camminare, leggere, correre)   **2.** Mi dispiaceva che tu non avessi sentito. (volere, ritornare, traslocare, uscire) **3.** Era ora che loro avessero finito. (scrivere, studiare, prepararsi)   **4.** Speravo che voi aveste già mangiato. (cucinare, rispondere, abituarsi, divertirsi, arrivare)

B. Modificate (*Modify*) la frase usando il congiuntivo trapassato, secondo l'esempio.

ESEMPIO   Credeva che noi comprassimo il libro.
Credeva che noi avessimo comprato il libro.

1. Sperava che voi faceste la pace.   **2.** Pensava che loro partissero.   **3.** Poteva darsi che lei mi chiamasse.   **4.** Credeva che l'editore gli scrivesse o gli telefonasse.   **5.** Era strano che i suoi genitori non dicessero niente.   **6.** Avevo paura che il pubblico si annoiasse. **7.** Bisognava che tu finissi di leggere queste novelle.   **8.** Gli dava i soldi purchè fosse bravo a scuola.   **9.** Gli dispiaceva che noi litigassimo.   **10.** A mio padre non importava che perdessi quel lavoro così faticoso.   **11.** Speravo che il direttore mi desse un aumento di stipendio.   **12.** Ai miei genitori non dispiaceva che tornassi a vivere in famiglia.

III. *The subjunctive: sequence of tenses*

Oggi *siamo* felici che *esista* la macchina da scrivere e che *abbiano inventato* il registratore e il computer.

The following chart summarizes the relationship of tenses between the main clause and the dependent clause in the subjunctive.

Main clause	Subordinate clause
present, future, imperative	present subjunctive (simultaneous or future action) present perfect subjunctive (prior action)
all past tenses, conditional	imperfect subjunctive (simultaneous or future action) past perfect subjunctive (prior action)

Now look at the following examples:

Sono contento che Lei **venga** stasera.	*I am happy you **are coming** tonight.*
Sono contento che Lei **sia venuto** ieri sera.	*I am happy you **came** last night.*
Sarà bene che tu **ritorni** presto.	*It will be good if you **return** soon.*
Al mio arrivo, sarà bene che tu **sia** già **ritornato.**	*Upon my arrival, it will be good if you **will have** already **returned.***
È necessario che lei **legga** il racconto di Moravia.	*It is necessary that she **read** Moravia's short story.*
È necessario che lei **abbia letto** il racconto di Moravia.	*It is necessary that she **has read** Moravia's short story.*
Era meglio che **studiasse** l'italiano.	*It was better **for him to study** Italian.*
Era meglio che **avesse studiato** l'italiano.	*It was better **for him to have studied** Italian.*
Ha avuto paura che lo **licenziassero.**	*He was afraid **they might fire** him.*
Ha avuto paura che lo **avessero licenziato.**	*He was afraid **they had fired** him.*
In quel momento pensai che il treno **fosse** in ritardo.	*At that moment I thought the train **was** late.*
In quel momento pensai che il treno **fosse** già **arrivato.**	*At that moment I thought the train **had** already **arrived.***
Vorrei che tu **seguissi** i miei consigli.	*I would like you **to follow** my advice.*
Vorrei che tu **avessi seguito** i miei consigli.	*I wish you **had followed** my advice.*

A. Completate le frasi mettendo l'infinito al congiuntivo **presente** o **imperfetto,** secondo il caso.

1. Uscirò benchè ____ (fare) brutto tempo.   **2.** Preferiamo che tu ____ (partire) domani.
3. È necessario che lui ____ (guadagnare) di più.   **4.** Lucia sperava che Mimmo ____ (telefonarle).   **5.** Non era possibile che gli studenti ____ (leggere) tre capitoli in un'ora.
6. È meglio che tu ____ (comprare) un vestito leggero.   **7.** Voleva che io ____ (affittare) un appartamento.   **8.** Gli zii hanno domandato che io gli ____ (mostrare) la mia biblioteca.   **9.** Vuoi che io ____ (darti) il mio indirizzo?   **10.** Ti telefonerò prima che tu ____ (partire)   **11.** Ti presto i soldi purchè tu ____ (restituirmeli).   **12.** La mamma preferirebbe che noi ____ (partire) domani.   **13.** La signora uscì prima che il marito ____ (telefonarle).

B. Completate mettendo l'infinito al congiuntivo **passato** o **trapassato,** secondo il caso.

1. Dubito che Paolo ____ (finire) gli studi l'anno scorso.   **2.** Pensavo che Marco ____ (andare) alla libreria ieri.   **3.** Ho paura che il treno ____ (partire) dieci minuti fa.   **4.** È un peccato che il mio amico non ____ (venire) in vacanza con me l'estate scorsa.
5. Aveva ancora fame benchè ____ (mangiare) due ore prima.   **6.** Credo che Mirella ____ (laurearsi) l'estate scorsa.   **7.** Sarebbe stato meglio che tu ____ (fare) lo scrittore.
8. Ho l'impressione che la mamma ____ (prendere) l'influenza perchè ha la febbre.
9. Mi dispiace che tuo fratello ____ (rompersi) una gamba quando è andato a sciare.
10. Avevamo paura che lui ____ (rompersi) anche un braccio.

C. Il robot I.C.P. Riscrivete la storiella cambiando i tempi **dal presente al passato.**

Lo scrittore Carlo Speranza manda all'editore il suo primo romanzo intitolato *Il robot I.C.P.* perchè glielo pubblichi. Si tratta di una storia di fantascienza. I due personaggi principali (e gli unici) sono uno scienziato, il dottor Ivan Inventovich, e il suo assistente. Il professore vuole che il suo assistente lo aiuti a perfezionare il modello di un robot: il cameriere perfetto. È importante che l'esperimento riesca perchè il professore spera che tutto il mondo riconosca finalmente il suo genio (*genius*). I.C.P. è un cameriere perfetto. La mattina prepara il caffè prima che i due uomini si alzino. A mezzogiorno cucina senza che glielo domandino. La sera non va a letto a meno che non abbia lavato i piatti. Tutto va bene finchè un giorno un transistor di I.C.P. non funziona. I.C.P. deve fare la frittata (*omelette*), ma invece di rompere due uova, rompe la testa al professore e al suo assistente.

Soldi e amore

È piacevole discutere un libro o un autore a tavola.

Ieri Liliana ha ricevuto la visita di Gabriella, che non vedeva da molto tempo, e le ha domandato se era felice.

—Sì, Filippo è un *tesoro*, e *ci vogliamo molto bene*. Certo che la vita oggi è molto cara ed i soldi non *bạstano* mai.

—*Come mai?* Credevo che anche tu lavorassi e che ci fọssero due stipendi in famịglia.

—Sì, è vero. Sono riuscita a trovare un lavoro come psicọloga presso la ditta O. È un lavoro che mi permetterà di continuare i miei studi in psicologia e nello stesso tempo di farmi un'esperienza prạtica.

—Sono molto contenta che tu ạbbia trovato un'occupazione *soddisfacente*. Ma è difficile pensare che con due stipendi voi abbiate dei problemi econọmici.

sweetheart / we love each other very much / are not enough / How come?

satisfying

—Il fatto è che Filippo ed io desideriamo risparmiare perchè vorremmo comprare un appartamento in città. Purtroppo non andiamo d'accordo *per quanto riguarda il risparmio*. Da quando ci siamo sposati, io sono diventata più economa, e lui mi sembra che sia diventato più *spendaccione*. Devo sempre raccomandargli di stare attento a non spendere.

as far as saving is concerned

spendthrift

—Credo che molte coppie litighino *a causa dei* soldi. È un problema così comune che si trova spesso anche nella letteratura. Ho appena letto un racconto di Moravia* *il cui* titolo è *appunto* «Sciupone». In questa storia il marito era economo e la moglie pensava invece che fosse avaro. Siccome lui l'amava molto, *bastava* che lei gli dicesse che era avaro perchè lui pagasse senza protestare. Sperava che un giorno sua moglie capisse che lui era, invece, generoso.

because of

whose
precisely / "Spendthrift"

it was sufficient

—E come è finito il racconto?

—È successo che lui è andato *in rovina* e, *colmo dell'ironia*, la moglie l'ha lasciato *dicendo* a tutti che lui era uno spendaccione.

bankrupt / utmost irony
telling

—*Poverino!* È una storia molto triste. Per fortuna, il nostro caso è differente.

Poor thing!

DOMANDE SULLA LETTURA

1. Si vedono spesso Liliana e Gabriella? **2.** Benchè Gabriella e Filippo si vogliano molto bene, c'è qualcosa che li preoccupa. Cos'è? **3.** Perchè, secondo Liliana, è difficile pensare che Gabriella abbia problemi economici? **4.** Che cosa si è messa a fare Gabriella? **5.** Perchè questo tipo di lavoro le sarà utile nel futuro? **6.** Per quale ragione i due sposi vogliono risparmiare? **7.** Vanno perfettamente d'accordo o c'è un punto su cui hanno delle discussioni? **8.** C'è stato un cambiamento (*change*) in Filippo e Gabriella dopo il loro matrimonio? **9.** Che cosa vorrebbe Gabriella che suo marito facesse? **10.** Quale scrittore tratta il problema dei soldi? In quale racconto? **11.** Era avaro o spendaccione il protagonista del racconto? **12.** Perchè pagava senza protestare? **13.** È finito bene il racconto? Perchè? **14.** Qual è il commento di Gabriella alla storia che Liliana le ha raccontato?

*Alberto Moravia is one of the foremost Italian writers alive today. In his novels and short stories, he depicts contemporary Rome and the struggles and faults of its people.

DOMANDE PERSONALI

1. Lei si preoccupa se non ha soldi, non Le importa (*you don't care*) dei soldi, o crede che i soldi non fanno la felicità ma...aiutano?   **2.** Si considera uno(a) spendaccione(a) o una persona economa?   **3.** In cosa spende molto Lei? Nei vestiti? Nei divertimenti? O...? **4.** Immaginiamo una situazione ipotetica: Lei aveva uno zio ricchissimo che è morto e Le ha lasciato un milione di dollari a condizione che Lei li spenda in tre giorni. Cosa ne farebbe?   **5.** Quanti di questi soldi Lei darebbe in beneficenza (*charity*)?   **6.** Supponiamo (*Let's suppose*) che Lei non abbia bisogno di lavorare per vivere: come occuperebbe il Suo tempo?   **7.** Preferirebbe un'occupazione all'aria aperta o in un ufficio?   **8.** Sa usare il computer Lei?   **9.** Crede che il computer possa sostituire (*replace*) i professori un giorno? **10.** È contento(a) Lei di vivere nell'era atomica o avrebbe preferito vivere nei secoli passati? Quando e perchè?   **11.** La civilizzazione ha apportato (*brought*) enormi vantaggi: su questo siamo tutti d'accordo. Però ha apportato anche molti svantaggi. Quali sarebbero, secondo Lei, alcuni svantaggi? (Suggerimenti: *pollution, war, atomic bomb, hunger in the Third World, unemployment, inflation, the homeless, loneliness, taxes**)

ATTIVITÀ

A. Orale

Oggi tutti gli studenti sono degli autori e, insieme, creano un «romanzo» con dei personaggi, un ambiente (*milieu*), una storia. Ogni studente contribuisce con la sua immaginazione.

B. Tema

1. Scrivete una breve autobiografia o un breve riassunto di un romanzo o di un racconto che avete letto.
2. Immaginate di essere scrittori (scrittrici) e, usando la vostra immaginazione, scrivete un racconto.

C. Traduzione

(Here is a letter from Veronica to her friend Lina.)

Dear Lina,

   How are you? Since I saw you, a terrible thing happened. I am very worried because Pio has quit school. Although he is a good student and has always received good grades, he decided to (**di**) work because he needed money. Pio is a spendthrift and was afraid that his father would not lend him money because he is stingy. Pio's best friend, Jim, who is a representative (**rappresentante**) for (**di**) a publisher, wanted Pio to work for his company. According to Jim, it is a field (**campo**) in which Pio could earn a lot of money. It is possible that his friend is right, but I think it is better for Pio to go back to school. I would like him to understand that without an education (**istruzione**), it is difficult for anyone to get (**ottenere**) a good job. I hope that you give me some advice and answer me as soon as possible.

Love (**con affetto**),
Veronica

---

*We have already studied these nouns in previous chapters. This is an opportunity to review them.

vocabolario

NOMI

la beneficenza	*charity*
il cambiamento	*change*
l'età	*age*
l'immaginazione	*imagination*
l'inchiostro	*ink*
l'informatica	*computer science*
l'istruzione (*f.*)	*education*
la letteratura	*literature*
la monografia	*essay; paper*
la penna stilografica	*fountain pen*
la pietra	*stone*
il registratore	*tape recorder*
lo scienziato, la scienziata	*scientist*
lo svantaggio	*disadvantage*
la tassa	*tax*
le tasse universitarie	*tuition*
il titolo	*title*
il vantaggio	*advantage*

AGGETTIVI

avvincente	*fascinating*
comune	*common*
economo	*thrifty*
favorevole	*favorable*
intitolato	*entitled*
ispirato	*inspired*
seduto	*seated*
sfavorevole	*unfavorable*
spendaccione(a)	*spendthrift*
terribile	*terrible*

VERBI

andare d'accordo	*to get along*
bastare	*to suffice, to be enough*
correggere (*p.p.* corretto)	*to correct*
immaginare	*to imagine*
importare	*to be important, to matter*
inventare	*to invent*
istruire	*to educate*
lasciare	*to leave, to quit, to let, to allow*
raccomandare	*to warn*
riconoscere	*to recognize*
sacrificarsi	*to sacrifice oneself*
servirsi (di)	*to use*
trattare	*to treat, to deal with*
trattarsi di	*to have to do with*

ALTRE ESPRESSIONI

a causa di	*because of*
con affetto	*love (closing a letter)*
essere di buon umore	*to be in a good mood*
finora	*until now*
il più presto possibile	*as soon as possible*
invece	*instead*
per fortuna	*luckily*
volersi bene	*to love each other*

ALCUNE POESIE

SOLDATI   soldiers

Si sta come
d'autunno
sugli alberi
le foglie

Giuseppe Ungaretti (1888–1970) (Arnoldo Mondadori Editore)

FINE DEL '68

Ho contemplato dalla *luna,* o quasi,   moon
il modesto pianeta che contiene
filosofia, teologia, politica,
pornografia, letteratura, scienze
palesi o *arcane.* Dentro c'è anche l'uomo,   manifest / occult
ed io tra questi. E tutto è molto strano.

Tra poche ore sarà notte e l'anno
finirà tra esplosioni di spumanti
e di *petardi.* Forse di bombe o peggio   firecrackers
ma non qui dove sto. Se uno muore
non importa a nessuno purchè sia   it does not matter
sconosciuto e lontano.

Eugenio Montale (1896–1981; premio Nobel, 1975) (Arnoldo Mondadori Editore)

ALLA NUOVA LUNA

In principio Dio creò il cielo   In the beginning
e la terra, poi nel suo giorno
esatto mise *i luminari* in cielo   the stars
e al settimo giorno si riposò.

Dopo miliardi di anni l'uomo,
fatto a sua immagine e *somiglianza,*   likeness
senza mai riposare, con la sua
intelligenza laica,
senza *timore,* nel cielo sereno   fear
d'una notte d'ottobre
mise altri luminari *uguali*   similar
a quelli che giravano
dalla creazione del mondo. Amen.   since

Salvatore Quasimodo (1901–68; premio Nobel, 1959) (Arnoldo Mondadori Editore)

ROMA

Roma. Castel Sant' Angelo.

Non c'è nessun'altra città, forse, che *abbia attirato* in tutti   has attracted
i tempi tanti turisti quanto Roma. Arrivano da tutte le parti
del mondo per visitare quella che fu una volta «caput
mundi» (*capo* del mondo) e che è ancora, per centinaia di   head
milioni di persone, la *sede* del loro capo spirituale, il Papa.   seat (see)
Quando l'Impero Romano cadde, nel quinto secolo dopo
Cristo, la Chiesa cattolica *ereditò* la lingua e la civiltà di Roma.   inherited
I Papi dominarono questa città e parte delle regioni vicine
fino al 1870. Nel 1870 Roma divenne la capitale del nuovo
Regno d'Italia e il Papa dovette ritirarsi nel Vaticano, da dove
continua ad esercitare il suo potere spirituale.

Le due supremazie, quella romana e quella papale,
hanno conferito all'architettura di Roma caratteristiche *incon-*   unique
fondibili. Chi cammina per le vie della capitale ha veramente
il *senso* della storia. Quando *percorriamo*, per esempio, la   feeling / walk along
maestosa via dei Fori Imperiali è come se ci trovassimo im-   majestic
provvisamente nel cuore dell'antica vita romana.

Roma. La Basilica di San Pietro con la cupola *(dome)* **di Michelangelo. Il colonnato della piazza è del Bernini.**

Il primo villaggio romano fu fondato nell'ottavo secolo avanti Cristo sul *colle* Palatino. Da *lì* i Romani si estesero ai colli vicini. La valle fra i colli diventò il loro luogo d'incontro, il Foro, che significa «fuori», all'aperto. A poco a poco i Romani vi costruirono la casa per il Senato, le basiliche per l'amministrazione degli *affari* e della giustizia, e i templi per il culto religioso. Quando Roma passò dall'età repubblicana all'età imperiale, ogni imperatore volle lasciare monumenti che *testimoniassero* lo splendore del suo governo. Il Foro si ingrandì e la città *si arricchì di* templi, archi trionfali, mausolei, teatri, *terme,* e ville.

Sotto i Papi continuò l'espansione urbanistica di Roma. Le basiliche romane offrirono il modello per le basiliche cristiane. Roma *si riempì di* chiese: oggi ce ne sono più di trecento. Il monumento più *imponente* della cristianità è la Basilica di San Pietro, costruita sullo stesso luogo dove morì San Pietro. Alla sua forma *attuale* contribuirono i più grandi

hill / there

business

would testify to
grew rich in
thermal baths

became filled with
imposing

present

artisti del Rinascimento, fra cui il Bramante, Raffaello, e Michelangelo. La cupola è una creazione di Michelangelo, il quale volle realizzare in proporzioni *grandiose* la lezione classica del Pantheon. Un secolo più tardi il Bernini esaltò la curva romana nell'*ellisse* del colonnato che abbraccia piazza San Pietro.

grand

ellipse

Il Bernini fu il creatore dello stile barocco. Sono sue molte delle fontane che trasformano le piazze di Roma in una fantasia scenografica di forme.

ESERCIZIO DI COMPRENSIONE

1. Il Papa si ritirò nel Vaticano....
   a. quando l'Impero di Roma cadde   **b.** durante il Rinascimento   **c.** quando Roma diventò la capitale d'Italia
2. Se camminiamo per le vie di Roma abbiamo il sentimento....
   a. della storia di Roma   **b.** della supremazia papale   **c.** della supremazia romana
3. Per gli antichi Romani il Foro era il centro....
   a. del culto religioso   **b.** degli affari   **c.** delle varie attività pubbliche
4. Il monumento più grandioso della cristianità è....
   a. il Pantheon   **b.** la basilica di San Pietro   **c.** il Colosseo
5. Molte fontane delle piazze romane sono opera....
   a. del Bramante   **b.** di Michelangelo   **c.** del Bernini

21

LE ARTI

Milano. L' orchestra sinfonica nel Teatro alla Scala.

Manifestazioni musicali a Mestre (Venezia).

MUSICA OPERISTICA
O MUSICA ELETTRONICA?

Giuseppe Piccoli e tre suoi amici hanno messo insieme un piccolo gruppo rock che ha un certo successo. Giuseppe suona la chitarra elettrica, e gli altri tre suonano *la batteria,* il piano, e la chitarra. Oggi i quattro ragazzi sono a casa di Giuseppe e suonano i loro strumenti un po' troppo…entusiasticamente. Dopo un paio d'ore, la madre di Giuseppe, con un forte mal di testa, entra nel soggiorno.

drums

—Scusa, Giuseppe….
—Ti prego, mamma: lo sai che adesso mi chiamo Paco Pank.
—Paco Pank? Che bisogno avevi di cambiarti il nome? Giuseppe Piccoli non ti andava bene?
—Se non avessi cambiato il nome, non sarei diventato famoso.
—Beh, famoso…è un po' presto per dirlo, e poi, qualunque cosa tu faccia, riuscirai solo se hai del talento.
—In questa casa non c'è nessuno che mi capisca! A papà, per esempio, piace solo la musica operistica e non vuole ascoltare *nient'altro.* Però se un giorno diventerò famoso, *grazie alla* musica rock, tu e papà sarete *orgogliosi* di me.

nothing else / thanks to / proud

—Va bene, ma per il momento sarei contenta se tu suonassi meno *forte;* mi sembra che questo sia *fracasso,* non musica.

loud / loud noise

—È inutile discutere con voi! Siete rimasti all'epoca di Giuseppe Verdi. Bisogna che vi *aggiorniate:* questo è il secolo della musica elettronica, non dell'opera!

keep up-to-date

1. Cos'hanno messo insieme i quattro amici?   **2.** Piace al pubblico il loro piccolo gruppo?
3. Cosa fanno oggi? Dove?   **4.** Perchè la mamma di Giuseppe ha mal di testa?   **5.** Paco
Pank è un nome vero o un nome d'arte? Qual è, in questo caso, il nome vero?   **6.** Perchè
ha deciso di cambiarsi il nome Giuseppe?   **7.** Giuseppe pensa di essere famoso. Sua
madre è d'accordo con lui? Perchè no?   **8.** Per diventare famoso, basta che Giuseppe si
cambi il nome, o ci vuole qualcos'altro?   **9.** Perchè si lamenta Giuseppe?   **10.** Piace a
suo padre la musica rock? Perchè no?   **11.** Cosa spera Giuseppe?   **12.** Cosa vorrebbe la
madre di Giuseppe, per il momento?   **13.** Qual è, secondo Giuseppe, il problema dei
suoi genitori per quanto riguarda (*regarding*) la musica?   **14.** Lei sa chi era Giuseppe Verdi?
15. Può nominare una delle sue opere?   **16.** Cosa dovrebbero fare, secondo Giuseppe, i
suoi genitori?

STUDIO DI PAROLE

LE ARTI

la musica...classica	la pittura painting
operistica	il pittore, la pittrice
sinfonica	la scultura
folcloristica	lo scultore, la scultrice
l'opera	l'architettura
la sinfonia	l'architetto (*m. & f.*)
la canzone song	il quadro painting, picture
il compositore, la compositrice	il ritratto portrait
il (la) cantante singer	il paesaggio landscape
il coro chorus	la natura morta still life
il (la) musicista musician	la mostra show, exhibition
il direttore d'orchestra (*m. & f.*)	l'affresco fresco
orchestra conductor	la statua

—*Che gelida manina...*(What a tiny frozen hand...) (**Puccini**, *La Bohème.* **Atto I.**)

dipingere (*p.p.* **dipinto**) to paint	**Strumenti musicali:**
scolpire to sculpt	**il pianoforte**
disegnare to draw	**il violino**
lo stile...classico	**il violoncello** cello
gotico	**il flauto** flute
barocco	**la tromba** trumpet
moderno	**la chitarra**
	la batteria drums

ESERCIZIO SU STUDIO DI PAROLE

1. Chi era Michelangelo? E Raffaello? **2.** Che cos'è *La Pietà*? **3.** Di che stile sono gli edifici disegnati da Frank Lloyd Wright? **4.** Come si definisce un quadro che rappresenta della frutta? **5.** Che tipo di quadro è *La Gioconda* di Leonardo da Vinci? **6.** Chi era Puccini? **7.** Che cosa compose Beethoven? **8.** Paganini era un famoso musicista dell'Ottocento. Quale strumento suonava alla perfezione? E Louis Armstrong, cosa suonava? **9.** Chi è Pavarotti? **10.** Per quale strumento compose la sua musica Chopin? **11.** Quale strumento accompagna di solito la musica folcloristica spagnola?

P U N T I   G R A M M A T I C A L I

I. *If clauses*

—Giotto, *se studierai* pittura, diventerai un gran pittore.

—*Se* non *avesse* i baffi, assomiglierebbe a mia zia Clotilde.

1. Che cosa dice il pittore Cimabue al giovane Giotto? **2.** Com'è il cẹrchio che il ragazzo disegna?

2. In quale caso l'uomo del ritratto assomiglierebbe alla zia del turista?

---

1. In a real or possible situation, the *if* clause is *always* in the indicative. The *result* clause is also in the indicative.

If Clause		**Result** *Clause*
present indicative	$\longrightarrow$	*present indicative*
Se studiamo,		impariamo.
future	$\longrightarrow$	*future*
Se studieremo,		impareremo.

Se **andremo** a Roma, **visiteremo** i Musei Vaticani.	*If **we go** to Rome, **we will visit** the Vatican Museums.*
Se **mangi** troppo, **ingrassi**.	*If **you eat** too much, **you become fat**.*

---

2. In a hypothetical situation (one that is unlikely to occur), the *if* clause is in the past subjunctive and the *result* clause is in the conditional. If there is a possibility that the condition and result may still occur, the imperfect subjunctive is used in the *if* clause and the present conditional is used in the *result* clause. If, instead, it is no longer possible for the condition and the result to occur, the past perfect subjunctive and the past conditional are used.

If Clause		**Result** *Clause*
imperfect subjunctive	$\longrightarrow$	*present conditional*
Se studiassi,		imparerei. (*still possible*)
past perfect subjunctive	$\longrightarrow$	*past conditional*
Se avessi studiato,		avrei imparato. (*no longer possible*)

Se **avessi** tempo, **seguirei** un corso di pittura.	*If **I had** the time, **I would take** a course in painting.*
Se **fossi** milionạrio, **farei** il giro del mondo.	*If **I were** a millionaire, **I would take** a trip around the world.*
Se **avesse avuto** più talento, **sarebbe diventata** una grande scultrice.	*If **she had had** more talent, **she would have become** a great sculptress.*

esercizi

A. Completate le frasi, sostituendo l'infinito con il **presente** o il **futuro** dell'indicativo.

1. Se Maria (avere) un mese di vacanza, andrà in Italia.   **2.** Se Franco (ricevere) un aumento di stipendio, comprerà una macchina nuova.   **3.** Se tu (volere), ti accompagno alla galleria d'arte.   **4.** Se non ti (piacere) questo orologio, puoi darlo a me.   **5.** Se voi (andare) all'opera, vi divertirete.   **6.** Se tu (avere) ventun anni, puoi votare.   **7.** Se voi (andare) a Roma, vedrete molti stili architettonici.   **8.** Se tu (lamentarsi) sempre, la prossima volta ti lascio a casa.   **9.** Se voi non (essere d'accordo) con me, potremo discuterne insieme.   **10.** Se tuo cugino (chiedermelo), lo accompagnerò all'aeroporto.

B. Rispondete con frasi complete (e con immaginazione).

1. Se Lei avesse un milione, che cosa farebbe?   **2.** Se Lei avesse uno yacht, dove andrebbe?   **3.** Se Lei potesse scegliere, dove vorrebbe vivere?   **4.** Se Lei ricevesse in eredità (_inheritance_) un quadro di De Chirico, che cosa ne farebbe?   **5.** Se Lei si trovasse su un'isola deserta, che cosa farebbe?   **6.** Se fosse pittore, che cosa dipingerebbe?   **7.** Se Lei potesse rivivere un anno della Sua vita, quale sceglierebbe (_would you choose_)?   **8.** Se Lei diventasse presidente degli Stati Uniti, qual è la prima cosa che farebbe?   **9.** Se Lei avesse una bacchetta magica (_magic wand_), quali sono tre cose che Le piacerebbe avere?   **10.** Se Le offrissero una borsa di studio (_scholarship_) per studiare un anno all'estero, dove vorrebbe studiare?

C. Se...non.... Che cosa farebbero le seguenti persone?

ESEMPIO   Carlo lavora. (viaggiare)   **Se Carlo non lavorasse, viaggerebbe.**

1. Il ragazzo studia. (giocare)   **2.** Siamo molto occupati. (guardare la TV)   **3.** Devo scrivere una lettera. (uscire)   **4.** La signora Bini è stanca. (fare una passeggiata)   **5.** So nuotare. (imparare)   **6.** Ci piace abitare in questa città. (traslocare)   **7.** Studio ingegneria. (studiare architettura)   **8.** Si divertono alla festa. (tornare a casa)   **9.** Mia sorella ha paura d'ingrassare. (mangiare sempre dolci)   **10.** Sono troppo occupato(a). (andare a trovare i miei nonni)

D. Se.... Che cosa avrebbero fatto le seguenti persone?

ESEMPIO   Se fossi stato a Firenze, (vedere) il Davide.
Se fossi stato a Firenze, avrei visto il Davide.

1. Se avessimo avuto tempo, (leggere) un romanzo.   **2.** Se tu mi avessi aspettato, (noi uscire) insieme.   **3.** Se io fossi arrivato in orario alla stazione, non (perdere) il treno. **4.** Se lui avesse studiato il Rinascimento, (imparare) molto sulla pittura italiana.   **5.** Se tu avessi cercato attentamente, (trovare) il libro perduto.   **6.** Se io non avessi dimenticato il tuo indirizzo, ti (scrivere) una cartolina.   **7.** Se Gabriella non fosse stata ammalata, (andare) in ufficio.   **8.** Se avessi saputo che era così facile ottenere una borsa di studio, (fare domanda = _to apply_) prima.   **9.** Se il padrone di casa mi avesse aumentato l'affitto, (cercarmi) un altro appartamento.

E. Rispondete alle domande.

1. Se stasera Lei avrà qualche ora libera, che cosa farà? **2.** Se non dovesse lavorare (o studiare), come passerebbe la giornata domani? **3.** Se dovesse fare un regalo ad un amico, che cosa gli regalerebbe? **4.** Se non volesse andare a scuola (o al lavoro), che scusa troverebbe? **5.** Se avesse vinto alla lotteria, come avrebbe speso i soldi? **6.** Se Lei trovasse per la strada un portafoglio con molti soldi, che cosa ne farebbe? **7.** Se Lei passa con il semaforo rosso e un poliziotto La vede, che cosa succede? **8.** Se Lei dovesse rimanere solo(a) per un anno su un'isola deserta, quali sono tre cose di cui non potrebbe fare a meno?

F. Lei è un tipo romantico, moderno, o pratico?

> ESEMPIO   avere talento musicale, suonare   **Se avessi talento musicale, suonerei....**
> **a.** il violino **b.** la batteria **c.** la tromba

1. essere pittore (pittrice), dipingere
   a. un paesaggio in autunno   **b.** un ritratto   **c.** un quadro astratto
2. piacermi la musica, andare a vedere
   a. un'opera di Verdi   **b.** un musical   **c.** un concerto di Bruce Springsteen
3. sapere scrivere con facilità, diventare
   a. uno scrittore (una scrittrice)   **b.** un(a) giornalista   **c.** un critico letterario
4. progettare il mio viaggio di nozze
   a. fare una crociera nei mari del sud   **b.** andare in campeggio   **c.** stare a casa per risparmiare
5. uno zio ricco farmi un regalo, preferire
   a. una stampa (*print*) antica   **b.** un orologio d'oro (*gold*)   **c.** alcune azioni (*shares*) della IBM
6. io e il mio amico avere tempo libero
   a. imparare la meditazione yoga   **b.** studiare il giapponese   **c.** prendere lezioni di karatè

II. *The subjunctive with indefinite expressions*

—Da *qualunque* parte lo *guardi*,
vedo quattro punti!

The subjunctive is used in a subordinate clause introduced by indefinite expressions such as **chiunque** (*whoever*), **qualunque** (*whatever*, adj.), **qualunque cosa** (*whatever*, pron.), **comunque** (*however*), and **dovunque** (*wherever*).

Chiunque venga sarà benvenuto.	*Whoever comes will be welcome.*
I crịtici d'arte ammirạvano **qualunque** quadro lui **dipingesse.**	*Art critics admired **whatever** picture he **painted.***
Qualunque cosa io **fạccia,** tu non sei mai contento.	*Whatever I **do,** you are never happy.*
Lui era sempre di buon umore, **comunque andạssero** le cose.	*He was always in a good mood, **however (no matter how)** things **were going.***
Dovunque vada, gli domạndano l'autọgrafo.	*Wherever he goes, they ask him for his autograph.*

esercizi

A. Completate le frasi con il tempo e la forma corretta del congiuntivo.

1. Chiunque lo (conoscere), parlava bene di lui.   **2.** Dovunque tu (andare), verrò con te. **3.** Accetteremo qualunque decisione voi (prẹndere).   **4.** Qualunque cosa lui (dire), lo ascoltạvano.   **5.** Chiunque (telefonare), devi dire che non sono in casa.   **6.** Comunque lei (vestirsi), era sempre elegante.   **7.** Qualunque giorno tu (volere), puoi venire a trovarmi.

B. Completate il paragrafo con la forma corretta del congiuntivo.

Il pittore Decọrico era un pittore fortunato. Qualunque quadro lui (dipịngere), tutti volẹvano comprarlo. Dovunque (andare), trovava un soggetto ideale per i suoi quadri. La gente pagava qualunque prezzo lui (domandare). Qualunque cosa i crịtici (dire), le gallerie ẹrano felici di esporre (*to show*) i suoi quadri. Chiunque li (vedere), li ammirava. Ma un brutto giorno, mentre dipingeva un affresco nella sala di un palazzo, cadde da una scala. Qualunque cosa (fare) i dottori per salvarlo, fu inụtile.
(MORALE: Il troppo strọppia. *You can have too much of a good thing.*)

III. *The subjunctive with relative clauses*

—Non c'è *nessuno che capisca* questa scultura.

The subjunctive is also used in relative clauses preceded by:

1. Indefinite expressions such as **qualcuno, qualcosa, un (una), qualche** (with nouns denoting the names of persons *or* things that may or may not exist).

Cerco **un** libro **che ạbbia** delle stampe giapponesi.	*I'm looking for **a** book **that has** Japanese prints.*
Conosci **un** pittore **che possa** farti un bel ritratto?	*Do you know **a** painter **who can** paint a good portrait of you?*
Cerco **qualcuno che sappia** il russo.	*I'm looking for **someone who knows** Russian.*
Desidero trovare **qualcosa che** ti **piạccia.**	*I want to find **something that** you **like.***

NOTE:
The indicative is used if the person or thing is known to exist.

Conosco un pittore che **può** farti un bel ritratto.	*I know a painter who **can** paint a good portrait of you.* (fact)
Ho trovato qualcosa che ti **piacerà.**	*I found something that you **will** like.* (fact)

2. Negative expressions such as **nessuno** and **niente.**

Non c'è **nessuno che** lo **capisca.**	*There is **no one who** **understands** him.*
Non ho visto **niente che** mi **piacesse.**	*I haven't seen **anything that** I **liked.***

3. A relative superlative.

È **la più bella** scultura **che io
ạbbia** mai **visto.**

Era **il romanzo più
interessante che avesse
letto.**

*It's **the most beautiful** sculpture
I have ever seen.*
*It was **the most interesting**
novel he had read.*

---

esercizi

A. Che cosa desidera? Risponda alla domanda della commessa di un negozio di confezioni (*clothes*), secondo l'esempio.

ESEMPIO piacermi **Desidero qualcosa che mi piạccia.**

1. non ẹssere troppo caro **2.** andarmi bene **3.** starmi bene **4.** avere le mạniche (*sleeves*) corte **5.** seguire la moda di quest'anno **6.** farmi le spalle più larghe **7.** ẹssermi cọmodo

B. Non c'è nessuno. Ti lamenti della situazione.

ESEMPIO ascoltarmi **Non c'è nessuno che mi ascolti.**

1. aiutarmi **2.** cambiarmi dieci dollari **3.** prestarmi venticinque centẹsimi **4.** darmi un passạggio **5.** accompagnarmi a casa in mạcchina **6.** farmi questo piacere **7.** ẹssere gentile con me **8.** capirmi **9.** insegnarmi a guidare **10.** spiegarmi il congiuntivo **11.** dirmi la verità **12.** corrẹggermi quando parlo in italiano

C. Completate le frasi con la forma corretta del **congiuntivo.**

1. Non c'è nessuno che (capirmi). **2.** È la ragazza più simpạtica che io (conọscere). **3.** C'è qualcuno che (potere) aiutarmi? **4.** Cerco un libro che (spiegarmi) mẹglio il congiuntivo. **5.** Conosci qualcuno che (sapere) il tedesco? **6.** Ho bisogno di qualche rivista che (avere) degli artịcoli sulla scultura italiana. **7.** Secondo me, la *Ginevra de' Benci* di Leonardo è il quadro più bello che (esserci) in quel museo. **8.** Dimmi qualcosa che (ẹssere) più interessante. **9.** Non c'è niente che (funzionare) in questa casa!

D. Domanda e risposta. Seguite l'esempio.

ESEMPIO una bella ragazza/io, vedere —**È veramente una bella ragazza?**
—**Sì, è la più bella ragazza che io ạbbia visto.**

1. un buon vino/noi, bere **2.** un quadro astratto/lui, dipịngere **3.** un grande edifịcio/loro, costruire **4.** una stạtua famosa/lui, scolpire **5.** un ragazzo intelligente/io, incontrare **6.** un cattivo artista/esịstere **7.** un uomo ricco/noi, conọscere **8.** una stọria divertente/io, sentire **9.** un buon libro/io, lẹggere **10.** un artịcolo interessante/lui, scrịvere

E. Chi, o cosa, cerco? Abbinate le espressioni delle due colonne in un modo logico.

1. Devo traslocare, ma ho due gatti:
2. La mia macchina non funziona:
3. Ho un'allergia:
4. Voglio fare una crociera:
5. Ho trovato un cane abbandonato:
6. Non ho voglia di guidare nelle ore di punta:
7. Il mio è un lavoro con molto stress:
8. Ho intenzione di imparare il giapponese:
9. Ho voglia di piangere:
10. Non riesco a imparare a guidare perchè sono troppo nervoso:

un istruttore che abbia tanta pazienza
un lavoro che vada bene per me
qualcuno che lo voglia
un bravo meccanico che me la ripari
qualcuno che me lo insegni
uno specialista che mi curi
qualcuno che mi consoli
un agente di viaggi che mi dia informazioni
un autobus che mi porti dove devo andare
un padrone di casa che li accetti

IV. *Prepositions followed by the infinitive*

—*Invece di imparare a suonare il violino, suo figlio dovrebbe giocare a tennis.*

1. In addition to the prepositions **a** and **di,** other prepositions may be followed by an infinitive.

invece di, prima di, senza + *infinitive* = *instead of, before, without* + *present participle (-ing ending)*

Invece di studiare, si diverte.

Instead of studying, he is having fun.

Prima di uscire, metti in ordine la tua camera.

Before going out, put your room in order.

Vuole vivere bene **senza lavorare.**

*He wants to live well **without working.***

2. The preposition **dopo (di)** (*after*) requires the past infinitive (**avere** or **ẹssere** + past participle).

Dopo (di) avere ascoltato le notịzie, si è addormentato.	*After listening to the news, he fell asleep.*
Dopo (di) ẹssersi riposato, è uscito.	*After he had rested, he went out.*

esercizi

A. La dolce vita. Beppe vuole....

ESEMPIO mạngia, guadagna **Beppe vuole mangiare senza guadagnare.**

1. riesce, lavora **2.** fa il riccone, ha soldi **3.** viạggia, spende **4.** va a teatro, compra il biglietto **5.** si diverte, pensa al futuro **6.** dimagrisce, sta a dieta **7.** vive bene, fa sforzi (*efforts*) **8.** si abbronza, sta al sole **9.** prende dei bei voti, apre un libro

B. Due giọvani sposi fanno delle cose che non vanno bene e si crẹano dei problemi. Suggerisci quello che **dovrebbero** fare.

ESEMPIO spẹndono troppi soldi, rispạrmiano
Dovrebbero risparmiare invece di spẹndere troppi soldi.

1. arrịvano in ufficio in ritardo, sono puntuali **2.** lịtigano sempre, fanno la pace **3.** si lamẹntano di tutto, sono più tolleranti **4.** schẹrzano troppo, sono seri **5.** cẹrcano solo i divertimenti, pẹnsano ai loro problemi econọmici **6.** si domạndano come mai sono sempre al verde, incomịnciano a spẹndere meno **7.** ụsano sempre le carte di crẹdito, si abịtuano a pạgare in contanti **8.** vanno in villeggiatura tre volte all'anno, stanno a casa **9.** hanno un'alimentazione con troppi grassi, sẹguono una dieta a base di frutta e verdura.

C. Prima o dopo? Domanda e risposta. Rispondete usando **prima di** o **dopo di.**

ESEMPIO andare al concerto/studiare
—**Quando vai al concerto?**
—**Vado al concerto prima di studiare. o:**
—**Vado al concerto dopo aver studiato.**

1. guardare il telegiornale/cenare **2.** vestirsi/fare la dọccia **3.** bere il caffè/mangiare **4.** mẹttersi a fare i cọmpiti/ascoltare i dischi **5.** comprare i biglietti/andare a teatro **6.** mangiare la zuppa di verdure/mangiare la carne **7.** dare l'esame d'italiano/studiare il congiuntivo **8.** spedire una lẹttera/scrịvere l'indirizzo sulla busta (*envelope*) **9.** fare un'interurbana/trovare il nụmero di telẹfono **10.** rifare il letto/alzarsi **11.** mẹttere i piatti nella lavastovịglie/finire di cenare **12.** comprare i francobolli/spedire una cartolina **13.** accẹndere il motore della mạcchina/partire **14.** rallentare/vedere un poliziotto **15.** fare la spesa/fare la lista **16.** mẹttersi le calze/mẹttersi le scarpe **17.** mẹttersi gli sci/sciare

Due amici all'opera

Biglietti del Teatro alla Scala.

Antonio, appassionato di musica operistica, ha invitato Marcello
alla Scala per la rappresentazione della *Bohème* di Puccini. Marcello non aveva intenzione di andarci, ma ha deciso di accettare
l'invito per passare una serata con l'amico.

   La sera della rappresentazione il teatro era affollato di spettatori eleganti, felici di assistere ad uno spettacolo operistico che
prometteva di essere uno dei più brillanti della stagione. Durante
la rappresentazione, mentre Antonio, *estasiato*, ascolta la musica,   enraptured
Marcello incomincia ad annoiarsi ed incomincia a *stuzzicare*   to pester
l'amico.

—Ehi, Tonino? Potresti spiegarmi perchè hanno dato la *parte* di   role
   Mimì a quella grassona?
—Sst! *Lasciami ascoltare!* Non capisci niente. È la voce che conta.   Let me listen!
—Se avessero dato la parte a una soprano giovane e bella...mi
   sarebbe piaciuto di più.
—Sst! Non c'è niente che ti piaccia! E *sta zitto!*   be quiet

—Ma non ti sembra diffìcile immaginare una Mimì come questa, malata di «*mal sottile*»? Prima che questa donna *muọia* di consunzione deve pẹrdere almeno duecento chili.   tuberculosis / dies

—Sst! *Basta!* Silẹnzio! (*Sono alcuni spettatori che protẹstano.*)   That's enough!

All'intermezzo i due amici ẹscono nel foyer, dove Antọnio rimprovera l'amico:

—Se tu ascoltassi senza *fare lo spiritoso*, riusciresti almeno ad apprezzare la mụsica.   clowning around

Siamo alla fine dell'ọpera. Il pụbblico è assorbito dall'intensità drammạtica dell'ụltima scena. Mimì *muore* su un lettino, mentre   dies
Rodolfo, vicino a lei, grida con *angọscia:* «Mimì, Mimì!».   anguish

Il sipạrio *cala* sulle ụltime note della mụsica di Puccini, tra gli   falls
applạusi del pụbblico. Marcello lo guarda con un *sospiro di sollievo*.   sigh of relief

DOMANDE SULLA LETTURA

1. Che cosa voleva vedere Antọnio? Dove? Cos'è La Scala? Chi è Puccini?   **2.** Marcello ha accettato l'invito perchè è appassionato di mụsica o per quale altra ragione? **3.** Com'era il teatro la sera dello spettạcolo?   **4.** Che cosa faceva Marcello invece di ascoltare la mụsica?   **5.** Perchè criticava la soprano che faceva la parte (*was playing the role*) di Mimì?   **6.** Erano contenti Antọnio e gli altri spettatori che Marcello continuasse a parlare? Che cosa volẹvano?   **7.** Marcello era cortese (*courteous*) o scortese nei riguardi (*towards*) della cantante?   **8.** Lei pensa che si debba giudicare un(a) cantante dal suo aspetto fịsico?   **9.** Lei accetterebbe il comportamento (*behavior*) di Marcello o lo trova ingiusto?   **10.** Secondo Lei, Marcello è educato (*polite*) o maleducato?   **11.** Ha ragione o ha torto Antọnio di rimproverare l'amico?   **12.** Perchè sarebbe una buon'idea, secondo Antọnio, che Marcello smettesse di fare lo spiritoso?   **13.** Cosa succede sul palcoscẹnico (*stage*) nell'ụltima scena dell'ụltimo atto?   **14.** Alla fine della rappresentazione, come ha dimostrato (*showed*) il suo entusiasmo il pụbblico?   **15.** Anche Marcello ha la stessa reazione?

DOMANDE PERSONALI

1. Pensa di avere talento artịstico Lei?   **2.** Ha mai dipinto un quadro o scolpito una scultura?   **3.** Se Lei dovesse scẹgliere tra assịstere ad un'ọpera alla Scala o visitare la Galleria degli Uffizi a Firenze, quale sarebbe la Sua scelta (*choice*)?   **4.** E se dovesse scẹgliere tra un'opera di Verdi e un concerto di Bruce Springsteen, cosa farebbe?   **5.** La mụsica, la pittura, la scultura sollẹvano (*lift*) lo spịrito. Quali sono alcune cause di depressione? (Suggerimenti: *illnesses, worries, loneliness, health problems, disappointments, stress on the job, bad news, economic difficulties, being (to be) far from the family**) Per fortuna, anche le ragioni per cui siamo felici sono molte: (*good health, family, friendship, good grades, pleasant surprises, field trips, annual vacation, a day at the beach or snow skiing, a postcard from Rome, presents under the Christmas tree**).

----

*We have studied these nouns and adjectives in previous chapters.

ATTIVITÀ

A. Orale

Che musica preferisci? Ogni studente parla del tipo di musica che preferisce (classica, operistica, jazz, popolare) e spiega quando l'ascolta, dove, se va all'opera o ai concerti. Se uno studente suona uno strumento musicale, dice quale, spiega da quanto tempo lo suona, se fa parte di una banda, se ha una collezione di dischi, chi è il suo (la sua) cantante preferito(a). (gruppi di due o tre studenti)

B. Tema

1. Scrivete quello che sapete sulla vita e sulle opere di un artista che ammirate.
2. Descrivete una vostra esperienza: un'opera alla quale avete assistito, un concerto che avete ascoltato, un museo che avete visitato.

C. Traduzione

1. One day a friend told Michelangelo: "Too bad you did not marry. If you had married, you would have had children and you would have left them your masterpieces." The great sculptor answered: "I have the most beautiful wife that exists, art. My children are the works of art I will leave; if they are great, I will live for a long time." **2.** While Michelangelo was painting *The Last Judgment* (***Il Giudizio Universale***), a cardinal (**cardinale**) bothered him every day. Michelangelo got angry at (**con**) the cardinal and, since he was painting hell, decided to put him there. The cardinal went to the Pope to complain, but the Pope answered him: "If you were in purgatory (**purgatorio**), I could do something for you, but there is no one who can free (**liberare**) you from hell." Whoever looks at the *Last Judgment* can see the portrait of the cardinal in the left corner (**nell'angolo di sinistra**).

vocabolario

NOMI

l'applauso	applause
l'arte (f.)	art
l'atto	act
i baffi	mustache
la borsa di studio	scholarship
il capolavoro	masterpiece
l'epoca	epoch
la galleria d'arte	art gallery
l'inferno	hell
l'intermezzo	intermission
la nota	note
l'opera d'arte	work of art
la parte	role
la rappresentazione	performance
la scelta	choice
la serata	evening
il sipario	curtain
il (la) soprano	soprano
lo spettacolo	show
la stampa	print
lo stile	style
il talento	talent

AGGETTIVI

architettonico	architectural
astratto	abstract
brillante	brilliant
deserto	deserted
drammatico	dramatic
educato	polite
elettronico	electronic
ideale	ideal
maleducato	impolite
orgoglioso	proud

VERBI

aggiornarsi	to keep up-to-date
applaudire	to applaud
apprezzare	to appreciate
assistere	to attend, to assist
assomigliare (a)	to look like
comporre (p.p. composto)	to compose
definire (-isc)	to define
disturbare	to bother
pregare	to beg, to pray
rappresentare	to represent, to stage
rimanere (p.p. rimasto)	to remain
scegliere (p.p. scelto)	to choose

ALTRE ESPRESSIONI

alla perfezione	perfectly
a lungo	for a long time
dovunque	wherever
fare la parte	to play the role
fare lo spiritoso	to clown around
grazie a	thanks to
lì	there
nient'altro	nothing else
piuttosto	rather
poichè	since

LE ORIGINI DELL'OPERA ITALIANA

Maria Callas e Giuseppe Di Stefano nell'opera di Giuseppe Verdi, *La Traviata*.

Nell'anno 1500 il veneziano Petrucci fu il primo a *stampare*   to print
le note musicali. La stampa ebbe un'influenza decisiva sulla
diffusione ed evoluzione della musica che, durante questo
stesso secolo, si trasformò profondamente. Mentre a Roma
la musica sacra arrivava *al suo vertice* con Palestrina—maestro   at its peak
della Cappella Sistina—, una nuova musica incominciava a
trionfare nei palazzi e nelle case borghesi, espressione di una
rinnovata gioia di vivere.   renewed joy

L'opera nacque in Italia alla fine del Cinquecento, da
questa nuova concezione della vita. Per questa nuova forma
musicale fu necessaria la collaborazione fra il compositore e
il poeta, autore del libretto, cioè delle parole scritte. Il primo
grande maestro del melodramma fu Claudio Monteverdi. La
prima delle sue opere fu *L'Orfeo,* che fu rappresentata nel
1606 alla corte dei Duchi Gonzaga di Mantova.

Il melodramma *finì di* essere uno spettacolo esclusivo di   stopped
circoli privati nel 1637, con l'apertura del primo teatro pubblico a Venezia. Il nuovo pubblico domandava spettacoli divertenti: nacque così l'opera comica o buffa. Per *accontentarlo,*   to please
i cantanti diventarono dei virtuosi del canto. È a Napoli che
l'opera diventò quella che il mondo *definisce* oggi «opera   defines as
italiana». Napoli si identificò con il «bel canto», la melodia
cantata. Fra i grandi maestri napoletani del Seicento e del
Settecento furono Stradella, Scarlatti, e Pergolesi. Dall'Italia
l'opera italiana partì alla conquista del mondo ed influenzò
geni come Mozart, che scrisse opere italiane di stile e di
libretto.

Il periodo del bel canto continuò *a fiorire* nell'Ottocento   to flourish
con Rossini, Bellini, e Donizetti. Questo secolo fu dominato
tuttavia dal genio drammatico di Giuseppe Verdi. Le prime   still
opere di Verdi si ispirarono a temi nazionali, e Verdi fu con-
siderato come l'interprete del sogno politico degli Italiani. I
patrioti italiani diedero alle lettere del suo nome la seguente
interpretazione: *V*(ittorio) *E*(manuele) *R*(e) *D*(i) *I*(talia), e il
suo nome diventò il loro *grido di battaglia*. Il grande musicista   battle cry
fu insuperabile nella creazione di arie e di cori che accom-
pagnano grandi scene drammatiche. Basti ricordare di lui
alcune opere come *Rigoletto, Il Trovatore, La Traviata, Aïda,* e
Otello.

Alla fine del secolo l'opera *si fece* più realista, e Giacomo   became
Puccini, autore della *Bohème,* ne fu l'interprete più popolare.
Da allora altri compositori hanno scritto opere, ma nessuno
si è avvicinato al successo di Verdi e di Puccini.

ESERCIZIO DI COMPRENSIONE

1. Il veneziano Petrucci stampò le prime note musicali alla fine del....
   a. quindicesimo secolo   **b.** sedicesimo secolo   **c.** diciassettesimo secolo
2. L'opera nacque in Italia e il primo compositore ne fu....
   a. Monteverdi   **b.** Palestrina   **c.** Scarlatti
3. Il libretto contiene....
   a. la musica dell'opera   **b.** le parole dell'opera   **c.** le istruzioni ai cantanti
4. La città che diventò famosa per «il bel canto» fu....
   a. Mantova   **b.** Milano   **c.** Napoli
5. Il maggiore compositore di opere del diciannovesimo secolo fu....
   a. Rossini   **b.** Verdi   **c.** Puccini
6. Verdi entusiasmò i patrioti italiani specialmente....
   a. per la creazione delle sue arie   **b.** per la sua ispirazione drammatica   **c.** per la
scelta di temi nazionali

22
LA COMMEDIA È FINITA

Milano. Teatro alla Scala. Alcuni appassionati dell'opera in attesa di comprare i biglietti.

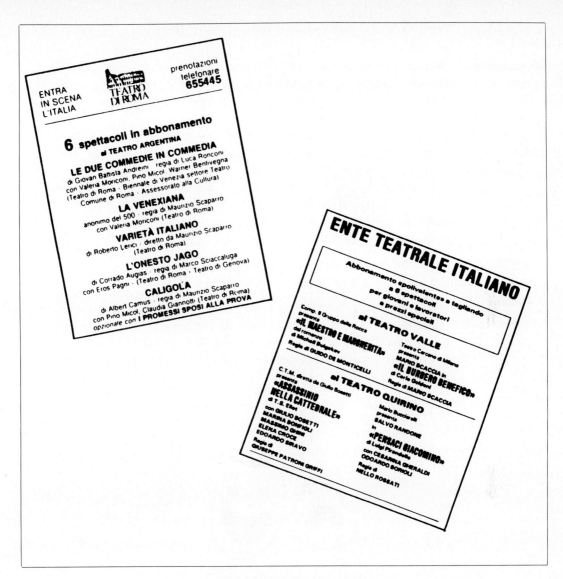

ATTORI *IN ERBA*

budding

Quest'anno gli studenti del corso d'arte drammatica hanno deciso di *mettere in scena Giulietta e Romeo* di Shakespeare. Le parti *sono state assegnate* dal professore.

to stage / have been assigned

Il professore   La scelta è stata molto difficile perchè tutti voi avete talento. La parte di Giulietta è stata assegnata a Maria Rosa, e quella di Romeo, a Tino.

Gli studenti	(*In coro*) Congratulazioni! Che fortunati! *In bocca al lupo!*	Good luck!
Il professore	Se non potete prendervi *l'impegno*, perchè siete troppo occupati o per altre ragioni, *fatemelo sapere* il più presto possibile.	commitment let me know
(*Più tardi*) **Giovanna**	Scusa, Maria Rosa, posso parlarti?	
Maria Rosa	Dimmi, ma *fa presto*, perchè *ho fretta*.	hurry / I'm in a hurry
Giovanna	So che il professore ha scelto te…non dico che non lo meriti, *anzi*…sei bravissima! È solo che…è sempre stato il mio sogno *recitare* nella parte di Giulietta. E poi mi sembrava che il professore fosse indeciso tra te e me….	on the contrary to perform

Maria Rosa, impaziente, guarda l'amica che sta aspettando la sua reazione. Conosce Giovanna e sa quanto è ambiziosa e poco sincera.

Maria Rosa	*Non mi ero resa conto* che la parte di Giulietta fosse così importante per te. Mi dispiace, ma il professore non avrebbe scelto me se non mi avesse considerata migliore per questa parte.	I didn't realize
Giovanna	(*sarcastica*) Grazie della tua generosità e in bocca al lupo!	

DOMANDE SUL DIALOGO

1. Cos'hanno messo insieme gli studenti?   **2.** Cos'ha fatto il professore?   **3.** Perchè il professore dice che è stato difficile scegliere?   **4.** Chi saranno i due attori principali e quali parti faranno?   **5.** Quando la scelta è stata fatta, cosa pensano gli altri studenti?   **6.** Che cosa dovrebbero fare se non potessero prendersi l'impegno di mettere in scena la tragedia? **7.** Quando Giovanna parla, Maria Rosa l'ascolta pazientemente? Perchè?   **8.** È sincera Giovanna quando dice che Maria Rosa merita la parte di Giulietta?   **9.** Crede veramente che Maria Rosa sia la più brava di tutte le compagne? Che cosa pensa?   **10.** Quali ragioni trova per cercare di ottenere lei la parte?   **11.** Maria Rosa le lascia recitare la sua parte? **12.** Che cosa risponde per scusarsi?   **13.** Alla fine della conversazione, Giovanna è felice o infelice?   **14.** È riconoscente (*grateful*)? Come dimostra il suo sentimento?

STUDIO DI PAROLE

Le maschere italiane: *1.* Pulcinella *2.* Pantalone *3.* Colombina *4.* Arlecchino *5.* Il Dottore

il dramma
la commedia   comedy, play
la tragedia
l'atto
la scena
il personaggio   character
l'attore, attrice
la comparsa   bit player
il comico   comedian
la maschera   mask, masked character
entrare in scena   to enter the scene
mettere in scena   to stage

il palcoscenico   stage
lo scenario   scenery, scenario
il sipario   curtain
il direttore di scena   stage director
il (la) commediografo(a)   playwright
la platea   orchestra section
la poltrona   orchestra seat
la galleria   balcony
applaudire   to applaud
fischiare   to boo
bis!   encore!

ESERCIZIO SU STUDIO DI PAROLE

1. Chi erano Arlecchino e Pulcinella?   **2.** Porta un costume bianco o variopinto Arlecchino?   **3.** Come si chiama la maschera femminile?   **4.** Che cosa scrisse Shakespeare?   **5.** In quale parte del teatro recitano gli attori?   **6.** Quali sono i posti migliori a teatro?   **7.** Dove si siede uno studente povero?   **8.** Chi era George Bernard Shaw?   **9.** Come si chiamano le parti in cui si divide una commedia?   **10.** Come si chiama un attore (un'attrice) che recita in una parte insignificante?   **11.** Alla fine di una rappresentazione, come dimostrano il loro entusiasmo gli spettatori?   **12.** Cosa gridano qualche volta agli attori?   **13.** Se gli spettatori sono scontenti, come lo dimostrano?

I. Gerundio

—Che cosa fa Pulcinella?
—Sta *dando* una lezione a Ariecchino.

1. The **gerundio** is formed by adding **-ando** to the stem of first conjugation (**-are**) verbs and **-endo** to the stem of second and third conjugation (**-ere** and **-ire**) verbs. It is invariable and corresponds to the English *-ing* form. It has a compound tense, the *past gerund,* which is composed of the gerund of **avere** or **essere** + the *past participle* of the verb.

Gerund		Past gerund	
parl**ando**	*speaking*	**avendo** parlato	*having spoken*
ripet**endo**	*repeating*	**avendo** ripetuto	*having repeated*
usc**endo**	*going out*	**essendo** uscito (**a,i,e**)	*having gone out*

Note that verbs with an irregular stem in the imperfect also have an irregular stem in the gerund.

bere: **bevendo**
dire: **dicendo**
fare: **facendo**

2. The gerund combined with the verb **stare** expresses an action in progress.

Gli attori **stanno riposando** (= **riposano**).
Stavo leggendo (= **leggevo**) una commedia.
Domani a quest'ora **staremo dormendo** (= **dormiremo**).
Lui **stava leggendo** (= **leggeva**) quando sono entrato.

3. The gerund may be used alone in a subordinate clause to express the conditions (time, cause, means, manner) that govern the main action. It corresponds to the English gerund, which is usually preceded by the prepositions *while, upon, on, in,* and *by.* (*Note that the subject of the gerund and the subject of the main verb are the same.*)

Camminando per la strada, ho visto un incidente d'auto.	*While walking on the street, I saw a car accident.*
Studiando, s'impara.	*By studying, one learns.*
Leggendo attentamente, capirete meglio.	*By reading carefully, you will understand better.*
Avendo lavorato per quarant'anni, ha guadagnato molti soldi.	*Having worked for forty years, he has earned a lot of money.*

NOTE:
   a. Object and reflexive pronouns follow the gerund and are attached to it, except for **loro.**
   b. In the case of **stare** + *gerund,* the pronouns may precede **stare** or follow the gerund.

Ascoltando**la**, piangeva.	*While listening **to her**, he cried.*
Stava guardando**li**. *o* **Li** stava guardando.	*He was looking **at them**.*
Le ringraziò, alzando**si**.	*He thanked them while getting up.*

4. Contrary to English, Italian uses an *infinitive* instead of a gerund as a noun (subject or direct object of another verb).

Fumare (= il fumo) è pericoloso.	*Smoking is dangerous.*
Nuotare (= il nuoto) fa bene alla salute.	*Swimming is good for your health.*
Preferisco **leggere** (= la lettura).	*I prefer **reading**.*

esercizi

A. Domanda e risposta. Rispondete **negativamente** usando **stare + il gerundio**, secondo l'esempio.

ESEMPIO   uscire con me/studiare   —Esci con me?
—No, perchè sto studiando.

1. fare una passeggiata con me/andare in biblioteca   2. ascoltare il telegiornale/fare le parole crociate   3. venire alla discoteca/finire i compiti   4. aiutarmi/apparecchiare la tavola   5. spiegarmi il congiuntivo/cercare di capirlo   6. accompagnarmi alla stazione/aspettare una telefonata di mio padre   7. accendere la televisione/leggere una rivista   8. uscire in macchina/il meccanico, ripararla   9. comprarti dei vestiti nuovi/spendere troppo   10. avere tempo di uscire/fare le valigie   11. fare il footing/piovere   12. accelerare/un poliziotto, avvicinarsi   13. andare a vedere la commedia/prepararmi per gli esami   14. prestarmi il registratore/usarlo io

B. Rispondete alle domande usando **stare + il gerundio** dei verbi o delle forme verbali fra parentesi.

1. Che cosa facevano gli attori quando Lei è arrivato(a) a teatro? (recitare)   2. Che cosa farà Lei domani a quest'ora? (fare la siesta)   3. Che cosa faceva Lei questa mattina alle sette? (lavarmi)   4. Che cosa spiegava la professoressa quando Lei è entrato(a) in classe oggi? (spiegare il gerundio)   5. Che classi segue Lei in questa università? (seguire corsi di…)   6. Che cosa fa Lei in questo momento? (…)   7. Si diverte o si annoia Lei adesso? (…)   8. Cosa farà il professore (la professoressa) che ha trovato un sacco di errori sul congiuntivo? (piangere)   9. Cosa faranno domani a quest'ora gli studenti dopo l'esame? (domandarsi perchè non hanno studiato di più)

C. Ripetete le frasi usando il gerundio. Seguite l'esempio.

ESEMPIO   Mentre camminava, ha trovato un portafoglio.
Camminando, ha trovato un portafoglio.

1. Siccome era ammalata, non è andata a lavorare.   2. Gli è venuta un'idea mentre leggeva un romanzo.   3. L'attore è caduto quando entrava sul palcoscenico.   4. Si è scusato perchè era in ritardo.   5. Quando ha telefonato a sua madre, le ha espresso tutto il suo affetto.   6. Mentre sciava, Filippo è caduto e si è rotto un braccio.   7. Poichè avevamo un lavoro faticoso, la sera eravamo stanchi morti.   8. Siccome Gabriella era sensibile, soffriva anche per le minime cose.   9. Poichè era innamorato, Filippo vedeva solo le qualità e non i difetti della moglie.   10. Siccome si volevano molto bene, i due sposi non volevano stare uno lontano dall'altra.   11. Poichè avevo fretta, non mi sono fermata.

D. Domanda e risposta. Seguite l'esempio, sostituendo il **pronome** alle parole in corsivo.

ESEMPIO   ascoltare *la radio*/no   —Stai ascoltando la radio?
—No, non sto ascoltandola. *o:*
—No, non la sto ascoltando.

1. spendere *molti soldi* per i tuoi studi/sì **2.** imparare *il francese* in questa classe/no **3.** aspettare con ansia *le vacanze*/sì **4.** lamentarsi *degli esami*/no **5.** pensare *a un viaggio* in questo momento/no **6.** parlare *a un(a) compagno(a)*/sì **7.** guardare *l'orologio*/sì

E. Sostituite il nome in corsivo con un **infinito,** e ripetete le frasi senza cambiare il significato.

      ESEMPIO   La lettura è interessante.   **Leggere è interessante.**

1. Mi piace *una passeggiata* in campagna. **2.** *Lo sci* è divertente. **3.** *Il nuoto* fa bene alla salute. **4.** *La recitazione* di poesie italiane è utile nello studio della lingua. **5.** *Il riso (laughter)* fa buon sangue. **6.** *Il fumo* fa male alla salute. **7.** I bambini preferiscono *il gioco*. **8.** Alcuni studenti non amano *lo studio*. **9.** Ho bisogno di *riposo*. **10.** Vorrei un *lavoro*. **11.** *Il divertimento* è tanto necessario quanto *lo studio*. **12.** *L'istruzione* è molto importante se si vuole riuscire nella vita.

F. Completate le frasi scegliendo tra il **gerundio** e l'**infinito.**

1. _____ *(Walking)* per la strada, ho incontrato Maria. **2.** _____ *(Hearing)* quella canzone, ho avuto nostalgia del mio paese. **3.** Mi piace _____ *(swimming)*. **4.** _____ *(Skiing)* è molto costoso. **5.** _____ *(Walking)* tutti i giorni è un buon esercizio. **6.** Pietro è andato a scuola _____ *(running)*. **7.** _____ *(Being tired)*, siamo restati a casa. **8.** _____ *(Living)* in questo condominio costa troppo. **9.** _____ *(Having)* molti soldi non significa essere felici. **10.** _____ *(Having)* molti soldi, è partito per le Hawaii. **11.** _____ *(Performing)* in pubblico è sempre stato facile per quell'attore.

II. *The passive form and the impersonal* **si**

**La tragedia *Amleto*
è *stata scritta* da Shakespeare.**

1. The passive form is possible only with *transitive verbs* (verbs that take a direct object). In the passive form, the direct object (the receiver of the action) becomes the subject. The passive form consists of **essere** (in the required tense) + the *past participle* of the main verb. Note that the agent is introduced by the preposition **da.**

Active Form	Passive Form
Nino recita la poesia.	La poesia **è recitata** da Nino.
Nino ha recitato la poesia.	La poesia **è stata recitata** da Nino.
La Commedia dell'arte **era rappresentata** in tutta l'Europa.	*The Commedia dell'arte **was played** in all of Europe.*
Quelle ville **sono state costruite** dall'architetto Nervi.	*Those villas **were built** by the architect Nervi.*
Questo libro **sarà pubblicato** da un editore di New York.	*This book **will be published** by a publisher in New York.*

2. The passive form is less common in Italian than it is in English. It may be replaced by the impersonal **si** *when the agent is not expressed.* With the impersonal **si,** the verb is in the third person singular if the noun that follows the verb is singular; the verb is in the third person plural if the noun that follows the verb is plural. In compound tenses, the auxiliary verb is **essere.**

All'Odeon **si dà** una conferenza sul teatro.	*A lecture on the theater **is being given** at the Odeon.*
Si fanno molti regali per Natale.	*Many presents **are given** for Christmas.*
Si sono rappresentate molte commedie del Goldoni quest'inverno.	*Many plays by Goldoni **have been staged** this winter.*

esercizi

A. Mettete le frasi alla forma **passiva.**

ESEMPIO   Scrivo la lettera.   **La lettera è scritta da me.**

1. Tutti ammirano il teatro di Pirandello.   **2.** Raffaello ha dipinto molte Madonne.
3. Machiavelli scrisse *Il Principe.*   **4.** I Medici governarono Firenze.   **5.** Il Congresso vota

le leggi.   **6.** Gli Americani leggono molti giornali.   **7.** Zeffirelli ha girato un film su San Francesco.   **8.** I turisti avevano prenotato le camere.   **9.** Gli operai organizzeranno uno sciopero.

B. Rispondete usando la forma **passiva.**

> ESEMPIO   —Chi ha dipinto *La Gioconda?*   —***La Gioconda* è stata dipinta da Leonardo.**

1. Chi ha scolpito *La Pietà?*   **2.** Chi ha composto l'*Aïda?*   **3.** Chi ha scoperto l'America?
4. Chi ha inventato la teoria della relatività?   **5.** Chi ha avanzato la teoria dell'evoluzione dell'uomo?   **6.** Chi governava l'Egitto ai tempi di Cesare?   **7.** Quale eroina del Medioevo salvò la Francia dagli Inglesi?   **8.** Chi scrisse la tragedia *Giulietta e Romeo?*   **9.** Chi ha scoperto la penicillina?   **10.** Chi inventò il telefono? (Meucci)

C. Rispondete usando il **si impersonale.**

> ESEMPIO   —Quali opere di Verdi sono rappresentate quest'anno? (l'*Aïda,* l'*Otello*)
> —**Quest'anno si rappresentano l'*Aïda* e l'*Otello.***

1. A che ora è servita la cena? (alle otto)   **2.** Quale commedia di Pirandello è data al Teatro Nuovo? *(Enrico IV)*   **3.** Quali bambini sono puniti? (quelli che non ubbidiscono)
4. Quale argomento è discusso questa settimana? (l'opera italiana)   **5.** Quanti romanzi sono stati pubblicati l'anno scorso? (molti)   **6.** Che genere di teatro era ammirato nel Seicento? (la Commedia dell'arte)   **7.** I biglietti dell'aereo sono comprati alla stazione? (no, all'aeroporto)   **8.** Quali poesie sono lette in classe oggi? (quelle di Quasimodo)
9. Quanti esercizi saranno fatti questo trimestre? (molti esercizi)

Si puniranno le due colpevoli.

III. Fare + *infinitive*

La volpe (*fox*) pensava:
—Devo *farlo cantare*
  per *fargli cadere*
  il formaggio.

1. The construction **fare** + *infinitive* is used to express the idea of having something done or having someone do something.

Fạccio cantare una canzone.	*I have a song **sung**.*
Fạccio cantare una canzone ai bambini.	*I have (**make**) the children **sing** a song.*

When the construction has only one object, the object is direct.

Fa suonare **un disco.**	*He has **a record** played.*
Fa suonare **Pietro.**	*He has (makes) **Pietro** play.*

When this construction has two objects, one is direct (the thing that is the object of the infinitive), and the other is indirect (the person who performs the action).

Fa suonare **un disco a Pietro.**	*He has (makes) **Pietro play a record.***

NOTE:
The preposition **da** replaces **a** to avoid ambiguity when **a** could mean *by* or *to.*

Ho fatto scrivere una lettera all'avvocato.	*I had a letter written **to the lawyer**.*
Ho fatto scrivere una lettera **dal mio avvocato**.	*I had **my lawyer** write a letter.*

---

2. When the objects are nouns, as seen above, they *always* follow the infinitive. When the objects are pronouns, they precede the verb **fare** unless **fare** is in the *imperative* (**tu, noi, voi** forms) or in the *infinitive*. In this case, they follow **fare** and are attached to it.

Farò riparare **il piano**.	*I will have **the piano** repaired.*
Lo farò riparare.	*I will have **it** repaired.*
Farò riparare **il piano a Pietro**.	*I will have **Pietro** repair **the piano**.*
Glielo farò riparare.	*I will have **him** repair **it**.*
Ho fatto venire **i miei amici**.	*I had **my friends** come.*
Li ho fatti venire.	*I had **them** come.*
Fa cantare **i bambini**!	*Have **the children** sing!*
Fa**lli** cantare!	*Have **them** sing!*
Mi piacerebbe fare dipingere **la casa**.	*I would like to have **the house** painted.*
Mi piacerebbe far**la** dipingere.	*I would like to have **it** painted.*

---

3. The verb **fare** is used in a reflexive form when the action is done on behalf of the subject. The name of the person performing the action is preceded by **da**.

Luigi mi **aiuterà**.	*Luigi **will help** me.*
Mi farò aiutare da Luigi.	*I **shall have** Luigi help me (I **shall have myself** helped by Luigi).*
La mamma lava la faccia al bambino.	*The mother is washing the child's face.*
Il bambino **si fa** lavare la faccia dalla mamma.	*The child **is having** his face washed by his mother.*
Il bambino **se la fa** lavare dalla mamma.	*The child **is having it** washed by his mother.*

esercizi

A. Domanda e risposta. Seguite l'esempio.

> ESEMPIO   comprare il giornale   —**Compri tu il giornale?**
> —**No, lo faccio comprare.**

1. riparare il televisore   **2.** pulire la casa   **3.** controllare il motore   **4.** lavare la macchina
5. comprare le medicine   **6.** tagliare l'erba *(grass)*   **7.** chiamare il medico   **8.** mandare
un telegramma   **9.** invitare gli amici   **10.** preparare il pranzo   **11.** spedire il pacco
12. accompagnare gli ospiti   **13.** tagliarsi i capelli

B. Modificate le frasi usando il nome in parentesi come soggetto.

> ESEMPIO   Gli studenti leggono. (il professore)   **Il professore fa leggere gli studenti.**

1. Gli spettatori ridono. (il film)   **2.** La mamma aspetta. (il bambino)   **3.** I tuoi cugini
sono venuti. (tu)   **4.** Il coro canterà. (il direttore d'orchestra)   **5.** Loro stanno male. (lo
smog)   **6.** Io ho pianto. (il romanzo)   **7.** Lui ballava. (la gioia)   **8.** La signora dimagrisce.
(la dieta)   **9.** Io soffro. (il mal di denti)   **10.** Io dormo male la notte. (le preoccupazioni)
11. Il mio fratellino ingrassa. (troppi dolci)

C. Domanda e risposta. Se non le farai tu, chi farà le seguenti cose?

> ESEMPIO   mandare gli auguri/mio padre   —**Manderai tu gli auguri?**
> —**No, li farò mandare da mio padre.**

1. lavare la macchina/il mio ragazzo   **2.** preparare gli spaghetti al pesto/mia madre
3. fare i panini/il salumiere   **4.** cercare le commedie di Pirandello/il bibliotecario *(librarian)*
5. lavarsi i capelli/la parrucchiera   **6.** chiamare il tassì/la mia compagna di stanza
7. riportare l'incidente/poliziotto   **8.** raccontare le favole/mio nonno   **9.** pagare il conto
del telefono/il mio povero padre   **10.** rimproverare la tua sorellina/mia madre   **11.** prenotare una camera in albergo/i miei parenti

D. Domanda e risposta. Pierino si lamenta perchè ha una mamma troppo esigente
(demanding). Ecco le sue ragioni.

> ESEMPIO   mangiare gli spinaci/si, no   —**Ti fa mangiare gli spinaci?**
> —**Sì, me li fa mangiare.**

1. fare tutti i compiti/sì   **2.** vedere i cartoni animati/no   **3.** ripetere tutte le lezioni/sì
4. leggere i giornali a fumetti *(comic strips)*/no   **5.** invitare gli amici a casa/no   **6.** rifare il
letto tutti i giorni/sì   **7.** riordinare la stanza/sì   **8** fare la doccia tutte le sere/sì   **9.** lavare
le orecchie tutti i giorni/sì   **10.** mangiare il gelato ogni giorno/no

E. Domanda e risposta. Seguite l'esempio.

> ESEMPIO   scrivere la lettera a Franco   —**Farai scrivere la lettera a Franco?**
> —**Sì, gliela farò scrivere.**

1. leggere il giornale al nonno   **2.** pagare il conto alla tua amica   **3.** mandare un telegramma ai tuoi genitori   **4.** prendere la medicina a Pierina   **5.** comprare i biglietti
dell'opera al (la) tuo(a) ragazzo(a)   **6.** fare le lasagne alla mamma   **7.** scrivere una lettera
di raccomandazione al capoufficio   **8.** firmare il contratto all'inquilino

F. Modificate le frasi, secondo l'esempio.

> ESEMPIO   Mia sorella mi taglia i capelli.   **Mi faccio tagliare i capelli da mia sorella.**

1. Il professore mi scrive una lettera di raccomandazioni.   **2.** La mamma compra il gelato al bambino.   **3.** I nostri amici ci aspettano.   **4.** Mio padre mi comprerà una Fiat.   **5.** La centralinista mi darà il numero di telefono.   **6.** Mia sorella mi laverà il maglione. **7.** Loro mi faranno questo piacere.   **8.** Mio zio mi dà un passaggio.   **9.** Il direttore della Fiat mi assumerà.   **10.** Mia madre mi fa le iniezioni.

G. Domanda e risposta. Seguite l'esempio.

> ESEMPIO   fare la permanente   **—Ti farai fare la permanente?**
> **—Sì, me la farò fare.   (o: No,....)**

1. prestare dei soldi   **2.** comprare l'anello *(ring)* di fidanzamento   **3.** presentare i colleghi d'ufficio   **4.** raccontare le notizie del giorno   **5.** scrivere a macchina la tesi   **6.** prescrivere le medicine   **7.** verificare il motore   **8.** curare il mal di stomaco   **9.** dare indicazioni precise   **10.** suggerire la dieta   **11.** mostrare il monolocale   **12.** dire la verità

H. Completate le frasi in maniera logica e con un po' d'immaginazione.

> ESEMPIO   Vorrei una casa al mare. Vado da un architetto e....
> **—Vado da un architetto e me la faccio costruire.**

1. Ho i capelli troppo lunghi. Vado dal parrucchiere e....
2. Ho un'allergia. Vado dal medico e....
3. La mia Fiat è rotta. Vado dal meccanico e....
4. Sono rimasto(a) senza soldi. Vado da un amico e....
5. Ho bisogno di un frigorifero nuovo. Vado da mio padre e....
6. Sono triste e depresso(a). Vado da un (un') amico(a) e....
7. Ho solo dollari, ma avrei bisogno di lire. Vado in banca e....
8. Non ho capito il gerundio. Vado dal(la) professore(ssa) e....
9. Ho prestato il mio libro ad un compagno e adesso ne ho bisogno. Vado da lui e....
10. Vado all'università a Chicago. Ho dimenticato il mio cappotto a New York. Telefono a mia madre e....
11. Vorrei un bicchiere di latte, ma non posso alzarmi dal divano perchè ho una gamba ingessata *(in a cast)*. Chiamo il mio fratellino e....
12. Stasera non riesco ad addormentarmi: vorrei sentire una favola. Chiamo mia madre e....
13. Sto cercando un appartamento. Ne ho trovato uno sul giornale. Vado dal portinaio e....
14. Ho voglia di mangiare due uova strapazzate. Chiamo il cuoco e....

V. Lasciare *and verbs of perception + infinitive*

—*Lasciatemi vivere* in pace.
(Dall'opera *Il Solitario* di
C. Degari, Atto III)

1. Lasciare *(to let, to allow)* and verbs of perception such as **ascoltare, sentire, guardare,** and **vedere** have a construction similar to that of **fare** + *infinitive*. With verbs of perception, the infinitive corresponds to the English present participle (*-ing* ending) and renders a progressive action.

Perchè non **lasci cantare** i bambini?	*Why **don't you let** the children sing?*
Sento suonare le campane.	*I **hear** the bells **ringing.***
Ho visto arrivare i musicisti.	*I **saw** the musicians **arriving.***

2. The position of the object pronouns with these verbs follows the same rules as with **fare.**

Li lasciamo cantare.	*We let **them** sing.*
Le sento suonare.	*I hear **them** ringing.*
Li ho visti arrivare.	*I saw **them** coming.*
Lascia**moli** entrare!	*Let's let **them** in.*
Voglio veder**lo** partire.	*I want to see **him** leaving.*

NOTE:

a. The infinitive following **lasciare** may be replaced by **che** + *subjunctive:*

I genitori lasciano **partire** i figli.   *o* I genitori lasciano **che** i figli **partano.**

b. The infinitive following a verb of perception may be replaced by **che** + *indicative:*

Ho sentito **cantare** il tenore.   *o* Ho sentito il tenore **che cantava.**

---

esercizi

A. Un compagno dice di non fare una cosa e l'altro gli domanda il permesso di farla. Seguite l'esempio.

ESEMPIO   suonare la tromba   —**Non suonare la tromba!**
—**Lasciamela suonare!**

1. mangiare la mia torta   **2.** leggere le mie lettere   **3.** spendere tutti i soldi   **4.** venire con me   **5.** mettere le mie scarpe   **6.** accendere la televisione   **7.** usare tutta l'acqua calda in bagno   **8.** mettere il gelato sulla torta di mele (*apple pie*)   **9.** usare il mio pettine (*comb*)   **10.** mettere il gatto sul letto

B. Sostituite **lasciare + il congiuntivo** con **lasciare + l'infinito.**

ESEMPIO   Lascio che tu dorma.   **Ti lascio dormire.**

1. Lascio che vi divertiate.   **2.** Ho lasciato che lui prendesse la mia bicicletta.   **3.** Lasciavano che io lavorassi in pace.   **4.** Lascio che lei canti.   **5.** Lasciavano che lui pagasse.
6. Lasciamo che lui si diverta un po'!   **7.** Perchè lasciavate che io sbagliassi strada?
8. Lascia che lei smetta di studiare!   **9.** Lascia che io mangi quello che voglio!   **10.** Lasciate che io protesti!   **11.** Lasciate che io descriva la situazione!   **12.** Perchè non lasci che io esprima un'opinione?   **13.** Lascia che io spieghi cos'è successo!

C. Rispondete affermativamente.

ESEMPIO   —Non sente Gino che canta?   —**Sì, lo sento cantare.**

1. Non vede il treno che arriva?   **2.** Non ascolta il presidente che parla?   **3.** Non sente l'orchestra che suona?   **4.** Non ha visto i pedoni che attraversavano la strada?   **5.** Non ha visto il pullman che partiva?   **6.** Non ha sentito il bagnino che gridava?   **7.** Non ha visto l'automobilista che arrivava?   **8.** Non ha visto il Suo amico che passava?   **9.** Non ha visto il poliziotto che fermava le macchine?

Arrivederci

Luigi Pirandello, grande commediografo italiano e vincitore del Premio Nobel per la letteratura (1934).

Liliana ha ricevuto una borsa di studio che le permetterà di studiare per un anno negli Stati Uniti. Oggi gli amici stanno festeggiando la sua partenza. Infatti hanno organizzato una serata in suo onore: l'hanno invitata all'Odeon dove si rappresenta una commedia di Pirandello perchè sanno che le piace andare a teatro. Dopo la rappresentazione ci sarà una cenetta elegante al ristorante Biffi.

Uscendo dal teatro gli amici discutono la commedia che hanno visto, *Sei personaggi in cerca d'autore.*

Lucia	Mi è piaciuta molto l'idea di far uscire i sei personaggi dal pubblico e di farli salire ad uno ad uno sul palcoscenico.
Marcello	Già, ma perchè dovevano venire dalla platea?
Antonio	Perchè il pubblico rappresenta una massa anonima, e questi personaggi non esistevano ancora nella loro individualità.

Liliana	Be', non è così semplice. Bisognerebbe parlare della filosofia di Pirandello.*
Filippo	La storia che ognuno dei sei personaggi ha raccontato era molto deprimente. Chissà perchè è stata chiamata commedia. Questa è una vera tragedia familiare.
Gabriella	Ehi, anche noi siamo sei personaggi, ognuno con una sua storia!
Antonio	In cerca d'autore?
Gabriella	A proposito, Liliana, quando arriverai in California, va' a salutare le due signore che sono state gentili con noi.
Antonio	Be', veramente, con me non sono state tanto gentili. Sono stato descritto brutto e con il naso storto. *(Coro di proteste.)*
	—E io che sono stata confinata diverse volte in cucina?
	—E io che sono stato presentato come un bel ragazzo, ma superficiale?
	—E io? Sembra che non abbia un cuore!
Gabriella	Ma insomma, perchè ci lamentiamo? L'hanno fatto scherzando, ma con affetto.

Dopo la cenetta al Biffi gli amici si salutano calorosamente.

—Buon viaggio, Liliana!
—Arrivederci all'anno prossimo.
—Ciao!
—Ciao!

Una scena dalla tragedia *Enrico IV* di Pirandello.

---

*Pirandello (1867–1936) was a Sicilian writer who is internationally famous, particularly for his theater. His plays introduce the artistic philosophy of relativity in all aspects of life and are open to different interpretations. In 1934, Pirandello was awarded the Nobel Prize for literature.

DOMANDE SULLA LETTURA

1. Dove andrà Liliana? Perchè?   **2.** Che cosa hanno deciso di fare i suoi amici?   **3.** In che modo passeranno la serata?   **4.** Che cosa fanno mentre stanno uscendo dal teatro? **5.** Da quale parte del teatro sono saliti sul palcoscenico i personaggi della commedia? **6.** È comica questa commedia di Pirandello?   **7.** Che paragone fa Gabriella fra gli amici e i personaggi della commedia?   **8.** Chi dovrebbe andare a salutare in America Liliana? **9.** Riconoscete il nome di chi protesta dalle descrizioni che sono state fatte?   **10.** Chi sono, secondo voi, le due signore?

DOMANDE PERSONALI

1. Ha mai recitato Lei in una commedia? Quale? Che parte ha fatto?   **2.** Se Lei fosse un attore (un'attrice), preferirebbe recitare una parte drammatica, comica, o sentimentale? **3.** Ha letto Lei qualche tragedia di Shakespeare? Quale(i)?   **4.** Conosce Lei qualche famoso attore (attrice) di teatro? Chi?   **5.** Se Lei fosse un impresario teatrale, quale attore americano sceglierebbe per la parte di Amleto? Perchè?   **6.** È mai stato(a) Lei a vedere una commedia a Broadway (o nella Sua città)? Quale?   **7.** Immagini di essere un impresario e di scritturare (*to cast*) fra i Suoi compagni di classe gli attori e le attrici per la commedia di Tennessee Williams *Un tram che si chiama desiderio.* Chi sceglierebbe?

ATTIVITÀ

A. Orale

Oggi si recita! Improvvisatevi commediografi e, in collaborazione con altri compagni (compagne), scrivete una breve scena che poi reciterete davanti alla classe.

B. Tema

1. Descrivete una rappresentazione teatrale alla quale avete assistito e che vi è piaciuta molto.
2. Immaginate di essere commediografi e scrivete un atto di una commedia (la scena, i personaggi, ecc.).

C. Traduzione

This is a review (**recensione,** *f.*) written by Mr. R., a theater critic: "Last night was opening night (**una prima**) at the Nuovo Theater, where Mario Feo's play **Due di troppo** is being presented (**rappresentare**). It is a love story with a tragic ending; the two leading characters are killed in the last scene of the third act. After seeing their performance(s), I would have preferred to see them killed (**uccisi**) sooner. The prompter could be heard during the entire play. While the main actor was reciting a long monologue, someone from the balcony shouted, 'Enough is enough! (**basta**)' The performance given by the young actress, Miss T., was the only one appreciated by the public. In conclusion (**insomma**), it was indeed a depressing evening, a real fiasco!"

vocabolario

NOMI

l'affetto	affection
l'anello	ring
l'ansia	anxiety
l'attimo	moment
il (la) colpevole	guilty person
il difetto	fault, flaw
la generosità	generosity
l'impegno	commitment
il monologo	monologue
l'onore (m.)	honor
il paragone	comparison
la protesta	protest, complaint
la qualità	quality
la recitazione	performance (of an actor)
il riposo	rest
il riso	laughter
il sentimento	feeling
il sogno	dream
il suggeritore, la suggeritrice	prompter

AGGETTIVI

ambizioso	ambitious
anonimo	anonymous
comico	comic
deprimente	depressing
familiare	familiar, family
infelice	unhappy
minimo	smallest
principale	main, leading
riconoscente	grateful
sincero	sincere
teatrale	theatrical, theater
tragico	tragic
variopinto	multicolored

VERBI

assegnare	to assign
considerare	to consider
dimostrare	to show, to prove
esitare	to hesitate
meritare	to deserve
recitare	to recite, to act, to perform
ridere (p.p. riso)	to laugh
significare	to mean
uccidere (p.p. ucciso)	to kill

ALTRE ESPRESSIONI

ad uno ad uno	one by one
anzi	on the contrary
avere fretta	to be in a hurry
calorosamente	warmly
congratulazioni!	congratulations!
Ehi!	Hey!
fare presto	to hurry
finchè	until
già	sure, yes
in bocca al lupo!	good luck!
in cerca di	in search of
rendersi (p.p. reso) conto	to realize
sbagliare strada	to take the wrong street

LA COMMEDIA DELL'ARTE

La commedia dell'arte, detta anche commedia delle maschere, *si sviluppò* in Italia nella seconda metà del Cinquecento. Essa nacque dall'arte, cioè dalla professione degli attori. Infatti, in questo periodo si organizzarono le prime compagnie di attori professionisti e si cominciò a dare grande importanza alla tecnica teatrale. Gli attori professionisti amavano improvvisare le scene di una commedia, seguendo una trama prestabilita (lo scenario) e *lasciandosi guidare*, per il resto, dalla tecnica e dalla disposizione naturale. I più *abili*, specializzandosi nell'interpretazione di una parte, crearono un *tipo* e lo fissarono in *gesti* e in espressioni particolari. Nacquero così le maschere che si presentavano al pubblico vestendo il costume e la maschera che le distinguevano.

developed

letting themselves be led
clever

stock character / gestures

Al Piccolo Teatro di Milano si recita *Arlecchino servitore di due padroni.*

Tutta l'Italia è rappresentata nel teatro delle maschere. Venezia ha dato Pantalone, il tipo del vecchio mercante geloso e anche del padre avaro e tiranno. Di origine veneta è probabilmente anche *la più nota* delle maschere femminili, `the best known` Colombina, *servetta* piena di brio e di *astuzia*. Da Bologna, la `young maid / cleverness` città universitaria, viene il dottore, cioè il pedante a cui piace mostrare la sua erudizione. La maschera napoletana più famosa è Pulcinella, brutto e *amante* delle donne e del vino. `fond` Stenterello, la maschera fiorentina, è pigro, *goloso*, e facil- `gluttonous` mente innamorato. Milano ha dato Meneghino, il contadino *semplicione* e distratto. Da un'altra città lombarda, Bergamo, `simpleton` è venuta una maschera famosa, Arlecchino, servitore simpatico *nonostante* i suoi molti *difetti*. Arlecchino è la maschera `in spite of / faults` più facile da riconoscersi per il suo costume *variopinto*. `multicolored`

La commedia italiana dominò il teatro per più di due secoli. I suoi comici, che *oltre a* saper recitare si distingue- `besides` vano come acrobati, ballerini, e musicisti, ebbero successo in tutta l'Europa. In Francia le loro fantasie e invenzioni ispirarono il grande Molière. Nel Settecento la letteratura italiana ebbe il suo primo grande commediografo nel veneziano Carlo Goldoni. Goldoni riformò la commedia dell'arte, che era diventata troppo libera, eliminando gli scenari. Le sue commedie si rappresentano ancora oggi e *hanno conser-* `retained` *vato* il movimento e la comicità della commedia dell'arte.

Le antiche maschere italiane continuano a vivere per il divertimento dei bambini nel teatro delle marionette. *Inoltre,* `Furthermore` i loro costumi ritornano ogni anno durante le feste del carnevale.

ESERCIZIO DI COMPRENSIONE

1. La commedia dell'arte ebbe inizio....
   a. nel Rinascimento   **b.** nel Seicento   **c.** nel Settecento
2. Questo genere di teatro comico si chiama così perchè gli attori mostravano la loro arte....
   a. recitando   **b.** improvvisando   **c.** interpretando la loro parte
3. Pantalone è la maschera che corrisponde al tipo del....
   a. pedante erudito   **b.** brutto innamorato   **c.** vecchio, geloso, e avaro
4. Colombina è il tipo di giovane donna....
   a. sempliciona   **b.** astuta   **c.** pigra
5. Arlecchino è la maschera che porta un costume....
   a. nero   **b.** bianco   **c.** variopinto
6. Il commediografo Carlo Goldoni riformò il teatro italiano abolendo....
   a. gli scenari   **b.** le maschere   **c.** i costumi

I. COMMON VERBS AND EXPRESSIONS REQUIRING A PREPOSITION BEFORE AN INFINITIVE

A. Verbs and expressions + *a* + *infinitive*

abituarsi	*to get used*	Mi sono abituato ad alzarmi presto.
aiutare	*to help*	Aiutiamo la mamma a cucinare.
andare	*to go*	La signora va a fare la spesa ogni giorno.
continuare	*to continue*	Continuano a parlare di politica.
divertirsi	*to have a good time*	Ci siamo divertiti a cantare molte canzoni.
essere pronto	*to be ready*	Siete pronti a rispondere alla domanda?
imparare	*to learn*	Quando hai imparato a giocare a tennis?
(in)cominciare	*to begin*	Incomincio a lavorare domani.
insegnare	*to teach*	Mi insegni a usare il computer?
invitare	*to invite*	Vi invito a prendere un espresso.
mandare	*to send*	L'ho mandato a comprare una pizza.
prepararsi	*to get ready*	Ci prepariamo a fare un lungo viaggio.
riuscire	*to succeed*	Sei riuscito a trovare gli appunti d'inglese?
venire	*to come*	Luisa è venuta a salutare i suoi nonni.

B. Verbs and expressions + *di* + *infinitive*.

accettare	*to accept*	Accetti di aiutarlo?
ammettere	*to admit*	Lei ammette di volere troppo.
aspettare	*to wait*	Aspettano di ricevere una risposta.
cercare	*to try*	Cerco di arrivare in orario.
chiedere	*to ask*	Mi ha chiesto di prestargli dei soldi.
consigliare	*to advise*	Che cosa mi consigli di fare?
credere	*to believe*	Crede di avere ragione.
decidere	*to decide*	Ha deciso di fare medicina.
dimenticare	*to forget*	Non dimenticare di comprare della frutta!
(di)mostrare	*to show*	Lucia ha dimostrato di essere generosa.
dire	*to say, to tell*	Gli ho detto di stare zitto.
dubitare	*to doubt*	Dubita di riuscire.
finire	*to finish*	Ha finito di lavorare alle dieci di sera.
lamentarsi	*to complain*	Si lamentano di avere poco tempo.
ordinare	*to order*	Il medico mi ha ordinato di prendere delle vitamine.
pensare	*to think*	Quando pensi di partire?
permettere	*to allow*	Mi permetti di dire la verità?
pregare	*to pray, to beg*	La prego di scusarmi.

preoccuparsi	*to worry*	Si preoccupa solamente di finire.
proibire	*to forbid*	Mio padre mi proibisce di usare la macchina.
promettere	*to promise*	Ci hanno promesso di venire stasera.
raccomandare	*to recommend*	Ti raccomando di scrivermi subito.
riconoscere	*to recognize*	Riconosco di avere torto.
ricordare	*to remember; to remind*	Ricordami di telefonarle!
ripetere	*to repeat*	Vi ripeto sempre di fare attenzione.
scegliere	*to choose*	Perchè hai scelto di andare a Firenze?
scrivere	*to write*	Le ho scritto di venire in treno.
smettere	*to stop*	Ho smesso di bere caffè.
sperare	*to hope*	Loro sperano di vederti.
suggerire	*to suggest*	Filippo suggerisce di andare al ristorante.
temere	*to fear*	Lei teme di non sapere abbastanza.
avere bisogno	*to need*	Abbiamo bisogno di dormire.
avere paura	*to be afraid*	Hai paura di viaggiare in aereo?
avere ragione	*to be right*	Hanno avuto ragione di partire presto.
avere torto	*to be wrong*	Non ha torto di parlare così.
avere voglia	*to feel like*	Ho voglia di mangiare un gelato.
essere certo (sicuro)	*to be certain*	Sei sicuro di avere abbastanza soldi?
essere contento (felice)	*to be happy*	Nino, sei contento di andare in Europa?
essere curioso	*to be curious*	Siamo curiosi di sapere la verità.
essere fortunato	*to be lucky*	È fortunata di avere un padre ricco.
essere impaziente	*to be anxious*	Lui è impaziente di vederla.
essere libero	*to be free*	È libera di uscire.
essere orgoglioso	*to be proud*	Siamo orgogliosi di essere americani.
essere spiacente	*to be sorry*	Sono spiacenti di non essere qui.
essere stanco	*to be tired*	Sono stanca di aspettare.
è ora	*it is time*	È ora di partire.

VERB CONJUGATIONS

Auxiliary Verbs: avere, essere

SIMPLE TENSES

Infinitive	avere		essere	
Present indicative	ho	abbiamo	sono	siamo
	hai	avete	sei	siete
	ha	hanno	è	sono
Imperfect indicative	avevo	avevamo	ero	eravamo
	avevi	avevate	eri	eravate
	aveva	avẹvano	era	ẹrano
Past absolute	ebbi	avemmo	fui	fummo
	avesti	aveste	fosti	foste
	ebbe	ẹbbero	fu	fụrono
Future	avrò	avremo	sarò	saremo
	avrai	avrete	sarai	sarete
	avrà	avranno	sarà	saranno
Present conditional	avrei	avremmo	sarei	saremmo
	avresti	avreste	saresti	sareste
	avrebbe	avrẹbbero	sarebbe	sarẹbbero
Imperative	—	abbiamo	—	siamo
	abbi	abbiate	sii	siate
	ạbbia	ạbbiano	sia	sịano
Present subjunctive	ạbbia	abbiamo	sia	siamo
	ạbbia	abbiate	sia	siate
	ạbbia	ạbbiano	sia	sịano
Imperfect subjunctive	avessi	avẹssimo	fossi	fọssimo
	avessi	aveste	fossi	foste
	avesse	avẹssero	fosse	fọssero
Gerund	avendo		essendo	

COMPOUND TENSES

Past participle	avuto	stato (a, i, e)
Past infinitive	avere avuto	ẹssere stato (a, i, e)

COMPOUND TENSES

Present perfect indicative	ho hai ha abbiamo avete hanno	avuto	sono sei è siamo siete sono	stato (a) stati (e)
Pluperfect	avevo avevi aveva avevamo avevate avẹvano	avuto	ero eri era eravamo eravate ẹrano	stato (a) stati (e)
Past perfect indicative	ebbi avesti ebbe avemmo aveste ẹbbero	avuto	fui fosti fu fummo foste fụrono	stato (a) stati (e)
Future perfect	avrò avrai avrà avremo avrete avranno	avuto	sarò sarai sarà saremo sarete saranno	stato (a) stati (e)
Conditional perfect	avrei avresti avrebbe avremmo avreste avrẹbbero	avuto	sarei saresti sarebbe saremmo sareste sarẹbbero	stato (a) stati (e)
Present perfect subjunctive	ạbbia ạbbia ạbbia abbiamo abbiate ạbbiano	avuto	sia sia sia siamo siate sịano	stato (a) stati (e)
Past perfect subjunctive	avessi avessi avesse avẹssimo aveste avẹssero	avuto	fossi fossi fosse fọssimo foste fọssero	stato (a) stati (e)
Past gerund	avendo avuto		essendo stato (a, i, e)	

Regular Verbs

	SIMPLE TENSES			
Infinitive	**-are** **cantare**	**-ere** **ripetere**	**-ire** **partire**	**-ire (-isc-)** **finire**
Present indicative	cant **o** cant **i** cant **a** cant **iamo** cant **ate** cạnt **ano**	ripet **o** ripet **i** ripet **e** ripet **iamo** ripet **ete** ripẹt **ono**	part **o** part **i** part **e** part **iamo** part **ite** pạrt **ono**	fin isc **o** fin isc **i** fin isc **e** fin **iamo** fin **ite** fin ịsc **ono**
Imperfect indicative	canta **vo** canta **vi** canta **va** canta **vamo** canta **vate** cantạ **vano**	ripete **vo** ripete **vi** ripete **va** ripete **vamo** ripete **vate** ripetẹ **vano**	parti **vo** parti **vi** parti **va** parti **vamo** parti **vate** partị **vano**	fini **vo** fini **vi** fini **va** fini **vamo** fini **vate** finị **vano**
Past absolute	cant **ai** cant **asti** cant **ò** cant **ammo** cant **aste** cant **ạrono**	ripet **ei** ripet **esti** ripet **è** ripet **emmo** ripet **este** ripet **ẹrono**	part **ii** part **isti** part **ì** part **immo** part **iste** part **ịrono**	fin **ii** fin **isti** fin **ì** fin **immo** fin **iste** fin **ịrono**
Future	canter **ò** canter **ai** canter **à** canter **emo** canter **ete** canter **anno**	ripeter **ò** ripeter **ai** ripeter **à** ripeter **emo** ripeter **ete** ripeter **anno**	partir **ò** partir **ai** partir **à** partir **emo** partir **ete** partir **anno**	finir **ò** finir **ai** finir **à** finir **emo** finir **ete** finir **anno**
Present conditional	canter **ei** canter **esti** canter **ebbe** canter **emmo** canter **este** canter **ẹbbero**	ripeter **ei** ripeter **esti** ripeter **ebbe** ripeter **emmo** ripeter **este** ripeter **ẹbbero**	partir **ei** partir **esti** partir **ebbe** partir **emmo** partir **este** partir **ẹbbero**	finir **ei** finir **esti** finir **ebbe** finir **emmo** finir **este** finir **ẹbbero**
Imperative	— cant **a** cant **i** cant **iamo** cant **ate** cạnt **ino**	— ripet **i** ripet **a** ripet **iamo** ripet **ete** ripẹt **ano**	— part **i** part **a** part **iamo** part **ite** pạrt **ano**	— fin isc **i** fin isc **a** fin **iamo** fin **ite** fin ịsc **ano**

SIMPLE TENSES

Present subjunctive	cant **i**	ripet **a**	part **a**	fin isc **a**
	cant **i**	ripet **a**	part **a**	fin isc **a**
	cant **i**	ripet **a**	part **a**	fin isc **a**
	cant **iamo**	ripet **iamo**	part **iamo**	fin **iamo**
	cant **iate**	ripet **iate**	part **iate**	fin **iate**
	cant **ino**	ripet **ano**	part **ano**	fin isc **ano**
Imperfect subjunctive	cant **assi**	ripet **essi**	part **issi**	fin **issi**
	cant **assi**	ripet **essi**	part **issi**	fin **issi**
	cant **asse**	ripet **esse**	part **isse**	fin **isse**
	cant **assimo**	ripet **essimo**	part **issimo**	fin **issimo**
	cant **aste**	ripet **este**	part **iste**	fin **iste**
	cant **assero**	ripet **essero**	part **issero**	fin **issero**
Gerund	cant **ando**	ripet **endo**	part **endo**	fin **endo**

COMPOUND TENSES

Past participle	cant **ato**	ripet **uto**	part **ito**	fin **ito**
Past infinitive	avere cantato	avere ripetuto	essere partito (a, i, e)	avere finito
Present perfect indicative	ho hai ha abbiamo avete hanno ⎤ cantato	ho hai ha abbiamo avete hanno ⎤ ripetuto	sono ⎤ partito(a) sei è siamo ⎤ partiti(e) siete sono	ho hai ha abbiamo avete hanno ⎤ finito
Pluperfect	avevo avevi aveva avevamo avevate avevano ⎤ cantato	avevo avevi aveva avevamo avevate avevano ⎤ ripetuto	ero ⎤ partito(a) eri era eravamo ⎤ partiti(e) eravate erano	avevo avevi aveva avevamo avevate avevano ⎤ finito
Past perfect indicative	ebbi avesti ebbe avemmo aveste ebbero ⎤ cantato	ebbi avesti ebbe avemmo aveste ebbero ⎤ ripetuto	fui ⎤ partito(a) fosti fu fummo ⎤ partiti(e) foste furono	ebbi avesti ebbe avemmo aveste ebbero ⎤ finito

COMPOUND TENSES

Future perfect	avrò avrai avrà avremo avrete avranno ⎤ cantato	avrò avrai avrà avremo avrete avranno ⎤ ripetuto	sarò ⎤ sarai ⎥ partito(a) sarà ⎦ saremo ⎤ sarete ⎥ partiti(e) saranno ⎦	avrò avrai avrà avremo avrete avranno ⎤ finito
Conditional perfect	avrei avresti avrebbe avremmo avreste avrębbero ⎤ cantato	avrei avresti avrebbe avremmo avreste avrębbero ⎤ ripetuto	sarei ⎤ saresti ⎥ partito(a) sarebbe ⎦ saremmo ⎤ sareste ⎥ partiti(e) sarębbero ⎦	avrei avresti avrebbe avremmo avreste avrębbero ⎤ finito
Present perfect subjunctive	ạbbia ạbbia ạbbia abbiamo abbiate ạbbiano ⎤ cantato	ạbbia ạbbia ạbbia abbiamo abbiate ạbbiano ⎤ ripetuto	sia ⎤ sia ⎥ partito(a) sia ⎦ siamo ⎤ siate ⎥ partiti(e) sịano ⎦	ạbbia ạbbia ạbbia abbiamo abbiate ạbbiano ⎤ finito
Past perfect subjunctive	avessi avessi avesse avęssimo aveste avęssero ⎤ cantato	avessi avessi avesse avęssimo aveste avęssero ⎤ ripetuto	fossi ⎤ fossi ⎥ partito(a) fosse ⎦ fọssimo ⎤ foste ⎥ partiti(e) fọssero ⎦	avessi avessi avesse avęssimo aveste avęssero ⎤ finito
Past gerund	avendo cantato	avendo ripetuto	essendo partito (a, i, e)	avendo finito

Only the irregular forms are given.

andare   *to go*

Present indicative: vado, vai, va, andiamo, andate, vanno
Future: andrò, andrai, andrà, andremo, andrete, andranno
Conditional: andrei, andresti, andrebbe, andremmo, andreste, andrębbero
Imperative: va' (vai), vada, andiamo, andate, vądano
Present subjunctive: vada, vada, vada, andiamo, andiate, vądano

aprire   *to open*

Past participle: aperto

assụmere   *to hire*

Past absolute: assunsi, assumesti, assunse, assumemmo, assumeste, assụnsero
Past participle: assunto

bere   *to drink*

Present indicative: bevo, bevi, beve, beviamo, bevete, bęvono
Imperfect indicative: bevevo, bevevi, beveva, bevevamo, bevevate, bevęvano
Past absolute: bevvi, beveste, bevve, bevemmo, beveste, bęvvero
Future: berrò, berrai, berrà, berremo, berrete, berranno
Conditional: berrei, berresti, berrebbe, berremmo, berreste, berrębbero
Imperative: bevi, beva, beviamo, bevete, bęvano
Present subjunctive: beva, beva, beva, beviamo, beviate, bęvano
Imperfect subjunctive: bevessi, bevessi, bevesse, bevęssimo, beveste, bevęssero
Past participle: bevendo
Gerund: bevuto

cadere   *to fall*

Past absolute: caddi, cadesti, cadde, cademmo, cadeste, cąddero
Future: cadrò, cadrai, cadrà, cadremo, cadrete, cadranno
Conditional: cadrei, cadresti, cadrebbe, cadremmo, cadreste, cadrębbero

chiędere   *to ask*

Past absolute: chiesi, chiedesti, chiese, chiedemmo, chiedeste, chięsero
Past participle: chiesto

chiụdere *to close*

Past absolute: chiusi, chiudesti, chiuse, chiudemmo, chiudeste, chiụsero
Part participle: chiuso

---

conọscere *to know*

Past absolute: conobbi, conoscesti, conobbe, conoscemmo, conosceste, conọbbero
Past participle: conosciuto

---

cọrrere *to run*

Past absolute: corsi, corresti, corse, corremmo, correste, cọrsero
Past participle: corso

---

dare *to give*

Present indicative: do, dai, dà, diamo, date, danno
Past absolute: diedi, desti, diede, demmo, deste, diẹdero
Future: darò, darai, darà, daremo, darete, daranno
Conditional: darei, daresti, darebbe, daremmo, dareste, darẹbbero
Imperative: da' (dai), dia, diamo, date, dịano
Present subjunctive: dia, dia, dia, diamo, diate, dịano
Imperfect subjunctive: dessi, dessi, desse, dẹssimo, deste, dessero

---

decịdere *to decide*

Past absolute: decisi, decidesti, decise, decidemmo, decideste, decịsero
Past participle: deciso

---

dipịngere *to paint*

Past absolute: dipinsi, dipingesti, dipinse, dipingemmo, dipingeste, dipịnsero
Past participle: dipinto

---

dire *to say*

Present indicative: dico, dici, dice, diciamo, dite, dịcono
Imperfect indicative: dicevo, dicevi, diceva, dicevamo, dicevate, dicẹvano
Past absolute: dissi, dicesti, disse, dicemmo, diceste, dịssero
Imperative: di', dica, diciamo, dite, dịcano
Present subjunctive: dica, dica, dica, diciamo, diciate, dịcano
Imperfect subjunctive: dicessi, dicessi, dicesse, dicẹssimo, diceste, dicẹssero
Past participle: detto
Gerund: dicendo

discutere   *to discuss*

Past absolute: discussi, discutesti, discusse, discutemmo, discuteste, discussero
Past participle: discusso

---

dovere   *must, to have to*

Present indicative: devo, devi, deve, dobbiamo, dovete, devono
Future: dovrò, dovrai, dovrà, dovremo, dovrete, dovranno
Conditional: dovrei, dovresti, dovrebbe, dovremmo, dovreste, dovrebbero
Present subjunctive: debba, debba, debba, dobbiamo, dobbiate, debbano *or*
   deva, deva, deva, dobbiamo, dobbiate, devano

---

fare   *to do, to make*

Present indicative: faccio, fai, fa, facciamo, fate, fanno
Imperfect indicative: facevo, facevi, faceva, facevamo, facevate, facevano
Past absolute: feci, facesti, fece, facemmo, faceste, fecero
Future: farò, farai, farà, faremo, farete, faranno
Conditional: farei, faresti, farebbe, faremmo, fareste, farebbero
Imperative: fa' (fai), faccia, facciamo, fate, facciano
Present subjunctive: faccia, faccia, faccia, facciamo, facciate, facciano
Imperfect subjunctive: facessi, facessi, facesse, facessimo, faceste, facessero
Past participle: fatto
Gerund: facendo

---

leggere   *to read*

Past absolute: lessi, leggesti, lesse, leggemmo, leggeste, lessero
Past participle: letto

---

mettere   *to put*

Past absolute: misi, mettesti, mise, mettemmo, metteste, misero
Past participle: messo

---

morire   *to die*

Present indicative: muoio, muori, muore, moriamo, morite, muoiono
Imperative: muori, muoia, moriamo, morite, muoiano
Present subjunctive: muoia, muoia, muoia, moriamo, moriate, muoiano
Past participle: morto

nascere *to be born*

Past absolute: nacqui, nascesti, nacque, nascemmo, nasceste, nacquero
Past participle: nato

offendere *to offend*

Past absolute: offesi, offendesti, offese, offendemmo, offendeste, offesero
Past participle: offeso

offrire *to offer*

Past participle: offerto

piacere *to be pleasing*

Present indicative: piaccio, piaci, piace, piacciamo, piacete, piacciono
Past absolute: piacqui, piacesti, piacque, piacemmo, piaceste, piacquero
Imperative: piaci, piaccia, piacciamo, piacete, piacciano
Present subjunctive: piaccia, piaccia, piaccia, piacciamo, piacciate, piacciano
Past participle: piaciuto

potere *to be able to*

Present indicative: posso, puoi, può, possiamo, potete, possono
Future: potrò, potrai, potrà, potremo, potrete, potranno
Conditional: potrei, potresti, potrebbe, potremmo, potreste, potrebbero
Present subjunctive: possa, possa, possa, possiamo, possiate, possano

prendere *to take*

Past absolute: presi, prendesti, prese, prendemmo, prendeste, presero
Past participle: preso

ridere *to laugh*

Past absolute: risi, ridesti, rise, ridemmo, rideste, risero
Past participle: riso

rimanere *to remain*

Present indicative: rimango, rimani, rimane, rimaniamo, rimanete, rimạngono
Past absolute: rimasi, rimanesti, rimase, rimanemmo, rimaneste, rimạsero
Future: rimarrò, rimarrai, rimarrà, rimarremo, rimarrete, rimarranno
Conditional: rimarrei, rimarresti, rimarrebbe, rimarremmo, rimarreste, rimarrẹbbero
Imperative: rimani, rimanga, rimaniamo, rimanete, rimạngano
Present subjunctive: rimanga, rimanga, rimanga, rimaniamo, rimaniate, rimạngano
Past participle: rimasto

---

rispọndere *to answer*

Past absolute: risposi, rispondesti, rispose, rispondemmo, rispondeste, rispọsero
Past participle: risposto

---

rọmpere *to break*

Past absolute: ruppi, rompesti, ruppe, rompemmo, rompeste, rụppero
Past participle: rotto

---

salire *to go up*

Present indicative: salgo, sali, sale, saliamo, salite, sạlgono
Imperative: sali, salga, saliamo, salite, sạlgano
Present subjunctive: salga, salga, salga, saliamo, saliate, sạlgano

---

sapere *to know*

Present indicative: so, sai, sa, sappiamo, sapete, sanno
Past absolute: seppi, sapesti, seppe, sapemmo, sapeste, sẹppero
Future: saprò, saprai, saprà, sapremo, saprete, sapranno
Conditional: saprei, sapresti, saprebbe, sapremmo, sapreste, saprẹbbero
Imperative: sappi, sappia, sappiamo, sappiate, sạppiano
Present subjunctive: sạppia, sạppia, sạppia, sappiamo, sappiate, sạppiano

---

scẹgliere *to choose*

Present indicative: scelgo, scegli, scẹglie, scegliamo, scegliete, scẹlgono
Past absolute: scelsi, scegliesti, scelse, scegliemmo, sceglieste, scẹlsero
Imperative: scegli, scelga, scegliamo, scegliete, scẹlgano
Present subjunctive: scelga, scelga, scelga, scegliamo, scegliate, scẹlgano
Past participle: scelto

---

scẹndere *to descend*

Past absolute: scesi, scendesti, scese, scendemmo, scendeste, scẹsero
Past participle: sceso

---

scoprire *to discover*

Past participle: scoperto

---

scrịvere *to write*

Past absolute: scrissi, scrivesti, scrisse, scrivemmo, scriveste, scrịssero
Past participle: scritto

---

sedere *to sit down*

Present indicative: siedo, siedi, siede, sediamo, sedete, siẹdono
Imperative: siedi, sieda, sediamo, sedete, siẹdano
Present subjunctive: sieda, sieda, sieda, sediamo, sediate, siẹdano

---

spẹndere *to spend*

Past absolute: spesi, spendesti, spese, spendemmo, spendeste, spẹsero
Past participle: speso

---

stare *to stay*

Present indicative: sto, stai, sta, stiamo, state, stanno
Past absolute: stetti, stesti, stette, stemmo, steste, stẹttero
Future: starò, starai, starà, staremo, starete, staranno
Conditional: starei, staresti, starebbe, staremmo, stareste, starẹbbero
Imperative: sta' (stai), stia, stiamo, state, stịano
Present subjunctive: stia, stia, stia, stiamo, stiate, stịano
Imperfect subjunctive: stessi, stessi, stesse, stẹssimo, steste, stẹssero

---

succẹdere *to happen*

Past absolute: successe
Past participle: successo

---

tenere *to hold*

Present indicative: tengo, tieni, tiene, teniamo, tenete, tȩngono
Past absolute: tenni, tenesti, tenne, tenemmo, teneste, tȩnnero
Future: terrò, terrai, terrà, terremo, terrete, terranno
Conditional: terrei, terresti, terrebbe, terremmo, terreste, terrȩbbero
Imperative: tieni, tenga, teniamo, tenete, tȩngano
Present subjunctive: tenga, tenga, tenga, teniamo, teniate, tȩngano

---

uccȋdere *to kill*

Past absolute: uccisi, uccidesti, uccise, uccidemmo, uccideste, uccȋsero
Past participle: ucciso

---

uscire *to go out*

Present indicative: esco, esci, esce, usciamo, uscite, ȩscono
Imperative: esci, esca, usciamo, uscite, ȩscano
Present subjunctive: esca, esca, esca, usciamo, usciate, ȩscano

---

vedere *to see*

Past absolute: vidi, vedesti, vide, vedemmo, vedeste, vȋdero
Future: vedrò, vedrai, vedrà, vedremo, vedrete, vedranno
Conditional: vedrei, vedresti, vedrebbe, vedremmo, vedreste, vedrȩbbero
Past participle: visto (veduto)

---

venire *to come*

Present indicative: vengo, vieni, viene, veniamo, venite, vȩngono
Past absolute: venni, venisti, venne, venimmo, veniste, vȩnnero
Future: verrò, verrai, verrà, verremo, verrete, verranno
Conditional: verrei, verresti, verrebbe, verremmo, verreste, verrȩbbero
Imperative: vieni, venga, veniamo, venite, vȩngano
Present subjunctive: venga, venga, venga, veniamo, veniate, vȩngano
Past participle: venuto

---

vincere *to win*

Past absolute: vinsi, vincesti, vinse, vincemmo, vinceste, vȋnsero
Past participle: vinto

---

vivere   *to live*

Past absolute: vissi, vivesti, visse, vivemmo, viveste, vissero
Future: vivrò, vivrai, vivrà, vivremo, vivrete, vivranno
Conditional: vivrei, vivresti, vivrebbe, vivremmo, vivreste, vivrebbero
Past participle: vissuto

---

volere   *to want*

Present indicative: voglio, vuoi, vuole, vogliamo, volete, vogliono
Past absolute: volli, volesti, volle, volemmo, voleste, vollero
Future: vorrò, vorrai, vorrà, vorremo, vorrete, vorranno
Conditional: vorrei, vorresti, vorrebbe, vorremmo, vorreste, vorrebbero
Present subjunctive: voglia, voglia, voglia, vogliamo, vogliate, vogliano

The Italian-English vocabulary contains most of the basic words and expressions used in each chapter. Stress is indicated by a dot under the stressed vowel. An asterisk* following an infinitive indicates that the verb is conjugated with **essere** in compound tenses. The **-isc-** after an **-ire** verb means that the verb requires **-isc-** in the present indicative, present subjunctive, and imperative conjugations.

The following abbreviations are used:

adj.	adjective	*inf.*	infinitive
adv.	adverb	*inv.*	invariable
colloq.	colloquial	*m.*	masculine
def. art.	definite article	*p.p.*	past participle
f.	feminine	*pl.*	plural
fam.	familiar	*prep.*	preposition
form.	formal	*conj.*	conjunction

A

a in, at, to
abbastanza enough, sufficiently
l'abbigliamento clothing, apparel
abbondante abundant
abbracciare to embrace
abbronzarsi* to tan
l'abitante (*m.*) inhabitant
abitare to live
abituarsi* to get used to
abituato accustomed
accelerare to accelerate
accendere (*p.p.* **acceso**) to light, to turn on
accettare to accept
accompagnare to accompany
l'accordo agreement; **andare d'accordo** to get along; **d'accordo** ok
l'aceto vinegar

l'acqua water; **l'acqua minerale** mineral water
adagio slowly
adesso now
addormentarsi* to fall asleep; **addormentato** asleep
l'adulto, l'adulta adult
l'aereo, l'aeroplano airplane
l'aeroporto airport
l'afa sultriness
l'affare (*m.*) business; **per affari** on business
affascinante fascinating
affatto not at all
l'affetto affection; **con affetto** love
affinchè so that, in order that
affittare to rent, to lease
l'affitto rent, rental
affollato crowded
l'affresco fresco
l'agente (*m.*) **di viaggi** travel agent

l'agenzia di viaggi travel agency
l'aggettivo adjective
aggiornarsi* to keep up to date
aggiungere (*p.p.* **aggiunto**) to add
l'aglio garlic
agosto August
aiutare to help
l'aiuto help
l'albergo hotel
l'albero tree
alcuni (alcune) some, a few
l'alimentazione (*f.*) alimentation
allegro cheerful
allenare to coach
allenarsi* to practice, to train, to make oneself fit
l'allenatore, l'allenatrice coach
allora then, well then, so; **da allora** since then
allungare to prolong

almeno at least

le Alpi Alps

alpino alpine

alto tall

altro other

l'alunno, l'alunna pupil

alzarsi* to get up

amare to love

amaro bitter

l'ambiente environment

americano American

l'amicizia friendship

l'amico, l'amica friend

ammalarsi* to become ill

ammalato ill, sick

ammettere to admit

ammirare to admire

ammobiliato furnished

l'amore (m.) love

l'analisi (f.) analysis

analogo similar

anche also, too; **anche se** even if

ancora still, more, again; **non ancora** not yet

andare* to go; **andare d'accordo** to get along; **andare bene** to fit; **andare in bicicletta** to ride the bicycle; **andare in cerca di** to go in search of; **andare al cinema** to go to the movies; **andare in pensione** to retire; **andare a piedi** to walk; **andare a trovare** to visit a person

l'anello ring

l'angolo corner

l'animale (m.) animal

l'anno year; **avere...anni** to be . . . years old

annoiarsi* to get bored

annunciare to announce

l'annunciatore, l'annunciatrice TV announcer

l'annuncio pubblicitario ad

anonimo anonymous

l'ansia anxiety

ansiosamente anxiously

l'antenato ancestor

l'anticipo advance; **in anticipo** ahead of time, in advance

antico (pl. antichi) ancient, antique

l'antipasto hors d'oeuvre

antipatico unpleasant

anzi on the contrary

anziano elderly

l'aperitivo aperitif

aperto open; **all'aperto** outdoors

apparecchiare to set the table

apparire* to appear

l'appartamento apartment

appartenere to belong

appassionato (di) fond of

appena as soon as; only

gli Appennini Apennine Mountains

appenninico of the Apennines

l'appetito appetite

applaudire to applaud

l'applauso applause

apprezzare to appreciate

approfittare to take advantage

l'appuntamento appointment, date

gli appunti notes

aprile (m.) April

aprire to open

arabo Arabic

l'arancia orange

l'aranciata orange drink

l'arbitro referee

l'architetto architect

architettonico architectural

l'architettura architecture

l'argomento subject

l'aria air, appearance; **avere un'aria** to look

l'armadietto cabinet

l'armadio wardrobe; **armadio a muro** closet

arrabbiarsi* to get angry

arrivare* to arrive

arrivederci! (fam.);

ArrivederLa! (form.) Good-bye!

l'arrivo arrival

arrogante arrogant

l'arrosto roast; **l'arrosto di vitello** roast veal

l'arte (f.) art; **opera d'arte** work of art; **Le Belle Arti** Fine Arts

l'articolo article; item

l'artigianato handicraft

l'artigiano artisan

artistico artistic

l'artrite (f.) arthritis

l'ascensore (m.) elevator

l'asciugamano towel

asciugarsi* to dry oneself

ascoltare to listen to

aspettare to wait for

assaggiare to taste

assegnare to assign

l'assegno check

assente absent

assistere (p.p. assistito) to attend, to assist

assomigliare (a) to look like

assumere (p.p. assunto) to hire

astratto abstract

l'astrologia astrology

l'atleta (m. or f.) athlete

attento careful; **stare attento** to pay attention

l'attenzione (f.) attention; **fare attenzione** to be careful

l'attimo moment

attirare to attract

l'attività activity

attivo active

l'atto act

l'attore; l'attrice actor; actress

attraente attractive

attraversare to cross

attraverso through

attrezzato equipped

augurare to wish

l'augurio wish; **Tanti auguri!** Best wishes!

l'aula classroom
aumentare to increase
l'aumento increase
l'autobiografia autobiography
l'autobus (*m.*) (*pl.* gli
    autobus) bus
l'automobile (*f.*) car
l'automobilista (*m.* or *f.*)
    motorist
l'autore; l'autrice author
l'autostop hitchhiking; **fare
    l'autostop** to hitchhike
l'autostrada freeway
autunno autumn, fall
Avanti! Come in; **avanti
    diritto** straight ahead
avaro stingy
avere to have; **avere . . .
    anni** to be . . . years old;
    avere un'aria to look;
    avere bisogno (di) to
    need; **avere caldo** to be
    hot; **avere fame** to be
    hungry; **avere la febbre**
    to have a temperature;
    avere freddo to be cold;
    avere fretta to be in a
    hurry; **avere dei guasti al
    motore** to have a car
    breakdown; **avere
    intenzione (di)** to intend;
    avere luogo to take
    place; **avere mal di (denti,
    schiena, stomaco, testa,
    gola)** to have a (toothache,
    backache, stomachache,
    headache, sore throat);
    avere paura di to be
    afraid of; **avere il
    raffreddore** to have a
    cold; **avere ragione** to be
    right; **avere sete** to be
    thirsty; **avere sonno** to
    be sleepy; **avere torto** to
    be wrong; **avere la tosse**
    to have a cough; **avere
    voglia (di)** to feel like
l'avvenimento event
l'avventura adventure
avvicinarsi* (a) to get near,
    to approach

avvincente fascinating
l'avvocato; l'avvocatessa
    lawyer
l'azienda firm, company

B

baciare to kiss
il bacio kiss
i baffi mustache
i bagagli baggage, luggage
il bagnino; la bagnina
    lifeguard; **il bagno** bath;
    bathroom; **fare il bagno**
    to take a bath
la baita cabin
il balcone balcony
ballare to dance
il bambino; la bambina
    child, little boy, little girl;
    da bambino as a child
la banca bank; **bancarella**
    stand, booth
la bandiera flag
il bar bar; **bar con tavola
    calda** snack bar
la barba beard
la barca boat; **la barca a
    vela** sailboat
il barista barman
barocco baroque
basso short; low
bastare* to suffice; to be
    enough
be' (bene) well
la bellezza beauty
bello beautiful, handsome
benchè although
bene well, fine; **va bene**
    OK, very well; **è bene che**
    it's a good thing that
la beneficenza charity
il benessere well-being
la benzina gasoline;
    distributore di benzina
    gasoline pump; **fare
    benzina** to fill up

bere (*p.p.* bevuto) to drink
la bevanda drink; **bevanda
    alcoolica** alcoholic
    beverage
bianco (*pl.* bianchi) white
la biblioteca library
il bicchiere glass
la bicicletta bicycle
il biglietto ticket; **biglietto
    di andata e ritorno**
    round-trip ticket
il binario track
la biologia biology
biondo blond
la birra beer
bis! encore!
bisognare to be necessary
il bisogno need; **avere
    bisogno di** to need
la bistecca steak
blu (*inv.*) blue
la bocca mouth
la bomba bomb
la borghesia middle class
la borsa bag; **borsa di
    studio** grant
la borsetta handbag
il bosco wood, forest
la bottiglia bottle
il braccio arm
bravo good
breve short
brillante brilliant
il brodo broth
bruno dark-haired
brutto ugly
la bugia lie; **dire le bugie**
    to lie
buio dark
il buio darkness
buono good
il burattino puppet
il burro butter

C

cadere* to fall
il caffè coffee, café, coffee
    shop

il calcio soccer
la calcolatrice calculator
caldo hot; avere caldo to
  be hot
il calendario calendar
il calmante sedative
calmo calm
la caloria calorie
calorosamente warmly
la calza stocking
il calzino sock
il cambiamento change
cambiare to change;
  to exchange; cambiare
  idea to change one's
  mind
il cambio change;
  exchange
la camera room; camera da
  letto bedroom
il cameriere; la cameriera
  waiter; waitress; maid
la camicetta blouse
la camicia shirt
camminare to walk
la campagna country,
  countryside; campagna
  elettorale election
  campaign
la campana bell
il campanile bell tower
il campeggio camping;
  fare il campeggio
  to go camping
il campionato
  championship
il campione; la campionessa
  champion
il campo field;
  campo da tennis
  tennis court
canadese Canadian
il canale channel
il candidato, la candidata
  candidate
il cane dog
il canottaggio boating,
  rowing
il (la) cantante singer
cantare to sing
la cantina cellar

il canto singing
la canzone song
i capelli hair
capire (-isc-) to understand
la capitale capital
il capitolo chapter
il capo head
il Capodanno New Year's
  day
il capolavoro masterpiece
la cappella chapel
il cappotto winter coat
il cappuccino coffee with
  steamed milk
il capoufficio boss
carino pretty, cute
la carne meat
caro dear, expensive
la carota carrot
la carta paper; carta
  geografica map; la carta
  di credito credit card
il cartello sign
la cartolina postcard
il cartone animato
  animated cartoon
la casa house, home; a
  casa, in casa at home; a
  casa di at the house of; a
  casa sua at his/her
  house; fatto in casa
  homemade
la casalinga housewife
il caso case; per caso by
  any chance
la cassa case, cashier's
  desk
il cassetto drawer
castano brown
il castello castle
la categoria category
la catena chain
cattivo bad, mean
la causa cause; a causa di
  because of
causare to cause
celibe (m.) unmarried,
  single
la cena dinner
cenare to have supper
il centesimo cent

centinaio (f. pl. centinaia)
  hundred
centrale central
il (la) centralinista
  telephone operator
il centro downtown,
  center; in centro
  downtown
la ceramica ceramics
cercare to look for; cercare
  di + inf. to try
certamente certainly
certo certain
il cestino basket
che?; che cosa?; cosa?
  what?; che that
chi? who?, whom?
chiamare to call; chiamarsi
  to be called
la chiave key
chiedere (p.p. chiesto) to
  ask
la chiesa church
il chilogrammo kilogram
il chilometro kilometer
la chimica chemistry
il chirurgo surgeon
chissà! who knows
la chitarra guitar
chiudere (p.p. chiuso) to
  close
chiunque anyone, whoever
ciao hello, hi, good-bye
il cibo food
il ciclismo bicycling
il (la) ciclista cyclist
il cielo sky
il cinematografo movie
  theater
cinese Chinese
la cintura di sicurezza
  safety belt
il cioccolato chocolate
il cioccolatino chocolate
  candy
cioè that is
la cipolla onion
circa about, approximately
circondare to surround
la circostanza occasion
la città city, town

il **cittadino** citizen
la **civilizzazione** civilization
la **civiltà** civilization
la **classe** class, classroom
classico classic
il (la) **cliente** customer
il **clima** climate
il **cofano** hood
il **cognato**, la **cognata** brother-in-law; sister-in-law
il **cognome** last name
la **colazione** breakfast
collaborare to collaborate
il (la) **collega** colleague
la **collina** hill
il **collo** neck
il **colloquio** interview
il **colore** color
il (la) **colpevole** guilty person
colpire (-isc-) to hit
il **coltello** knife
come as, like; **Come? How?**; **Come sta?** (*form. s.*), **Come stai?** (*fam. s.*), **Come va?** How are you?
il **comico** comedian
comico comic
la **commedia** comedy, play
il **commediografo** playwright
il **commento** comment
il **commesso**, la **commessa** salesperson
la **comodità** comfort
comodo comfortable
il **compagno**, la **compagna** companion; **compagno(a) di classe** classmate; **compagno(a) di stanza** roommate
la **comparsa** bit player
il **compito** homework, task
il **compleanno** birthday; **Buon compleanno!** Happy birthday!
completamente fully, completely

il **completo** suit
complicato complicated
comporre (*p.p.* **composto**) to compose
il **compositore**, la **compositrice** composer
comprare to buy
compreso included
comune common
comunicare to communicate
il (la) **comunista** communist
comunque however
con with
il **concerto** concert
la **conclusione** conclusion
condividere (*p.p.* **condiviso**) to share
la **condizione** condition
la **conferenza** lecture
confinare to border, to confine
la **confusione** confusion
Congratulazioni! Congratulations!
la **conoscenza** knowledge
conoscere (*p.p.* **conosciuto**) to know, to meet, to be acquainted with
considerarsi to consider oneself
consigliare to advise
il **consiglio** advice
consolare to console
la **consonante** consonant
il (la) **consulente** consultant
consumare to consume
il **contadino**, la **contadina** peasant
contare to count
contenere to contain
contento happy, glad
il **continente** continent
il **conto** check, bill
il **contrario** opposite
il **contratto** contract
contro against
controllare to check

il **controllore** conductor
la **conversazione** conversation
la **copia** copy
la **coppia** couple, pair
il **coraggio** courage
coraggioso courageous
il **coro** chorus
il **corpo** body
correggere (*p.p.* **corretto**) to correct
correre (*p.p.* **corso**) to run
la **corsa** run, race
il **corso** course
il **cortile** courtyard
corto short
la **cosa** thing
così so
la **costa** coast; **Costa Azzurra** French Riviera
costare to cost
il **costo** cost
costoso expensive
costruire (-isc-) to build
il **costume da bagno** bathing suit
il **cotone** cotton
la **cravatta** tie
creare to create
credere to believe
crescere* to grow, to grow up
la **crisi** crisis
la **cristianità** Christianity
la **critica** criticism, critique
criticare to criticize
il **critico** critic
la **crociera** cruise
il **cucchiaio** spoon
la **cucina** kitchen; cooking; cuisine
cucinare to cook
il **cugino**, la **cugina** cousin
culturale cultural
cuocere (*p.p.* **cotto**) to cook
il **cuoco**, la **cuoca** cook
il **cuoio** leather
il **cuore** hearth
la **cupola** dome
la **cura** treatment

curare to treat
curioso curious
la curva curve

D

da from, by
d'accordo OK, agreed; **andare d'accordo** to agree
Dai! Come on!
il danno damage
dapprima at first
dare to give; **dare un esame** to pass an exam; **dare fastidio** to bother; **dare un passaggio** to give a lift; **dare del tu (Lei)** use the **tu (Lei)** form
la data date
il dattilografo, la dattilografa typist
davanti (a) in front of, before
davvero really, indeed
debole weak
decidere (*p.p.* **deciso**) to decide
la decisione decision
definire (-isc-) to define
delizioso delicious
la delusione disappointment
democratico democratic
la democrazia democracy
democristiano Christian Democrat
il denaro money
il dente tooth; **al dente** firm, not overcooked
il dentifricio toothpaste
il (la) dentista dentist
dentro in, inside
depositare to deposit; **depositare un assegno** to deposit a check

il deposito deposit; **deposito bagagli** baggage room
deprimente depressing
il deputato congressman
descrivere (*p.p.* **descritto**) to describe
la descrizione description
desiderare to wish
il desiderio wish, desire
la destra right; **a destra** to the right
detestare to hate
di of, from; **di** + *def. art* some, any
il dialetto dialect
il dialogo dialogue
il diario diary
dicembre (*m.*) December
dichiarare to declare
le didascalie (*f. pl.*) (*cinema*) subtitles
la dieta diet; **stare a dieta** to be on a diet
dietro behind
il difetto flaw, fault
la differenza difference; **a differenza di** unlike
difficile difficult
la difficoltà difficulty
diligente diligent
dimagrire (-isc-) to lose weight
dimenticare to forget
dimostrare to show, to express
dipendere (*p.p.* **dipeso**) to depend; **dipende (da)** it depends (on)
dipingere (*p.p.* **dipinto**) to paint, to portray
diplomarsi* to graduate from high school
dire (*p.p.* **detto**) to say, to tell; **dire di no** to say no
direttamente directly
il direttore, la direttrice director; **direttore d'orchestra** orchestra conductor

diritto, dritto (*adj.*) straight, (*adv.*) straight ahead
il diritto right
la disavventura misadventure
discendere* (*p.p.* **disceso**) to descend, to go down
il disco record
il discorso speech
la discussione discussion
discutere (*p.p.* **discusso**) to discuss
disegnare to draw
il disegno drawing, pattern, plan
disoccupato unemployed
la disoccupazione unemployment
disordinato messy
dispiacere* (*p.p.* **dispiaciuto**) to mind, to be sorry
la distanza distance
distare to be distant, to be far from
distratto absentminded
disturbare to bother
il distributore di benzina gasoline pump
il dito (*pl.* **le dita**) finger; **dito del piede** toe
la ditta firm
il divano sofa
diventare* to become
diverso different; **diversi giorni** several days
divertente amusing
divertimento amusement
divertire to amuse; **divertirsi*** to have fun, to enjoy oneself
dividere (*p.p.* **diviso**) to share, to divide
il divieto prohibition; **divieto di fumare** no smoking; **divieto di parcheggio** no parking
divorziato (a) divorced
il dizionario dictionary
la doccia shower

il documentario
documentary
il documento document;
documento d'identità
I.D.
la dogana customs
dolce sweet
il dolce dessert, candy
dolcemente gradually,
gently
il dollaro dollar
il dolore pain, ache
la domanda question
domandare to ask
domandarsi* to wonder
domani tomorrow
la domenica Sunday
la donna woman
dopo after, afterwards
dopodomani the day after
tomorrow
il dopoguerra postwar
dormire to sleep
la dose amount
dotato gifted
il dottore, la dottoressa
doctor, university
graduate
dove? where?
il dovere duty
dovere to have to, must, to
owe
dovunque wherever
il dramma drama, play
drammatico dramatic
il dubbio doubt
dubitare to doubt
il duomo cathedral
durante during
durare to last
duro hard

E

e and
eccellente excellent
eccetto except

l'eccezione (*f.*) exception
ecco! here is! here are!
l'economia economy
economico economic(al),
cheap
economo thrifty
ed and
l'edificio building
l'editore, l'editrice
publisher
educato polite
l'Egitto Egypt
ehi! hey!
elegante elegant
elementare elementary
l'elenco telefonico phone
book
l'elettricista electrician
l'elettricità electricity
elettronico electronic
l'elezione (*f.*) election
eliminare to eliminate
emigrare to emigrate
l'emozione (*f.*) emotion
entrare* to enter
l'entusiasmo enthusiasm
entusiasta enthusiastic
l'epoca period
l'equitazione (*f.*) riding
l'erba grass
l'eredità inheritance
ereditare to inherit
l'eroe, l'eroina hero,
heroine
l'errore (*m.*) error
l'esame (*m.*) exam; **dare un
esame** to take an exam
l'escursione (*f.*) excursion
l'esempio example; **ad
esempio, per esempio**
for example
esercitare to exercise
l'esilio exile
esistere* (*p.p.* **esistito**) to
exist
esotico exotic
l'esperienza experience
l'esperimento experiment
esperto experienced
esplorare to explore

l'espressione expression;
espressione di cortesia
greetings
l'espresso expresso coffee
esprimere (*p.p.* **espresso**) to
express
essere* (*p.p.* **stato**) to be;
essere d'accordo to
agree; **essere in anticipo**
to be early; **essere a dieta**
to be on a diet; **essere in
orario** to be on time;
essere promosso to be
promoted; **essere in
ritardo** to be late; **essere
al verde** to be broke
l'est east
l'estate (*f.*) summer
esterno exterior
estero foreign; **commercio
estero** foreign trade;
all'estero abroad
estivo summer
l'età age; **l'età della pietra**
stone age
l'Europa Europe

F

fa ago
**fa caldo (freddo, fresco, bel
tempo, brutto tempo)** it
is hot (cold, cool, nice
weather, bad weather)
la fabbrica factory
il facchino porter
la faccia face
la facciata facade
facile easy
i fagiolini green beans
la fame hunger; **avere
fame** to be hungry
la famiglia family
familiare familiar
famoso famous
la fantasia fantasy

fare (*p.p.* fatto) to do, to
make; fare attenzione to
pay attention; fare gli
auguri to send good
wishes; fare l'autostop to
hitchhike; fare il bagno
to take a bath; fare il
campeggio to go
camping; fare colazione
to have breakfast; fare la
conoscenza (di) to make
the acquaintance (of); fare
la doccia to take a
shower; fare una
domanda to ask a
question; fare il dottore
(l'ingegnere, ecc.) to be a
doctor (an engineer, etc);
fare un'escursione to
make an excursion; fare
bella figura to make a
good impression; fare la
fila stand in line; fare
una foto to take a
picture; fare una gita to
take a short trip; fare
legge (matematica
medicina, ecc.) to study
law (mathematics,
medicine, etc); fare la pace
to make up; fare parte(di)
to take part (in); fare una
passeggiata to take a
walk; fare una pausa to
take a break; fare presto
to hurry; fare un regalo
to give a present; fare
sciopero to be on strike;
fare la siesta to take a
nap; fare la spesa to buy
groceries; fare le spese to
go shopping; fare lo
spiritoso to clown
around; fare dello sport
to practice sports; fare il
tifo to be a fan; fare le
valigie to pack; fare un
viaggio to take a trip
la farina flour
la farmacia pharmacy

farne a meno to do
without it
farsi* male to hurt oneself
il fascismo fascism
il fastidio annoyance,
vexation, trouble; dare
fastidio to bother
faticoso tiring
il fatto fact
la favola fable
il favore favor; per favore
please
favorevole favorable
il fazzoletto handkerchief
febbraio February
fedele faithful
felice happy
la felicità happiness
femminile feminine
le ferie annual vacation
fermarsi* to stop
fermo still, stopped
il Ferragosto August
holiday
la ferrovia railroad
la festa holiday, party
festeggiare to celebrate
la fetta slice
il fidanzamento
engagement
fidanzarsi* to become
engaged
il fidanzato, la fidanzata
fiancé, fiancée
il figlio, la figlia son,
daughter; figlio (a) unico
(a) only child; i figli
children
la figura figure; fare bella
figura to make a good
impression
la fila line; fare la fila to
stand in line
il film movie
filmare to make a movie
finalmente finally
finanziare to finance
finché until
la fine end
il fine settimana weekend

la finestra window
finire (-isc-) to finish
fino a until
finora until now
il fiore flower
fiorente flourishing
Firenze Florence
la firma signature
firmare to sign; firmare una
ricevuta to sign a receipt
fischiare to boo
la fisica physics
fisico physical
fissare un appuntamento to
fix an appointment
il fiume river
il flauto flute
la foglia leaf
il foglio sheet; il foglio di
carta sheet of paper
fondare to found
la fontana fountain
la forchetta fork
la forma form, shape
il formaggio cheese
formare to form; formare il
numero to dial
i fornelli range (stove)
il forno oven
forse maybe, perhaps
forte strong
la fortuna fortune, luck;
buona fortuna good
luck; per fortuna luckily
fortunato lucky
la forza strength
la foto(grafia) picture,
photography
fra between, among, in
la fragola strawberry
francamente frankly,
honestly
francese French
il francobollo stamp
la frase sentence
il fratello brother
freddo cold; avere freddo
to be cold; fa freddo it is
cold
frenare to brake

frequentare to attend
fresco cool, fresh
la fretta hurry; **avere fretta**
  to be in a hurry; **in fretta**
  in a hurry
il frigo(rifero) refrigerator
la frutta fruit
il frutto piece of fruit
fumare to smoke
il fumatore, la fumatrice
  smoker
il fungo (*pl.* funghi)
  mushroom
funzionare to function
il fuoco fire
fuori (di) out (of), outside
furioso furious

G

la galleria arcade, gallery;
  balcony; **la galleria d'arte**
  art gallery
la gamba leg
il gatto cat
il gelato ice cream
generale general
il genere gender, kind; **in
  genere** generally
il genero son-in-law
generoso generous
il genio genius
il genitore parent
gennaio January
Genova Genoa
la gente people
gentile kind
la geografia geography
geografico geographic
la Germania Germany
il gesso chalk
il gesto gesture
il gettone token (*telephone*)
il ghiaccio ice
già already; yes; sure

la giacca coat, jacket; **la
  giacca a vento**
  windbreaker
giallo yellow
il Giappone Japan
giapponese Japanese
il giardino garden
il ginocchio knee
giocare (a) to play (*a game*)
il giocatore, la giocatrice
  player
il giocattolo toy
il gioco game
la gioia joy
il giornale newspaper
il (la) giornalista journalist
la giornata the whole day
il giorno day; **buon giorno**
  good morning, good day
giovane young
il giovanotto young man
il giovedì Thursday
il giradischi record player
girare to turn, to tour;
  girare un film to make a
  movie
il giro tour
la gita trip, excursion, tour;
  la gita scolastica field
  trip
il giudice judge
il giudizio judgement,
  sentence
giugno June
giusto just, right
il golf sweater
il golfo gulf
la gomma tire; **una gomma
  a terra** flat tire
la gonna skirt
gotico gothic
governare to rule
il governo government
il grammo gram
grande big, wide, large,
  great
grasso fat
il grattacielo skyscraper
gratuito free
grazie thank you; **grazie a**

thanks to; **mille grazie**
  thanks a lot
greco Greek
gridare to shout
grigio grey
i grissini bread sticks
grosso huge
il gruppo group
guadagnare to earn;
  guadagnarsi il pane to
  earn one's living
i guanti (*pl.*) gloves
guardare to look at, to
  watch
guarire (-isc-) to cure, to
  recover
la guerra war
la guida guide, tourist
  guide; guidebook; driving
guidare to drive
il gusto taste

I

l'idea idea
ideale ideal
l'idraulico plumber
ieri yesterday; **l'altro ieri**
  the day before yesterday
l'igienista (*m., f.*) hygienist
ignorante ignorant
ignorare to ignore
immaginare to imagine
l'immaginazione (*f.*)
  imagination
immediatamente
  immediately
imparare to learn
impaziente impatient
l'impazienza impatience
l'impegno commitment
l'imperatore emperor
l'impermeabile (*m.*)
  raincoat
l'impiegato, l'impiegata
  clerk

l'impiego employment, job
imponente imposing
importante important
l'importanza importance
importare to be important,
  to matter
l'importazione import
impossibile impossible
improvvisamente suddenly
in in, at, to
incassare to cash
incerto uncertain
l'inchiostro ink
l'incidente (*m.*) accident
incominciare to begin
incontrare to meet
l'incontro encounter;
  meeting
incoraggiare to encourage
l'incrocio intersection
indeciso undecided
l'indicazione (*f.*) direction
indimenticabile
  unforgettable
indipendente independent
l'indirizzo address
l'individualità
  individuality
indovinare to guess
industriale industrial
inesperto inexperienced
infatti in fact
infelice unhappy
l'infermiere, l'infermiera
  nurse
l'inferno hell
l'inflazione (*f.*) inflation
l'influenza flu
l'informatica computer
  science
l'informazione (*f.*)
  information
l'ingegnere (*m.*) engineer
l'ingegneria engineering
l'Inghilterra England
l'ingiustizia injustice
inglese English
ingrassare to gain weight
l'ingrediente (*m.*)
  ingredient

l'ingresso entrance, entry
l'iniezione (*f.*) injection
l'inizio beginning
innamorarsi* (di) to fall in
  love (with)
inoltre besides
l'inquilino, l'inquilina
  tenant
l'inquinamento pollution
l'insalata salad
insegnare to teach
insensibile insensitive
insieme together
insinuare to hint at, to
  suggest
insipido tasteless
insomma for heaven's
  sake; in short
intellettuale intellectual
intelligente intelligent
l'intenzione (*f.*) intention;
  avere intenzione di + *inf.*
  to intend
interessante interesting
interessare to interest;
  interessarsi* di (a) to be
  interested in
l'interesse (*m.*) interest
l'intermezzo intermission
interno internal, interior,
  domestic
intero entire
interpretare to interpret
l'interpretazione (*f.*)
  interpretation
l'intervista interview
intimo close, intimate
intitolato entitled
intorno a around
introdurre (*p.p.* introdotto)
  to introduce
inutile useless
invece instead
inventare to invent
l'inventore, l'inventrice
  inventor
l'inverno winter
invitare to invite
l'invitato guest
irlandese Irish

irlandese Irish
iscriversi* to enroll
l'isola island
ispirare to inspire; ispirarsi
  to get inspired
l'Israele Israel
istruire to educate, to
  instruct, to teach
l'istruttore, l'istruttrice
  instructor
l'istruzione (*f.*) instruction,
  education
l'Italia Italy
italiano Italian
l'Italiano Italian language;
  l'Italiano/l'Italiana
  Italian person

L

là there, over there
il labbro (*pl.* le labbra) lip
il ladro, la ladra thief
il lago lake
lamentarsi* (di) to
  complain
la lampada lamp
il lampadario chandelier
la lana wool
largo large, wide
lasciare to leave (*someone or
  something*); to quit; to let,
  to allow
il latte milk
la laurea university degree
laurearsi* to graduate
il laureato university
  graduate
il lavabo sink
la lavagna blackboard
il lavandino sink
lavare to wash; lavarsi*
  to get washed
la lavastoviglie dish
  washer
lavorare to work

il lavoratore, la lavoratrice worker

il lavoro work, job

legale legal

il legame tie

la legge law

leggere (*p.p.* **letto**) to read

leggero light

il legno wood

lento slow

il leone lion

la lettera letter; **le Lettere** humanities

la letteratura literature

il letto bed

il lettore, la lettrice reader

la lettura reading

la lezione lesson

lì there

la libbra pound

libero free, available

la libreria bookstore

il libro book; **libro di cucina** cookbook

licenziare to fire

il liceo high school

il limite limit; **limite di velocità** speed limit

la lingua language; **le lingue straniere** foreign languages

la lingua language

la lira lira (*Italian currency*)

litigare to fight

il locale room

locale local

la località place

la Lombardia Lombardy

Londra London

lontano (da) far (*from*)

la luce light

luglio July

la luna moon

il lunedì Monday

lungo (*pl.* **lunghi**) long, along; **a lungo** for a long time

il luogo place; **avere luogo** to take place

lussuoso sumptuous

M

ma but

la macchina car, machine, engine; **macchina fotografica** camera; **macchina da presa** movie camera; **macchina da scrivere** typewriter

la madre mother

maestoso majestic

il maestro, la maestra elementary school teacher

maggio May

la maggioranza majority

maggiore bigger, greater, older

maggiormente mainly

la maglietta T-shirt

il maglione heavy sweater

magnifico magnificent, splendid

magro thin

mai never, ever; **non . . . mai** never

malato ill

la malattia illness, disease

maleducato impolite

malvolentieri unwillingly

la mamma mom

la mancia tip

mandare to send

mangiare to eat

il manifesto poster; **manifesto elettorale** campaign poster

la mano hand; **dare la mano** to shake hands

il manoscritto manuscript

il marciapiede sidewalk

marcio rotten

il mare sea; **Mar Tirreno** Tyrrhenian Sea

la margarina margarine

il marinaio sailor

il marito husband

il marmo marble

marrone brown

il martedì Tuesday

marzo March

la maschera mask, masked, character

maschile masculine

massimo greatest, maximum; **al massimo** at the most

la matematica mathematics

la materia subject (*scholastic*)

la matita pencil

il matrimonio marriage, wedding

la mattina, il mattino morning; **di mattina** in the morning

matto crazy

il mattone brick

maturo mature

il meccanico mechanic

la medicina medicine

il medico doctor, physician

il medio Evo Middle Ages

meglio better

la mela apple

il melone cantaloupe

il membro member

la memoria memory; **a memoria** by heart

meno less; minus

la mensa cafeteria

mensile monthly

mentre while

il menù menu

meravigliosamente wonderfully

meraviglioso wonderful

il mercato market

il mercoledì Wednesday

meridionale Southern

meritevole deserving

mescolare to mix

il mese month

il messaggio message

messicano Mexican

il mestiere trade

la metà half

la metropolitana subway

mettere to put, to place, to wear; **mettersi*** to put

on, wear; **mẹttersi a** to
start
la mezzanotte midnight
i mezzi di diffusione mass
media
i mezzi di trasporto means
of transportation
mezzo (*adj.*) half
il mezzo means, middle;
per mezzo di by means of
il mezzogiorno noon
il Mezzogiorno Southern
Italy
il mịglio (*f. pl.* **mịglia**)
mile
migliorare to improve
migliore better
Milano Milan
il milionạrio millionaire
militare military
mille thousand; **Mille
grazie!** Thanks a lot!
la minestra soup
il minestrone vegetable
soup
mịnimo smallest
il ministro (*m., f.*) minister
minore smaller, younger
il minuto minute
misto mixed
misurare to measure
mite mild
il mọbile piece of furniture
la moda fashion; **di moda**
fashionable
il modello, la modella
model
moderno modern
modesto modest
il modo way, manner; **ad
ogni modo** anyway
la mọglie wife
molto much, a lot of; (*inv.*)
very
il momento moment
monarchia monarchy
mondiale worldwide
il mondo world
il monolocale studio
apartment

il monọlogo monologue
la montagna mountain
il monte mount
il monumento monument
morire* (*p.p.* **morto**) to die
la morte death
il mosạico mosaic
la mostra exhibition
mostrare to show
il moto motion, movement;
mẹttere in moto to start
(the car)
la moto(cicletta) motorcycle
il motore motor
la multa fine
il muratore mason
il muro wall
il museo museum
la mụsica music; **mụsica
folclorịstica** folklore
music; **mụsica operịstica**
opera music
il (la) musicista musician

N

napoletano Neapolitan
Napoli Naples
il narratore novelist
nạscere* (*p.p.* **nato**) to be
born
la nạscita birth
il naso nose
Natale Christmas
la natura nature; **la natura
morta** still life
naturalmente naturally
nazionale national
la nazionalità nationality
la nazione nation
nè...nè neither . . . nor
neanche not even
la nẹbbia fog
necessạrio necessary
negativo negative
il negozio store, shop
il nemico enemy

nemmeno not even
nero black
nervoso nervous
nessuno nobody, no one,
not . . . anyone
la neve snow
nevicare to snow
niente nothing, not . . .
anything
il nipote nephew,
grandchild; **la nipote**
niece, granddaughter;
i nipoti grandchildren
no no
la nọia boredom
noioso boring
il nome noun, name
nominare to name
non not
il nonno, la nonna
grandfather, grandmother;
i nonni grandparents
nonostante in spite of
il nord North
la nota note
notẹvole remarkable
la notịzia news
noto well-known
la notte night
la novella novella, tale
novembre (*m.*) November
nụbile (*fem.*) unmarried,
single
nucleare nuclear
il nụmero number; **nụmero
di telẹfono** phone
number
la nuora daughter-in-law
nuotare to swim
il nuoto swimming
nuovo new
nuvoloso cloudy

O

o or
obbligatorio compulsory

l'occasione (*f.*) opportunity; **approfittare dell'occasione** to take advantage of

gli **occhiali** (*pl.*) eyeglasses; **occhiali da sole** sunglasses

l'**occhio** eye

occidentale western

occupare to occupy

occupato busy

l'**oceano** ocean

l'**oculista** (*m.* or *f.*) eye doctor

odiare to hate

offendere (*p.p.* **offeso**) to offend

l'**offerta** offer

offrire (*p.p.* **offerto**) to offer

l'**oggetto** object

oggi today

ogni each, every

ognuno everyone, each one

olimpico Olympic

l'**olio** oil; **olio d'oliva** olive oil

l'**oliveto** olive grove

l'**ombrello** umbrella

l'**onore** (*m.*) honor

l'**opera** work, opera; l'**opera d'arte** work of art; **opera buffa** comic opera; **cantante d'opera** opera singer

l'**opinione** (*f.*) opinion

opportuno opportune

oppure or

ora now

l'**ora** hour, time; **è ora che** it is time that; **è ora di** it is time to; **le ore di punta** rush hours

l'**orario** schedule; **in orario** on time

ordinare to order, to prescribe

ordinato neat

l'**ordine** order

l'**orecchio** (*pl.* **le orecchie**) ear

organizzare to organize

orgoglioso proud

orientale oriental, eastern

l'**originale** (*m.*) original

originale (*adj.*) original

l'**origine** (*f.*) origin

l'**oro** gold; **d'oro** golden

l'**orologio** watch, clock

l'**ospedale** (*m.*) hospital

l'**ospite** (*m.* or *f.*) guest, host

l'**osso** (*pl.* **le ossa**) bone

ostinato stubborn

ottenere to obtain

ottimista optimist

ottimo excellent

ottobre October

l'**ovest** West

P

il **pacco** package, parcel

la **pace** peace; **fare la pace** to make up

la **padella** frying pan

il **padre** father

il **padrone** owner, boss; **padrone di casa** landlord

il **paesaggio** landscape, scenery

il **paese** country, village, town

pagare to pay

la **pagina** page

il **paio** (*pl.* **le paia**) pair

il **palazzo** palace, building

il **palcoscenico** stage

la **palestra** gym

la **palla** ball

la **pallacanestro** basketball

pallido pale

il **pallone** ball (soccer)

la **panchina** bench

il **pane** bread

il **panino** roll; **panino imbottito** sandwich

i **pantaloni** pants

il **Papa** Pope

il **papà** dad

paragonare to compare

parcheggiare to park

il **parcheggio** parking

il **parco** park

il (la) **parente** relative

parere (*p.p.* **parso**) to seem

la **parete** wall

Parigi Paris

parlare to speak, to talk

il **parmigiano** Parmesan cheese

la **parola** word

il **parrucchiere**, la **parrucchiera** hairdresser

la **parte** part, side, role

partecipare to take part

la **partenza** departure

partire* to leave, to depart

la **partita** match, game

il **partito** party

la **Pasqua** Easter

il **passaggio** passage, lift; **dare un passaggio** to give a life

il **passaporto** passport

passare to pass, to pass by; to spend (time)

il **passatempo** pastime

passato last, past; il **passato** past

il **passeggero**, la **passeggera** passenger

la **passeggiata** walk; **fare una passeggiata** to take a walk

la **passione** passion

la **pasta** dough, pasta, pastry; **le paste** (*pl.*) pastries

il **pasticcino** pastry

il **pasto** meal

la **patata** potato; **patate fritte** fried potatoes

la **patente** driver's license

il **pattinaggio** skating

i pattini   skates
la paura   fear; **avere paura** to be afraid
il pavimento   floor
paziente   patient
il (la) paziente   patient
la pazienza   patience; **avere pazienza** to be patient
Peccato!   Too bad!
il pedone   pedestrian
la pelle   skin, leather
la pelliccia   fur coat
la penisola   peninsula
la penna   pen; **penna stilografica** fountain pen
pensare   to think; **pensare a** to think of; **pensare di + inf.** to plan, to intend (*to do something*); **penso di sì** I think so
il pensiero   thought
il pensionato   senior citizen
la pensione   pension; **andare in pensione** to retire
la pentola   pot
il pepe   pepper
per   for, in order to; **per caso** by any chance
la pera   pear
la percentuale   rate
perchè   why, because
perciò   therefore
perdere (*p.p.* **perduto, perso**) to lose, to waste (time); **perdersi*** to get lost
perfetto   perfect
la perfezione   perfection
perfino   even
il pericolo   danger
pericoloso   dangerous
la periferia   outskirts, periphery
il periodo   period
la permanente (*f.*) permanent
Permesso?   May I come in?
permettere (*p.p.* **permesso**) to allow
però   but, however

la persona   person
il personaggio   character
personale   personal
pesante   heavy
la pesca   peach; fishing
pescare   to fish
il pesce   fish; **pesce fritto** fried fish
il peso   weight
pessimista   pessimist
pettinarsi*   to comb one's hair
il piacere (*m.*)   pleasure; **con piacere** with pleasure, gladly; **per piacere** please; **Piacere!** Pleased to meet you!
piacere* (*p.p.* **piaciuto**) to like, to be pleasing
piacevole   pleasant
piangere (*p.p.* **pianto**) to cry, to weep
il piano   floor, plan; **il pianterreno** gound floor
il piano(forte)   piano
la pianura   plain
il piatto   dish; **primo piatto** first course; **secondo piatto** second course
la piazza   square
piccante   spicy
piccolo   little, small
il piede (*m.*)   foot; **a piedi** on foot
il Piemonte   Piedmont
pieno (di)   full (of); **fare il pieno** to fill up
la pietra   stone
pigro   lazy
la pillola   pill
la pineta   pine grove
la pioggia   rain
piovere   to rain
la pipa   pipe
la piscina   swimming pool
i piselli   peas
il pittore, la pittrice painter
la pittura   painting
più   more; **non più** no longer

piuttosto   rather
poco   little, few; **un po' di** some, a little bit of, a
il poema   poem
la poesia   poetry, poem
il poeta, la poetessa poet, poetess
poi   then, afterwards
poichè   since
politico   political
la politica   politics
la Polizia   Police Station
il poliziotto   policemen
il pollo   chicken; **pollo arrosto** roast chicken
la poltrona   arm chair, orchestra seat
il pomeriggio   afternoon
il pomodoro   tomato
il ponte   bridge
popolare   popular
la popolarita   popularity
popolato   populated
la popolazione   population
la porta   door
il portabagagli   trunk (of a car)
il portacenere   ashtray
il portafoglio   wallet
portare   to carry, to bring; to wear
il portinaio   concierge
il porto   port, harbor
le posate   flatware
possedere   to own
possibile   possible; **il meno possibile** as little as possible
la possibilità   possibility
il postino   mailman
la Posta   post office
il posto   place, seat, position
il potere   power
potere   to be able to, can, may; **può darsi** it may be that
povero   poor; **Poveraccio!** Poor devil!; **Poverino!** Poor thing!

pranzare to have dinner
il pranzo dinner; **sala da pranzo** dining room
pratico practical
preciso precise
predire (*p.p.* **predetto**) to foretell
preferibile preferable
preferire (-isc-) to prefer
il prefisso area code (*phone*)
pregare to pray, to beg
il pregiudizio prejudice
Prego! Please!, You are welcome!, Don't mention it!
il premio prize
prendere (*p.p.* **preso**) to take, to pick up
prenotare to reserve
la prenotazione reservation
preoccuparsi* (di) to worry (about)
preoccupato worried
la preoccupazione worry
preparare to prepare; **prepararsi*** to prepare oneself, to get ready
prescrivere (*p.p.* **prescritto**) to prescribe
presentare to introduce
presentarsi* to introduce onself
il presidente, la presidentessa president
prestare to lend
presto early, fast, soon, quickly; **il più presto possibile** as soon as possible
la previsione forecast
prezioso precious
il prezzo price
prima before, earlier, first; **prima di** before
la primavera spring
primo first
principale main, leading
privato private
probabile probable
la probabilità probability

il problema (*pl.* **i problemi**) problem
il produttore, la produttrice producer
la professione profession
il (la) professionista professional man/woman
il professore, la professoressa professor
profondo deep
il profumo perfume
il progetto project, plan
il programma program
proibire (-isc-) to prohibit
promettere (*pp.* **promesso**) to promise
la promozione promotion
il pronome pronoun
pronto ready; **Pronto!** Hello! (telephone)
il proposito purpose; **a proposito** by the way
il proprietario, la proprietaria owner
proprio (*adv.*) exactly, indeed
la prosa prose
il prosciutto cured Italian ham
prossimo next
il (la) protagonista main character
proteggere (*p.p.* **protetto**) to protect
la protesta protest, complaint
protestare to protest, to complain
provare to try, to try on
la provincia province
lo psicologo, la psicologa psychologist
pubblicare to publish
la pubblicità advertising
il pubblico public, audience
il pugile boxer
il pugilato boxing
pulire (-isc-) to clean
pulito clean

il pullman tour bus
punire (-isc-) to punish
il punto point; **punto di vista** point of view; **in punto** on the dot
puntuale punctual
purchè provided that
pure by all means
purtroppo unfortunately

Q

il quaderno notebook
il quadro painting, picture
qualche some
qualcosa something
qualcuno someone
quale which
la qualifica qualification
la qualità quality
qualunque any, whatever
quando when
quanto how much; **per quanto** although; **quanto a** concerning, as for
il quartiere district
il quarto quarter (*of an hour*)
quasi almost
quello that
questo this
qui here

R

raccomandare to warn
la raccomandazione recommendation
raccontare to tell, to relate
il racconto short story, tale
radersi* (*p.p.* **raso**) to shave
la radio radio

il **raffreddore** cold;
prendere il raffreddore
to catch a cold
il **ragazzo, la ragazza** boy,
young man; girl, young
woman; boy- or girlfriend
la **ragione** reason; **avere**
ragione to be right
il **ragioniere, la ragioniera**
accountant
rallentare to slow down
rapido fast
il **rapporto** relationship
rappresentare to stage
la **rappresentazione**
performance
raro rare
il **re, la regina** king, queen
reagire to react
la **realtà** reality
recentemente recently
recitare to act, to play
la **recitazione** recitation,
performance
il **regalo** gift, present
la **regione** region
il **(la) regista** movie
director
il **registratore** tape recorder
il **regolamento** regulations
regolare regular
rendersi* conto (*p.p.* **reso**)
to realize
la **repubblica** republic
repubblicano republican
restare* to stay, to remain
restituire (-isc-) to return
la **rete** network
riassumere to summarize
il **riassunto** summary
la **ricchezza** wealth
ricco (*pl. ricchi*) rich
la **ricerca** research
la **ricetta** recipe,
prescription
il **ricettario** recipe book
ricevere to receive
la **ricevuta** receipt
riconoscente grateful
ricordare to remember

ridere (*p.p.* **riso**) to laugh
riempire to fill
rifare il letto to make the
bed
rimanere (*p.p.* **rimasto**) to
remain
rimproverare to scold, to
reproach
il **Rinascimento**
Renaissance
ringraziare to thank
rinunciare (a) to renounce
riparare to repair
ripetere to repeat
riposare to rest; **riposarsi***
to rest
riservato reserved
il **riso** rice; laughter
risparmiare to save
il **risparmio** saving
rispondere (*p.p.* **risposto**)
to answer, to reply
la **risposta** answer
il **ristorante** restaurant
il **risultato** result, outcome
il **ritardo** delay; **in ritardo**
late
ritornare to return, to come
back
il **ritorno** return
il **ritratto** picture, portrait
ritrovare to find again
la **riunione** reunion,
meeting
riunirsi* (-isc-) to gather
riuscire*(a) to succeed (in)
rivedere (*p.p.* **rivisto**) to
see again
la **rivista** magazine
la **roba** stuff
Roma Rome
romantico romantic
il **romanzo** novel; **romanzo**
rosa (giallo, di
fantascienza, di
avventure) love story
(mystery, science-fiction,
adventure)
rompere (*p.p.* **rotto**) to
break

rosa (*inv.*) pink
la **rosa** rose
rosso red
rovinare to damage
la **rovina** ruin, fall; **andare**
in rovina to bankrupt
rubare to steal
il **rumore** noise
il **ruolo** role
la **ruota** wheel
russo Russian

S

il **sabato** Saturday
la **sabbia** sand
il **sacco** bag, sack; **sacco a**
pelo sleeping bag; **un**
sacco di a lot of
sacrificarsi* to sacrifice
oneself
la **sala** living room; **la sala**
da pranzo dining room
il **salario** salary
il **sale** salt
salire to climb, to go up
il **salone** hall
la **salsa** sauce
la **salciccia** sausage
saltare to jump; to skip
il **salumiere** delicatessen
man
salutare to greet, to say
good-bye
salutarsi* to greet each
other
la **salute** health
il **saluto** greeting
salvare to save
sano healthy
sapere to know, to know
how
sarcasticamente
sarcastically
la **Sardegna** Sardinia
sbadigliare to yawn

sbagliarsi* to make a mistake

sbagliato wrong, incorrect; è sbagliato it is wrong

lo scaffale shelf

la scala ladder, staircase

scapolo single (man)

lo scapolo bachelor

la scarpa shoe

gli scarponi da montagna hiking boots

scegliere (*p.p.* scelto) to choose

la scelta choice

la scena scene

scendere* (*p.p.* sceso) to descend, to come down

scherzare to joke

la schiena back

lo schizzo sketch

lo sci (*inv.*) ski; lo sci acquatico water ski

sciare to ski

lo sciatore, la sciatrice skier

la scienza science

le scienze politiche political science

lo scienziato scientist

scioperare to strike

lo sciopero strike; fare sciopero to strike

scolpire to sculpt, to carve

sconosciuto unknown

scontento unhappy

la scoperta discovery

scorso last

lo scrittore, la scrittrice writer

la scrivania desk

scrivere (*p.p.* scritto) to write; scrivere a macchina to type

lo scultore, la scultrice sculptor, sculptress

la scultura sculpture

la scuola school; scuola elementare elementary school; scuola media junior high school

la scusa excuse; Scusa! (*fam.s.*), Scusi! (*form.s.*) Excuse me!

scusarsi* to apologize

se if

sebbene although

seccato annoyed

il secchio pail

secco dry

il secolo century

secondo according to

la sede seat

sedersi* to sit down

la sedia chair

segnalare to signal

il segnale signal

segnare (sports) to score

il segretario, la segretaria secretary

il segreto secret

seguire to follow, to take (*a class*)

il semaforo traffic light

sembrare to seem

il semestre semester

semplice simple

sempre always

il senatore, la senatrice senator

il sentimento feeling

sentire to hear, to feel, to smell; sentirsi* to feel

senza without

i senzatetto homeless

separare to divide; separarsi* to separate, to part

la sera evening; Buona sera Good evening.

la serata evening

il serbatoio tank

sereno clear

la serie series

serio serious

servire to serve

servirsi* (di) to use

il servizio service

il sesso sex

la seta silk

la sete thirst; avere sete to be thirsty

settembre September

settentrionale Northern

la settimana week

severo strict

sfavorevole unfavorable

la sfilata fashion show

la sfortuna bad luck

sfortunato unfortunate

sì yes

sia...che both . . . and; whether . . . or

siccome since, because

la Sicilia Sicily

siciliano Sicilian

sicuro sure

la siesta siesta, nap; fare la siesta to take a nap

la sigaretta cigarette

significare to mean

il significato meaning

la signora lady, Mrs., ma'am

il signore gentleman, Mr., sir

la signorina young lady, miss

il silenzio silence

simile similar

simpatico nice

la sincerità sincerity

la sinfonia symphony

la sinistra left; a sinistra to the left

il sintomo symptom

il sipario curtain

il sistema system

la situazione situation

smettere (*p.p.* smesso) to stop

snello slim

socialista socialist

la società society, company

soddisfacente satisfying

soddisfatto satisfied

soffrire (*p.p.* sofferto) to suffer

il soggiorno (la sala) living room

il sogno dream

i soldi money

il sole sun

solito usual; al solito as usual; del solito than usual; di solito usually, generally

la solitudine loneliness

solo alone; (adv.) only

la somma sum, addition, total

il sonno sleep; avere sonno to be sleepy

sopra above, on top of

il (la) soprano soprano

sopratutto above all

la sorella sister

sorpassare to pass (a car)

la sorpresa surprise

sorpreso surprised

sorridere (p.p. sorriso) to smile

sorvegliare to watch, to supervise

sotto under, below

spagnolo Spanish

la spalla shoulder

lo spazzolino da denti toothbrush

lo specchio mirror

speciale special

lo (la) specialista specialist

specializzarsi* (in) to specialize

la specializzazione major

specialmente especially

spedire (-isc-) to send; to mail

spegnere (p.p. spento) to turn off

lo spendaccione spendthrift

spendere (p.p. speso) to spend

sperare to hope

spesso often

spettacolare spectacular

lo spettacolo show, performance; sight

lo spettatore, la spettatrice spectator

spiacente sorry

la spiaggia beach

spiegare to explain

spiegazione explanation

gli spinaci spinach

spingere (p.p. spinto) to push

spiritoso witty

lo sportello (teller) window

sportivo athletic, sporty

sposare to marry; sposarsi* to get married

sposato (a) married

lo sposo, la sposa groom, bride; gli sposi newlyweds

lo spumante sparkling wine

lo spuntino snack

la squadra team

squisito exquisite, delicious

lo stadio stadium

la stagione season

stamattina this morning

la stampa press, print

stancare to tire; stancarsi* to get tired

stanco tired; stanco morto dead tired

la stanza room

stare* to stay; stare attento to be careful; stare bene to be well, to feel well; stare a dieta to be on a diet; stare male to feel ill; stare per to be about to; stare zitto to be quiet

stasera tonight

statale of the state

lo stato state

la statua statue

la stazione station

stesso same

lo stile style

lo (la) stilista designer

la stilografica fountain pen

lo stipendio salary

lo stivale boot

lo stomaco stomach

la storia history, story

storico historical

storto crooked

la strada street, road

stradale of the road or street

straniero foreign

lo straniero, la straniera foreigner

strano strange

stretto narrow, tight

lo strumento instrument; strumento musicale musical instrument

lo studente, la studentessa student

studiare to study

lo studio study, study room

studioso studious

stupendo magnificent

stupido stupid

su above, on top of

Su! Come on!

subito immediately

succedere* (p.p. successo) to happen

il successo success

il succo juice; succo d'arancia orange juice

il sud South

suggerire to suggest

il suggeritore, la suggeritrice prompter

il suocero, la suocera father-in-law, mother-in-law

suonare to play an instrument, to ring

superare to exceed

superficiale superficial

la superficie area

superiore superior

il supermercato supermarket

surgelato frozen

lo svantaggio disadvantage

la sveglia alarm clock

svegliarsi* to wake up

la svendita sale

lo sviluppo development

T

la **taglia** size
tagliare to cut; **tagliarsi***
to cut oneself
le **tagliatelle** pasta (cut into thin strips)
il **talento** talent
tanto much, so much; **Così tanto!** That much!
il **tappeto** rug
tardi late
la **targa** license plate
la **tasca** pocket
la **tassa** tax; **tassa universitaria** tuition
il **tassì** (*inv.*) taxi, cab
il **tassista** cab driver
la **tavola, il tavolo** table; **A tavola!** Dinner's ready!; **la tavola calda** snack bar; **tavola da pranzo** dinner table; **tavolo da disegno** drawing table
il **tavolino** end table; **tavolino da tè** coffee table
la **tazza** cup
il **tè** tea
teatrale theatrical, theater
il **teatro** theater
la **tecnica** technique
tedesco (*pl.* **tedeschi**) German
la **telecamera** TV camera
telefonare to phone
la **telefonata** phone call; **telefonata interurbana** long distance phone call
il **telefono** telephone
il **telegiornale** TV news
il **telegramma** telegram
il **telespettatore, la telespettatrice** TV viewer
il **televisore** TV set
il **tema** theme, composition
temere to fear
il **tempo** time, weather; **a**

tempo pieno full-time; **a tempo ridotto** part-time; **Che tempaccio!** What bad weather!
la **tenda** tent
le **tende,** *pl.* curtains
il **tenore** tenor
la **tentazione** temptation
la **teoria** theory
terminare to finish, to end
il **termine** term
il **termometro** thermometer
la **terra** earth, ground, land; **per terra** on the floor
terribile terrible
terribilmente terribly
il **territorio** territory
il **tessuto** fabric
la **testa** head
testimoniare to bear witness
il **tetto** roof
il **Tevere** Tiber river
il **tifo** (sports) enthusiasm; **fare il tifo per** to be a fan
tifoso fan
timido timid, shy
il **tipo** guy; type, kind
tirare to pull; **tirare vento** to be windy
il **titolo** title; **il titolo di studio** college degree
la **tivù** (*colloq.*) television
il **topo** mouse
Torino Turin
la **torre** tower
la **torta** cake
torto wrong; **avere torto** to be wrong
toscano Tuscan
la **tosse** cough
il **totale** total
il **Totocalcio** soccer pool
la **tovaglia** tablecloth
il **tovagliolo** napkin
tra (*or* **fra**) between, among; **tra un'ora** in one hour

tradurre (*p.p.* **tradotto**) to translate
la **traduzione** translation
il **traffico** traffic
la **tragedia** tragedy
il **tram** streetcar
la **trama** plot
tranquillo quiet
traslocare to move
il **trasloco** moving
il **trasporto** transportation
trattare to treat; to deal with
trattarsi to have to do with
il **tratto** tract, stretch, distance; **ad un tratto** all of a sudden
la **trattoria** restaurant
il **treno** train
il **trimestre** quarter (of the year)
triste sad
il **trofeo** trophy
la **tromba** trumpet
troppo too much
la **trota** trout
trovare to find; **trovarsi** to be situated, to find oneself
truccarsi* to put on makeup
il (la) **turista** tourist
turistico tourist; **la classe turistica** economy class
la **tuta da ginnastica** sweatsuit
tutti, tutte everybody, all; **tutti e due** both
tutto all, every; the whole; everything

U

ubbidire (-isc-) to obey
ubriaco drunk
l'**uccello** bird
uccidere (*p.p.* **ucciso**) to kill
l'**ufficio** office

uguale   equal
l'ulivo   olive tree
ultimo   last
umido   humid
unico   unique; figlio unico   only child
unire (-isc-)   to unite
unito   united
un, una   a, an; ad uno ad uno   one by one
l'università   university
universitario (adj.)   university
l'uomo (pl. gli uomini)   man
l'uovo (pl. le uova)   egg
usare   to use, to take
usato   used, secondhand
uscire*   to go out
l'uso   use
utile   useful
l'uva   grapes

V

la vacanza   vacation, holiday
la valigia   suitcase; fare le valigie   to pack
la valle   valley
il vantaggio   advantage
vantare   to boast
variare   to vary
la varietà   variety
vario   varied
variopinto   many colored
la vasca   bathtub
il vaso   vase
vecchio   old
vedere (p.p. visto, veduto)   to see
vegetariano   vegetarian

veloce   fast
la velocità   speed; limite di velocità   speed limit
la vendemmia   vintage time
vendere   to sell
il venerdì   Friday
Venezia   Venice
veneziano   Venetian
venire* (p.p. venuto)   to come
il vento   wind; tira vento   it is windy
veramente   truly, really
il verbo   verb
verde   green
la verdura   vegetables
la verità   truth
vero   true
il verso   line (of poetry)
verso (prep.)   towards
vestirsi*   to get dressed
i vestiti   clothes
il vestito   dress
la vetrina   shop window; display
la via   street, way
via (adv.)   away, off
viaggiare   to travel
il viaggiatore, la viaggiatrice   traveler
il viaggio   trip, voyage
vicino (adj.)   close, nearby; vicino a   near
il vicino, la vicina   neighbor
il vigile   police officer
la vigna   vineyard
il villaggio   village
vincere (p.p. vinto)   to win
il vino   wine
viola (inv.)   purple
il violino   violin
il violoncello   cello
la visita   visit
visitare   to visit, to examine
la vita   life

la vitamina   vitamine
il vitello   veal; arrosto di vitello   roast veal
la vittoria   victory
vivace   lively, bright
vivente   living
vivere (p.p. vissuto)   to live
vivo   alive, living
il vocabolario   vocabulary, dictionary
la vocale   vowel
la voce   voice; ad alta (bassa) voce   in a loud (low) voice
la voglia   desire; avere voglia di   to feel like
volentieri   willingly
volere   to want; voler dire   to mean; volersi bene   to love each other; ci vuole, ci vogliono   it takes
la volontà   will
la volta   time; una volta   once; (C'era) una volta   once upon a time; due volte   twice
votare   to vote
il voto   grade; vote
il vulcano   volcano
vuoto   empty, vacant

Z

lo zafferano   saffron
lo zaino   backpack
lo zero   zero
lo zio, la zia   uncle, aunt
lo zoo   zoo
lo zucchero   sugar
la zuppa di verdure   vegetable soup

A

able: to be able to   potere
about   circa, di
above   sopra, su; **above all**
  sopratutto
abroad   all'estero
absent   assente
abstract   astratto
abundant   abbondante
to accelerate   accelerare
to accept   accettare
accident   l'incidente (*m.*)
to accompany
  accompagnare
according to   secondo
accountant   il ragioniere,
  la ragioniera
act   l'atto; **to act**   recitare
activity   l'attività
actor   l'attore
actress   l'attrice
ad   l'annuncio pubblicitario
to add   aggiungere
address   l'indirizzo
to admire   ammirare
to admit   ammettere (*p.p.*
  ammesso)
adult   l'adulto, l'adulta
advance   l'anticipo; **in**
  advance   in anticipo
advantage   il vantaggio
adventure   l'avventura
advertising   la pubblicità
advice   il consiglio
to advise   consigliare
affection   l'affetto
afraid: to be afraid   avere
  paura
after   dopo
afternoon   il pomeriggio

afterwards   poi
again   ancora
against   contro
age   l'età; **stone age**   l'età
  della pietra
ago   fa; **how long ago?**
  Quanto tempo fa?
to agree   essere d'accordo
air   l'aria
airplane   l'aereo,
  l'aeroplano
airport   l'aeroporto
alarm clock   la sveglia
alive   vivo
all   tutto
to allow   permettere (*p.p.*
  permesso), lasciare
almost   quasi
alone   solo (*adj., adv.*)
along   lungo; **to get along**
  andare d'accordo
already   già
also   anche
although   benchè
always   sempre
American   americano
among   fra (*or* tra)
amount   la dose
amusing   divertente
analysis   l'analisi (*f.*)
ancient   antico
and   e
animal   l'animale (*m.*)
to announce   annunciare
announcer   l'annunciatore,
  l'annunciatrice
annoyed   seccato
anonymous   anonimo
another   un altro
answer   la risposta;
  to answer   rispondere
  (*p.p.* risposto)
antique   antico

anxiety   l'ansia
any   qualunque
anyone   chiunque
anyway   ad ogni modo
apartment   l'appartamento;
  studio apartment   il
  monolocale
to apologize   scusarsi*
to appear   apparire* (*p.p.*
  apparso)
to applaud   applaudire
applause   l'applauso
apple   la mela
appointment
  l'appuntamento
to appreciate   apprezzare
to approach   avvicinarsi*
April   aprile
arcade   la galleria
architect   l'architetto
architecture   l'architettura
architectural   architettonico
area   la superficie; **area code**
  il prefisso
to argue   litigare
arm   il braccio (*pl.* le
  braccia)
armchair   la poltrona
around   intorno (a), verso
arrival   l'arrivo
to arrive   arrivare*
art   l'arte (*f.*)
article   l'articolo
artistic   artistico
as   come
to ask   domandare,
  chiedere (*p.p.* chiesto)
asleep   addormentato; **to**
  fall asleep
  addormentarsi*
at   a, in, da (*at the house of*);
  at least   almeno
athlete   l'atleta (*m.* or *f.*)

athletic sportivo
to attend assistere; to attend a course seguire, frequentare
attention l'attenzione (f.)
to attract attirare
attractive attraente
audience il pubblico
August agosto
aunt la zia
author l'autore, l'autrice
autobiography l'autobiografia
automobile (f.) l'automobile
autumn l'autunno
available libero, disponibile
away via

B

backpack lo zaino
bad cattivo; too bad peccato!
bag la borsa; handbag la borsetta; sleeping bag il sacco a pelo
balcony il balcone, la galleria
ball la palla; il pallone (soccer)
bank la banca
barman barista
basketball la pallacanestro (f.)
bath bagno; to take a bath fare il bagno; bathroom la stanza da bagno; bathtub la vasca da bagno
to be essere* (p.p. stato) to be able to potere; to be acquainted with conoscere; to be bad for fare male a; to be born nascere; to be broke essere al verde; to be

called (named) chiamarsi; to be careful stare attento; to be on a diet essere a dieta; to be distant distare; to be a doctor (a lawyer, etc.) fare il dottore (l'avvocato, ecc.); to be enough bastare; to be a fan fare il tifo (per); to be in a hurry avere fretta; to be necessary bisognare; to be . . . years old (afraid, cold, hot, hungry, thirsty, right, wrong, sleepy) avere . . . anni (paura, freddo, caldo, fame, sete, ragione, torto, sonno)
beach la spiaggia
beard la barba
beautiful bello
beauty la bellezza
because perchè; because of a causa di
to become diventare*; to become ill ammalarsi*
bedroom la camera da letto
beer la birra
before (prep.) davanti (a); (conj.) prima (di)
to begin incomiciare
beginning l'inizio
behind dietro
to believe credere (a)
bell tower il campanile
to belong appartenere
below sotto
besides inoltre
between tra (or fra)
bicycle la bicicletta
big grande; bigger maggiore
bill il conto
biology la biologia
birth la nascita
birthday il compleanno; Happy birthday! Buon compleanno!
bitter amaro
black nero

blackboard la lavagna
blond biondo
blouse la camicetta
blue blu (inv.)
boat la barca
body il corpo
bone l'osso (pl. le ossa)
book il libro
bookstore la libreria
boot lo stivale
to border confinare
bored: to get bored annoiarsi*
boredom la noia
boring noioso
born: to be born nascere* (p.p nato)
boss il capoufficio
to bother dare fastidio
bottle la bottiglia
boy, boyfriend il ragazzo
boxer il pugile
boxing il pugilato
to brake frenare
bread il pane
to break rompere (p.p. rotto); rompersi*
breakfast la colazione; to have breakfast fare colazione
brick il mattone
brilliant brillante
to bring portare
broke: to be broke essere al verde
brother il fratello; brother-in-law il cognato
brown castano, marrone
to build costruire (-isc-)
building l'edificio; il palazzo
bus l'autobus (m.); bus stop la fermata dell'autobus
business l'affare (m.)
busy occupato
but ma, però
butter burro
to buy comprare
by da

c

cab   il tassì (inv.)
cafeteria   la mensa
cake   la torta
calculator   la calcolatrice
calendar   il calendario
to call   chiamare; to be called   chiamarsi*
calm   calmo
camera   la macchina fotografica
camping   il campeggio; to go camping   fare il campeggio
can   potere
candidate   il candidato
capital   la capitale
car   l'auto(mobile) (f.), la macchina
careful   attento; to be careful   stare attento
carpet   il tappeto
to carry   portare
to cash   incassare
castle   il castello
cat   il gatto
cathedral   il duomo
cause   la causa
to celebrate   festeggiare
cellar   la cantina
central   centrale
century   il secolo
certain   certo
chain   la catena
chair   la sedia
chalk   il gesso
champion   il campione, la campionessa
change   il cambiamento, la moneta; to change combiare; to change one's clothes   cambiarsi*; to change one's mind   cambiare idea
channel   il canale
chapel   la cappella; the

Sistine Chapel   la Cappella Sistina
chapter   il capitolo
character   il personaggio
charity   la beneficenza
cheap   economico
check   il conto, l'assegno; to check   controllare
cheerful   allegro
cheese   il formaggio
chemistry   la chimica
chicken   il pollo
child   il bambino, la bambina, (pl.) i bambini, i figli; only child   il figlio unico, la figlia unica; grandchild   il (la) nipote; as a child   da bambino
Chinese   cinese
chocolate   il cioccolato; chocolate candy   il cioccolatino
choice   la scelta
to choose   scegliere (p.p. scelto)
Christmas   il Natale
church   la chiesa
cigarette   la sigaretta
city   la città
civilization   la civiltà, la civilizzazione
class   la classe, la lezione
classmate   il compagno, la compagna di classe
clean   pulito; to clean   pulire (-isc-)
clear   sereno
clerk   l'impiegato, l'impiegata
client   il (la) cliente
climate   il clima
to climb   salire
clock   l'orologio; alarm clock   la sveglia
to close   chiudere (p.p chiuso)
closet   l'armadietto
clothes   i vestiti
clothing   l'abbigliamento
cloudy   nuvoloso

clown   il pagliaccio; to clown around   fare lo spiritoso
coach   l'allenatore, l'allenatrice; to coach   allenare
coast   la costa
coat   la giacca; winter coat   il cappotto
coffee, coffee shop   il caffè
cold   freddo; to be cold   avere freddo; it is cold   fa freddo; to catch a cold   prendere il raffreddore
to collaborate   collaborare
colleague   il (la) collega
to come   venire* (p.p. venuto); to come back   ritornare; to come in   entrare; to come down   discendere* (p.p. disceso); Come on!   Dai!
comedian   il comico
comedy   la commedia
comfort   la comodità
comfortable   comodo
comic   comico
comment   il commento
common   comune
to communicate   comunicare
Communist   comunista
company   compagnia, ditta azienda
to compare   paragonare
competition   la competizione, la gara
to complain   lamentarsi* (di)
completely   completamente
complicated   complicato
to compose   comporre (p.p. composto)
composer   il compositore, la compositrice
compulsory   obbligatorio
computer science   l'informatica
concert   il concerto
concierge   il portinaio

conclusion la conclusione
condition la condizione
confusion la confusione
Congratulations!
  Congratulazioni!
congressman,
  congresswoman il
  deputato, la deputata
to consider considerare; **to**
  consider one's self
  considerarsi*
to console consolare
to consume consumare
consultant il (la) consulente
continent il continente
to continue continuare
continually continuamente
contract il contratto
contrary il contrario; **on the**
  contrary anzi
to control controllare
conversation la
  conversazione
cook il cuoco, la cuoca; **to**
  cook cucinare; **cooking**
  la cucina
cool fresco
corner l'angolo
to correct correggere (*p.p*
  corretto)
cost il costo; **to cost**
  costare
costume il costume
cotton il cotone
couch il divano
cough la tosse
to count contare
couple la coppia
country il paese;
  countryside la campagna
courage il coraggio
courageous coraggioso
course il corso, la classe
cousin il cugino, la cugina
covered coperto
crazy pazzo; **to go crazy**
  impazzire*
crisis la crisi
critic il critico (*m*. or *f*.)
to criticize criticare

crooked storto
to cross attraversare
crowded affollato
cruise la crociera
to cry piangere (*p.p.*
  pianto)
cup la tazza
to cure guarire
curious curioso
curtain la tenda, il sipario
customer il (la) cliente
customs la dogana
to cut tagliare; **to cut**
  oneself tagliarsi*
cute carino

D

dad il papà
to damage rovinare
to dance ballare
danger il pericolo
dangerous pericoloso
dark buio; **dark-haired**
  bruno
date la data;
  l'appuntamento
daughter la figlia;
  daughter-in-law la nuora
day il giorno, la giornata;
  the next day il giorno
  dopo
dear caro
death la morte
December dicembre
to decide decidere (*p.p.*
  deciso)
decision la decisione
deep profondo
defect il difetto
to define definire (-isc-)
degree il titolo di studio
delicious delizioso
democracy la democrazia
dentist il (la) dentista
departure la partenza

to depend dipendere*
it depends (on) dipende
  (da)
deposit il deposito; **to**
  deposit depositare
depressing deprimente
to descend (di)scendere*
  (*p.p.* disceso)
to describe descrivere (*p.p.*
  descritto)
description la descrizione
designer lo (la) stilista
desk la scrivania
dessert il dolce
to detest detestare
development lo sviluppo
to dial formare il numero
dialect il dialetto
dialogue il dialogo
diary il diario
dictionary il vocabolario
to die morire* (*p.p.* morto)
diet la dieta; **to be on a**
  diet stare a dieta
difference la differenza
different differente
difficult difficile
difficulty la difficoltà
diligent diligente
dinner il pranzo; **dining**
  room sala da pranzo; **to**
  have dinner pranzare
direction l'indicazione (*f*.)
directly direttamente
director il direttore, la
  direttrice
disadvantage lo svantaggio
disappointment la
  delusione
discovery la scoperta
to discuss discutere (*p.p.*
  discusso)
discussion la discussione
disease la malattia
dish il piatto
dishwasher la lavastoviglie
distance la distanza
distant distante; **to be**
  distant distare
district il quartiere

to divide divịdere (*p.p.* diviso)

divorced divorziato

to do fare (*p.p.* fatto)

doctor il dottore, la dottoressa; il mẹdico

document il documento

documentary il documentạrio

dog il cane

dollar il dọllaro

door la porta

doubt il dụbbio; **to doubt** dubitare

downtown il centro; in centro

to draw disegnare

drawer il cassetto

drawing il disegno

dream il sogno

to dream sognare

dress l'ạbito, il vestito; **to dress** vestire; **to get dressed** vestirsi*

drink la bevanda; **to drink** bere (*p.p.* bevuto)

to drive guidare

driver l'automobilista (*m., f.*)

driving la guida

drunk ubriaco

dry secco

to dry asciugare

to dry oneself asciugarsi*

during durante

duty il dovere

E

each ogni

ear l'orẹcchio (*pl.* le orẹcchie); **earache** mal d'orecchio

early presto

to earn guadagnare; **to**

earn one's living guadagnarsi il pane

earth la terra

Easter la Pasqua

eastern orientale

easy fạcile

to eat mangiare

economy l'economia

to educate istruire (-isc-)

education l'istruzione (*f.*)

egg l'uovo (*pl.* le uova)

either . . . or o . . . o

election l'elezione (*f.*)

electricity l'elettricità

elegant elegante

elementary elementare

elevator l'ascensore

to eliminate eliminare

to embrace abbracciare

emotion l'emozione (*f.*)

employee l'impiegato, l'impiegata

employment l'impiego; **employment agency** l'agenzia di collocamento

empty vuoto

to encourage incoraggiare

end la fine; **to end** finire (-isc)

engagement il fidanzamento

engineer l'ingegnere (*m.*)

engineering l'ingegneria

England l'Inghilterra

English inglese

to enjoy godere; **to enjoy oneself** divertirsi*

enough abbastanza; **to be enough** bastare

to enroll iscriversi* (*p.p.* iscritto)

to enter entrare* (in)

entertaining divertente

enthusiastic entusiasta

entire intero

entitled intitolato

equal uguale

error l'errore (*m.*)

especially specialmente

Europe l'Europa

even perfino; **not even** neanche, nemmeno

evening la sera, la serata; **Good evening!** Buona sera!; **this evening** stasera

event l'avvenimento

every ogni (*inv.*) **everybody** ognuno

everyone ognuno

exact esatto

exactly esattamente

exam l'esame (*m.*); **to take an exam** dare un esame

example l'esempio; **for example** ad esẹmpio, per esẹmpio

to exceed superare

excellent eccellente, ọttimo

except eccetto

exception l'eccezione (*f.*)

to exchange cambiare (money)

excursion l'escursione (*f.*)

excuse la scusa; **Excuse me!** Scusi! Scusa!

exercise l'esercịzio

exhibition la mostra

to exist esistere* (*p.p.* esistito)

expense la spesa

expensive caro, costoso

experience l'esperienza

experienced esperto

experiment l'esperimento

expert esperto

to explain spiegare

explanation la spiegazione

to explore esplorare

to express esprimere (*p.p.* espresso)

expression l'espressione (*f.*)

eye l'occhio

eye doctor l'oculista (*m., f.*)

eyeglasses gli occhiali (*pl.*); **sunglasses** gli occhiali da sole

F

fable   la favola
face   la faccia
fact   il fatto; **in fact**   infatti
factory   la fabbrica
fair   giusto
faithful   fedele
fall   l'autunno; **to fall**
   cadere*
familiar   familiare
family   la famiglia
famous   famoso
fan   tifoso; **to be a fan**   fare
   il tifo (per)
fantastic   fantastico
far (from)   lontano (da)
farmer   il contadino, la
   contadina
fascinating   affascinante,
   avvincente
fascism   il fascismo
fashion   la moda
fashionable   di moda, alla
   moda
fast   rapido, veloce
fat   grasso
father   il padre; **father-in-
   law**   il suocero;
   grandfather   il nonno
favor   il favore
favorable   favorevole
fear   la paura, il timore
to fear   temere
February   febbraio
to feel   sentire, sentirsi*; **to
   feel like**   avere voglia di
feeling   il sentimento
feminine   femminile
festivity   la festa
fever   la febbre
few   pochi(e); **a few**
   alcuni(e)
fiancé, fiancée   il fidanzato,
   la fidanzata
field   il campo

to fill   riempire; **to fill it up**
   fare il pieno
final   definitivo
finally   finalmente
to finance   finanziare
to find   trovare
fine   la multa
finger   il dito (*pl.* le dita)
to finish   finire (-isc-)
fire   il fuoco; **fireplace**   il
   caminetto; **to fire**
   licenziare
firm   la ditta
first (*adj.*)   primo, (*adv.*)
   prima
fish   il pesce; **fried fish**
   pesce fritto; **to fish**
   pescare
to fit   andare bene
to fix (an appointment)
   fissare un appuntamento
flag   la bandiera
flaw   il difetto
floor   il pavimento, il piano
Florence   Firenze
flour   la farina
flower   il fiore
flu   l'influenza
flute   il flauto
fog   la nebbia
to follow   seguire
fond (of)   appassionato (di)
food   il cibo
foot   il piede; **on foot**   a
   piedi
for   per
to forbid   proibire (-isc-)
foreign   straniero
foreigner   lo straniero, la
   straniera
to forget   dimenticare
fork   la forchetta
fountain   la fontana
frankly   francamente
free   libero, gratuito
freeway   l'autostrada
French   francese
fresco   l'affresco
Friday   il venerdì

friend   l'amico(a)
friendship   l'amicizia
from   da, di
frozen   surgelato
fruit   la frutta; **piece of fruit**
   il frutto
full   pieno
fun   il divertimento; **to have
   fun**   divertirsi*
to function   funzionare
furious   furioso
furniture   i mobili; **a piece
   of furniture**   un mobile

G

to gain   guadagnare; **to
   gain weight**   ingrassare
gallery   la galleria; **art
   gallery**   la galleria d'arte
game   il gioco, la partita
garden   il giardino
garlic   l'aglio
gasoline   la benzina;
   gasoline pump   il
   distributore di benzina
to gather   riunirsi* (-isc-)
gender   il genere
general   generale
generally   in genere
generous   generoso
genius   il genio
gentleman   il signore
geography   la geografia
German   tedesco
Germany   la Germania
to get   prendere; **to get
   along**   andare d'accordo;
   to get bored   annoiarsi*;
   to get engaged
   fidanzarsi*; **to get lost**
   perdersi*; **to get mad**
   arrabbiarsi*; **to get married**
   sposarsi*; **to get near**
   avvicinarsi* (a); **to get sick**

ammalarsi*; **to get tired**
stancarsi*; **to get up**
alzarsi*; **to get used to**
abituarsi* (a)

gift il regalo

girl la ragazza; **little girl**
la bambina; **girlfriend** la
ragazza

to give dare; **to give back**
restituire; **to give a lift**
dare un passaggio; **to give**
a present regalare

glad contento

glass il bicchiere; **glasses**
gli occhiali

gloves i guanti (*pl.*)

to go andare*; **to go back**
ritornare; **to go camping**
fare il campeggio; **to go**
down scendere*; **to go in**
entrare*; **to go near**
avvicinarsi*; **to go out**
uscire*; **to go shopping**
fare la spesa (le spese); **to**
go up salire*

gold l'oro

good buono, bravo

Good-bye Arrivederci!
(*fam.*); ArrivederLa!
(*form.*); Ciao!

government il governo

grade il voto

to graduate laurearsi*;
diplomarsi*

grandfather il nonno;
grandmother la nonna;
grandparents i nonni

grapes l'uva

grass l'erba

grateful riconoscente

gray grigio

great grande

green verde

to greet salutare

greeting il saluto; **greetings**
tanti saluti

groom lo sposo

group il gruppo

to grow crescere*

to guess indovinare

guest l'ospite (*m.* or *f.*),
l'invitato(a)

guide la guida

guilty colpevole

guitar la chitarra

gulf il golfo

guy il tipo

gym la palestra

H

hair i capelli; **dark-haired**
bruno

hairdresser il parrucchiere,
la parrucchiera

half la metà, mezzo (*adj.*)

hand la mano (*pl.* le mani);
to shake hand dare la
mano

handkerchief il fazzoletto

handsome bello

to happen succedere* (*p.p.*
successo)

happiness la felicità

happy felice

hard duro

to hate detestare, odiare

to have avere; **to have**
breakfast fare colazione;
to have dinner cenare; **to**
have fun divertirsi*; **to**
have a headache
(toothache, stomachache,
backache, sorethroat)
avere mal di testa (denti,
stomaco, schiena, gola); **to**
have to dovere

head il capo, la testa

health la salute

to hear sentire

heart il cuore

heavy pesante

hell l'inferno

hello ciao, pronto
(*telephone*)

help l'aiuto; **to help**
aiutare

here qui; **Here is!** Ecco!

hero l'eroe (*m.*)

high alto

hill la collina

to hire assumere (*p.p.*
assunto)

historical storico

history la storia

to hit colpire (-isc-)

hitchhiking l'autostop (*m.*);
to hitchhike fare
l'autostop

holiday la festa, la vacanza

home la casa; **at home** a
casa

homeless i senzatetto

homework il compito

to hope sperare

horse il cavallo

hospital l'ospedale (*m.*)

hot caldo; **to be hot** avere
caldo; **it is hot** fa caldo

hotel l'albergo

hour l'ora; **rush hours** le
ore di punta

house la casa; **at the house**
of a casa di; **at his/her**
house a casa sua

housewife la casalinga

how? come?; **How much?**
Quanto?; **How are you?**
Come sta? (*form. s.*),
Come stai? (*fam. s.*),
Come va?; **How come?**
Come mai?

however comunque, però

huge grosso

humid umido

hundred centinaio (*pl.*
centinaia)

hunger la fame; **to be**
hungry avere fame

hurry la fretta; **to be in a**
hurry avere fretta; **in a**
hurry in fretta

to hurt oneself farsi* male
husband il marito

I

ice il ghiaccio; ice cream il gelato
idea l'idea
ideal ideale
if se
ignorant ignorante
ill (am)malato; to become ill ammalarsi*
illness la malattia
imagination l'immaginazione (f.)
to imagine immaginare
immediately immediatamente
impatience l'impazienza
impatient impaziente
impolite maleducato
importance l'importanza
important importante
impossible impossibile
to improve migliorare
in in, a; fra
included compreso
increase l'aumento; to increase aumentare
indeed davvero, veramente
independent indipendente
industrial industriale
inexperienced inesperto
inflation l'inflazione (f.)
information l'informazione (f.)
ingredient l'ingrediente (m.)
inhabitant l'abitante (m.)
to inherit ereditare
inheritance l'eredità
injection l'iniezione (f.)
ink l'inchiostro
inn la pensione, l'albergo
insensitive insensibile
inside dentro, in

instead (of) invece (di)
instructor l'istruttore, l'istruttrice
instrument lo strumento
intellectual intellettuale
intelligent intelligente
to intend avere intenzione di, pensare di
intention l'intenzione (f.)
interest l'interesse (m.); to interest interessare; to be interested in interessarsi* a
interesting interessante
intermission l'intermezzo
intersection l'incrocio
interview il colloquio
to introduce presentare; to introduce oneself presentarsi*
to invent inventare
to invite invitare
Irish irlandese
island l'isola
Italian italiano; Italian language l'italiano
Italy l'Italia
item l'articolo

J

jacket la giacca
January gennaio
Japan il Giappone
Japanese giapponese
job il lavoro
to joke scherzare
journalist il (la) giornalista
joy la gioia
juice il succo; orange juice il succo d'arancia
July luglio
to jump saltare
June giugno
just giusto; just (adv.) appena

K

to keep tenere; to keep up to date aggiornarsi*
key la chiave
to kill uccidere (p.p. ucciso)
kilogram il chilo (chilogrammo)
kilometer il chilometro
kind gentile; il genere
king il re
kiss il bacio; to kiss baciare
kitchen la cucina
knee il ginocchio (pl. le ginocchia)
knife il coltello
to know conoscere (p.p. conosciuto), sapere; to know how sapere; who knows! chissà!
knowledge la conoscenza

L

ladder la scala
lady la signora
lake il lago
lamp la lampada
land la terra
landlord, landlady il padrone (la padrona) di casa
landscape il paesaggio
language la lingua; foreign language la lingua straniera
large largo, grande
last ultimo, scorso; to last durare
late tardi; to be late essere in ritardo

to laugh ridere (*p.p.* riso)
laughter il riso
law la legge
lawyer l'avvocato, l'avvocatessa
lazy pigro
to learn imparare
leather il cuoio, la pelle
to leave lasciare, partire*
lecture la conferenza
left la sinistra, (*adj.*) sinistro; **to the left** a sinistra
leg la gamba
legal legale
to lend prestare
less meno
lesson la lezione
to let lasciare
letter la lettera
library la biblioteca
license (driver's) la patente; **license plate** la targa
lie la bugia; **to lie** dire una bugia
life la vita; **still life** la natura morta
lifeguard il bagnino, la bagnina
lift il passaggio; **to give a lift** dare un passaggio
light leggero; la luce; **traffic light** il semaforo; **to light** accendere (*p.p.* acceso)
like come; **to like** piacere (*p.p.* piaciuto)
limit il limite; **speed limit** il limite di velocità
line la fila; **to stand in line** fare la fila
lip il labbro (*pl.* le labbra)
lira la lira (*Italian currency*)
to listen to ascoltare
literature la letteratura
little piccolo
to live abitare, vivere (*p.p.* vissuto)
London Londra

long lungo; **for a long time** a lungo
to look (at) guardare; **to look** (+ *adj.*) avere un'aria; **to look for** cercare; **to look like** assomigliare a
to lose perdere; **to get lost** perdersi*; **to lose weight** dimagrire
lot (a lot) molto, un sacco (di)
love l'amore (*m.*); **to love** amare; **to be in love (with)** essere innamorato (di); **love** (*closing a letter*) con affetto
low basso
luck la fortuna; **good luck** buona fortuna; **bad luck** la sfortuna
luckily per fortuna
lucky fortunato

M

mad: to get mad arrabbiarsi*
magazine la rivista
magnificent stupendo
to mail spedire (-isc-)
main principale
major la specializzazione
majority la maggioranza
to make fare (*p.p.* fatto); **to make the acquaintance** fare la conoscenza; **to make a movie** girare un film; **to make up** fare la pace
man l'uomo (*pl.* gli uomini)
manifest il manifesto
manuscript il manoscritto
many-colored variopinto
map la carta geografica

marble il marmo
March marzo
market il mercato
marriage il matrimonio
to marry sposare; **to get married** sposarsi*; **married** sposato (a)
masculine maschile
mask, masked character la maschera
mass media i mezzi di diffusione
masterpiece il capolavoro
match la partita
mathematics la matematica
mature maturo
May maggio
may potere; **it may be that** può darsi che
maybe forse
meal il pasto
mean cattivo
to mean significare, voler(e) dire
meaning il significato
means il mezzo; **by means of** per mezzo di; **means of transportation** i mezzi di trasporto
meat la carne
mechanic il meccanico
medicine la medicina
to meet conoscere (*p.p.* conosciuto); incontrare
meeting la riunione
memory la memoria
message il messaggio
messy disordinato
meter il metro
midnight la mezzanotte
mild mite
mile il miglio (*pl.* le miglia)
milk il latte
millionaire il milionario
minute il minuto
misadventure la disavventura
miss la signorina
mistake l'errore (*m.*)

mister il signore
to mix mescolare
mixed misto
model il modello, la modella
modern moderno
modest modesto
mom la mamma
moment il momento
Monday il lunedì
money il denaro, i soldi
monologue il monologo
month il mese
monthly mensile (*adj.*)
monument il monumento
mood l'umore; **to be in a good (bad) mood** essere di buon (cattivo) umore
moon la luna
more più; ancora
morning il mattino, la mattina; **in the morning** di mattina; **this morning** stamattina; **good morning!** Buon giorno!
mother la madre; **mother-in-law** la suocera; **grandmother** la nonna
motorcycle la motocicletta
motorist l'automobilista (*m.* or *f.*)
mountain la montagna
moustache i baffi
mouth la bocca
to move traslocare; **moving** il trasloco
movie il film; **to go to the movies** andare al cinema
movie theater il cinema
much molto; **too much** troppo
museum il museo
mushroom il fungo
music la musica; **opera music** musica operistica; **folk music** musica folcloristica
musician il (la) musicista
must dovere

N

name il nome; **last name** il cognome
napkin il tovagliolo
Naples Napoli
narrow stretto
nation la nazione
nationality la nazionalità
naturally naturalmente
nature la natura
Neapolitan napoletano
near vicino; **to get near** avvicinarsi*
neat ordinato
necessary necessario; **to be necessary** bisognare
neck il collo
need il bisogno; **to need** avere bisogno di
neighbor il vicino, la vicina
nephew il nipote
nervous nervoso
never mai
nevertheless ciò nonostante
new nuovo; **What's new?** Cosa c'è di nuovo?
news la notizia
newspaper il giornale
next to vicino (a); **next week** la settimana prossima
nice simpatico
niece la nipote
night la notte; **Good night!** Buona notte!; **last night** ieri sera
no no
nobody nessuno
noise il rumore
noon il mezzogiorno
Northern settentrionale
nose il naso
not non
notebook il quaderno
notes gli appunti

nothing niente
to notice notare
noun il nome
novel il romanzo
November novembre
now adesso, ora
number il numero; **phone number** il numero telefonico
nurse l'infermiere, l'infermiera

O

to obey ubbidire (-isc-)
object l'oggetto
to obtain ottenere
occasion la circostanza
to occupy occupare
ocean l'oceano
October ottobre
of di
to offend offendere (*p.p.* offeso)
offer l'offerta; **to offer** offrire (*p.p.* offerto)
office l'ufficio; **Post Office** la Posta
often spesso
oil l'olio
O.K., very well va bene
old vecchio
Olympic olimpico
on su, sopra
once una volta; **once upon a time** c'era una volta
onion la cipolla
only solo (*adv.*), solamente, appena, soltanto
open aperto; **to open** aprire
opera l'opera
opinion l'opinione (*f.*)
opportunity l'occasione (*f.*)
opposite il contrario

optimist ottimista
or o
orange l'arancia; **orange juice** il succo d'arancia
order l'ordine (*m.*); **to order, to put in order** riordinare; **in order to** per; **in order that** affinchè
to organize organizzare
oriental orientale
origin l'origine (*f.*)
original originale; l'originale (*m.*)
other altro
out fuori
outdoors all'aperto
outside fuori
outskirts la periferia
to owe dovere
owner il proprietario, la proprietaria

P

to pack fare le valigie; **back pack** lo zaino
package il pacco
page la pagina
pain il dolore
to paint dipingere (*p.p.* dipinto)
painter il pittore, la pittrice
painting la pittura, il quadro
pair il paio (*pl.* le paia)
palace il palazzo
pants i pantaloni
paper la carta
parents i genitori
park il parco; **to park** parcheggiare
parking lot il parcheggio
party la festa; il partito
to pass passare

passenger il passeggero, la passeggera
passport il passaporto
past il passato; passato (*adj.*)
pastry il pasticcino
patience la pazienza
patient paziente
to pay pagare; **to pay attention** fare attenzione; **to pay a visit** fare visita
paycheck lo stipendio
peace la pace
peach la pesca
pear la pera
peas i piselli
peasant il contadino, la contadina
pedestrian il pedone
pen la penna
pencil la matita
peninsula la penisola
pension la pensione
people la gente; **some people** alcune persone
pepper il pepe
perfect perfetto
perfectly alla perfezione
to perform rappresentare, recitare
performance la rappresentazione
perfume il profumo
perhaps forse
period il periodo
person la persona
pessimist pessimista
pharmacy la farmacia
phone il telefono; **to phone** telefonare; **phone call** la telefonata; **phone book** l'elenco telefonico
photograph la foto(grafia)
physician il medico
physics la fisica
picture la fotografia, il quadro
pie la torta
pill la pillola
pink rosa (*inv.*)

place il luogo, il posto; **to place** mettere
plan progetto; **to plan** progettare, pensare (di + *inf.*)
play la commedia, il dramma; **to play (an instrument)** suonare; **to play (a game)** giocare; **to play (a part)** recitare; **player** il giocatore, la giocatrice
playwright il commediografo, la commediografa
pleasant piacevole
please per piacere, prego
pleasure il piacere; **with pleasure** con piacere
plot la trama
plumber l'idraulico
plus più
pocket la tasca
poem il poema
poet il poeta
poetry la poesia
point il punto; **point of view** il punto di vista
police la polizia
policeman il poliziotto
polite educato
political politico
politics la politica
pollution l'inquinamento
poor povero
popular popolare
popularity la popolarità
populated popolato
portrait il ritratto
position il posto
possible possibile; **as little as possible** il meno possibile
possibility la possibilità
postcard la cartolina
poster il manifesto; **electoral poster** il manifesto elettorale
post office l'ufficio postale
pot la pentola

potato la patata; **fried potatoes** le patate fritte
practical pratico
to practice allenarsi; esercitarsi
to pray pregare
precious prezioso
precise preciso
prefer preferire (-isc-)
preferable preferibile
to prepare preparare
to prescribe prescrivere (*p.p.* prescritto)
prescription la ricetta
present il regalo
president il presidente, la presidentessa
press la stampa
pretty carino
price il prezzo
print la stampa
private privato
prize il premio
probable probabile
problem il problema
producer il produttore, la produttrice
profession la professione
professor il professore, la professoressa
program il programma
to prohibit proibire (-isc-)
project il progetto, il piano
to promise promettere (*p.p.* promesso)
prompter il suggeritore
pronoun il pronome
protest la protesta; **to protest** protestare
provided purchè
proud orgoglioso
public il pubblico
publicity la pubblicità
to publish pubblicare
publisher l'editore, l'editrice
to pull tirare
punctual puntuale
to punish punire (-isc-)
puppet il burattino

purple viola (*inv.*)
purpose il fine
to put mettere (*p.p.* messo); **to put on** mettersi*; **to put make up on** truccarsi*

Q

qualification la qualifica
quality la qualità
quarrel il litigio; **to quarrel** litigare
quarter il trimestre, il quarto
question la domanda; **to ask a question** fare una domanda
quiet tranquillo; **to be quiet** stare zitto
to quit abbandonare, lasciare

R

radio la radio
rain la pioggia; **to rain** piovere
raincoat l'impermeabile (*m.*)
rare raro
rather piuttosto
to react reagire (-isc-)
to read leggere (*p.p.* letto)
reader il lettore, la lettrice
reading la lettura
ready pronto
reality la realtà
to realize rendersi* conto (*p.p.* reso)
really davvero

reason la ragione
receipt la ricevuta
to receive ricevere
recently recentemente
recipe la ricetta
to recite recitare
to recognize riconoscere (*p.p.* riconosciuto)
record il disco; **record player** il giradischi
to recover guarire (-isc-)
red rosso
referee l'arbitro
refrigerator il frigo(rifero)
region la regione
regular regolare
relationship il rapporto, la relazione
relative il (la) parente
to remain rimanere* (*p.p.* rimasto), restare*
remarkable notevole
to remember ricordare, ricordarsi*
Renaissance il Rinascimento
to renounce rinunciare
renowned noto, famoso
rent l'affitto; **to rent** affittare; **to rent (a car)** noleggiare
to repair riparare
to repeat ripetere
to reply rispondere
to reproach rimproverare
republic la repubblica
research la ricerca
reservation la prenotazione
to reserve prenotare
to rest riposarsi*
restaurant il ristorante, la trattoria
result il risultato
to retire andare in pensione
return il ritorno; **to return** ritornare, restituire (-isc-)
reunion la riunione
rice il riso
rich ricco

to ride (the bicycle) andare in bicicletta
riding l'equitazione (*f.*)
right giusto; **to be right** avere ragione; **to the right** a destra
ring l'anello
river il fiume
road la strada
role la parte; **to play the role** recitare nella parte (di)
romantic romantico
Rome Roma
roof il tetto
room la camera, il locale, la stanza; **living room** il soggiorno (la sala); **bedroom** la camera da letto
roommate il compagno, la compagna di stanza
rose la rosa
rowing il canottaggio
rug il tappeto
run la corsa; **to run** correre (*p.p.* corso)

S

to sacrifice sacrificarsi*
sad triste
safety la salvezza; **safety belt** la cintura di sicurezza
sailing: to go sailing andare in barca; **sailor** il marinaio
salad l'insalata
salary lo stipendio
salesperson il commesso, la commessa
salt il sale
same stesso
sand la sabbia

sandwich il panino imbottito
sarcastically sarcasticamente
satisfied soddisfatto
Saturday il sabato
sauce la salsa
sausage la salsiccia
to save risparmiare, salvare
saving il risparmio
to say dire (*p.p.* detto); **to say good-bye, to say hello** salutare
scene la scena
schedule l'orario
scholarship la borsa di studio
school la scuola; **elementary school** la scuola elementare; **junior high school** la scuola media; **high school** il liceo
science la scienza; **political science** le scienze politiche
scientist lo scienziato
to scold rimproverare
to score segnare
to scream gridare
to sculpt scolpire
sculptor lo scultore
sculpture la scultura
sea il mare
serious grave
season la stagione
seat il posto, la poltrona (*theater*)
seated seduto
second secondo; il secondo
secret il segreto
secretary il segretario, la segretaria
to see vedere (*p.p.* visto, veduto)
to seem parere, sembrare
to sell vendere
semester il semestre
senator il senatore, la senatrice

to send mandare
sensitive sensibile
sentence la frase
September settembre
serious serio
to serve servire
to set (*the table*) apparecchiare (la tavola)
several diversi/e
sex il sesso
shape la forma
to share dividere, condividere (*p.p.* diviso, condiviso)
sharp in punto
to shave radersi* (*p.p.* raso)
sheet (*of paper*) il foglio (*di carta*)
shelf lo scaffale
shirt la camicia
shoe la scarpa
shop il negozio
shopping: to go shopping fare le spese; **to go grocery shopping** fare la spesa
short basso, breve
to shout gridare
show la mostra, lo spettacolo; **to show** (di)mostrare
shower la doccia; **to take a shower** fare la doccia
Sicilian siciliano
Sicily la Sicilia
sick ammalato
sidewalk il marciapiede
sign il cartello; **to sign** firmare
signal il segnale; **to signal** segnalare
signature la firma
silence il silenzio
silent silenzioso
silk la seta
similar simile
simple semplice
since siccome; da quando
sincerity la sincerità
to sing cantare
singer il (la) cantante

single nubile (*woman*);
celibe, scapolo (*man*)
sink il lavandino
sir il signore
sister la sorella; **sister-in-law** la cognata
to sit (*down*) sedersi*
situation la situazione
size la taglia
skates i pattini
skating il pattinaggio
ski lo sci (*inv.*); **to ski**
sciare; **skier** lo sciatore,
la sciatrice
to skip saltare
skirt la gonna
sky il cielo
skyscraper il grattacielo
sleep il sonno; **to sleep**
dormire; **to be sleepy**
avere sonno
slice la fetta
slim snello
slow lento
to slow down rallentare
slowly adagio
small piccolo
to smile sorridere (*p.p.*
sorriso)
to smoke fumare
snack lo spuntino; **snack bar** la tavola calda
snow la neve; **to snow**
nevicare
so così; **so much** così
tanto; **so that** affinchè
soccer il calcio
socialist socialista
sock il calzino
sofa il divano
solitude la solitudine
some alcuni (alcune),
qualche, di + *def. art.*, un
po' di
someone qualcuno
something qualcosa
sometimes qualche volta
son il figlio; **son-in-law** il
genero
song la canzone

soon presto; **as soon as
possible** appena
possibile
sorry spiacente; **to be sorry**
dispiacere (*p.p.*
dispiaciuto)
soup la minestra; **vegetable
soup** il minestrone
South il sud
Southern meridionale
Spanish spagnolo
to speak parlare; **to speak
about** parlare di
special speciale
specialist lo (la) specialista
specially specialmente
spectator lo spettatore, la
spettatrice
speech il discorso
speed la velocità
to spend spendere (*money*)
(*p.p.* speso); passare (*time*)
spendthrift spendaccione
splendid splendido,
magnifico
spoon il cucchiaio
sporty sportivo
spring la primavera
square la piazza
stadium lo stadio
stage il palcoscenico; **to
stage** rappresentare
stamp il francobollo
to stand in line fare la fila
to start incominciare
state lo stato
station la stazione
statue la statua
to stay restare*, stare
steak la bistecca
to steal rubare
still fermo, ancora (*adv.*)
stingy avaro
stocking la calza
to stop smettere (*p.p.*
smesso); fermare,
fermarsi*
store il negozio
story la storia; **short story**
il racconto

straight diritto, dritto;
straight ahead avanti
diritto
strange strano
strawberry la fragola
street la strada; **street
corner** l'angolo della
strada
strength la forza
strict severo
strike lo sciopero; **to strike**
scioperare
strong forte
stubborn ostinato
student lo studente, la
studentessa
studious studioso
studio il monolocale
study lo studio; **study
room** lo studio; **to study**
studiare
stuff la roba
style lo stile
subject l'argomento, il
soggetto
subtitles le didascalie
subway la metropolitana
to succeed (in) riuscire* (a)
success il successo
suddenly improvvisamente
to suffer soffrire (*p.p.*
sofferto)
sugar lo zucchero
to suggest suggerire (-isc-)
suit il completo; **bathing
suit** il costume da bagno
suitcase la valigia
summary il riassunto
summer l'estate (*f.*)
sumptuous lussuoso
sun il sole
Sunday la domenica
sunny: it is sunny c'è il
sole
supermarket il
supermercato
supper la cena; **to have
supper** cenare
sure sicuro, certo; già
surface la superficie

surgeon il chirurgo

surprise la sorpresa; **to surprise** sorprendere; **surprised** sorpreso

to surround circondare

sweater il maglione

sweat suit la tuta da ginnastica

sweet dolce

to swim nuotare

swimming il nuoto; **swimming pool** la piscina

system il sistema

T

table il tavolo, la tavola; **coffee table** il tavolino

tablecloth la tovaglia

to take prendere (*p.p.* preso), portare; **to take a bath (a shower, a walk, a trip, a picture, a break)** fare il bagno (la doccia, una passeggiata, un viaggio, una foto, una pausa); **to take care** curare; **to take a class** seguire un corso; **to take an exam** dare un esame; **to take part (in)** partecipare (a); **to take place** avere luogo; **it takes** ci vuole, ci vogliono

to talk parlare; **to talk about** parlare di

tall alto

to tan abbronzarsi*

tape recorder il registratore

taste il gusto

tax la tassa

tea il tè

to teach insegnare

teacher il maestro, la maestra

team la squadra

telegram il telegramma

telephone il telefono; **telephone book** l'elenco telefonico; **telephone operator** il (la) centralinista; **to telephone** telefonare

television la televisione; **TV set** il televisore; **TV news** il telegiornale

to tell dire (*p.p.* detto); raccontare

tenant l'inquilino, l'inquilina

tent la tenda

terrible terribile

thank you grazie; **to thank** ringraziare; **thanks to** grazie a

that che, quello; **that is** cioè

theater il teatro; **movie theater** il cinema

then allora, poi; **since then** da allora

theory la teoria

there là, lì; **there is** c'è; **there are** ci sono

therefore perciò

thief il ladro, la ladra

thin magro

thing la cosa

to think pensare; **to think of** pensare a

thirsty: to be thirsty avere sete

this questo

thought il pensiero

thousand mille, (*pl.*) mila

through attraverso

Thursday il giovedì

ticket il biglietto; **round trip ticket** il biglietto di andata e ritorno

tie la cravatta

tight stretto

time il tempo, la volta, l'ora; **it is time** è (l')ora di; **to be on time** essere in orario

timid timido

tip la mancia

tire la gomma; **a flat tire** una gomma a terra

to tire stancare, stancarsi*

tired stanco

tiring faticoso

title il titolo

to a, in, da

today oggi

together insieme

token (*telephone*) il gettone

tomato il pomodoro

tomorrow domani; **the day after tomorrow** dopodomani

tonight stasera

too anche; **too much** troppo

too bad! peccato!

tooth il dente; **toothache** mal di denti; **toothbrush** lo spazzolino da denti; **toothpaste** il dentifricio

topic (for a discussion) l'argomento

tour il giro, la gita; **to tour** girare; **tour bus** il pullman

tourist il (la) turista

towel l'asciugamano

towards verso

tower la torre

town il paese, la città

toy il giocattolo

trade il mestiere

traffic il traffico; **traffic light** il semaforo

tragedy la tragedia

train il treno

to train allenarsi*

tranquil tranquillo

travel il viaggio; **to travel** viaggiare; **travel agency** l'agenzia di viaggi

traveler il viaggiatore, la viaggiatrice
to treat curare
treatment la cura
tree l'albero
trip il viaggio; **to take a trip** fare un viaggio; **Have a good trip!** Buon viaggio!
trousers i pantaloni
trout la trota
true vero
truly veramente
trumpet la tromba
trunk il portabagagli
truth la verità
to try cercare di + *inf.;* **to try on** provare
T-shirt la maglietta
tub la vasca
Tuesday il martedì
tuition la tassa universitaria
to turn girare; **to turn on** accendere (*p.p.* acceso); **to turn off** spegnere (*p.p.* spento)
to type scrivere a macchina
typist il dattilografo, la dattilografa
typewriter la macchina da scrivere

U

ugly brutto
umbrella l'ombrello
uncertain incerto
uncle lo zio
undecided indeciso
under sotto
to understand capire (-isc-)
unemployed disoccupato
unemployment la disoccupazione

unfavorable sfavorevole
unfortunately purtroppo
unhappy infelice, scontento
university l'università
unknown sconosciuto
unless a meno che
unlucky sfortunato
unpleasant antipatico
until (*prep.*) fino a, (*conj.*) finchè
unwillingly malvolentieri
use l'uso; **to use** usare; **to get used** abituarsi*
useful utile
useless inutile
usual solito; **usually** di solito; **as usual** come al solito

---

V

vacant libero, vuoto
vacation la vacanza
valley la valle
vase il vaso
veal il vitello; **roast veal** arrosto di vitello
vegetables la verdura
Venice Venezia
verb il verbo
very molto
victory la vittoria
view la vista
village il villaggio
vineyard la vigna
violin il violino
visit la visita; **to visit** visitare, esaminare, andare a trovare
vocabulary il vocabolario
voice la voce; **in a loud voice** ad alta voce; **in a low voice** a bassa voce

vote il voto; **to vote** votare
vowel la vocale
voyage il viaggio

W

to wait (for) aspettare
waiter il cameriere
waitress la cameriera
to wake up svegliarsi*
walk la passeggiata; **to walk** andare a piedi, camminare; **to take a walk** fare una passeggiata
wall il muro, la parete
wallet il portafoglio
to want volere
war la guerra
wardrobe l'armadio
warm caldo
warmly calorosamente
to wash lavare; **to wash oneself** lavarsi*
to waste (*time*) perdere (*tempo*)
watch l'orologio; **to watch** guardare
water l'acqua
way il modo; **anyway** ad ogni modo
weak debole
wealth la ricchezza
to wear mettere, mettersi*; portare
weather il tempo; **weather forecast** le previsioni del tempo
wedding il matrimonio
Wednesday il mercoledì
week la settimana
weekend il fine settimana
weight il peso; **to lose weight** dimagrire (-isc-)
welcome benvenuto

well be' (bene); **to be well**
stare bene

western occidentale

what? che? che cosa? cosa?

when quando

where dove

wherever dovunque

which quale

while mentre

white bianco

who, whom che, il quale;
who? whom? chi?

whoever chiunque

whole tutto; **the whole day**
tutto il giorno

whose? di chi?

why perchè

wide largo

wife la moglie

willingly volentieri

to win vincere (*p.p.* vinto)

wind il vento

window la finestra, la
vetrina (*shop*)

wine il vino

winter l'inverno

wish il desiderio, l'augurio;
to wish desiderare,
augurare; **I wish** vorrei

with con

without senza

witty spiritoso

woman la donna

to wonder domandarsi*

wonderful meraviglioso

wonderfully
meravigliosamente

wood il bosco, il legno

wool la lana

word la parola

work il lavoro,
l'occupazione (*f.*); **work of
art** l'opera d'arte; **to
work** lavorare

worker l'operaio

world il mondo;
worldwide mondiale

worry la preoccupazione

to worry preoccupare,
preoccuparsi* (di); **worried**
preoccupato

to write scrivere (*p.p.* scritto)

writer lo scrittore, la
scrittrice

wrong sbagliato; **to be
wrong** avere torto

Y

yawn sbadigliare

year l'anno; **to be . . .
years old** avere . . . anni;
New Year's Day
capodanno

yellow giallo

yes sì

yesterday ieri; **the day
before yesterday** l'altro
ieri

yet eppure; **not yet** non
ancora

young giovane; **young lady**
signorina; **young man**
giovanotto

(Numbers refer to pages.)

Photo Credits

Literary Permissions